资产定价

Asset Pricing

[美] 约翰·科克伦（John H. Cochrane）◎著

陈宋生　潘远哲　刘子轩　李晓青◎译

中国人民大学出版社

· 北 京 ·

译者序

本书译自 2005 年的修订版《资产定价》，作者是约翰·H. 科克伦（John H. Cochrane），现为美国斯坦福大学著名的金融学教授。虽然英文版已出版多年，但今天读来仍未过时。本书以简洁的风格而不是严谨的数学推导或证明对资产定价进行了理论分析，因此读起来相对比较轻松。当然，本书主要针对具有金融学及相关专业本科以上背景的群体，尤其适合从事证券、金融相关的专家、学者、MBA 学生阅读。英语基础较好的读者可以同时观看网上的课程视频，以加深理解。

本书共分为 21 章。第 1 部分为资产定价理论，共 9 章，包括：基于消费的模型和概述；基本模型的运用；或有求偿权市场；折现因子；均值-方差边界和 β 表达式；折现因子、β 和均值-方差边界之间的关系；存在定理和等价定理的含义；条件信息；因子定价模型。第 2 部分为资产定价模型的估计与评价，共 7 章，包括：显式折现因子模型中的 GMM；GMM：一般公式及应用；线性因子模型的回归检验；折现因子形式的线性因子模型 GMM；最大似然；线性因子模型的时间序列、横截面和 GMM/DF 检验；选择哪种方法。第 3 部分为债券和期权，共 3 章，包括：期权定价；没有完美复制的期权定价；利率期限结构。第 4 部分为实证调查，共 2 章，包括：时间序列和横截面的预期收益；股权溢价之谜和基于消费的模型。第 5 部分为附录。这些章节之间的逻辑关系作者在前言中有详细介绍，这里不再赘述。

本书主要由陈宋生指导的三位研究生潘远哲、刘子轩、李晓青翻译初稿，多位同学参与了讨论与修改，最后由陈宋生负责最终的校译工作。在每周的例会上，同学们都会积极参与讨论，包括博士后吕文岱、杜雨微、张铧兮、王少华，博士生李睿、吴倩、邓婷友、李晨溪、王琦、郭桐羽，还有秦伊宁、彭雨欣、明靖博、谭韵、董明韫、陈露丹、龙雪莹等，本书可以说是集体智慧的结晶。由于本书涉及的公式较多，某些地方存在表达不清楚之处，李晓青大学本科专业是数学，书中许多公式的解析得益于她的指正；李雯白和王雪怡也做了大量校对工作，十分感谢她们的付出。尤其是中国人民大学出版社的编辑魏文，不辞辛苦多次提出修改意见，本书的顺利出版得益于她的不断敦促与雅正，十分感谢她的敬业与付出。

陈宋生

资产定价理论试图解释不确定支付的债权的价格与价值。低价格意味着高收益率，所以资产定价理论也可用于解释为什么某些资产的平均收益率高于其他资产。

在确定一项资产的价值之前，我们必须考虑收益的延期支付与内在风险两种情况。延误的时间所造成的价值损失很容易得出，但是与之相关的风险对于资产定价影响深远。比如，在过去 50 年里，美国股市的实际收益率平均为 9%，然而利率只贡献了其中的 1 个百分点，剩下的 8 个百分点为风险溢价。不确定性以及随之而来的风险，使得资产定价既富有挑战又充满乐趣。

目前，与其他经济学科相同，资产定价理论处于一种蓬勃发展但危机四伏的状态。它到底是描述了市场运作的方式，还是指导着市场运作的方式？总而言之，资产定价理论基于许多资产的价格与收益的观测值。该理论可被用于理解价格与收益的本质。如果市场运行不符合模型的预测，改进模型即可。然而从另一方面来说，也许是市场的运行出现差错，一些资产被错误定价，从而为精明的投资者提供了交易机会。整体来看，资产定价理论在后一种情况下具有更加广泛的实际应用。此外，或许最重要的是，许多资产的价格或对不确定现金流的所有权没有被观测到，例如，公共或私人的投资项目、新兴证券、收购前景和复杂金融衍生工具。该理论可以运用于投资标的的定价，这对于公众与私人的决策起着重要的指导作用。

资产定价理论源于一个简单的概念，这将在本书的第 1 章进行阐述，即价格等于预期报酬的折现。其余的都是理论阐述、特殊案例以及灵活运用公式的技巧。

该理论基于两个基本概念，即绝对价格和相对价格。绝对价格是指依据宏观经济风险下的基础资源的风险敞口制定价格，体现在基于消费的模型和一般均衡模型上。绝对价格通常也是学术研讨中常常使用的方法，资产定价理论通常被用于从金融角度解释价格形成的原因，以及预测价格对政策或者经济结构变化的反应。

相对价格涉及较少的困难问题。我们仅仅研究在给定其他资产价格的情况下，我们能从一项资产的价值中了解到什么。我们没有讨论那些资产的价格从何而来，也尽可能少地使用基本风险因子的信息。布莱克-斯科尔斯权定价公式是这种方法的经典例子。虽然该公式应用范围有限，但是仍然在实践中大放异彩。

根据问题背景以及计算要求，资产定价问题可以通过明智地选择绝对价格和相对价格的比重得到解决，基本上没有问题需要通过使用极值解决。例如，资本资产定价模型（CAPM）和它的变形是绝对价格的范式表达。然而在实际应用中，资产定价通常"依靠"市场或者其他风险因子，而不是所谓的市场风险因子与 β。后者被称为自由变量。但是从另一个角度来说，即便是最具实践性的金融工程问题也经常套用"风险市场价格"均衡，这显得过于理想化了。

绝对价格定价的主要任务是确定并衡量影响资产定价的总体或宏观经济风险。当然，这是宏观经济的主要问题，也是对于雄心勃勃的研究者的挑战。许多实证研究描述了引人深究的程序化事实，将宏观经济学与金融学联系起来。例如，预期收益随着时间和资产的变化而变化，其变化方式与宏观经济变量或预测宏观经济事件的变量有关；大量模型认为许多资产定价的背后原因是企业的"衰退"或是"财务困境"；政策具有滞后效应；现在仍然不存在能够广泛解释上述有趣关系的模型。

反过来，金融理论知识应该指导宏观经济学。举个简单的例子，我们知道股票的风险溢价——预期的股票收益率减去利率——比利率要大得多，而与利率相比，它的波动更为剧烈。这意味着使投资收益与利率保持一致的目标几乎是没有希望达成的——资本成本的大部分变动都源于风险溢价的波动。类似地，某种程度的风险规避是有必要的，否则人们都会疯狂地借钱购买股票。大多数宏观经济学追求完美的预期均衡，仅仅允许微小偏差的存在，但是较大的股权溢价意味着波动是一阶效应，而不是二阶效应。标准的宏观经济模型预测结果显示出人们实际上并不十分关心商业周期的变化（Lucas，1987），而资产价格显示出他们确实如此——刻意回避了实质性的收益溢价以避免资产陷入衰退。这个事实确实告诉了我们有关衰退的一些信息！

本书提倡使用基于折现因子/广义矩估计（GMM）的资产定价理论和相关实证程序。我用两个公式总结资产定价：

$$p_t = E(m_{t+1} x_{t+1})$$
$$m_{t+1} = f(数据，参数)$$

式中，p_t 是资产价格；x_{t+1} 是资产报酬；m_{t+1} 是随机折现因子。

折现因子/矩条件法的主要优点是其简单和通用性。曾经有关于股票、债券和期权的三种明显不同的理论，现在我们将这些特殊的理论视为同一理论的特例。资产定价这种通用语言还使我们能够了解其他应用领域的观点。

这种方法使我们能够更方便地将确定模型经济假设的步骤（第二个公式）与确定使用何种实证表示形式的步骤分开。对于一个特定模型来说，第一个公式根据收益率、价格/股息比率、预期收益-β 表达式、矩条件、连续时间与离散时间之间的影响等进行预测。许多明显不同但从根本上联系在一起的表示形式，以及不同表示形式之间进行转换有助于对结果进行全面分析。

从折现因子出发进行探究往往比直接从投资组合出发更为简便。举例来说，通过检验折现因子是否为正数，验证各个具有优势的投资组合是否具有更高的市场价格要更为方便。同样，如果从折现因子出发，关于套利定价理论（APT）在投资组合领域的长期争论也较易理解。

这种折现因子方法还与状态空间的几何结构相关，而不是通常的均值-方差几何，本书强调了许多传统结果背后潜在的状态-空间直觉。

由于这些原因，广义的折现因子方法和相关的状态-空间几何在学术研究和高科技领域得到广泛应用。虽然它们在教材中不常见，但这也正是本书试图填补的专业空白。

本书的叙述顺序也与通常的介绍顺序不同。大多数书籍的结构都遵循以下理论的发展历史：投资组合理论、均值-方差边界、跨期理论、CAPM、跨期资本资产定价模型（ICAPM）、APT、期权定价以及最终基于消费的模型。或有求偿权是期权定价理论的深奥延伸。本书反其道而行之，或有求偿权和基于消费的模型是本书最为基本和简洁的模型，而其他理论是这些理论的特殊表达。我们没有理由按照它们发表的时间顺序进行阐述。

我还曾试图统一各种实证方法。各种各样的方法都被学者广泛使用，其中包括时间序列和横截面回归，以及基于广义矩估计和最大似然法的计量方法。然而，所有这些差别甚大的方法最终都得出了一致的结论，即通过选取模型的自由参数使其较为吻合实际情况，通常意味着将定价误差降至最低。而定价误差的大小也是衡量模型优劣的标准。

正如前文所述，我不打算对实证程序进行百科全书式的汇编。许多前人的文献已经介绍了关于计量经济学的方法，甚至包含较少在实践中运用的特殊情形（Wald 检验的似然比；讨论是否存在无风险资产的案例，能否拓展均值-方差边界等）。本书着重探讨学术研究中实际使用的基本思想和方法。

本书旨在帮助读者理解理论本身及其应用，而不是专注于严谨的公式推导或者泛泛的理论证明。同时，我也跳过了资产定价理论中一些与现实脱节的部分，虽然它们在历史上曾经占有一席之地，例如，投资组合分离定理、各类分布的性质以及渐进套利定价模型。这些投资理论确实十分有趣和有用，但是它们未能成为定价理论的基石。与其使用资产定价理论为资产描绘出一条与供给曲线相交的需求曲线，不如直接确定资产的价格。人们确实可以通过上述方法找到最适合的投资组合，但是这也在本书的讨论范围之外。

本书的表达不会过于正式。我喜欢简洁地表达一个想法并首先学会使用它，而不是一开始就单纯执拗于基础的理论推导。我为志同道合的读者写作了本书。如果你想知道更为正式的定义，请继续读下去，它们会在适当的地方出现。

同样，本书的编写原则是基于刨根问底式的好奇心。每一个理论都能够追溯到最基本的定价公式 $p=E(mx)$。因此，在阅读完第 1 章后，读者可以依照自己的喜好随意翻翻或者仔细研读某些章节。每一个重要的资产定价理论往往是从同一个定价公式延展开来的。

本书的目标读者是经济学或者金融学博士、MBA 学生，或者具有同等专业背景的专家。我希望本书能够通过演算、外延以及简化传统的资产定价工具，让学者或者金融学专家有所启发。因此，本书假定读者已经具有本科的金融和数据知识，包括效用方程、随机变量、标准差、时间序列、基本的线性代数以及微积分知识，并且能够通过令导数为零计算出极值。资产定价的难点不在于数学计算，而在于概念的理解。

我的网站是 https://www.johnhcochrane.com/asset-pricing，上面有本书丰富的配套资源，包括补充资料、视频、课程大纲和材料等，欢迎读者登录。

目　录

第1部分　资产定价理论

第 2 部分 资产定价模型的估计与评价

第 3 部分 债券和期权

第 4 部分 实证调查

第 5 部分　附　录

资产定价理论

第1章

基于消费的模型和概述

　　投资者必须决定需要储蓄的金额、消费的金额以及持有何种投资组合。最基本的定价公式源于该决定的一阶条件。现在通过减少消费增加资产购买所带来的边际效用损失，应等同于将来消费资产所带来的边际效用收益。如果价格和报酬不满足这种关系，则投资者应调整购买资产的多寡。因此，基于投资者的边际效用对报酬进行折现，资产价格应等于资产报酬的预期折现值。通过这个简单的例子可以引出许多经典的金融问题。

　　利率与预期的边际效用增长相关，因此也与预期的消费路径相关。在实际利率偏高时，储蓄和购买债券是十分必要的行为，而消费行为可以延期。因此，高实际利率应与消费增长的预期联系在一起。

　　最重要的是，资产价格的风险修正应当基于资产报酬与边际效用的协方差，进一步来说，是基于资产报酬与消费的协方差。在其他条件相同的情况下，经济下行时表现不佳的资产（投资者会因自身贫穷而很少消费）不如经济状况稳定时表现不佳的资产（经济繁荣时投资者会因自身富裕而增加消费）那么令人满意。前者将以较低的价格出售，它的价格将反映出"风险"的折价，这种风险取决于协方差，而不是方差。

　　边际效用而非消费量，是衡量感受的基本指标。资产定价的大多数理论都是关于如何将边际效用转变为可观察的指标。当然，边际效用较高时，消费量较低，因此消费量可能是一项有效的衡量指标。当投资者的其他资产表现不佳时，较少的消费量会带来较大的边际效用，因此那些与市场投资组合指数正相关的资产的价格会降低。这是一种资本资产定价模型。在之后的章节我们将介绍其他许多有关边际效用的指标，根据这些指标可以计算协方差，从而预测出价格的风险调整。

1.1 基本定价模型

根据投资者的一阶条件可以推导出基于消费的基本模型。

$$p_t = E_t \left[\beta \frac{u'(c_{t+1})}{u'(c_t)} x_{t+1} \right]$$

我们的基本目标是确定任何不确定现金流的价值。本书从一个非常简单的案例开始，推导出一般情形。

假设 t 时的报酬为 x_{t+1}。如果投资者今天购买股票，则下一期的报酬是股票价格加上股息，即 $x_{t+1} = p_{t+1} + d_{t+1}$。$x_{t+1}$ 是一个随机变量：投资者无法确切知道自己将从投资中获取的报酬，但他可以评估各种结果的可能性。不要将报酬 x_{t+1} 与利润或收益相混淆；x_{t+1} 是该投资在 $t+1$ 时的价值，因为它没有减去或者除以投资成本。

我们通过追问报酬对于一个典型的投资者而言值多少来确定其价值。为此，我们需要一种简便的数学形式去描述投资者的需求。我们使用建立在现在和未来消费价值基础上的效用函数为投资者建模：

$$U(c_t, c_{t+1}) = u(c_t) + \beta E_t [u(c_{t+1})]$$

式中，c_t 表示 t 时的消费。我们常用简洁的幂效用形式进行描述：

$$u(c_t) = \frac{1}{1-\gamma} c_t^{1-\gamma}$$

当 $\gamma \rightarrow 1$ 时，极限为[①]：

$$u(c) = \ln(c)$$

效用函数反映了对更多消费的基本需求，而不是对中间目标，如投资组合收益的均值和方差的需求。消费 c_{t+1} 也具有随机性，投资者不知道自己未来财富的变化，因此无法决定明天将消费多少。周期效用函数 $u(\cdot)$

---

① 通过给该公式加入常数，使其更为简洁：

$$u(c_t) = \frac{c_t^{1-\gamma} - 1}{1-\gamma}$$

是递增的，反映了消费者对更多消费的渴望，而它是凹函数反映了额外消费的边际价值递减。最后一口的满足感从来比不上第一口。

这种形式刻画了投资者缺乏耐心和厌恶风险的特质，因此，我们可以定量地修正风险和现金流的滞后。通过 β 反映投资者缺乏耐心的程度并对未来的现金流进行折现，因此，β 称为主观折现因子。效用函数的曲率会产生对风险和跨期替代行为的规避：投资者更倾向于随着时间和自然状态变化而保持稳定的消费流。

现在，假设投资者能够以价格 p_t 自由买卖报酬为 x_{t+1} 的资产，那么交易的数量会是多少？这里用 e 表示初始消费水平（如果投资者未购买资产），用 ξ 表示购买的资产数量。那么问题转化为：

$$\max_{(\xi)} u(c_t) + E_t[\beta u(c_{t+1})]$$
$$\text{s. t.} \quad c_t = e_t - p_t \xi$$
$$c_{t+1} = e_{t+1} + x_{t+1} \xi$$

将约束条件代入目标函数，并令 ξ 的导数为零，我们得到了确认最优消费和投资组合选择的一阶条件：

$$p_t u'(c_t) = E_t[\beta u'(c_{t+1}) x_{t+1}] \tag{1.1}$$

或者

$$p_t = E_t\left[\beta \frac{u'(c_{t+1})}{u'(c_t)} x_{t+1}\right] \tag{1.2}$$

投资者会调整资产购买量直到满足一阶条件为止。

式（1.1）表示最优的标准边际条件：$p_t u'(c_t)$ 是投资者再购买一单位资产产生的效用损失；$E_t[\beta u'(c_{t+1}) x_{t+1}]$ 是在 $t+1$ 时从额外报酬中获得的（折现或者预期）效用的增加。投资者会不断买入或卖出资产直到边际损失等于边际收益。

式（1.2）是关键的资产定价公式。给定报酬 x_{t+1} 与投资者的消费选择 c_t 和 c_{t+1}，可以得出预期市场价格 p_t。它的经济本质仅是最优消费和投资组合成立的一阶条件。资产定价的大多数理论都是基于该公式的变形得出的。

我们没有将该模型描述得尽善尽美，如使公式的右侧包含外生项，而是将一个内生变量——价格与其他两个内生变量——消费和报酬构建联系，以继续求解该模型，并推导出最佳消费选择 c_t，c_{t+1}。目前的模型中

包括收入序列 e_t，e_{t+1} 以及投资者可以进行买卖的全部资产的说明。实际上，本书将在下面详细阐述解决方案。读者也可以跳过这些额外的部分，根据 1.2 节的公式已经可以非常准确地推算出资产价格。

1.2 边际替代率/随机折现因子

我们将基于消费的定价公式分解为：

$$p = E(mx)$$
$$m = \beta \frac{u'(c_{t+1})}{u'(c_t)}$$

式中，m_{t+1} 是随机折现因子。

分解基本定价公式（1.2）的简便方法是定义随机折现因子 m_{t+1}：

$$m_{t+1} \equiv \beta \frac{u'(c_{t+1})}{u'(c_t)} \tag{1.3}$$

因此，基本定价公式（1.2）可以简化为：

$$p_t = E_t(m_{t+1} x_{t+1}) \tag{1.4}$$

当没有必要明确强调时间顺序或者条件期望与无条件期望之间的差异时，我将略去下标，只写成 $p = E(mx)$。价格指 t 时的价格，报酬指 $t+1$ 时的报酬，而期望值的大小依赖于时间 t。

随机折现因子是指通过 m 对标准折现因子概念的概括。如果模型中不存在不确定性，那么可以直接使用标准现值公式推导价格：

$$p_t = \frac{1}{R^f} x_{t+1} \tag{1.5}$$

式中，R^f 是总无风险利率；$1/R^f$ 是折现因子。由于总利率通常大于 1，因此报酬 x_{t+1} 会折价出售。风险较高资产的价格要低于同等的无风险资产，因此通常使用风险调整后的折现因子对其进行估值：

$$p_t^i = \frac{1}{R^i} E_t(x_{t+1}^i)$$

在这里，我添加了上标 i 以强调每项风险资产 i 必须以特定的风险调整之后的折现因子 $1/R^i$ 进行折现。

在这种情况下，式（1.4）显然是一种概括性的表述，同时它表达了深层次的含义：投资者可以通过定义一个唯一的随机折现因子（即每项资产都采用同一个折现因子）并将其代入期望来包含所有的风险调整。m_{t+1} 具有随机性，因为它在 t 时是无法准确确定的。资产的同一折现因子 m 的随机成分与资产特定报酬 x^i 之间的相关性产生了对特定资产的风险调整。

式（1.3）中的 m_{t+1} 通常也称为边际替代率。该公式中的 m_{t+1} 表示投资者愿意用 $t+1$ 时的消费替代 t 时的消费的比率。m_{t+1} 有时也称为定价核。该名称源于定价的本质和期望的整数变形，有时称为测度变换或状态价格密度。

目前引入折现因子 m 并将基本定价公式（1.2）分解为式（1.3）和式（1.4）只是暂时为了符号使用上的方便。但是，它代表了更深入且更实用的公式分解。例如，即使效用函数改变了，$p = E(mx)$ 也依然有效，但是我们需要一个不同的联系 m 与数据的函数。所有资产定价模型都是将随机折现因子与数据联系起来的替代方法。同时，我们得到了许多 $p = E(mx)$ 的替代表达式，并且总结了许多实证方法以将其应用于 $p = E(mx)$。通过将模型分为这两个部分，我们不必对每个特定的资产定价模型进行赘述。

1.3 价格、报酬及其表示符号

价格 p_t 与报酬 x_{t+1} 相关联。实际上，这类符号涵盖了多种情况，包括：

	价格 p_t	报酬 x_{t+1}
股票	p_t	$p_{t+1} + d_{t+1}$
收益	1	R_{t+1}
价格/股息比率	$\dfrac{p_t}{d_t}$	$\left(\dfrac{p_{t+1}}{d_{t+1}} + 1\right)\dfrac{d_{t+1}}{d_t}$

续表

	价格 p_t	报酬 x_{t+1}
超额收益	0	$R^e_{t+1} = R^a_{t+1} - R^b_{t+1}$
被管理的投资组合	z_t	$z_t R_{t+1}$
矩条件	$E(p_t z_t)$	$x_{t+1} z_t$
单期债券	p_t	1
无风险利率	1	R^f
期权	C	$\max(S_T - K, 0)$

价格 p_t 和报酬 x_{t+1} 似乎介于一种非常严格定义的状态。实际上，这种符号表示法是很笼统的，不过这也使我们可以轻松探讨许多不同的资产定价问题。特别是我们能够涵盖股票、债券以及期权，明确所有资产定价都可使用一个理论。

对于股票，单期的报酬当然是下一期的价格加上股息，$x_{t+1} = p_{t+1} + d_{t+1}$。我们经常将报酬 x_{t+1} 除以价格 p_t 得到总收益

$$R_{t+1} \equiv \frac{x_{t+1}}{p_t}$$

在此，收益可视为价格为 1 的报酬。如果投资者在今天支付 1 美元，那么收益就是明天获得的美元金额。因此，收益遵循以下公式：

$$1 = E(mR)$$

到目前为止，这是基本公式 $p = E(mx)$ 最特殊的表示形式。R 表示总收益，其数值类似于 1.05。$r = R - 1$ 表示净收益或者 $r = \ln(R)$ 表示对数（连续复合）净收益，两者的数值都类似于 0.05，也可通过百分比的形式进行表示。

收益通常用于实证研究，因为收益自身通常会随着时间的推移而保持稳定。（在统计学意义上收益具有稳定性；它们不具有变动的趋势，因此收益的均值是有意义的。但"稳定"并不意味着是常量。）但是，从收益的角度考虑问题使我们偏离了原本确定资产价格的中心任务。除以股息并建立与价格 p_t/d_t 相对应的如下形式的报酬表达式

$$x_{t+1} = \left(1 + \frac{p_{t+1}}{d_{t+1}}\right) \frac{d_{t+1}}{d_t}$$

是一种观察价格的方法，但是仍然需要检查平稳变量。

　　并非一切都可以归因于收益。如果投资者以利率 R^f 借入 1 美元，并将其投资于收益为 R 的资产，就等同于他在不投入任何本金的前提下获得报酬 $R-R^f$。这代表着零投入的报酬，因此显然无法将报酬除以价格以求得收益。价格为零不代表报酬为零。在这场赌博中失败带来的损失与获胜带来的收益相等，因此下注时不会产生资金流动。卖空一只股票或投资组合，并将此收益投资在另一只股票或投资组合上以获取超额收益，这是很常见的股票投资策略。该类收益之间的差额称为超额收益 R^e，也称为零成本投资组合。

　　实际上，许多资产定价都集中在超额收益的探讨上。在经济学方面，利率变动与风险溢价几乎没有关联，因此可以很便捷地通过分别观测利率和超额收益，达到分离这两种现象的目的。

　　被管理的投资组合也是本书讨论的重点，这意味着投资者可以根据某种信号对资产投资进行调整。该项投资的"价格"是在 t 时的投资金额，即 z_t，产生的报酬是 $z_t R_{t+1}$。例如，市场定时策略可使股票投资与价格/股息比率成比例，当价格上涨时投资减少。我们可以使用 $z_t = a - b(p_t / d_t)$ 表示这种策略的报酬。

　　在处理下面的数学运算时，z_t 之类的变量会被视为工具变量。然后计算 $p_t z_t = E_t(m_{t+1} x_{t+1}) z_t$ 的无条件期望，得出 $E(p_t z_t) = E(m_{t+1} x_{t+1} z_t)$。该计算会推导出"保证金"报酬 $x_{t+1} z_t$ 和代表无条件期望的"价格" $E(p_t z_t)$。

　　当然单期债券意味着要求单位报酬。在评价债券、期权、投资项目这些投资产品时，考虑价格和报酬而非收益通常更有效。

　　价格和收益可以是实际的（以商品计价）或名义的（以美元计价），而 $p = E(mx)$ 适用于以上两种情况。唯一的区别是使用实际的还是名义的折现因子。如果价格、收益和报酬是名义的，那么我们应该使用名义折现因子。如果 p 和 x 指代名义价值，那么我们可以将实际价格和报酬表示为：

$$\frac{p_t}{\Pi_t} = E_t \left[\left(\beta \frac{u'(c_{t+1})}{u'(c_t)} \right) \frac{x_{t+1}}{\Pi_{t+1}} \right]$$

式中，Π 表示价格水平（CPI）。显然，这与通过以下方式定义名义折现因子相同：

$$p_t = E_t \left[\left(\beta \frac{u'(c_{t+1})}{u'(c_t)} \frac{\Pi_t}{\Pi_{t+1}} \right) x_{t+1} \right]$$

为了包含以上情况，本书仅使用符号 p_t 和 x_{t+1} 分别指代价格和报酬。根据情况，这些符号可以分别表示为 0，1 或 z_t 以及 R_t^e，R_{t+1} 或 $z_t R_{t+1}$。许多 p 和 x 的其他定义也是有用的。

1.4 金融学的经典问题

> 本书将使用基本定价公式的简单变形来介绍金融学中的经典问题：利率经济学、风险调整、系统风险与非系统风险、预期收益-β 表达式、均值-方差边界、均值-方差边界的斜率、随时间变化的预期收益以及现值关系。

对基本定价公式 $p = E(mx)$ 的一些简单推导引入了许多数学思想，并介绍了一些金融方面的经典问题，包括利率的决定、风险调整、系统风险与非系统风险、β 定价模型以及均值-方差边界。

无风险利率

> 无风险利率通过
>
> $$R^f = 1/E(m)$$
>
> 与折现因子相关，包含对数消费增长和幂效用：
>
> $$r_t^f = \delta + \gamma E_t(\Delta \ln c_{t+1}) - \frac{\gamma^2}{2} \sigma_t^2(\Delta \ln c_{t+1})$$
>
> 当人们无法忍受拖延消费（δ），预期消费增长较高（跨期替代）或风险较低（预防性储蓄）时，实际利率较高。曲线效用函数（γ）或跨期替代弹性（$1/\gamma$）较低，意味着利率对预期消费增长的变化更为敏感。

无风险利率表示为：

$$R^f = 1/E(m) \tag{1.6}$$

无风险利率是已知的,因此 $p = E(mx)$ 可变形为 $1 = E(mR^f) = E(m)R^f$。

如果无风险证券不进行交易,则我们可以将 $R^f = 1/E(m)$ 定义为"影子"无风险利率。在某些模型中,它被称为零 β 资产组合收益率。如果引入收益为 $R^f = 1/E(m)$ 的无风险证券,则投资者只会无差别地购买或出售该证券。基于此,本书采用 R^f 以简化公式。

考虑到实际利率背后的经济学,本书采用了幂效用函数 $u'(c) = c^{-\gamma}$。首先消除不确定性的影响,在这种情况下:

$$R^f = \frac{1}{\beta}\left(\frac{c_{t+1}}{c_t}\right)^{\gamma}$$

由此可以得出以下三种影响结果:

(1) 当人们越不耐时,即 β 越小时,实际利率越高。如果每个人都想在当期消费,只有更高的利率才能劝诱他们储蓄(投资)。

(2) 消费增长率越高,实际利率越高。在高利率时期,投资者消费更少,投资更多,使得未来消费更多。因此,高利率降低了现在的消费水平,提高了未来的消费水平与消费增长率。

(3) 如果幂参数 γ 较大,则实际利率的变化对消费增长更为敏感。如果效用曲线高度弯曲,则投资者将更愿意在一段时间内保持平稳的消费状况,而非随着时间的推移根据利率的刺激重新安排消费计划。因此,需要较大的利率变化刺激才能诱导他实现给定的消费增长。

当模型中存在不确定性时,为了确定利率的变化,我们假设消费增长呈对数正态分布。在这种情况下,实际无风险利率公式是

$$r_t^f = \delta + \gamma E_t(\Delta \ln c_{t+1}) - \frac{\gamma^2}{2}\sigma_t^2(\Delta \ln c_{t+1}) \tag{1.7}$$

以下公式定义了对数无风险利率 r_t^f 和主观折现率 δ:

$$r_t^f = \ln R_t^f; \quad \beta = e^{-\delta}$$

并且用 Δ 指代一阶差分运算:

$$\Delta \ln c_{t+1} = \ln c_{t+1} - \ln c_t$$

为了导出式(1.7)的无风险利率,从下列公式开始:

$$R_t^f = 1/E_t\left[\beta\left(\frac{c_{t+1}}{c_t}\right)^{-\gamma}\right]$$

结合正态分布的 z 可得

$$E(e^z) = e^{E(z)+(1/2)\sigma^2(z)}$$

（读者可通过写出定义期望的积分来检查下列公式正确与否）可得

$$R_t^f = \left[e^{-\delta} e^{-\gamma E_t \left(\Delta \ln c_{t+1} \right) + (\gamma^2/2)\sigma_t^2 \left(\Delta \ln c_{t+1} \right)} \right]^{-1}$$

然后取对数。对数正态分布和幂效用结合使用是在这类模型中获得解析解的基本技巧之一。1.5 节解释了如何在连续时间内推导出相同的结果。

回顾式（1.7），我们看到的结果与在确定性情况下得到的结果相同。当描述无法忍受拖延消费的 δ 较高且消费增长较高时，实际利率较高。高 γ 使得利率对消费增长更敏感。新加入的 σ^2 描述了预防性储蓄。符合该类效用函数的投资者在消费波动更大的市场状况下，对低消费状态感到的担忧远超对高消费状态感到的满意。因此，人们希望增加储蓄，从而导致利率降低。

再回顾之前的结论：当实际利率较高时，消费增长也会较高，因为人们在当下储蓄更多，在未来消费更多。而且由于对平稳消费流的渴望，消费对利率的敏感性降低了。这里由 γ 的上升进行描述。2.2 节告知我们应该如何解读这类公式——是消费决定利率，还是利率决定消费。

对于幂效用函数，曲率参数 γ 同时控制着跨期替代——对随时间变化的消费流的规避、对随自然状态变化的消费流的风险规避以及预防性储蓄，这取决于效用函数的三阶导数。这种联系是效用函数所特有的。更通用的效用函数会放宽这三个量之间的联系。

风险调整

> 与消费增长呈正相关的报酬具有较低的价格，以补偿投资者所面临的风险。
>
> $$p = \frac{E(x)}{R^f} + \text{cov}(m, x)$$
>
> $$E(R^i) - R^f = -R^f \text{cov}(m, R^i)$$
>
> 预期收益与收益和折现因子的协方差成正比。

利用协方差的定义 $\text{cov}(m, x) = E(mx) - E(m)E(x)$，我们可以把

$p=E(mx)$ 写为：

$$p=E(m)E(x)+\mathrm{cov}(m,x) \tag{1.8}$$

替换无风险利率公式（1.6），我们得到

$$p=\frac{E(x)}{R^f}+\mathrm{cov}(m,x) \tag{1.9}$$

式（1.9）中的第一项是标准的现值折现公式。如果消费是恒定的或者效用是线性的，这就是风险中性中的资产价格。第二项是风险调整。报酬与折现因子呈正相关的资产的价格会提高，反之亦然。

为了理解风险调整，将 m 代入可以得到

$$p=\frac{E(x)}{R^f}+\frac{\mathrm{cov}[\beta u'(c_{t+1}),x_{t+1}]}{u'(c_t)} \tag{1.10}$$

式中，边际效用 $u'(c)$ 随着 c 的上升而下降。因此，如果资产的报酬与消费呈正相关，则其价格会下降；相反，如果资产的报酬与消费呈负相关，则其价格会上升。

为什么呢？因为投资者不喜欢消费的不确定性。如果投资者购买一项报酬与消费呈正相关的资产，那么当投资者已经感到富裕时，该资产的报酬是锦上添花；当投资者已经感到贫穷时，该资产的报酬只是杯水车薪，这类资产也只是使得投资者的消费更为波动。只有低价格才能诱使投资者购买此类资产。如果投资者购买报酬与消费呈负相关的资产，则有助于平滑消费，其价值会高于其预期的报酬。保险就是一个极端的例子。保险恰恰在财富和消费水平低下时偿付——当房屋被烧毁时，你会得到补偿。因此，你愿意持有保险，即使预期会产生损失——即使保险价格高于通过无风险利率折现的预期报酬。

为了强调报酬与折现因子的协方差而不是方差会决定其风险，请记住投资者关心的是消费的波动性。如果投资者能够保持稳定的消费，他就不会在乎个人资产或投资组合的波动性。然后考虑一下，如果投资者投资更多的 x 而 ξ 增大时，那么消费的波动性会如何变化。$\sigma^2(c)$ 变为：

$$\sigma^2(c+\xi x)=\sigma^2(c)+2\xi\mathrm{cov}(c,x)+\xi^2\sigma^2(x)$$

对于较小的（边际）投资组合变化，消费与报酬之间的协方差决定了报酬的增加对消费波动的影响。

我们经常使用收益进行描述，因此有必要对特殊情况重申一遍：价格

为单位 1 且报酬为收益。从收益的基本定价公式开始：

$$1 = E(mR^i)$$

本书使用收益 R^i 以强调该理论的重点是将一种资产 R^i 与另一种资产 R^j 的投资行为区分开。

资产定价模型表示，尽管预期收益会随时间和资产而变化，但预期折现收益应始终是相同的。应用协方差分解

$$1 = E(m)E(R^i) + \text{cov}(m, R^i) \tag{1.11}$$

之后使用 $R^f = 1/E(m)$

$$E(R^i) - R^f = -R^f \text{cov}(m, R^i) \tag{1.12}$$

或

$$E(R^i) - R^f = -\frac{\text{cov}[u'(c_{t+1}), R_{t+1}^i]}{E[u'(c_{t+1})]} \tag{1.13}$$

所有资产的预期收益均等于无风险利率，再加上风险调整后的利率。收益与消费成正比变化的资产会使得消费波动更大，因此必须保证更高的预期收益以吸引投资者持有。相反，与消费呈负相关的资产如保险，可以提供低于无风险利率的预期收益，甚至是负（净）预期收益。

大部分金融问题都集中在预期收益上。我们认为预期收益会根据市场反应来增加或减少。从直觉来看，"风险较高"的证券必须提供更高的预期收益才能吸引投资者持有，而不是说"风险较高"的证券交易价格较低以吸引投资者持有。当然，对于给定的报酬，较低的初始价格当然意味着较高的预期收益，因此这仅是针对同一现象的不同说法。

非系统风险不影响价格

> 只有与折现因子完全相关的报酬部分会产生超额收益。与折现因子无关的非系统风险不会产生溢价。

读者可能会认为报酬波动较大的资产有"风险"，因此应该进行较大的风险调整。但是，如果报酬与折现因子 m 不相关，则资产不会对其价格进行风险调整，并支付等同于无风险利率的预期收益。在下列公式中，如果

$$\text{cov}(m, x) = 0$$

则可得

$$p = \frac{E(x)}{R^f}$$

无论 $\sigma^2(x)$ 有多大。即使收益 x 高度波动且投资者属于风险规避者，这一预测也成立。原因很简单：如果投资者购买更多这样的资产，则对消费流的方差不具有一阶影响。

更普遍的是，对于持有非系统风险资产的投资者不会获得任何补偿或风险调整。只有系统风险才能产生风险调整。为了详细解释这些词汇的含义，我们可以通过回归方程将收益 x 分解为与折现因子相关的系统性部分和与折现因子不相关的非系统性部分。

$$x = \text{proj}(x \mid m) + \varepsilon$$

那么，残差风险或非系统风险 ε 的价格为零，x 的价格与其在 m 上的投影的价格相同。x 在 m 上的投影当然是 x 与 m 完全相关的那部分。任何报酬的非系统部分属于与 m 不相关的那一部分。因此，只有归属于报酬的系统部分才能说明其价格。

投影表示无常数的线性回归

$$\text{proj}(x \mid m) = \frac{E(mx)}{E(m^2)} m$$

通过此定义可验证回归残差与右边的变量 $E(m\varepsilon) = 0$ 的正交。$E(m\varepsilon) = 0$ 当然意味着 ε 的价格为零

$$p(\text{proj}(x \mid m)) = p\left(\frac{E(mx)}{E(m^2)} m\right) = E\left(m^2 \frac{E(mx)}{E(m^2)}\right)$$
$$= E(mx) = p(x)$$

"系统"和"非系统"这两个词的定义会随着语境的变化而引起语义上的混淆。在公式拆分中，尽管残差 ε 与折现因子不相关，但是残差 ε 可以彼此关联。APT 首先从报酬的协方差进行系数分析分解，而"非系统"一词仅作为报酬的组成部分，它与所有的其他报酬都不相关。

预期收益-β 表达式

$p = E(mx)$ 可以写成

$$E(R^i) = R^f + \beta_{i, m} \lambda_m$$

我们可以将预期收益公式（1.12）表示为收益 R^i

$$E(R^i) = R^f + \left(\frac{\text{cov}(R^i, m)}{\text{var}(m)}\right)\left(-\frac{\text{var}(m)}{E(m)}\right) \qquad (1.14)$$

或

$$E(R^i) = R^f + \beta_{i,m}\lambda_m \qquad (1.15)$$

式中，$\beta_{i,m}$ 是收益 R^i 在 m 上的回归系数。这是一个 β 定价模型。它描述了收益在对折现因子 m 的回归中，每项预期收益应与回归系数或 β 成正比。应注意的是，对于所有资产 i 其系数 λ_m 都相同，而 $\beta_{i,m}$ 随资产的变化而变化。λ_m 通常表示成风险价格，而 β 意味着每种资产的风险数量。如读者所见，风险价格 λ_m 取决于折现因子的波动。

显而易见，预期收益显然与 β 成正比，而非协方差。使用 β 有很长的历史传统，同时也不可忽视其便捷性。β 是指上述研究中 R 在 m 上的投影，这也从另一个角度反映了只有系统风险非常重要。

当 $m = \beta(c_{t+1}/c_t)^{-\gamma}$ 时，我们可以对公式（1.14）进行泰勒近似，以一个更为具体的变量，即消费增长而不是边际效用来表示 β。在下面的连续时间限制式（1.38）中更明确、更简洁地得出了以下结果：

$$E(R^i) = R^f + \beta_{i,\Delta c}\lambda_{\Delta c} \qquad (1.16)$$
$$\lambda_{\Delta c} = \gamma\,\text{var}(\Delta c)$$

预期收益应随消费增长本身的 β 以线性增长。此外，尽管在许多应用中将风险溢价 $\lambda_{\Delta c}$ 视为风险溢价系数，但实际上它是由风险规避和消费波动共同决定的。人们对风险的厌恶程度越高，或者投资环境越危险，为了使投资者持有高风险（高 β）资产，券商付出的预期收益溢价就越大。

均值-方差边界

> 所有资产收益均位于均值-方差边界内。边界资产彼此之间都是完全关联的，它们与折现因子的关系也是如此。边界收益可以由任意两个边界收益组合而成。我们可以从任何边际收益（R^f 除外）中构造折现因子，并且它们（R^f 除外）可作为变量使预期收益-β 表达式成立。

资产定价理论非常关注资产收益的均值和方差。有趣的是，收益的均值和方差所属集合是有限的。以折现因子 m 定价的所有资产都必须遵守

$$|E(R^i) - R^f| \leqslant \frac{\sigma(m)}{E(m)}\sigma(R^i) \tag{1.17}$$

为了得出式（1.17），给定资产收益 R^i

$$1 = E(mR^i) = E(m)E(R^i) + \rho_{m,R^i}\sigma(R^i)\sigma(m)$$

因此

$$E(R^i) = R^f - \rho_{m,R^i}\frac{\sigma(m)}{E(m)}\sigma(R^i) \tag{1.18}$$

由于相关系数不能大于 1，所以得出式（1.17）。

这种简单的计算背后蕴含着许多有趣且经典的含义。

（1）资产收益的均值和方差必须位于图 1.1 所示的楔形区域内。资产所在的均值-方差区域的边界称为均值-方差边界。它回答了一个自然且有趣的问题："对于给定的方差水平可以获得多少平均收益？"

（2）边界上的所有收益均与折现因子完全相关：该边界由 $|\rho_m, R^i| = 1$ 决定。边界上方的收益与折现因子完全负相关，与消费正相关。它们具有"最大的风险"，因此可以获得最高的预期收益。边界下方的收益与折现因子完全正相关，与消费负相关。因此，它们为抵御消费波动提供了最佳保障。

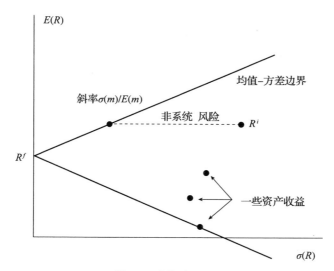

图 1.1　均值-方差边界
注：以折现因子 m 定价的所有资产的均值和标准差必须位于楔形区域内。

（3）不考虑完全相关性，假设报酬为 $m/E(m^2)$，它的价格为 $E(m^2)/E(m^2)=1$，因此报酬等于收益，位于均值-方差边界上。确定 m 之后可构造均值-方差有效收益。本书将在第 5 章通过一个明显不完全的市场扩展这个主题。

（4）所有边界收益也都彼此相关，因为它们都与折现因子完全相关。这个事实意味着可以使用两个边界收益合成任意边界收益。如果任意选择一个边界收益 R^m，那么对于 a，所有边界收益 R^{mv} 可表示为：

$$R^{mv}=R^f+a(R^m-R^f)$$

（5）由于均值-方差边界上的每个点都与折现因子完全相关，因此我们必须能够选择常数 a，b，d，e，使得

$$m=a+bR^{mv}$$
$$R^{mv}=d+em$$

因此，任何均值-方差有效收益包含所有定价信息。给定均值-方差有效收益和无风险利率，可以找到一个折现因子并对所有资产进行定价，反之亦然。

（6）给定折现因子，我们还可以构建单一 β 表达式，因此可以使用任何均值-方差有效收益（无风险利率除外）以单一 β 表达式描述预期收益：

$$E(R^i)=R^f+\beta_{i,mv}\left[E(R^{mv})-R^f\right]$$

β 定价模型的本质是，即便收益的均值和标准差填满了均值-方差边界内的空间，均值收益与 β 也符合线性关系。由于 β 模型适用于包括 R^{mv} 本身在内的所有收益，并且 R^{mv} 自身的 β 为 1，因此我们可以将因子风险溢价确定为 $\lambda=E(R^{mv}-R^f)$。

最后两点表明折现因子、β 模型和均值-方差边界之间的密切关系。本书将在第 6 章中详细探讨这种关系。

（7）本书可以将收益分解为"定价"或"系统"部分以及"残差"或"非系统"部分，如图 1.1 所示。定价部分与折现因子完全相关，因此与任何边界收益都完全相关。残差或非系统部分不会产生预期收益，如图所示，它构成了与 x 轴平行的直线，并且与折现因子或任何边界收益均不相关。边界内甚至边界下方的资产不会比边界上方的资产"更糟"。边界及其内部区域代表资产均衡收益的状态，理性投资者愿意持有所有资产。投资者不愿意将整个投资组合放在"低收益"的资产中，但是很乐意在这

些资产中投入一些财富。

均值-标准差边界的斜率和股权溢价之谜

夏普比率受折现因子的波动性限制。如果存在更多风险或更多风险规避，则风险收益的波动幅度会更为陡峭。

$$\left| \frac{E(R) - R^f}{\sigma(R)} \right| \leqslant \frac{\sigma(m)}{E(m)} \approx \gamma\sigma(\Delta\ln c)$$

该公式解释了股权溢价背后的原理，表明人们要么非常厌恶风险，要么过去 50 年内持续好运，当然这种情况不会永远持续下去。

平均超额收益与标准差之比

$$\frac{E(R^i) - R^f}{\sigma(R^i)}$$

被称为夏普比率。这是比单纯的平均收益更有趣的证券特征。如果投资者借入更多资金并投入到证券中，则可以增加头寸的平均收益，但不会提高夏普比率，因为标准差的增长速度与均值相同。

夏普比率的上限是均值-标准差边界的斜率。它解释了"通过承受投资组合中更多的波动性，投资者可以获得多少平均收益"这个问题。

以 R^{mv} 表示投资组合边界上的收益。从式（1.17）来看，边界的斜率是

$$\left| \frac{E(R^{mv}) - R^f}{\sigma(R^{mv})} \right| = \frac{\sigma(m)}{E(m)} = \sigma(m)R^f$$

因此，边界的斜率由折现因子的波动性决定。

进而通过幂效用函数 $u'(c) = c^{-\gamma}$ 进行经济解释：

$$\left| \frac{E(R^{mv}) - R^f}{\sigma(R^{mv})} \right| = \frac{\sigma\left[(c_{t+1}/c_t)^{-\gamma}\right]}{E\left[(c_{t+1}/c_t)^{-\gamma}\right]} \tag{1.19}$$

如果消费量不稳定或者 γ 较大，则公式右侧的标准差较大。我们可以使用对数正态假设精确地陈述这种近似。如果消费增长为对数正态，则

$$\left| \frac{E(R^{mv}) - R^f}{\sigma(R^{mv})} \right| = \sqrt{e^{\gamma^2\sigma^2(\Delta\ln c_{t+1})} - 1} \approx \gamma\sigma(\Delta\ln c) \tag{1.20}$$

（本章末尾将指导读者完成第一个公式的推导。该公式在连续时间内是确定的，因此通过参考连续时间的结果最容易得出近似值，具体见 1.5 节。）

从公式中可以看出，经济风险越高（消费波动较大）或投资者对风险的厌恶程度越高，均值-标准差边界的斜率越高。这两种情况自然会使投资者更不愿意承担持有风险资产背后的额外风险。两种情况也都提高了消费 β 模型，即式（1.16）的预期收益-β 直线的斜率。（或者相反，在夏普比率高的经济体中，低风险规避的投资者不得不承担如此大的风险，以至于他们的消费变得不稳定。）

美国战后的数据表示，历史的均值-标准差边界或平均收益-β 线的斜率远高于合理的风险规避和消费波动率所建议的斜率，这正是"股权溢价之谜"。在过去的 50 年中，美国的实际股票收益率平均为 9%，标准差约为 16%，而美国国库券的实际收益率约为 1%。因此，市场历史年度夏普比率约为 0.5。总体非耐用品和服务消费增长的均值和标准差约为 1%。在式（1.20）的前提下可以得出投资者的风险规避系数为 50。

显然，采取通常的方法计算只会使情况变得更糟。式（1.20）将消费增长归因于所有或有求偿权的均值-方差边界，却未确认夏普比率为 0.5 的市场指数是否属于该领域，因此认识到市场不完全会使情况变得更糟。总消费与市场收益率之间具有约 0.2 的相关性，而式（1.20）则是在最糟糕的前提下进行推导的，即消费增长与资产收益率具有完美的相关性。如果将上述条件加入计算，需要 250 的风险规避系数才能解释市场夏普比率！个人消费流的风险大于总的消费流，但是随着风险的增加，它们与总量的相关性必须成比例地降低，因此即便存在识别个体风险的一阶条件在此进行约束也无济于事。

显然：（1）人们对风险的厌恶程度比我们想象的要大得多；（2）近50 年高的股票收益率在很大程度上是因为好运，而不是对风险的均衡补偿；（3）该模型存在严重错误，包括对效用函数和总消费数据的使用。以上三种情况导致了上述结果。"股权溢价之谜"吸引了许多金融研究者的关注，尤其是在最后一点上。本书将在第 21 章中更详细地介绍股权溢价。

随机游走和时变预期收益

如果投资者是风险中性的，则收益是不可预测的，且价格符合鞅模型的预测。通常来说，如果投资者是风险规避的，并且收益的条件二阶

> 矩和折现因子随时间变化，则边际效用衡量的价格符合鞅模型的描述，
> 且收益是可以预测的。从长远来看，这似乎更合理。

到目前为止，本书集中讨论资产的价格或预期收益的走势，我们同时也应考虑一段时间内给定资产的价格或收益。回到基本的一阶条件：

$$p_t u'(c_t) = E_t [\beta u'(c_{t+1})(p_{t+1} + d_{t+1})] \tag{1.21}$$

如果投资者是风险中性的，即 $u(c)$ 是线性的或消费曲线方差为 0，同时证券在 t 到 $t+1$ 期间内不支付股息，并且在 β 接近 1 的短时间范围内，此公式可化简为：

$$p_t = E_t(p_{t+1})$$

同样，价格遵循以下形式的时间序列过程：

$$p_{t+1} = p_t + \varepsilon_{t+1}$$

如果方差 $\sigma_t^2(\varepsilon_{t+1})$ 是常数，则价格遵循随机游走。一般来说，价格符合鞅模型的预测。直观地讲，如果今天的价格比投资者对明天价格的期望低很多，那么投资者将会购买该证券。但是这种行动将推高证券的价格，直至今天的价格等于明天的预期价格。同样，收益应该也是不可预测的；除以 p_t 之后预期收益 $E_t(p_{t+1}/p_t) = 1$ 应该是常数；收益就像是抛硬币一样。

更一般的式（1.21）表明，在调整了股息与边际效用之后，价格应当符合鞅模型。由于鞅模型具有特殊的数学性质，且风险中性是一种简单的经济环境，因此可以非常容易地通过边际效用折现来缩放价格和股息，然后使用"风险中性"公式和风险中性的经济论据得出资产定价结果。

由于投资者消费量和风险规避水平每天变化不大，因此随机游走观点仍然具有实用性。这种想法与当下流行的"系统"或"技术分析"的观念背道而驰，人们可以通过"系统"或"技术分析"来预测股票在任何一天的价格走势。随机游走模型非常成功。尽管媒体几十年来一直在挖掘数据以解释市场走向及交易规则，但仍无法可靠地证明它们背后承受的交易成本及投资者承受风险的内在逻辑。

但是，最近有证据表明，长期的超额收益是可以预测的，并且从经济学意义上说，这表明整个企业的资产收益普遍具有缺陷。因此，预期收益

的基本公式可以写为：

$$E_t(R_{t+1}) - R_t^f = -\frac{\text{cov}_t(m_{t+1}, R_{t+1})}{E_t(m_{t+1})}$$

$$= -\frac{\sigma_t(m_{t+1})}{E_t(m_{t+1})}\sigma_t(R_{t+1})\rho_t(m_{t+1}, R_{t+1}) \qquad (1.22)$$

$$\approx \gamma_t\sigma_t(\Delta c_{t+1})\sigma_t(R_{t+1})\rho_t(m_{t+1}, R_{t+1})$$

式中，Δc_{t+1} 表示消费增长。

上述公式中的 t 下标强调该关系适用于条件矩。有时，随机变量的条件均值或其他矩不同于无条件矩。根据今晚的天气预报，读者可以更为准确地预测明天的降雨，而不仅仅是知道那一天的平均降雨量。在特殊情况下，随机变量具有独立同分布的特征，正如抛硬币一样，条件矩和无条件矩出现的机会均等。但是上述讨论属于特例，资产价格、收益和宏观经济变量不服从上述分布。从理论上讲，本书已经考虑了投资者综合明天的收益、消费和其他变量形成的期望。因此，这些实际上都为条件矩，并且应该包括一些符号来更为精确地表达这一事实。我们使用下标 $E_t(x_{t+1})$ 表示在 t 时的条件期望，记为 $E(x_{t+1} | I_t)$。这更为精确，但稍显麻烦。

通过研究式（1.22），我们可以看到收益在某些程度上是可以预测的，预期收益随时间变化。首先，如果收益的条件方差随时间变化，那么条件均值收益也会发生变化——收益可以沿着恒定的夏普比率线变化。这种解释似乎对于理解数据没有太大帮助。预测均值的变量似乎无法预测方差，反之亦然。除非我们想探究条件相关性，否则必须通过更改风险 $\sigma_t(\Delta c_{t+1})$ 或者更改风险规避 γ 来解释可预测的超额收益。投资者每天都发生风险或风险规避变化是不合理的，但幸运的是，每天的收益同样是不可预测的。反而风险和风险规避在整个业务周期中发生变化的可能性要大得多，而这正是预测超额收益的时机。精确预测模型是当前一个非常活跃的研究领域。

现值说明

$$p_t = E_t \sum_{j=1}^{\infty} m_{t,t+j} d_{t+j}$$

仅考虑价格 p_t 和报酬 x_{t+1} 时，使用两期的估值会很方便。但有时我们希望将价格与整个现金流联系起来，而不只是专注于一期股息和下一期的价格。

最简单的方法是制定长期目标：

$$E_t \sum_{j=0}^{\infty} \beta^j u(c_{t+j})$$

现在假设投资者可以以价格 p_t 购买 $\{d_{t+j}\}$。与两期模型相同，它的一阶条件直接提供了定价公式：

$$p_t = E_t \sum_{j=1}^{\infty} \beta^j \frac{u'(c_{t+j})}{u'(c_t)} d_{t+j} = E_t \sum_{j=1}^{\infty} m_{t,t+j} d_{t+j} \tag{1.23}$$

如果该公式在时间 t 和时间 $t+1$ 成立，那么我们可以推导出它的两期形式

$$p_t = E_t[m_{t+1}(p_{t+1} + d_{t+1})] \tag{1.24}$$

因此，无限期模型与两期模型是等效的。

（从其他方向进行推导会稍显困难。如果将式（1.24）联系起来看，式（1.23）则会加上一个额外条件。而要推导出式（1.23），还需要"横截性条件" $\lim_{j \to \infty} E_t[m_{t,t+j} p_{t+j}] = 0$。这是无限期投资者额外的一阶条件，而两期投资者的交替不会发生这种情况，它排除了不存在股息而价格上涨的"泡沫"吸引投资者进行套利的情况。）

从式（1.23）开始，我们可以对价格进行风险调整，就像之前对一期报酬所做的那样：

$$p_t = \sum_{j=1}^{\infty} \frac{E_t d_{t+j}}{R_{t,t+j}^f} + \sum_{j=1}^{\infty} \mathrm{cov}_t(d_{t+j}, m_{t,t+j})$$

式中，$R_{t,t+j}^f \equiv E_t(m_{t,t+j})^{-1}$ 是第 j 期的利率。同样，股息与边际效用成反比，与消费成正比的资产具有较低的价格，因为持有这些资产使投资者的消费流更加不稳定。（通常使用风险调整后的折现因子将价格调整为折现值，例如 $p_t^i = \sum_{j=1}^{\infty} E_t d_{t+j}^i / (R^i)^j$，但是这种方法不适用于多期问题，尤其是预期收益会随着时间而变化的情况。）

进一步来说，两期公式 $p = E(mx)$ 的期望是基于自然状态的总和，而式（1.23）也随着时间累加。这两者在数学上是相同的。

1.5 连续时间内的折现因子

基本定价公式在连续时间内的变形。

离散的	连续的
$p_t = E_t \sum_{j=1}^{\infty} \beta^j \dfrac{u'(c_{t+j})}{u'(c_t)} D_{t+j}$	$p_t u'(c_t) = E_t \displaystyle\int_{s=0}^{\infty} \mathrm{e}^{-\delta s} u'(c_{t+s}) D_{t+s}\, \mathrm{d}s$
$m_{t+1} = \beta \dfrac{u'(c_{t+1})}{u'(c_t)}$	$\Lambda_t = \mathrm{e}^{-\delta t} u'(c_t)$
$p = E(mx)$	$0 = \Lambda D \mathrm{d}t + E_t[\mathrm{d}(\Lambda p)]$
$E(R) = R^f - R^f \operatorname{cov}(m, R)$	$E_t\left(\dfrac{\mathrm{d}p}{p}\right) + \dfrac{D}{p}\mathrm{d}t = r_t^f \mathrm{d}t - E_t\left[\dfrac{\mathrm{d}\Lambda}{\Lambda}\dfrac{\mathrm{d}p}{p}\right]$

采用连续时间随机微分方程来表达资产定价思想，通常要比目前所介绍的离散时间随机微分方程更为方便。附录包含对连续时间过程的简要介绍，涵盖了本书需要了解的内容。即使最终使用离散时间表示，采用连续时间也更为容易。例如，在上一节中将利率和夏普比率与消费增长相关联需要采取对数正态近似，读者将在本节中更清楚地理解上述运算过程。

离散时间还是连续时间的选择能够体现建模的便利性。相较于离散时间过程，连续时间过程理论的丰富性可使读者获取更为详细的分析结果。另一方面，在大多数复杂的实际情况中，读者最终仍然不得不依据离散模型进行数值模拟。在这些情况下，确实从离散模型着手会更清楚，但这都是语言的表述不同而已。人们应该对表达同一含义的离散时间和连续时间形式足够熟悉，以选择最适合应用的特定表示。

首先，我们需要考虑如何对证券建模，以代替价格 p_t 和一期报酬 x_{t+1}，使得通用证券在任何时候都具有价格 p_t，并以 D_t 的比率支付股息。（本节继续将时间函数表示为 p_t 而不是 $p(t)$，以保持离散时间处理的连续性，并且略去明显的时间下标，如以 $\mathrm{d}p$ 代替 $\mathrm{d}p_t$。在时间区间 $\mathrm{d}t$ 中，

证券支付股息 $D_t\mathrm{d}t$。使用资本 D 作为股息，以将其与微分算子 d 区分开。)

时点总收益为：

$$\frac{\mathrm{d}p_t}{p_t} + \frac{D_t}{p_t}\mathrm{d}t$$

我们将风险资产的价格视为扩散建模，例如：

$$\frac{\mathrm{d}p_t}{p_t} = \mu(\bullet)\mathrm{d}t + \sigma(\bullet)\mathrm{d}z$$

（采用符号 dz 表示标准布朗运动的增量，例如 $z_{t+\Delta} - z_t \sim \mathcal{N}(0, \Delta)$。采用符号 （•） 表示漂移 μ 和扩散 σ 可以是状态变量。本书仅讨论扩散过程，不存在任何跳跃。） 这个扩散模型的优点在于增量 dz 是正态的。但是，依赖于状态变量 μ 和 σ 说明价格 $f(p_{t+\Delta}\mid I_t)$ 的有限时间分布不必是正态的。

我们可以将无风险证券视为价格恒等于 1 且以股息支付无风险利率的证券

$$p = 1 \quad D_t = r_t^f \tag{1.25}$$

或不支付股息但价格以一定速度确定上涨的证券

$$\frac{\mathrm{d}p_t}{p_t} = r_t^f\mathrm{d}t \tag{1.26}$$

之后我们需要在连续时间中表示一阶条件。效用函数为：

$$U(\{c_t\}) = E\int_{t=0}^{\infty} e^{-\delta t} u(c_t)\mathrm{d}t$$

假设投资者可以购买价格为 p_t 并获取股息 D_t 的证券。正如我们在离散时间内推导现值所采取的步骤，此问题的一阶条件为我们提供了无限期条件下基本定价公式的变形[①]：

$$p_t u'(c_t) = E_t\int_{s=0}^{\infty} e^{-\delta s} u'(c_{t+s}) D_{t+s}\mathrm{d}s \tag{1.27}$$

---

① 一个单位的证券支付的股息 D_t，以计价消费品的方式衡量即为该证券在 dt 时间段支付 $D_t\mathrm{d}t$ 单位的股息。同理，该有价证券价格为 P 个单位。投资者可以通过在时间间隔 dt 内将 e_t 的消耗减少到 $c_t = e_t - \xi p_t/\mathrm{d}t$ 来为购买 ξ 单位的有价证券提供资金。这样做的效用损失为 $u'(c_t)(e_t - c_t)\mathrm{d}t = u'(c_t)\xi p_t$，收益为式 （1.27） 右边乘以 ξ。

这个公式明显适用于连续时间条件

$$p_t = E_t \sum_{j=1}^{\infty} \beta^j \frac{u'(c_{t+j})}{u'(c_t)} D_{t+j}$$

事实证明，在连续时间条件下除以 $u'(c_t)$ 并不是一个好主意，因为在短时间间隔内 $u'(c_{t+\Delta})/u'(c_t)$ 的比率表现不佳，相反，我们需要注意边际效用的水平。因此，将连续时间内的"折现因子"定义为：

$$\Lambda_t \equiv e^{-\delta t} u'(c_t)$$

之后定价公式可写成

$$p_t \Lambda_t = E_t \int_{s=0}^{\infty} \Lambda_{t+s} D_{t+s} \, ds \tag{1.28}$$

（有些人倾向于定义 $\Lambda_t = u'(c_t)$，在这种情况下，$e^{-\delta t}$ 将保留在公式中。其他人倾向于按无风险利率缩放 Λ_t，因而可以推导出 $e^{-\int_{\tau=0}^{t} r_{t+\tau}^f \, d\tau}$。后者使其看起来像是风险中性或现值估值公式。）

与一期定价公式 $p = E(mx)$ 类似的是

$$0 = \Lambda D \, dt + E_t [d(\Lambda p)] \tag{1.29}$$

要推导出该项基本公式，取式（1.28）在 t 和 $t+\Delta$ 处的差（或相当于以价格 t 购买证券并在 $t+\Delta$ 处出售证券的一阶条件）：

$$p_t \Lambda_t = E_t \int_{s=0}^{\Delta} \Lambda_{t+s} D_{t+s} \, ds + E_t [\Lambda_{t+\Delta} p_{t+\Delta}]$$

对于 Δ，积分项可以近似为：

$$p_t \Lambda_t \approx \Lambda_t D_t \Delta + E_t [\Lambda_{t+\Delta} p_{t+\Delta}] \tag{1.30}$$

可得

$$p_t \Lambda_t \approx \Lambda_t D_t \Delta + E_t [\Lambda_t p_t + (\Lambda_{t+\Delta} p_{t+\Delta} - \Lambda_t p_t)] \tag{1.31}$$

消去 $p_t \Lambda_t$

$$0 \approx \Lambda_t D_t \Delta + E_t (\Lambda_{t+\Delta} p_{t+\Delta} - \Lambda_t p_t)$$

取 Δ 趋近于 0 的极限

$$0 = \Lambda_t D_t \, dt + E_t [d(\Lambda_t p_t)]$$

或是略去时间下标即式（1.29）。

式（1.29）看起来与 $p = E(mx)$ 不同，因为公式左侧没有价格。在给定其他条件（包括 $t+1$ 处的价格）的情况下，我们习惯将一期定价公式确定为 t 处的价格。但是正如从式（1.30）或式（1.31）所看到的，t 处的价格确实存在。相较于对比公式左侧今天的价格和公式右侧的报酬（包括明天的价格），随时间推移更容易表达价格差异。

由于不存在股息与常数，$0 = E_t(\mathrm{d}p_t) = E_t(p_{t+\Delta} - p_t)$ 说明价格应当符合鞅模型。因此，$E_t[\mathrm{d}(\Lambda p)] = 0$ 意味着边际效用加权价格也应当符合鞅模型，且式（1.29）调整股息。因此，它与式（1.21）相同，即离散时间内的公式 $p_t = E_t[m_{t+1}(p_{t+1} + d_{t+1})]$。

由于这里会详细记录 $\mathrm{d}p$ 的价格推导过程和 $\mathrm{d}\Lambda$ 的折现过程，并根据预期收益来解释式（1.29），因此使用伊藤引理分解 $\mathrm{d}(\Lambda_t p_t)$ 项通常会较为简便：

$$\mathrm{d}(\Lambda p) = p\,\mathrm{d}\Lambda + \Lambda\,\mathrm{d}p + \mathrm{d}p\,\mathrm{d}\Lambda \tag{1.32}$$

在式（1.29）中使用扩展变形式（1.32），为使其工整除以 $p\Lambda$，可得到一个更为直观的等效公式：

$$0 = \frac{D}{p}\mathrm{d}t + E_t\left[\frac{\mathrm{d}\Lambda}{\Lambda} + \frac{\mathrm{d}p}{p} + \frac{\mathrm{d}\Lambda}{\Lambda}\frac{\mathrm{d}p}{p}\right] \tag{1.33}$$

（该公式的使用条件为 Λ 和 p 都不能为零。该公式适用于大部分情况，如果该公式无效，则在公式两边乘以 Λ 和 p 并将其保留在分子中。）

将基本定价公式（1.29）或式（1.33）应用于无风险利率，分别定义为式（1.25）或式（1.26），可得

$$r_t^f\,\mathrm{d}t = -E_t\left(\frac{\mathrm{d}\Lambda_t}{\Lambda_t}\right) \tag{1.34}$$

该公式明显适用于连续时间，等于

$$R_t^f = \frac{1}{E_t(m_{t+1})}$$

如果交易中不存在无风险利率，我们可以使用式（1.34）定义影子无风险利率或零 β 资产组合收益率。

式（1.33）变形为：

$$E_t\left(\frac{\mathrm{d}p_t}{p_t}\right)+\frac{D_t}{p_t}\mathrm{d}t=r_t^f\mathrm{d}t-E_t\left[\frac{\mathrm{d}\Lambda_t}{\Lambda_t}\frac{\mathrm{d}p_t}{p_t}\right] \tag{1.35}$$

明显符合连续时间的定义

$$E(R)=R^f-R^f\mathrm{cov}(m,R) \tag{1.36}$$

式（1.35）中的最后一项是收益与折现因子或边际效用的协方差。由于均值是 $\mathrm{d}t$ 阶，因此在式（1.35）的最后一项中协方差和二阶矩之间没有差异。随着时间间隔的缩短，式（1.36）最后一项的利率自然消失。

伊藤引理使连续时间内的公式转换变得简单。例如，消费与折现因子之间的非线性转换使得离散时间范围内的问题较为棘手。但是这种转换在连续时间内较为容易（扩散模型在局部属于正态分布，因此运用了相同的技巧）。代入 $\Lambda_t=\mathrm{e}^{-\delta t}u'(c_t)$ 可得

$$\mathrm{d}\Lambda_t=-\delta\mathrm{e}^{-\delta t}u'(c_t)\mathrm{d}t+\mathrm{e}^{-\delta t}u''(c_t)\mathrm{d}c_t+\frac{1}{2}\mathrm{e}^{-\delta t}u'''(c_t)\mathrm{d}c_t^2$$

$$\frac{\mathrm{d}\Lambda_t}{\Lambda_t}=-\delta\mathrm{d}t+\frac{c_tu''(c_t)}{u'(c_t)}\frac{\mathrm{d}c_t}{c_t}+\frac{1}{2}\frac{c_t^2u'''(c_t)}{u'(c_t)}\frac{\mathrm{d}c_t^2}{c_t^2} \tag{1.37}$$

将效用函数的局部曲率和三阶导数表示为：

$$\gamma_t=-\frac{c_tu''(c_t)}{u'(c_t)}$$

$$\eta_t=\frac{c_t^2u'''(c_t)}{u'(c_t)}$$

（对于幂效用函数，前者是幂系数 γ，后者是 $\eta_t=\gamma(\gamma+1)$。）

采用该公式，我们可以快速重新推导利率与消费增长之间的关系，即式（1.7）：

$$r_t^f=-\frac{1}{\mathrm{d}t}E_t\left(\frac{\mathrm{d}\Lambda_t}{\Lambda_t}\right)=\delta+\gamma_t\frac{1}{\mathrm{d}t}E_t\left(\frac{\mathrm{d}c_t}{c_t}\right)-\frac{1}{2}\eta_t\frac{1}{\mathrm{d}t}E_t\left(\frac{\mathrm{d}c_t^2}{c_t^2}\right)$$

我们仍然可以较为容易地通过消费风险而不是折现因子的风险来表示资产价格，如式（1.16）所示。将式（1.37）代入式（1.35）：

$$E_t\left(\frac{\mathrm{d}p_t}{p_t}\right)+\frac{D_t}{p_t}\mathrm{d}t-r_t^f\mathrm{d}t=\gamma E_t\left(\frac{\mathrm{d}c_t}{c_t}\frac{\mathrm{d}p_t}{p_t}\right) \tag{1.38}$$

因此，收益随消费变化更为剧烈的资产具有更高的平均超额收益，而与平均收益相关的协方差常数就是效用曲率系数 γ。

由于相关系数小于 1，式（1.38）说明夏普比率与效用曲率和消费波动直接相关。我们不需要通过式（1.20）中繁杂的对数正态和近似进行公式变形。使用 $\mu_p \equiv E_t(\mathrm{d}p_t/p_t)$，$\sigma_p^2 = E_t[(\mathrm{d}p_t/p_t)^2]$，$\sigma_c^2 = E_t[(\mathrm{d}c_t/c_t)^2]$ 可得

$$\frac{\mu_p + \dfrac{D_t}{p_t}\mathrm{d}t - r_t^f \mathrm{d}t}{\sigma_p} \leqslant \gamma\sigma_c$$

第2章

基本模型的运用

2.1 前提假设及运用

$p = E(mx)$ 中不包含以下假设:

(1) 完全市场,或存在有代表性的投资者;

(2) 资产收益或报酬服从正态分布(无选择权)或随着时间的推移保持独立;

(3) 两期投资者,二次效用或效用可分离;

(4) 投资者不含人力资本或劳动收入;

(5) 市场已经达到平衡,或者每个人购买了想要购买的所有证券。

所有这些假设都会在以后的各种特殊情况下出现,但我们到目前为止尚未做出上述假设。不过,我们确实假设投资者可以考虑进行少量边际投资或撤资。

资产定价理论包含许多假设,可用于推导分析各种特殊情况,并从经验中总结有用的表示形式。在提到 $p = E(mx)$ 或 $pu'(c_t) = E_t[\beta u'(c_{t+1}) x_{t+1}]$ 时,我们仍未包含上述大多数假设。

上述公式不包含完全市场或有代表性的投资者的前提假设。这些公式适用于每个单独的投资者。其可以投资的各种资产,与是否存在其他投资者或其他资产无关。如果使用 $u'(c_t)$ 中的总消费数据或模型的专门化和简化形式，则需要完全市场与代表性行为人假设。

这里尚未讨论报酬或收益分配。特别的是，我们仍未假设收益是正态分布或者效用是二次的。基本定价公式应适用于任何资产、股票、债券、期权、实际投资机会等，以及任何单调和凹效用函数。我们通常认为均值-方差分析和 β 定价模型需要这些限制假设或二次效用，但事实并非如此。无论报酬、效用函数等的分布如何，均值-方差有效收益包含所有定价信息。

这不属于"两期模型"。正如我们所见，基本定价公式适用于多期模型的任意两个期间。确实所有公式都涉及条件矩，因此，我们没有假设随时间变化的独立同分布收益。

本书的分析基于时间和状态可分离的效用函数，并集中在简单的幂效用函数示例上。其实如何处理公式并不重要，只需将 $u'(c_t)$ 解释为在时间 t 消费的一般效用函数的偏导数。状态或时间不可分离的效用（持久习惯及持久性）使折现因子与实际变量之间的关系复杂化，但不会改变 $p = E(mx)$ 或其他任何基本结构。

我们假设投资者存在可出售的人力资本，或没有外部收入来源。与消费相关的购买资产一阶条件能够成立与预算约束条件无关。相比之下，CAPM 和 ICAPM 中的资产定价组合方法在很大程度上取决于投资者是否有非资产收入的假设，我们将在下面研究这些特殊情况。例如，效用函数中的闲暇意味着边际效用 $u'(c, l)$ 可能依赖于 l 和 c。

我们（现在）甚至根本不需要市场处于"平衡状态"，投资者已经购买了想要购买的所有资产，甚至可以购买所有资产。$p = E(mx)$ 可解释成为了获取尚未拥有的 x_{t+1} 的报酬，投资者愿意支付的价格。原因如下：如果投资者在时间 $t+1$ 存在 ξ 的报酬 x_{t+1}，其效用 $u(c_t) + \beta E_t u(c_{t+1})$ 将增加。

$$\beta E_t \left[u(c_{t+1} + \xi x_{t+1}) - u(c_{t+1}) \right]$$
$$= \beta E_t \left[u'(c_{t+1}) x_{t+1} \xi + \frac{1}{2} u''(c_{t+1})(x_{t+1}\xi)^2 + \cdots \right]$$

如果 ξ 很小，则只有右边的第一项非常重要。如果投资者必须在时间 t 放弃少量资金 $v_t \xi$，那么这种损失会使他的效用降低。

$$u(c_t - v_t \xi) - u(c_t) = -u'(c_t) v_t \xi + \frac{1}{2} u''(c_t)(v_t \xi)^2 + \cdots$$

同样，对于较小的 ξ，只有第一项很重要。因此，为了获得超额报酬

ξx_{t+1}，投资者愿意支付 $v_t\xi$，其中

$$v_t = E_t\left[\beta\frac{u'(c_{t+1})}{u'(c_t)}x_{t+1}\right]$$

如果投资者对于资产的私人估值高于市场价值 p_t，并且能够购买更多资产，他就会这样做。随着他购买更多的资产，其消费量将发生变化。在 x_{t+1} 较高的状态下，消费量会更高，从而压低了 $u'(c_{t+1})$，直到投资者的私人估值下降到市场价值为止。因此，在投资者达到其最佳投资组合之后，市场价值也应使用交易后或均衡的消费量以遵循基本定价公式的约束。但是，该公式还可以应用于使用交易前的消费量来推导边际私人估值，或者对尚未交易的潜在证券进行估值。

我们已经为投资者计算了"较小的"或边际投资组合变更的价值。对于某些投资项目，投资者不能支付较小（多样化）的头寸。例如，风险投资者或企业家通常要么获得项目的全部收益，要么血本无归。项目的价值 $E\sum_j\beta^j[u(c_{t+j}+x_{t+j})-u(c_{t+j})]$ 可能与其边际对应项 $E\sum_j\beta^ju'(c_{t+j})x_{t+j}$ 的差别很大。一旦项目已经完成，$c_{t+j}+x_{t+j}$ 变成了 c_{t+j}，因此，边际估值仍适用于事后消费量。分析师通常会忘记这一点，而将 CAPM 等边际（多样化）估值模型应用于必须分批购买的项目。此外，我们从卖空和买卖价差中提取了一些信息。此调整将 $p=E(mx)$ 从等式转变为一组不等式。

2.2 一般均衡

> 资产收益和消费：哪个是鸡，哪个是鸡蛋？本节介绍外生收益模型、禀赋经济模型以及 $p=E(mx)$ 不重要的论点。

到目前为止，本书仍未提及报酬 x_{t+1}、边际效用 m_{t+1} 或消费 c_{t+1} 的联合统计特征来自哪里，也未提及推动经济发展的根本性外生冲击。在给定消费（边际效用、折现因子）和资产报酬的联合分布后，基本定价公式 $p=E(mx)$ 确定了价格的高低。

基本定价公式可以写成

$$u'(c_t)=E_t[\beta u'(c_{t+1})x_{t+1}/p_t]$$

在给定资产价格和报酬的前提下，该公式可确定今天的消费，而不是根据

消费和报酬来确定今天的资产价格。通过这种方式确定基本的一阶条件，可以得到消费的永久收入模型。

哪个是鸡，哪个是鸡蛋？哪个变量属于外生变量，哪个变量属于内生变量？答案是两者都不是。对于许多研究目的来说，这不重要。一阶条件是任何均衡的特征。如果投资者碰巧知道 $E(mx)$，则可以确定 p；如果碰巧知道 p，则可以用它来确定消费和储蓄决策。

对于大多数资产定价，我们在意的是资产的类型。因此，有趣的是通过单个折现因子将资产价格（预期收益）的横截面变化与二阶矩（β）的横截面变化进行对比。在大多数实际应用中，折现因子是总变量（市场收益、总消费）的函数，因此在将一项资产与另一项资产进行比较时，使折现因子保持恒定是合理的处理方法。永久收入研究通常会极大限制所考虑资产的数量（通常仅为利率），并研究总消费或个人消费的时间序列演变。

尽管如此，下一步仍然需要完善经济模型：根据外生变量找到 c 和 p。结果当然取决于经济模型的其余部分，特别是生产或跨期转化技术以及市场集。

图 2.1 展示了实现一般均衡的一种可能性。假设生产技术是线性的：实际收益率（跨期转化率）不受投入多少的影响。

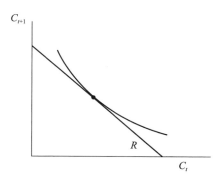

图 2.1　当线性技术决定收益率时的消费调整

现在，消费必须根据给定的收益率进行调整。消费过程必须根据跨期技术收益率的改变而改变。这正是永久收入模型的工作原理，也是许多金融理论，如 CAPM 和 ICAPM 以及 Cox，Ingersoll and Ross（1985）期限结构模型的原理。这些模型描述了收益的产生过程，并且解释了消费者的投资组合和消费规则。

图 2.2 显示了生产技术的另一种极端可能性。这是"禀赋经济"。每个

时期都会出现（或由劳动产生的）非持久性消费。任何人都无法储蓄、投资或以其他方式将本期的消费商品转换为下一期的消费商品。因此，资产价格必须进行调整，直到人们乐于进行消费禀赋过程为止。在这种情况下，消费是外生变量，而资产价格会进行调整。Lucas（1978）、Mehra and Prescott（1985）是禀赋经济中两个非常著名的应用。

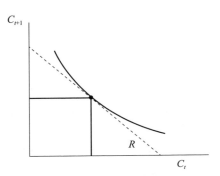

图 2.2　在禀赋经济中资产价格根据消费调整

在这些可能性中哪个是绝对正确的？好吧，它们都不正确。实体经济和所有一般均衡模型如图 2.3 所示：投资者可以选择将所有资金用于储蓄或跨期消费，但是消费的速度会下降。随着投资的增加，收益率会下降。

这种结果是否会使线性（CAPM，CIR，永久收入）模型或禀赋经济模型无效？答案是不会。从图 2.3 的均衡情况开始介绍。假设我们将这种经济情况线性化建模，但是我们恰好选择了线性化的收益率，该过程与从一般均衡中得出收益的随机过程完全相同。由此得出的联合消费-资产收益过程与原始的一般均衡完全相同！类似地，假设将这种经济建模为一种禀赋经济，但是我们恰好为禀赋过程选择了消费随机过程，且该过程是由凹型生产技术带来的均衡产生的。同样，联合消费-资产收益过程完全相同。

因此，通过以下方法进行实证研究是正确的：

（1）构建债券和股票收益的统计模型，求解最优的消费投资组合决策。在 $p=E(mx)$ 中使用均衡消费值。

（2）构建消费过程的统计模型，直接根据基本定价公式 $p=E(mx)$ 计算资产价格和收益。

（3）构建一个完全正确的一般均衡模型，包括生产技术、效用函数和市场结构。使用 $p=E(mx)$ 作为均衡条件之一推导均衡消费和资产价格过程。

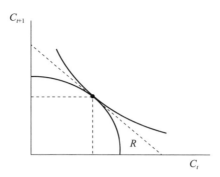

图 2.3　一般均衡

注：实线表示无差异曲线和生产可能性集合；虚线表示均衡收益率；虚线框表示禀赋经济，可以预测相同的消费和资产收益过程。

如果关于消费或资产收益的统计模型是正确的，即如果它们与真实经济背后的均衡消费或收益过程相吻合，则前两种方法都可以对联合消费-资产收益过程做出正确的预测。

从 20 世纪 50 年代到 70 年代初期发展的大多数金融模型都将收益过程视为已知，并暗含线性化假设。Lucas（1978）提出的禀赋经济方法是一个突破，使建模变得较为容易。对于给定的资产收益，求出 $p = E(mx)$ 比解决给定资产收益的消费投资组合问题容易得多，上述方法都可以推导均衡消费过程。为了解决消费投资组合问题，我们必须对投资者所处的经济环境进行建模：必须限定他可以投资的所有资产，以及他的劳动收入过程（或工资率推导过程，包括劳动力供给决策）。一旦我们直接对消费流进行建模，就可以分别查看每项资产，实际计算过程不在此赘述。这一突破说明了本书讲述内容的特别结构。一般来说，首先要对消费投资组合问题进行广泛的研究，通过对消费过程进行建模直接研究定价，而投资组合问题是我们可以在稍后讨论的有趣的附带问题。

$p = E(mx)$ 的大多数处理不需要考虑外生性、内生性或一般均衡。这是处理任何资产或者生产技术都必须具备的条件。了解一般均衡模型所需的额外假设后，读者现在可以理解为什么人们在仅使用一阶条件来解决问题、利用 $E(mx)$ 的知识预测 p 时，会踌躇不前。

$E(mx)$ 确定 p 的论断看起来非常简便。我们通常认为 β 和因子风险定价（$E(mx)$ 的组成部分）在确定预期收益方面起到决定性作用。例如，我们通常说"股票的预期收益增加是因为公司承担了风险较高的项目，从而提高了它的 β"。但是整个消费过程、折现因子和因子风险溢价会随着生产技术的变化而改变。同样，如果我们谈论政策干预及新兴市场等方面的影响时，讨论将陷入泥淖。统计模型中的均衡消费或资产收益过程可能会随着结构的变化而变化。对于这样的问题，读者真的需要从一般均衡的角度来考虑。值得注意的是，一些专注于永久收入的宏观经济学家做出了完全相反的假设，即将资产收益过程视为外生的，并研究（内生的）消费和储蓄决策。

2.3 实践中基于消费的模型

> 理论上，基于消费的模型是所有资产定价问题的完整解答，但实际上模型的表现不佳。这促进了其他资产定价模型的构建。

到目前为止，本书所概述的模型理论上可以对估值理论中的所有问题给出完整的解答。它可以应用于任何证券（债券、股票、期权、期货等）或其他任何不确定的现金流量。我们需要的是效用函数、参数的数值以及用于评估消费和报酬的条件分布的统计模型。

具体而言，以标准的幂效用函数为例

$$u'(c) = c^{-\gamma} \tag{2.1}$$

然后，超额收益应遵循

$$0 = E_t \left[\beta \left(\frac{c_{t+1}}{c_t} \right)^{-\gamma} R_{t+1}^e \right] \tag{2.2}$$

采取无条件期望并应用协方差分解，预期超额收益应遵循

$$E(R_{t+1}^e) = -R^f \operatorname{cov}\left[\beta \left(\frac{c_{t+1}}{c_t} \right)^{-\gamma}, R_{t+1}^e \right] \tag{2.3}$$

给定 γ 的值以及消费和收益的数据，读者可以轻松地估算均值和公式右侧的协方差，并检查实际的预期收益是否符合公式的计算结果。

同理，可得现值公式

$$p_t = E_t \sum_{j=1}^{\infty} \beta^j \left(\frac{c_{t+j}}{c_t} \right)^{-\gamma} d_{t+j} \tag{2.4}$$

基于有关消费和股息的数据或其他报酬的数据，读者可以估计公式右侧的数据并对照左侧的价格进行检查。

债券和期权不需要单独的估值理论。假设 N 期无违约名义折价债券（美国国库券）在 $t+N$ 时为 1 美元。它的价格应该是

$$p_t = E_t \left(\beta^N \left(\frac{c_{t+N}}{c_t} \right)^{-\gamma} \frac{\Pi_t}{\Pi_{t+N}} 1 \right)$$

式中，Π 为价格水平（价格/商品）。欧式期权的报酬为 $\max(S_{t+T} - K, 0)$，其中 S_{t+T} 为 $t+T$ 时的股票价格，K 为行权价。期权价格应为：

$$p_t = E_t \left[\beta^T \left(\frac{c_{t+T}}{c_t} \right)^{-\gamma} \max(S_{t+T} - K, 0) \right]$$

同样，我们可以使用有关消费、价格和报酬的数据来检验这些预测正确与否。

但是，这种基于消费的模型的推导无法准确预测。为了说明其中存在的一些问题，图 2.4 给出了纽约证券交易所股票中，按资产多少排列的十个投资组合的平均超额收益与基于消费模型预测的比较。

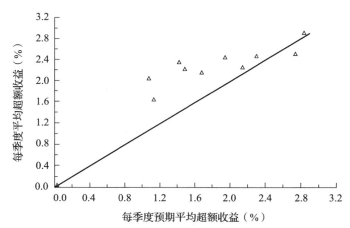

图 2.4　10 项 CRSP 规模投资组合的平均超额收益与基于幂效用函数模型的预测

注：通过 $-R^f \mathrm{cov}(m, R^i)$ 进行预测，其中 $m = \beta(c_{t+1}/c_t)^{-\gamma}$。第一阶段的 GMM 选取 $\beta = 0.98$ 和 $\gamma = 241$，以最大限度地降低定价的误差平方和（与 45° 线的标准差）。

资料来源：Cochrane (1996)．

我们选择了效用曲率参数 $\gamma = 241$，以使曲线看起来尽可能准确。（下面有关 GMM 估计的部分详细介绍了如何进行公式推导。该图显示了第一阶段的 GMM 估计。）该模型并非毫无作用，样本平均收益与基于消费模

型的预测结果之间存在一定的相关性，但是该模型的预测效果不是很好。每项投资组合的定价误差（实际预期收益－预期收益的预测值）与整个投资组合中预期收益的价差幅度相同。

2.4 替代资产定价模型：概述

本节试图检验各种效用函数、一般均衡模型以及线性因子模型（如 CAPM，APT，ICAPM），以此来规避基于消费模型的实证难题。

基于消费模型的较少的实践性能促使人们寻求替代资产定价模型——替代函数 $m = f(数据)$。对于 m，所有资产定价模型都对其有不同的影响。本节在这里概述了一些不同的方法，并将在后面的章节中详细研究它们。

（1）不同的效用函数。也许基于消费模型的问题仅仅是我们为效用选择的函数形式。通常的对策是尝试使用不同的效用函数。边际效用的变量组成比它的函数形式重要得多。也许耐用品的储存会影响非耐用品的边际效用；也许闲暇或昨天的消费会影响今天的边际效用。在实际研究中，这些可能性都是必须讨论的要点。读者仍可以尝试使用有关股东个人消费而不是合计消费的微观数据。异质投资者的聚集会使诸如收入的横截面方差之类的变量出现在总边际效用中。

（2）一般均衡模型。也许问题出在消费数据上。一般均衡模型提供了将消费与其他变量如收入、投资等相关联的均衡决策原理。通过替换基于消费的模型的决策原则 $c_t = f(y_t, i_t, \cdots)$，我们可以将资产价格与其他更好地衡量宏观经济总量的因素结合构建新的模型。

此外，真实的一般均衡模型完全描述了经济的运行情况，包括所有变量及其运作的随机过程。它们可以回答如下问题，例如，为什么资产报酬 x 与折现因子 m 的协方差（β）等于折现因子，而不是从该协方差开始推导。理论上，它们可以解答结构性问题，例如，资产价格可能会受到政府不同的政策或新证券推出的影响。仅仅通过控制投资者的一阶条件是不能解答任何一个问题的。

（3）因子定价模型。对不良消费数据的另一个明智的处理方法是直接根据其他变量对边际效用进行建模。因子定价模型正是遵循这种方法。该模型认为折现因子是一组代理变量的线性函数。

$$m_{t+1} = a + b_A f^A_{t+1} + b_B f^B_{t+1} + \cdots \tag{2.5}$$

式中，f^i 是因子；a，b_i 是参数。（此处对"因子"一词的使用与"折现因子"或"因子分析"的使用有所不同，但并没有创造出令人困惑的术语。）总的来说，本节只是将这些因子作为边际效用的合理替代变量：描述典型投资者是高兴还是不高兴的事件。其中，CAPM 为：

$$m_{t+1} = a + b R^W_{t+1}$$

式中，R^W 是指总资产的收益率，通常由广泛基础的投资组合（如根据价值加权的纽约证券交易所投资组合）进行衡量。APT 通过收益协方差矩阵的因子分析得出了广泛投资组合的收益。ICAPM 将宏观经济变量纳入探讨，例如，GNP 和通货膨胀，以及预测宏观经济或资产收益的变量。诸如 Cox-Ingersoll-Ross 模型之类的期限结构模型的折现因子是一些期限结构变量的函数，如短期利率和少数利差。

许多因子定价模型是根据无劳动收入变量的一般均衡模型线性化后得出的，因此，它们也满足通过一般均衡关系（当然来自程式化的一般均衡模型）来代替消费的一般思想。

（4）套利或近套利定价模型。$p = E(mx)$ 的存在以及边际效用为正 $m \geqslant 0$ 的前提（这些前提将在下一章中讨论）通常可以基于一种报酬的价格推导另一种报酬的价格。布莱克-斯科尔斯期权定价模型就是使用这种方法的典型例子：由于可以通过股票和债券的投资组合来复制期权收益，因此，股票和债券定价的任何折现因子 m 都可用于期权定价。基于上述理念，许多学者对如何放松对于 m 的约束以推导出更为一般条件的均衡模型进行了广泛的探讨。本书将在第 17 章中研究这些理论。

本书会对折现因子 m 的替代模型进行更为详细的推导和讨论。首先，记住 $p = E(mx)$ 以及折现因子 m 代表的详细含义。

第 3 章

或有求偿权市场

我们的首要任务是更为深入地理解 $p = E(mx)$ 这一公式。本书将在第 3 章介绍一个非常简单的市场结构：或有求偿权。这就引出了 $p = E(mx)$ 的内积解释，它可以直观地表示大部分定理。从完全市场中的价格和报酬出发，折现因子存在且为正，定价函数为线性。这里不需要任何效用函数。下一章将说明这些属性在不完全市场中也成立。

3.1 或有求偿权

> 本节将随机折现因子 m 解释为或有求偿权的价格除以概率，而 $p = E(mx)$ 则作为或有求偿权的附加条件。

假设明天可能会出现 S 个可能的自然状态之一，即存在有限维状态空间。用 s 表示单个状态。例如，可能存在 $S=2$，且 $s=$ 雨天或 $s=$ 晴天。

或有求偿权是一种仅在明天的某种状态 s 下支付 1 美元（或 1 单位消费商品）的证券。$pc(s)$ 是或有求偿权现在的价格。我们使用 pc 表示或有求偿权的价格，并且（s）表示或有求偿权在哪种状态下可以得到报酬。

在完全市场中，投资者可以购买任何或有求偿权。他们不一定必须交易某种明确的或有求偿权，只需要存在足够的其他证券来构造所有的或有求偿权。例如，如果可能的自然状态是（雨天，晴天），则可以组成任何或有求偿权，或者可以进一步通过组合或有求偿权实现任何投资组合，如雨天支付 2 美元而晴天支付 1 美元的证券即 $x_1 = (2, 1)$，或 $x_2 = (1, 1)$ 无风险证券组合。

现在，我们正在寻找特定的折现因子，要点为：如果存在完整的或有求偿权，则存在折现因子，它等于或有求偿权的价格除以概率。

令 $x(s)$ 表示自然状态 s 下的资产报酬。我们将资产视为一系列或有求偿权的组合——$x(1)$ 属于状态 1 的或有求偿权，$x(2)$ 属于状态 2 的或有求偿权，依此类推。资产价格必须等于它的或有求偿权的价值组合

$$p(x) = \sum_s pc(s)x(s) \tag{3.1}$$

将价格记为 $p(x)$ 以强调它是报酬 x 的价格。如果所讨论的报酬十分明确，则略去 (x)。我倾向于将式（3.1）视为"开心套餐"定理：（在无摩擦的市场中）开心套餐的价格应与一个汉堡包、一小包薯条、一小杯饮料和一个玩具的价格相同。

求出期望要比对各种状态求和容易得多。因此，将式（3.1）乘以概率后除以概率：

$$p(x) = \sum_s \pi(s)\left(\frac{pc(s)}{\pi(s)}\right)x(s)$$

式中，$\pi(s)$ 是状态 s 出现的概率。将 m 定义为或有求偿权的价格与概率之比：

$$m(s) = \frac{pc(s)}{\pi(s)}$$

现在将公式以期望的形式展现：

$$p = \sum_s \pi(s)m(s)x(s) = E(mx)$$

在完全市场中，$p = E(mx)$ 中的随机折现因子 m 存在，且为一组通过概率加权的或有求偿权的价格。因此，折现因子和概率的组合有时称为状态价格密度。

在这种有限状态条件下，乘以概率再除以概率这一变形看起来并不自然。通常，我们假设空间 Ω 中的自然状态 ω 可以在空间中取连续（无穷大）值。这种情况下的求和过程成了积分过程，因此，我们必须采取某种方法求空间为 Ω 的积分。使用类似概率确定或有求偿权的价格不失为一种好方法。

3.2 风险中性概率

将折现因子 m 视为对风险中性概率的变形，使得 $p = E^*(x)/R^f$。

$p = E(mx)$ 的另一种常见变形是"风险中性"概率。定义为：

$$\pi^*(s) \equiv R^f m(s)\pi(s) = R^f pc(s)$$

式中

$$R^f \equiv 1/\sum pc(s) = 1/E(m)$$

$\pi^*(s)$ 为正，小于等于 1 且总和为 1，因此，它们符合概率的定义。现在我们可以将资产定价公式写为：

$$p(x) = \sum_s pc(s)x(s) = \frac{1}{R^f}\sum \pi^*(s)x(s) = \frac{E^*(x)}{R^f}$$

我用符号 E^* 表示期望使用了风险中性概率 π^* 以代替实际概率 π。

因此，我们可以把资产定价想象或所有的行为人都是风险中性的，但是使用概率 π^* 替代实际概率 π。概率 π^* 赋予大于平均边际效用 m 的状态更高的权重。

该项处理蕴含着深刻的思想：相对于不景气市场的实际发生概率，风险规避更为关注不景气市场本身。主观认为飞机失事等消极事件的概率很高的人并不是持有非理性的预期，他们可能只是给出了风险中性概率或乘积 $m \times \pi$。毕竟该项乘积的结果是许多决策中最重要的参考信息：请高度关注那些极有可能发生或不太可能发生但会造成灾难性后果的意外事件。

实际概率到风险中性概率的变形为：

$$\pi^*(s) = \frac{m(s)}{E(m)}\pi(s)$$

我们还可以将折现因子 m 视为从实际概率 π 到主观概率 π^* 的导数或测度转换。资产定价的风险中性概率表达式很常见，尤其是在衍生品定价中，其结果通常独立于风险调整。

风险中性表达式适合在连续时间扩散过程中使用,因为我们只需调整均值,而不必担心协方差。在离散时间内,概率的改变通常会同时改变一阶矩和二阶矩。假设我们从一个关于价格和折现因子的过程开始

$$\frac{\mathrm{d}p}{p} = \mu^p \mathrm{d}t + \sigma^p \mathrm{d}z$$

$$\frac{\mathrm{d}\Lambda}{\Lambda} = \mu^\Lambda \mathrm{d}t + \sigma^\Lambda \mathrm{d}z$$

并假设折现因子以确定资产的价格

$$E_t\left(\frac{\mathrm{d}p}{p}\right) + \frac{D}{p}\mathrm{d}t - r^f \mathrm{d}t = -E_t\left(\frac{\mathrm{d}\Lambda}{\Lambda}\frac{\mathrm{d}p}{p}\right)$$

$$\mu^p + \frac{D}{p} - r^f = -\sigma^\Lambda \sigma^p$$

在"风险中性测度"中,我们通过每个价格过程与折现因子的协方差来增加其偏移程度,并推导出风险中性折现因子

$$\frac{\mathrm{d}p}{p} = (\mu^p + \sigma^p \sigma^\Lambda)\mathrm{d}t + \sigma^p \mathrm{d}z = \mu^{p*}\mathrm{d}t + \sigma^p \mathrm{d}z$$

$$\frac{\mathrm{d}\Lambda}{\Lambda} = \mu^\Lambda \mathrm{d}t$$

根据推导出的概率,进而可以得出风险中性定价公式

$$E_t^*\left(\frac{\mathrm{d}p}{p}\right) + \frac{D}{p}\mathrm{d}t - r^f \mathrm{d}t = 0$$

式中,$E_t^*(\mathrm{d}p/p) = \mu^{p*}\mathrm{d}t$。像以前一样

$$\mu^p + \sigma^p \sigma^\Lambda + \frac{D}{p} - r^f = 0$$

3.3　再论投资者

我们探讨了或有求偿权市场中投资者的一阶条件。边际替代率等于折现因子与或有求偿权的价格比率。

尽管本章关注不存在效用函数的情况，但再次探讨或有求偿权中投资者的一阶条件还是值得的。假设投资者最初拥有财富 y 和状态依存收入 $y(s)$，他可以在第二期针对各种可能的状态购买或有求偿权。由此可得

$$\max_{\{c,c(s)\}} u(c) + \sum_s \beta\pi(s)u[c(s)]$$
$$\text{s.t.} \quad c + \sum_s pc(s)c(s) = y + \sum_s pc(s)y(s)$$

在预算约束中引入拉格朗日乘数 λ，一阶条件为：

$$u'(c) = \lambda$$
$$\beta\pi(s)u'[c(s)] = \lambda pc(s)$$

消除拉格朗日乘数 λ

$$pc(s) = \beta\pi(s)\frac{u'[c(s)]}{u'(c)}$$

或

$$m(s) = \frac{pc(s)}{\pi(s)} = \beta\frac{u'[c(s)]}{u'(c)}$$

加上 $p = E(mx)$，再次推导出基于消费的模型。

投资者的一阶条件表明，未来各状态之间的边际替代率等于相应的价格比率

$$\frac{m(s_1)}{m(s_2)} = \frac{u'[c(s_1)]}{u'[c(s_2)]}$$

$m(s_1)/m(s_2)$ 给出了投资者可以通过买卖或有求偿权而放弃状态 2 下的消费以换取状态 1 下消费的比率。$u'[c(s_1)]/u'[c(s_2)]$ 给出了投资者愿意采取的替代比率。在经济学的最优情况下，边际替代率应等于对应的价格比率。

已知折现因子 m 是时间依存和状态依存商品之间的边际替代率。这就是为何它正如 $c(s)$ 一样，是随机变量的原因。同样，尽管不是非常自然，根据概率加权的或有求偿权价格仍然推导出了边际效用。

图 3.1 揭示了这种资产定价方法背后的经济学原理。我们观察投资者对时间依存或状态依存消费的选择。一旦知道了投资者的效用函数，便可以根据效用函数的导数计算出或有求偿权的价格，进而反推出已知投资者的消费选择。

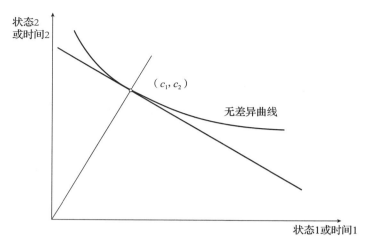

图 3.1　无差异曲线和或有求偿权价格

相关概率是投资者对于不同状态的主观概率。毕竟资产价格是由投资者对资产的需求确定的，而这些需求又是基于投资者对各种事件的概率的主观评估确定的。我们经常假定存在理性期望，即主观概率等于客观概率。但这并非一直存在的额外假设。

3.4　风险分担

> 风险分担：在完全市场中，个人消费会趋同移动。因此证券市场只关注总风险。

我们得出任何投资者的边际替代率等于或有求偿权的价格比率，但价格对于他们都应是相同的。因此，所有投资者的边际效用增长应相同。

$$\beta^i \, \frac{u^{'}(c^i_{t+1})}{u^{'}(c^i_t)} = \beta^j \, \frac{u^{'}(c^j_{t+1})}{u^{'}(c^j_t)} \tag{3.2}$$

式中，i 和 j 指代不同的投资者。如果投资者具有相同的位似效用函数（如幂函数），那么消费本身也会一致。

$$\frac{c^i_{t+1}}{c^i_t} = \frac{c^j_{t+1}}{c^j_t}$$

一般而言，消费对于个人的冲击也是完全相关的。

这个预测十分激进，乍看之下很容易引起误解。该项预测不是指预期消费增长是相等的，而是事后估计消费增长是相等的。如果我的消费量增长了 10%，读者的消费量也正好增长了 10%，那么其他人的消费量都会呈现相同的变化。在完全或有求偿权市场上，所有的投资者共同承担风险。因此，市场动荡会对所有人造成相同的冲击（扣除保险之后）。而这并非表示消费水平一致，这就是风险分担。富人的消费水平较高，但无论贫富，投资者都共同承担风险。

该项风险分担服从帕累托最优。假设一个社会规划者希望在现有资源的条件下实现每个人效用的最大化。例如，有两个投资者 i 和 j，他会最大化

$$\max \lambda_i E \sum_t \beta^t u(c_t^i) + \lambda_j E \sum_t \beta^t u(c_t^j) \quad \text{s. t.} \quad c_t^i + c_t^j = c_t^a$$

式中，c_a 是可用的总量；λ_i 和 λ_j 是 i 和 j 在最大化目标中的相对权重。这个问题的一阶条件为：

$$\lambda_i u'(c_t^i) = \lambda_j u'(c_t^j)$$

因此，这与完全市场的风险分担相同，即式（3.2）。

这个简单的事实蕴含着深刻的道理。首先，它解释了总冲击对风险价格影响的原因。任何非系统的收入风险都会均等分配，因此其 $1/N$ 确定为总冲击。而决定资产价格的随机折现因子 m 不再受真正特有风险的影响。在不完全市场中，仅考虑总冲击的想法仍然存在。

显然，实体经济还没有完全市场或完全的风险分担——个人消费并非同步变动，但是这一现象揭示了证券市场的功能所在。证券市场——状态依存或有求偿权——通过允许人们共同承担风险缩小个人之间的消费差距。此外，金融创新的主要力量来源于更为妥善的风险分担。许多成功的新证券可以理解为更广泛分担风险的工具。

3.5 状态图表和价格函数

本节介绍状态空间图和内部产品的价格表示，$p(x) = E(mx) = m \cdot x$。$p(x) = E(mx)$ 表示 $p(x)$ 是线性函数。

将或有求偿权价格 pc 和资产报酬 x 视为 R^s 的向量，给定每个元素
相对应状态下的价格或者报酬

$$pc = \begin{bmatrix} pc(1) & pc(2) & \cdots & pc(S) \end{bmatrix}'$$
$$x = \begin{bmatrix} x(1) & x(2) & \cdots & x(S) \end{bmatrix}'$$

假设图 3.2 是 R^s 中向量的图形表示。接下来，本节将推断出图 3.2
的几何形状。

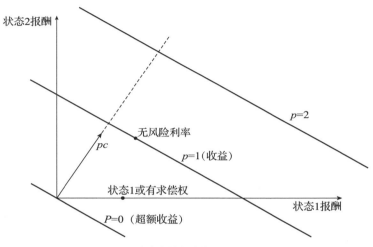

图 3.2　或有求偿权价格（pc）和报酬

或有求偿权价格向量 pc 始终为正。我们可以在 3.3 节中看到 $m(s) =$
$u'[c(s)]/u'(c)$。现在，边际效用应始终为正（人们总是想要更多商品），
因此，边际替代率和折现因子始终非负，$m > 0$ 且 $pc > 0$。值得注意的是，
m 和 pc 是向量或者随机变量。因此，$m > 0$ 表示在每种自然状态下 m 恒
为正，这等价于向量 m 中的每个元素都为正。

给定价格的报酬集位于垂直于或有求偿权价格向量的（超）平面上。
根据上面的结论，报酬 x 的价格必须由其或有求偿权价值式（3.1）给出：

$$p(x) = \sum_s pc(s)x(s) \tag{3.3}$$

将 pc 和 x 视为向量，意味着价格由或有求偿权价格与报酬的内积得出的。

如果两个向量是正交的（即它们在原点相互垂直），则其内积为零。
因此，所有零价格报酬的集合必须位于与或有求偿权价格向量正交的平面
上，如图 3.2 所示。

通常来说，向量 x 和 pc 的内积等于 x 在 pc 上的投影的模与 pc 的模的乘积。用点表示内积

$$p(x) = \sum_s pc(s)x(s) = pc \cdot x = |pc| \times |\text{proj}(x|pc)|$$
$$= |pc| \times |x| \times \cos(\theta)$$

式中，$|x|$ 表示向量 x 的模；θ 表示向量 pc 和 x 之间的夹角。由于所有垂直于 pc 的平面（如图 3.2 中的价格平面）的报酬在 pc 上具有相同的投影，因此它们与 pc 的内积必须相同，由此推导出它们的价格相同。（严格来说，仅价格＝0 的平面与 pc 正交。为了方便计算，将非零价格平面记为"垂直于"pc。）当向量为有限维时，$pc'x$ 即内积通常使用质因数表，但是这不适用于无限维空间的情况。$\langle pc|x \rangle$ 也常指代内积。

恒定价格平面线性移动，原点 $x=0$ 处的价格为 0。如果报酬 $y=2x$，那么它的价格是 x 价格的 2 倍。

$$p(y) = \sum_s pc(s)y(s) = \sum_s pc(s)2x(s) = 2p(x)$$

同样，零报酬意味着价格为零。

$p(x)$ 可视为定价函数，是 x 所在的状态空间或报酬空间（如 R^s）到实线的映射。我们可以从式（3.3）推导出 $p(x)$ 是线性函数，即

$$p(ax+by) = ap(x) + bp(y)$$

当然，图 3.2 中的恒定价格线正是从 R^s 到 R 的线性函数推导出来的。（如果将 z 轴视为价格，则价格函数将会是经过原点并与等价线倾斜的平面，如图 3.2 所示。）

图 3.2 也包括第一状态下或有求偿权的报酬。该报酬在第一状态下为 1，在其他状态下为 0，因此始终位于坐标轴上。价格＝1 报酬的平面即资产收益的平面；价格＝0 报酬的平面是超额收益的平面。无风险单位报酬（无风险纯折价债券的报酬）位于图 3.2 中的点（1，1）上；无风险收益位于 45°线（两种状态下报酬相同）和价格＝1 平面（所有收益的集合）的交点上。

以 m 代替 pc 的几何图形

图 3.2 的几何解释是用折现因子 m 代替 pc。我们可以定义随机变量 x 和 y 之间的内积

$$x \cdot y \equiv E(xy)$$

并保留内积的所有数学特性。因此，$E(xy)=0$ 的随机变量通常称为"正交"。

线性回归可能会经常使用这种公式变形方法。当我们以 y 对 x 进行回归时

$$y = b'x + \varepsilon$$

通过最小化残差 ε 的方差或大小，可以确定最接近 y 的 x 线性组合。为此，使残差与右侧变量 $E(x\varepsilon)=0$ 正交。y 在 x 上的投影定义为拟合值，$\mathrm{proj}(y|x) = b'x = E(xx')^{-1}E(yx') \, x$。该处理方法通常用残差矢量 ε 来表示，而 ε 垂直于右侧变量 x 所定义的平面。因此，通过二阶矩定义内积时，"将 y 投影至 x 上"的推导过程即回归。（如果 x 不包含常数，则回归方程不需要额外添加常数。）

如果在一个无限维状态空间，即考虑到连续值随机变量，那么图 3.2 的几何解释也是有效的。与从 R^s 到 R 的函数向量不同，随机变量是从 Ω 到 R（可测量）的函数。尽管如此，我们仍然可以将它们视为向量。与 R^s 相当的希尔伯特空间 L^2，表示由平方可积函数到实数轴的线性组合所产生的空间，或有限二阶矩的随机变量空间。我们仍然可以定义一个在两种元素之间的"内积" $x \cdot y = E(xy)$，并且 $p(x) = E(mx)$ 仍然可以解释为"m 垂直于不变价格的（超）平面"。但是证明该定理有点困难，因为不能单纯地"作一条垂直于任何平面的线"，这些假设必须能被证明。有时限于有限维的思想可能会误入歧途，因此通过正确的方式予以证明很重要。牢记有限维的前提，在此基础上进行解释。Hansen and Richard（1987）是很好的关于希尔伯特空间机制的参考书。

第4章

折现因子

现在我们更为仔细地研究折现因子。不是类似于第 1 章基于消费的模型推导特定的折现因子，而是从原点出发。折现因子可视为根据报酬生成价格的随机变量，$p = E(mx)$。这个公式是什么意思？总是可以找到此形式的折现因子吗？无须假设所有投资者的组成结构、效用函数、完全市场等前提，我们是否可以使用这种简便的表示方式呢？

本章重点介绍两个著名的定理。一价定律表明，如果两类投资组合具有相同的报酬（在每种自然状态下），那么它们必须具有相同的价格。违背该定律将立即产生套利机会，因为投资者可以低价买入再以高价卖出相同产品。一价定律指出当且仅当一价定律成立时存在一个折现因子，可通过 $p = E(mx)$ 对所有报酬进行定价。

在金融领域中，术语"不套利"意味着如果报酬 A 至少始终与报酬 B 一样好，甚至有时 A 更好，则 A 的价格必须大于 B 的价格。第二个定理是，存在一个正折现因子，当且仅当不存在套利机会时，才将所有报酬定价为 $p = E(mx)$。

这些定理非常有用。它表明我们可以任意使用随机折现因子，而无须假设效用函数、集合、完全市场等前提。为了通过折价系数表示价格和报酬，我们需要确定投资者不会违反一价定律或套利机会定律。这些定理可以通过限制折现因子（假设其存在且为正）来描述报酬空间的各个特点（如一价定律不存在套利机会）。第 18 章说明了验证单个折现因子所受限制比验证所有可能的投资组合的限制更为方便。第 7 章讨论了上述定理及其隐含意义。

这些定理的确立归功于 Ross（1978），Rubinstein（1976）和 Harrison and Kreps（1979）。本章的论述来自 Hansen and Richard（1987）的简化版本，其中包含严格的证明和一些重要的技术假设前提。

4.1 一价定律和折现因子的存在

一价定律的定义；价格是线性函数。

$p = E(mx)$ 表示一价定律。

一价定律意味着存在折现因子：$\underline{X}$ 中存在唯一的 x^*，使得对于所有的 $x \in \underline{X}$，$p(x) = E(x^* x)$，$\underline{X}$ 为所有可得报酬的空间。此外，对于任何有效的折现因子 m

$$x^* = \text{proj}(m \mid \underline{X})$$

到目前为止，我们已经从多结构的环境中得出了基本定价关系 $p = E(mx)$：基于消费的模型或完全市场。

假设已有一组价格 p 和报酬 x，并且市场（无论是投资者所面对的市场还是特定研究的市场）是不完全的，这意味着它们无法涵盖所有的情况。在哪些情况下，存在通过 $p = E(mx)$ 表示可观察价格的折现因子？下面内容回答了这个重要问题。

报酬空间

报酬空间 $\underline{X}$ 是投资者可购买的所有投资项目的报酬集合，或者是特定研究中使用的可交易报酬的子集。例如，如果存在 S 个自然状态的完全或有求偿权，则 $\underline{X} = R^S$。但总的来说，市场仍是不完全的（就像现实生活中的一样），因此，我们通常将 $\underline{X}$ 视为完全市场 R^S 的子集。

报酬空间包括一组基础资产，但投资者也可以通过重构基础资产的投资组合来获得新报酬。假设投资者可以对任何交易资产组合进行投资：

（A1）投资组合形式 x_1，$x_2 \in \underline{X} \Rightarrow$ 对于任何实数 a，b 有 $ax_1 + bx_2 \in \underline{X}$。

当然，完全市场的 $\underline{X} = R^S$ 公式满足投资组合构成假设。如果存在单

一或基础报酬 x，则报酬空间必须满足是从原点通过 x 的射线。如果 R^3
中存在两个基础报酬，则报酬空间 $\underline{X}$ 必须包括由这两个报酬和原点定义
的平面。图 4.1 对此进行了详尽解释。

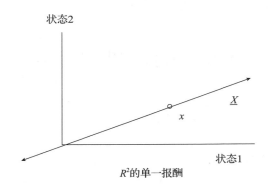

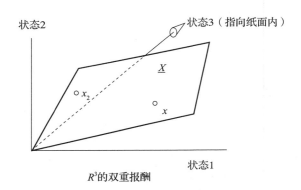

图 4.1　单一和双重报酬组成的报酬空间 $\underline{X}$

报酬空间不是收益空间。收益空间是报酬空间的子集；如果收益 R
在报酬空间中，则投资者可以支付 2 美元的价格来获得报酬 $2R$，因此价
格为 2 的报酬 $2R$ 也在报酬空间中。同样，$-R$ 在报酬空间中。

自由投资组合的形成实际上是一个重要且有限制的简化假设。它排除
了卖空限制、买/卖价差、杠杆限制等。该理论可进行修正以包含这些实
际分歧，但这是关乎实质性的改动。

如果投资者可以构建基本报酬 x 的向量的投资组合（如纽约证券交易
所股票的收益），则报酬空间包括所有投资组合或这些原始报酬 $\underline{X} = \{c'x\}$
的线性组合，其中 c 是投资组合权重向量。这在真正无穷大的报酬空间中

也成立。例如，投资者可能以基本报酬 x 的非线性函数进行交易，如标的为 x、行权价为 K 的看涨期权，其报酬为 $\max[x(s)-K, 0]$。

一价定律

（A2）（一价定律，线性）$p(ax_1+bx_2)=ap(x_1)+bp(x_2)$。

一个投资者的报酬 x 如何形成并不重要。汉堡包、奶昔和薯条的总价格必须与开心套餐的价格相同。在图形上，如果等价价格曲线不是平面，则可以在同一等价价格曲线上确定两类报酬以构成一个投资组合，其报酬落在连接两个基础报酬的直线上，然后以高于成本的价格出售该投资组合。

一价定律从最根本上表明投资者不能通过重新组合投资组合来赚取瞬时利润。如果投资者可以出售证券，这是对其偏好非常微弱的表征。这表明至少有一个投资者以为市场营销不重要，因为他根据投资产品的实质对其进行评价。

该定理旨在描述一个已经达到均衡的市场。如果有任何违反一价定律的行为，交易者将迅速消除它们以至于这类行为无法在市场均衡的条件下发生。

A1 和 A2 也表示 0 报酬的投资组合一定存在，并且价格必须为 0。

定理

折现因子的存在印证着一价定律的正确。要证明这一点很简单：如果 $x=y+z$，则 $E(mx)=E[m(y+z)]$。定理中复杂而有趣的部分颠倒了这一逻辑。我们证明了一价定律的正确意味着折现因子的存在。

定理：给定自由投资组合形式 A1 以及一价定律 A2，则存在唯一的报酬 $x^* \in \underline{X}$，使得对于所有的 $x \in \underline{X}$，$p(x)=E(x^*x)$。

x^* 是折现因子。如图 3.2 所示，A1 和 A2 表示 $\underline{X}$ 上的价格函数：平行超平面从原点出发。唯一的区别是 $\underline{X}$ 可以是原始状态空间的子空间，如图 4.1 所示。因此，该项证明的本质在于，空间 $\underline{X}$ 上的任何线性函数都可以由 $\underline{X}$ 内向量的内积表示。

证明 1：（几何）我们已经确定价格是线性函数，如图 4.2 所示。（为清楚起见，图 4.2 可以解释为高维空间下的平面 $\underline{X}$，如图 4.1 的底部面板图形所示清晰地平铺在页面上。）现在我们可以从原点出发绘制一条垂直于价格平面的线，并从线上选择一个向量 x^*。由于该线与零价格平面正交，因此对于零价格报酬 x，立即可得 $0=p(x)=E(x^*x)$。价格 $=1$ 平面上的任何报酬 x 与 x^* 之间的内积是 $|\operatorname{proj}(x \mid x^*)| \times |x^*|$。因此，价格 $=1$ 平面上的每个报酬都具有与 x^* 相同的内积。我们要做的就是选择

具有恰当模长的 x^*，并且对于价格 $=1$ 平面上的每个 x，都有 $p(x)=1=E(x^*x)$。对于其他平面上的报酬 x，$p(x)=E(x^*x)$ 当然也成立。因此，一价定律所隐含的线性定价函数可以通过 x^* 的内积表示。

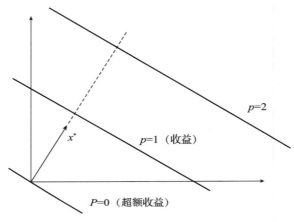

图 4.2 折现因子 x^* 的存在

基本的数学观点就是任何线性函数都可以用内积表示。里斯表示定理将证明结果扩展到了无限维的报酬空间。详见 Hansen and Richard (1987)。

证明 2：（代数）当报酬空间 $\underline{X}$ 由 N 个基础报酬的投资组合（如 N 个股票）形成时，我们可以通过构造投资组合证明此定理。这是一类常见的情况，因此该公式在实践中也适用。将基础报酬构成向量 $x=[x_1 x_2 \cdots x_N]'$，同理可得它们的价格 p，则报酬空间为 $\underline{X}=\{c'x\}$。根据上述定理，报酬空间中需要确定一个折现因子。因此，它的形式为 $x^*=c'x$。构造 c，使得 x^* 为基础资产定价。我们希望 $p=E(x^*x)=E(xx'c)$。因此需要 $c=E(xx')^{-1}p$。如果 $E(xx')$ 是非奇异的，则存在 c 且是唯一的。A2 表示 $E(xx')$ 是非奇异的（在化简 x 的多余行之后）。从而可得

$$x^*=p'E(xx')^{-1}x \tag{4.1}$$

这是折现因子。它是 x 的线性组合，所以处在报酬空间 $\underline{X}$ 中。它通过构造投资组合对基础资产 x 定价。它对属于 $\underline{X}$ 的每一个 x 定价：$E[x^*(x'c)]=E[p'E(xx')^{-1}xx'c]=p'c$。通过线性变换，$p(c'x)=c'p$。

定理的适用范围

定理表明 $\underline{X}$ 中有唯一的 x^*。可能还有其他许多折现因子 m 不在 $\underline{X}$

中。实际上，除非是完全市场，否则会有无数个随机变量满足 $p=E(mx)$。如果 $p=E(mx)$，则对于与 x 正交的任何 ε，$p=E[(m+\varepsilon)x]$，$E(\varepsilon x)=0$。

这种构造不仅会产生一些额外的折现因子，还会产生以下特定的折现因子：任意折现因子 m（满足 $p=E(mx)$ 的任意随机变量）都可以表示为 $m=x^*+\varepsilon$，其中 $E(\varepsilon x)=0$。图 4.3 给出了二维状态空间中一维 $\underline{X}$ 的示例。在这种情况下，存在整条线的符合条件的折现因子 m。如果市场是完全的，则无法与报酬空间 $\underline{X}$ 正交，因此 x^* 是唯一可能的折现因子。

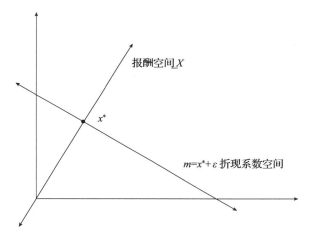

图 4.3　许多折现因子 m 可以在不完全市场中为一组给定的资产定价

反过来说，x^* 是任意随机折现因子 m 在报酬空间 $\underline{X}$ 上的投影。这是一个非常重要的结论：对于一组报酬 $\underline{X}$ 的任意折现因子 m 的定价含义与 m 在 $\underline{X}$ 上的投影相同。该折现因子称为 m 的模拟投资组合。从代数运算上来看

$$p=E(mx)=E[(\mathrm{proj}(m\,|\,\underline{X})+\varepsilon)x]=E[\mathrm{proj}(m\,|\,\underline{X})x]$$

我们将继续解释上述结论背后的逻辑。以上论述是从投资者或者或有求偿权市场开始，推导出了折现因子。$p=E(mx)$ 表示定价函数是线性的，因此一价定律在这种情况下是显而易见的，而不完全市场经常导致许多自然状态下的或有求偿权不适用。一价定律意味着线性定价函数，而线性定价函数意味着即使在不完全市场中也至少存在一个且通常存在许多折现因子。

我们允许任意投资组合的形成，而这种"完整性"对结果至关重要。如果投资者无法形成投资组合 $ax+by$，他们就无法认定该投资组合的价格等于其组成部分的价格。一价定律不是在任意条件下都适用的，这是关于偏好的一种假设，尽管这种假设很牵强。该定理的要点在于基于偏好的足够信息可以推断出一个折现因子的存在。

4.2　无套利和正折现因子

> 无套利的定义：正报酬意味着正价格。
>
> 当且仅当没有套利机会且一价定律成立时，存在一个严格的正折现因子 m，使得 $p=E(mx)$。

无套利是边际效用的另一个较有说服力的表达，以表明存在正折现因子。我们需要从套利的定义着手：

定义（无套利）：如果每项报酬 x 总是非负，即 $x \geqslant 0$（几乎可以肯定），且有正的概率使 $x > 0$ 且价格为正 $p(x) > 0$，则报酬空间 $\underline{X}$ 和定价函数 $p(x)$ 不存在套利机会。

无套利表明投资者不能无偿获得可能会带来正向收益的投资组合，但是这并不意味着会产生必须支出的费用。此定义不同于"套利"一词的通俗用法。大多数人使用"套利"一词指代一类违反一价定律的行为——无风险购买低价商品并以更高价格出售。"套利"可能会带来收益，但最后可能也只是竹篮打水一场空。总的来说，"套利"一词被广泛滥用。"风险套利"是华尔街的行话，表示进行特定类型的投资。

一个类似的陈述是如果一项报酬优于另一项报酬，那么它的价格必须更高——如果 $x \geqslant y$，则 $p(x) \geqslant p(y)$。（或者更为详尽地说，如果确定 $x \geqslant y$，并且 $x > y$ 的概率为正，则 $p(x) > p(y)$。x 和 y 属于随机变量。）

$m > 0$ 意味着无套利

缺乏套利机会显然是正折现因子的结果，而正折现因子自然是效用最大化的结果。记为：

$$m(s) = \beta \frac{u'[c(s)]}{u'(c)} > 0$$

一个符合常理的特征是，边际效用总为正。但很少人仅仅因为这个结果决定是否投资。因此，边际替代率这一说法应运而生。边际替代率是一个随机变量，所以其为正意味着在已知或者未来可能发生的情况下均为正。

现在，如果或有求偿权的价格都是正的，那么即使在不完全市场中，一组或有求偿权的价格也一定是正的，表示为：

定理：$p = E(mx)$ 且 $m(s) > 0$ 意味着无套利。

证明：我们有 $m > 0$；$x \geqslant 0$，并且存在 $x > 0$。因此，在某些状态下，$mx > 0$，而在其他状态下，$mx = 0$。因此，$E(mx) > 0$。

无套利和一价定律意味着 $m > 0$

现在本节将对一个困难且有趣的部分进行讨论。由于一价定律保证了折现因子 m 的存在，无套利和一价定律进而保证了 m 为正。

该结论背后的基本思想十分简单。无套利意味着正象限（除 0 外，但包括坐标轴）中任何报酬的价格必须严格为正。而价格＝0 平面将正价格区域与负价格区域分开。因此，如果负价格区域不与正象限相交，则等价格线和折现因子 m 必须向上并向右移动。这正是绘制上述图形的方式，如图 4.2 所示。

图 4.4 也说明了尚未讨论的情况：负价格报酬的整个区域都位于正象限中。例如，报酬 x 严格为正，但价格为负。因此，折现因子 m（唯一，因为这是完全市场）在 y 轴上为负。

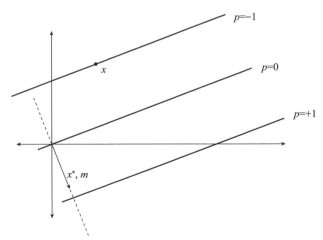

图 4.4　关于正折现因子与无套利的定理示例

注：报酬 x 是一个套利机会：报酬为正，但价格为负。折现因子并非严格为正。

在完全市场下该定理很容易证明，因为只存在一个 m，x^*。如果在某种状态下或有求偿权非负，则其具有正报酬和负价格，这违反了无套利原则。

定理：在完全市场下，无套利和一价定律意味着存在唯一的 m，且 $m > 0$，使得 $p = E(mx)$。

证明：根据一价定律，存在 x^* 使得 $p = E(x^* x)$。在完全市场下，这是唯一的折现因子。假设对于某些状态 $x^* \leqslant 0$，这些状态下报酬 x 为 1，其他状态下报酬 x 为 0。此报酬严格为正，但其价格 $\sum\limits_{s: x^*(s) < 0} \pi(s) x^*(s)$ 为负，则否定了无套利的前提假设。

如果为不完全市场，问题就会变得比较棘手。满足 $m = x^* + \varepsilon$ 且 $E(\varepsilon x) = 0$ 的任意折现因子 m 都可以用于资产定价。本节试图证明其中至少有一项为正，即使那一项不为 x^*。由于 x^* 以外的折现因子不在报酬空间 $\underline{X}$ 内，因此无法根据最后的结论进行构造，可能会推导出不存在于 $\underline{X}$ 中的报酬。为了处理这种情况，我们采用了不同的证明方法。（该方法是 Ross（1978）提出的。Duffie（1992）介绍了更为正规的教科书式处理。）基本思想源于"每个平面都有一条垂直线"的公理，但适用于包含价格和报酬的空间。价格＝0 平面是分离正象限和负报酬之间的超平面，且证明过程基于此思想。

定理：无套利和一价定律表明存在严格为正的折现因子，$m > 0$，在 $x \in \underline{X}$ 的条件下 $p = E(mx)$。

证明：将 $(-p(x), x)$ 连接在一起以构造 R^{S+1} 中的向量。以 M 指代 $(-p(x), x)$

$$M = \{(-p(x), x); x \in \underline{X}\}$$

给定一价定律，M 仍然是一个线性空间：$m_1 \in M$，$m_2 \in M \Rightarrow am_1 + bm_2 \in M$。无套利意味着 M 不是完全是由正数组成。如果 x 为正，则 $-p(x)$ 必须为负。因此，M 是一个超平面，仅在点 0 处与正象限 R^{S+1}_+ 相交。之后创建一个线性函数 $F: R^{S+1} \Rightarrow R$，对于 $(-p, x) \in M$，$F(-p, x) = 0$，而对于 $(-p, x, F(-p, x) > 0) \in R^{S+1}_+$（原点除外），$F(-p, x) > 0$。由于垂直向量可以表示任何线性函数，因此通过二阶矩内积确定向量 $(1, m)$，使得 $F(-p, x) = (1, m) \cdot (-p, x) = -p + m \cdot x$ 或 $-p + E(mx)$。最后，对于 $(-p, x) > 0$，$F(-p, x)$ 为正，m 必须为正。

在一个由连续随机变量构成的比 R^{S+1}_+ 更大的空间中，分离的超平面定理确保存在一个线性函数，该函数将两个凸集 M 和等效的 R^{S+1}_+ 分开。

基于里斯表示定理，可以通过 $F(-p, x) = -p + m \cdot x$ 将 F 表示为某些向量的内积。

定理适用范围

定理说明存在折现因子 $m > 0$，但没有说明 $m > 0$ 是唯一的。图 4.5（a）解释了这种情况。垂直于 $\underline{X}$ 的 x^* 线上的所有 m 都能够对资产进行定价。同样，如果 $E(\varepsilon x) = 0$，则 $p = E[(m + \varepsilon) x]$。所有位于正象限的折现因子都是大于 0 的，因此满足定理的要求。在完全市场中，m 是唯一的，否则不成立。

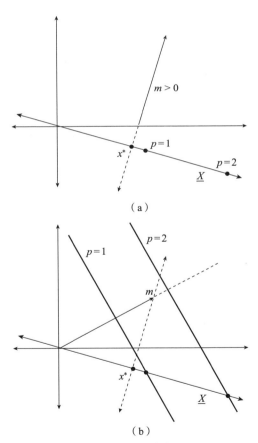

图 4.5　折现因子的存在和扩展

注：图（a）显示了正折现因子不是唯一的，并且可能存在并非严格为正的折现因子。特别地，x^* 不必为正。图（b）显示，当 $m > 0$ 时，每个 m 都会导致 x 内的价格向所有或求偿权无套利扩展。

定理说明存在一个正 m，但是并未说明每个折现因子 m 必须为正。图 4.5（a）中正象限之外的折现因子完全有效，它们满足 $p = E(mx)$，并且在 X 中推导出的价格没有套利，但在每种自然状态下都不为正。特别地，报酬空间中的折现因子 x^* 仍然是完全有效的——$p(x) = E(x^* x)$——但它不必为正。

该定理表明可以将 X 上定义的定价函数适用范围扩展到所有可能的报酬 R^S，而在更大的报酬空间上不存在任何套利机会。该定理说明在所有 R^S 上都存在定价函数 $p(x)$，可基于 x 推导出（正确的或观察到的）价格，并且在 R^S 内不存在套利。从图形来看，可以绘制相互平行的平面表示所有 R^S 上的价格，以使这些平面在正确的位置与 X 相交，可以看出价格平面向右上方倾斜，因此正象限总是具有正价格。任何大于 0 的折现因子 m 都会导致无套利扩展，如图 4.5（b）所示。实际上，有很多方法可以做到这一点。当 $m > 0$ 时，每个 m 都会得出定价函数的不同扩展公式。

我们可以将严格为正的折现因子视为可能的或有求偿权价格。该定理回答了下列问题：在某些完全市场中，或有求偿权的经济结果是否可能产生一组观察到的不完全的价格和报酬？如果不存在价格和报酬套利，答案是肯定的。实际上，由于通常存在许多与 $\{X, p(x)\}$ 一致的正折现因子，因此也存在许多与我们的观察结果一致的或有求偿权经济结果。

最后，无套利是个人偏好和市场均衡的另一个非常薄弱的特征。该定理表明当 $m > 0$ 时，可使用 $p = E(mx)$。

通常来说，该定理及其证明不需要状态空间一定为 R^S，由连续随机变量组成的状态空间也适用上述定理。

4.3 另一个公式和连续时间中的 x^*

根据报酬的协方差矩阵

$$x^* = E(x^*) + [p - E(x^*)E(x)]' \Sigma^{-1}(x - E(x))$$

类似地

$$\frac{\mathrm{d}\Lambda^*}{\Lambda^*} = -r^f \mathrm{d}t - \left(\mu + \frac{D}{p} - r\right)' \Sigma^{-1} \sigma \mathrm{d}z$$

在连续时间内通过公式变形为资产定价。

能够计算出 x^* 在许多情况下是有用的。本节给出了离散时间的替代公式，以及对应连续时间的公式。

使用协方差矩阵的公式

在之前的式（4.1）中的 $E(xx')$ 是二阶矩。我们通常使用协方差矩阵来汇总数据。因此，可得出一项简洁的替代公式

$$x^* = E(x^*) + [p - E(x^*)E(x)]'\Sigma^{-1}[x - E(x)] \qquad (4.2)$$

其中

$$\Sigma \equiv E([x - E(x)][x - E(x)]')$$

代表 x 报酬的协方差矩阵。（可用式（4.1）中的 $E(xx') = \Sigma + E(x)E(x')$ 来代替，但是这个总和的倒数不是很实用。）

我们可以通过假设折现因子来推导该公式，折现因子是报酬冲击的线性函数：

$$x^* = E(x^*) + (x - E(x))'b$$

之后求出 b 以确保 x^* 为资产 x 定价：

$$p = E(xx^*) = E(x^*)E(x) + E[x(x - Ex)']b$$

因此

$$b = \Sigma^{-1}[p - E(x^*)E(x)]$$

如果以无风险利率进行交易，那么可得 $E(x^*) = 1/R^f$。如果不存在无风险利率——如果 1 不在 $\underline{X}$ 中，那么此公式不一定会推导出 $\underline{X}$ 中的折现因子 x^*。但是在公式应用中，最为重要的是可以推导出确定的折现因子，因此可取无风险利率或零 β 资产组合收益率。

当报酬空间仅由超额收益或零价格报酬组成时，这项公式便有了用武之地。在上述情况下，通过 $x^* = p'E(xx')^{-1}x$ 推导出了 $x^* = 0$。$x^* = 0$ 实际上是 $\underline{X}$ 中唯一为所有资产进行定价的折现因子，但在上述前提下得出的结论更为有趣。（当我们想要转换为预期收益-β 或其他表示形式时，避免了伴随的 $1/0$ 的困难），可以通过选择零 β 资产组合收益率或无风险报酬的价格来确定除 $\underline{X}$ 以外的折现因子。在超额收益的情况下，对于任意选择的 R^f，式（4.2）给出

$$x^* = \frac{1}{R^f} - \frac{1}{R^f}E(R^e)'\Sigma^{-1}(R^e - E(R^e)); \quad \Sigma \equiv \mathrm{cov}(R^e)$$

这种方法是由 Hansen and Jagannathan（1991）提出的。

连续时间

一价定律表明存在折现因子过程，而无套利则意味着在连续时间以及离散时间中都存在正折现因子过程。在某种程度上，该定理不需要重新进行推导。假设对股息进行再投资，则折现因子必须满足

$$p_t \Lambda_t = E_t(\Lambda_{t+s} p_{t+s})$$

称 $p_{t+s} = x_{t+s}$，这正是离散时间条件下的 $p = E(mx)$。一价定律或无套利定律就等同于存在正数 Λ_{t+s}。所有时间间隔 s 的相同条件都等价于存在折现因子过程，或者对于所有时间 t 均为正折现因子过程 Λ_t。

在计算时，确定折现因子的公式十分实用。假设一组证券支付股息

$$D_t dt$$

且价格也随之变化

$$\frac{dp_t}{p_t} = \mu_t dt + \sigma_t dz_t$$

式中，p 和 z 是 $N \times 1$ 向量，μ_t 和 σ_t 会随时间变化，$\mu(p_t, t$，其他变量)，$E(dz_t dz_t') = I dt$，且公式左侧是变量相除的推导过程。（和通常一样，为了更为清晰地表示，我们会删除不必要的 t 下标，但是所有变量都可能随时间变化。）

我们可以通过驱动基础资产投资冲击的线性组合来构建折现因子：

$$\frac{d\Lambda^*}{\Lambda^*} = -r^f dt - \left(\mu + \frac{D}{p} - r^f\right)' \Sigma^{-1} \sigma dz \tag{4.3}$$

式中，$\Sigma = \sigma\sigma'$ 也是收益的协方差矩阵。可以通过下列公式进行推导

$$E_t\left(\frac{dp}{p}\right) + \frac{D}{p} dt - r^f dt = -E_t\left(\frac{d\Lambda^*}{\Lambda^*} \frac{dp}{p}\right) \tag{4.4}$$

以及

$$E_t\left(\frac{d\Lambda^*}{\Lambda^*}\right) = -r^f dt$$

读者可以证明这是由具有上述属性的 dz 和 dt 驱动的扩散模型。如果存在无风险利率 r_t^f（可随时间变化），那么该利率将决定 r_t^f 的大小。如果不存在无风

险利率，则式（4.3）可为任意（或方便起见）选择的 r_t^f 对风险资产进行定价。同样，此折现因子并不唯一。Λ^* 加上正交噪声也将作为折现因子：

$$\frac{\mathrm{d}\Lambda}{\Lambda} = \frac{\mathrm{d}\Lambda^*}{\Lambda^*} + \mathrm{d}w; \quad E(\mathrm{d}w) = 0; \quad E(\mathrm{d}z\mathrm{d}w) = 0$$

可以发现式（4.3）与离散时间公式（4.2）完全相似。如果读者不喜欢突然冒出来的答案，请根据下述公式推导答案

$$\frac{\mathrm{d}\Lambda}{\Lambda} = \mu_\Lambda \mathrm{d}t + \sigma_\Lambda \mathrm{d}z$$

然后求无风险资产和风险资产的 μ_Λ 和 σ_Λ 以满足式（4.4）。

第5章

均值–方差边界和 β 表达式

资产定价方面的许多实证研究都是基于预期收益–β 表达式和均值–方差边界。本章对此进行了介绍。

本章将讨论因子定价模型的 β 表达式。第 6 章和第 9 章将讨论因子模型的来源。第 6 章说明折现因子的预期收益–β 模型如何等效于线性模型，即 $m=b'f$。第 9 章讨论 CAPM，ICAPM 和 APT 等常见因子模型的推导，例如，在何种假设下折现因子是其他变量 f（如市场收益）的线性函数。

本书使用经典的拉格朗日方法来处理均值–方差边界，之后介绍由 Hansen and Richard（1987）提出的有关均值–方差边界的有说服力的论述。该论述基于存在定理中熟悉的状态空间几何。鉴于它在无限维报酬空间中的实用性，它也适用于上述定理。我们将在加入条件信息、动态交易或期权之后面对这些问题。

5.1 预期收益–β 表达式

因子定价模型的预期收益–β 表达式为：

$$E(R^i)=\gamma+\beta_{i,a}\lambda_a+\beta_{i,b}\lambda_b+\cdots$$

该模型隐含以下限制：时间序列回归中所有资产的截距都相同。

当因子为超额收益时，则 $\lambda_a=E(f^a)$。如果测试资产也是超额收益，则截距应为 0，即 $\alpha=0$。

金融学中的许多实证研究都是基于线性因子定价模型的预期收益-β 表达式，其形式为：

$$E(R^i) = \gamma + \beta_{i,a}\lambda_a + \beta_{i,b}\lambda_b + \cdots, \quad i = 1, 2, \cdots, N \qquad (5.1)$$

β 项定义为多元回归中收益因子的系数：

$$R_t^i = a_i + \beta_{i,a}f_t^a + \beta_{i,b}f_t^b + \cdots + \varepsilon_t^i, \quad t = 1, 2, \cdots, T \qquad (5.2)$$

这通常称为时间序列回归，而每类证券 i 都可以基于时间进行回归。"因子" f 是边际效用增长的替代变量。第 9 章将详细讨论如何确定模型中的因子。目前请记住下面这个典型例子，$f = $ 消费增长，或 $f = $ 市场投资组合（CAPM）收益。值得一提的是，这里在同期因子 f_t^j 上对收益 R_t^i 进行回归。该回归并不是为了提前预测变量的收益，而是为了衡量同期关系或风险敞口：通过各因子衡量收益在"积极市场"或"消极市场"中的高低。

β 模型式（5.1）的重点是解释资产平均收益的变化。在式（5.1）中通过 $i = 1, 2\cdots, N$ 强调这一事实。该模型表示 β 较高的资产应获得较高的平均收益。因此，式（5.1）中的 β 是解释变量（x），其随资产而异。对于所有资产而言，γ 和 λ 是该横截面关系中的截距和斜率。例如，式（5.1）表示，如果在单因子模型中绘制预期收益与 β 的关系图，$(E(R^i), \beta_i)$ 应落在斜率为 λ、截距为 γ 的直线上。

$\beta_{i,a}$ 代表资产 i 对因子 a 风险的敞口，而 λ_a 为风险敞口的价格。β 定价模型说明：对于风险因子 a 的每个敞口单位 β，投资者必须能够得到预期的收益溢价 λ_a。如果市场景气的条件下资产收益较高，或者市场不景气的条件下资产收益较低，那么总的来说，该资产必须为投资者提供更高的平均收益（低价格）。

估算自由参数（γ，λ）并检验模型（5.1）的一种方法是对 β 的平均收益进行横截面回归。

$$E(R^i) = \gamma + \beta_{i,a}\lambda_a + \beta_{i,b}\lambda_b + \cdots + \alpha_i, \quad i = 1, 2, \cdots, N \qquad (5.3)$$

同样，β_i 是右侧变量；γ 和 λ 是横截面回归中估计的截距和斜率系数；误差 α_i 是定价误差。该模型预测 $\alpha_i = 0$，因为 α_i 在统计上不重要且数值较小。本书将在实证方法章节中介绍基于定价误差平方和的检验统计量。

β 是回归系数这一事实至关重要。如果 β 也是自由参数，则模型没有实质性的内容。更重要的是（这也是一个常犯的错误），β 不是特定资产或特定公司的特征，如公司的规模、市净率或（举一个极端的例子）股票代码的首字母。的确，预期收益与许多此类特征相关。小型公司或市净率高的公司的股票确实具有较高的平均收益，但是这种相关性必须通过 β 回归系数来解释。合适的 β 应排除横截面回归分析中的其他特征的影响。如果预期收益确实与规模有关，则一家公司可以购买许多小型公司来形成大型控股公司。它是一家"大型"公司，向股东支付的平均收益较低，因此其自身获得了较大的平均收益。理论上，经理们都可以过上人上人的生活，但是事实并非如此。"大型"控股公司的资产表现仍像小型股票的投资组合一样，具有较高的 β。因此，只有资产收益取决于投资者的行为方式，而不是取决于身份（基于 β 而不是个人特征）时，市场均衡才能在这种简单重组下维持。

一些常见的特殊情况

如果存在无风险利率，则式（5.1）中的 β 均为零[①]，因此直线的截距等于无风险利率，即

$$R^f = \gamma$$

上述公式可作为前提，而不必在横截面回归（5.3）中估算 γ。如果不存在无风险利率，则必须在横截面回归中计算 γ。鉴于这是在所有条件下 β 为 0 的投资组合的预期收益，因此将 γ 称为（预期）零 β 资产组合收益率。

我们经常直接通过超额收益检验因子定价模型。（在利率模型和股权风险溢价模型之间存在隐含（但不一定是合理的）的适用范围。）对式（5.1）任意两个收益之间的差分 $R^{ei} = R^i - R^j$（R^j 不必为无风险利率），可得

$$E(R^{ei}) = \beta_{i,a}\lambda_a + \beta_{i,b}\lambda_b + \cdots, \quad i = 1, 2, \cdots, N \tag{5.4}$$

式中，$\beta_{i,a}$ 表示超额收益 R^{ei} 对这些因子的回归系数。该公式不考虑截距 γ。

通常情况下，折现因子意味着收益或超额收益。例如，CAPM 将市

---

① 因为已知无风险利率，所以 β 为 0。在我们考虑条件信息的影响，即利率可能随时间变化的前提下，必须将均值和 β 视为条件矩。因此，如果你担心随时间变化的无风险利率或者 β 等因素，则假设所有变量均为独立同分布，（因此，无风险利率是恒定的）或者视为时间 t 信息下的条件矩。

场投资组合的收益视为单一因子。在这种情况下该模型也应适用于其他因子，这意味着可以利用该模型直接推导出 λ 系数，而不必通过横截面回归来计算。当然其中每个因子的 β 均为 1，而所有其他因子的 β 均为 0。因此，如果该因子是超额收益，则 $E(f^a) = \lambda_a$，依此类推。因此可得

$$E(R^{ei}) = \beta_{i,a} E(f^a) + \beta_{i,b} E(f^b) + \cdots, \quad i = 1, 2, \cdots, N \qquad (5.5)$$

横截面的 β 定价模型式（5.1）至式（5.5）与式（5.2）中的 β 时间序列回归定义看起来非常相似。似乎我们可以根据时间序列回归式（5.2）的期望推导出 β 模型式（5.1），但在这种情况下后者将是毫无意义的，因为人们始终可以对任何事物进行回归。两者之间存在微妙的区别，但是这差别至关重要：对于每种收益 i，时间序列回归式（5.2）通常具有不同的截距 a_i，而对于 β 定价公式（5.1）中的所有资产，截距 γ 均相同。β 定价公式是对预期收益的限制，因此也限制了时间序列回归中的截距。

在特殊情况下，这些因子是超额收益，而限制条件也尤为简洁：时间序列回归截距应全部为 0。在这种情况下，由于不存在其他自由参数，因此可以完全避免横截面回归的情况。

5.2 均值-方差边界：直觉和拉格朗日特征

一组给定资产的均值-方差边界是给定资产的所有投资组合收益的均值和方差的边界。可以通过最小化给定平均收益的方差来找到或定义此边界。许多资产定价命题和检验统计数据都具有均值-方差边界方面的解释。

图 5.1 展示了典型的均值-方差边界。如图 5.1 所示，它通常划分为所有风险资产的均值-方差边界（用双曲线区域表示）和所有资产的均值-方差边界，即如果存在风险利率则应包括进来，它为较大的楔形区域。一些作者在上面的部分保留了"均值-方差边界"这一术语，称其整体为最小方差边界。风险资产边界位于两条渐近线之间，如虚线所示。无风险利率通常位于渐近线与 y 轴的交点以下或风险边界上的最小方差点的下方。如果高于此点，则追求均值-方差目标的投资者将尝试做空风险资产，而这表明市场处于不均衡状态。

通常两项资产的投资组合会构成双曲线。曲线越陡说明两项资产之间

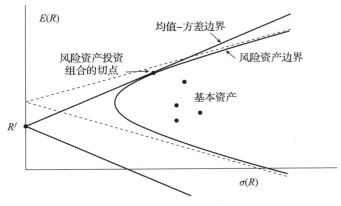

图 5.1 均值-方差边界

的相关性越低，因为投资组合方差与资产多样化程度相关。在均值-标准差空间中，风险资产和无风险利率组成的投资组合构成一条直线。

第 1 章推导了一个类似的楔形区域，该区域是所有按指定折现因子定价的资产均值和方差的集合。本章介绍的是不完全市场，因此我们讨论了由给定的一组资产（通常不完全）产生的均值-方差边界。

均值-方差边界什么时候存在呢？也就是说，投资组合的均值和方差何时小于整个〔E，σ〕空间？首先排除一个特殊情况：两类收益是完全相关的，但实现方式不同。例如，一位投资者可以做空一项资产，买入另一项资产，因此可以无风险地获得无限预期收益。更准确地说，从投资组合中消除纯冗余证券，然后推导出定理。

定理：只要收益的方差-协方差矩阵是非奇异的，就存在均值-方差边界。

要证明该定理，只需遵循以下步骤即可。这个定理看起来应该很熟悉：两个具有不同均值的完全相关的收益违反了一价定律。因此，一价定律意味着存在均值-方差边界和折现因子。

均值-方差边界的拉格朗日方法

均值-方差边界的标准定义和计算遵循暴力算法。

问题：从资产收益向量 R 出发。用 E 表示平均收益向量，$E \equiv E(R)$，并用 Σ 表示方差-协方差矩阵 $\Sigma = E[(R-E)(R-E)']$。投资组合初始证券的权重为 w。投资组合的收益为 $w'R$，权重之和 $w'1=1$。那么

问题是"在给定均值的前提下选择一个投资组合以使方差最小化",由此可得

$$\min_{(w)} w'\Sigma w \quad \text{s.t.} \quad w'E=\mu; \quad \omega'1=1 \tag{5.6}$$

解答:让

$$A=E'\Sigma^{-1}E; \quad B=E'\Sigma^{-1}1; \quad C=1'\Sigma^{-1}1$$

那么,对于给定的均值投资组合收益 μ,最小方差投资组合具有方差

$$\mathrm{var}(R^p)=\frac{C\mu^2-2B\mu+A}{AC-B^2} \tag{5.7}$$

由投资组合的权重组成

$$w=\Sigma^{-1}\frac{E(C\mu-B)+1(A-B\mu)}{(AC-B^2)}$$

式（5.7）表明,方差是均值的二次函数。抛物线的平方根是双曲线,这正是在均值-标准差空间中绘制双曲线区域的原因。

最小方差投资组合本身很有趣。它在许多定理、检验统计中均有所体现。当 $\mu^{\mathrm{min\,var}}=B/C$ 时,可以通过在 μ 上将式（5.7）最小化确定最小方差投资组合。因此,最小方差投资组合的权重为 $1/C$,或者

$$w=\Sigma^{-1}1/(1'\Sigma^{-1}1)$$

我们可以从均值-方差边界上的两类收益着手形成投资组合,进而确定均值-方差边界上的任意点。该边界由其中任意两类收益所展开。注意,w 是 μ 的线性函数。因此,如果采用与任意两个不同的平均收益 μ_1 和 μ_2 相对应的投资组合,则权重为 $w_3=\lambda w_1+(1-\lambda)w_2$ 组成的第三个投资组合的均值为 $\mu_3=\lambda\mu_1+(1-\lambda)\mu_2$。

推导过程:引入拉格朗日乘数 2λ 和 2δ。则式（5.6）的一阶条件为:

$$\Sigma w-\lambda E-\delta1=0$$
$$w=\Sigma^{-1}(\lambda E+\delta1) \tag{5.8}$$

从约束条件中确定拉格朗日乘数

$$E'w=E'\Sigma^{-1}(\lambda E+\delta1)=\mu$$
$$1'w=1'\Sigma^{-1}(\lambda E+\delta1)=1$$

或

$$\begin{bmatrix} E'\Sigma^{-1}E & E'\Sigma^{-1}1 \\ 1'\Sigma^{-1}E & 1'\Sigma^{-1}1 \end{bmatrix} \begin{bmatrix} \lambda \\ \delta \end{bmatrix} = \begin{bmatrix} \mu \\ 1 \end{bmatrix}$$

$$\begin{bmatrix} A & B \\ B & C \end{bmatrix} \begin{bmatrix} \lambda \\ \delta \end{bmatrix} = \begin{bmatrix} \mu \\ 1 \end{bmatrix}$$

因此

$$\lambda = \frac{C\mu - B}{AC - B^2}$$

$$\delta = \frac{A - B\mu}{AC - B^2}$$

联立式（5.8）可得出投资组合的权重和方差。

5.3 均值-方差边界的正交特征

> 收益可以表示为 $R^i = R^* + w^i R^{e*} + n^i$。
>
> 均值-方差边界为 $R^{mv} = R^* + wR^{e*}$。
>
> R^* 定义为 $x^*/p(x^*)$，它是一种代表价格的收益。
>
> R^{e*} 定义为 $R^{e*} = \text{proj}(1 \mid \underline{R^e})$，它代表平均超额收益，$E(R^e) = E(R^{e*}R^e) \; \forall R^e \in \underline{R^e}$。

用拉格朗日方法解决均值-方差边界在思路上十分直接，但在计算上略显麻烦。如果我们采用 Hansen and Richard（1987）提出的替代方法，推导将会容易许多。从理论上说，当我们无法通过有限的基本收益 $c'x$ 的投资组合构造报酬空间时，Hansen 和 Richard 的方法同样有效。例如，在第 8 章中继续讨论条件信息时，就会发生上述情况。此外，在讨论均值-方差边界之前，收益、折现因子和其他随机变量就被视为报酬空间中的向量。本节首先对任意收益进行三向正交分解，而不是将投资组合拆分为基础资产的组合后解决最小化问题。这样可以轻松得出均值-方差边界，而无须进行任何代数推导。

R^* 和 R^{e*} 的定义

本节首先定义两类特殊收益。R^* 对应于报酬 x^* 的收益，可以视为折现因子。与其他价格一样，x^* 的价格也服从 $p(x^*)=E(x^*x^*)$。因此，R^* 的定义为：

$$R^* \equiv \frac{x^*}{p(x^*)} = \frac{x^*}{E(x^{*2})} \tag{5.9}$$

R^{e*} 的定义为：

$$R^{e*} \equiv \mathrm{proj}(1 \mid \underline{R^e})$$
$$\underline{R^e} \equiv 超额收益空间 = \{x \in \underline{X} \quad \text{s.t.} \quad p(x)=0\} \tag{5.10}$$

为什么选择 R^{e*}？本节正在探索均值-方差边界背后的逻辑，因此自然而然地寻求一类改变均值的特殊收益。R^{e*} 是超额收益，代表具有内积的 $\underline{R^e}$ 的均值，而 x^* 是 $\underline{X}$ 的报酬，代表内积的价格。即

$$p(x)=E(mx)=E[\mathrm{proj}(m \mid \underline{X})x]=E(x^*x)$$

因此

$$E(R^e)=E(1 \times R^e)=E[\mathrm{proj}(1 \mid \underline{R^e}) \times R^e]=E(R^{e*}R^e)$$

如果 R^* 和 R^{e*} 现在仍然略显神秘，那么当我们使用它们时，会进一步发现它们的意义以及背后的许多有趣特性。

现在可以构建一个完美的正交分解。

定理：每类收益 R^i 可以表示为：

$$R^i=R^* +w^iR^{e*} +n^i$$

式中，w^i 指实数；n^i 指财产的超额收益

$$E(n^i)=0$$

下列三项彼此正交：

$$E(R^*R^{e*})=E(R^*n^i)=E(R^{e*}n^i)=0$$

该定理暗示了我们所探索的均值-方差边界的特征。

定理：对于一些实数 w，R^{mv} 位于均值-方差边界上，当且仅当

$$R^{mv}=R^* + wR^{e*} \tag{5.11}$$

当数字 w 改变时，可构建均值-方差边界。$E(R^{e*}) \neq 0$，所以增加更多的 w 会改变 R^{mv} 的均值和方差（除非市场是风险中性的，在这种情况下 $R^{e*}=0$ 且边界坍缩成一个点）。式（5.11）可以解释为均值-方差边界

的"两基金"定理。可通过 R^* 和不同权重的 R^{e*} 的投资组合表示边界收益。

与前面一致，首先阐述定理背后的逻辑，然后提供一个简单的代数证明。Hansen and Richard（1987）给出了更为详尽的代数证明。

图形构造

图 5.2 说明了分解过程。如图所示，从原点（0）出发。回想一下，x^* 向量垂直于价格不变的平面，因此 R^* 向量垂直于收益平面。

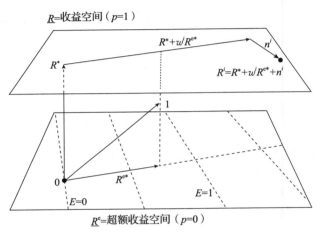

图 5.2 正交分解和均值-方差边界

R^{e*} 是最接近向量 1 的超额收益，它与平均收益恒定的平面（在 $\underline{R^e}$ 中）成直角，如 $E=0$，$E=1$ 线所示，就像收益 R^* 与恒定价格的平面成直角一样。由于 R^{e*} 是超额收益，因此它与 R^* 正交。顺着 R^{e*} 的方向前进 w^i 的距离，尽可能地接近 R^i。

现在，再次沿正交方向移动 n^i 的距离，以构造收益 R^i。因此使用三个互相正交的向量表示 $R^i = R^* + w^i R^{e*} + n^i$。

$n=0$，$R^* + w R^{e*}$ 的收益是均值-方差边界。由于 $E(R^2) = \sigma^2(R) + E(R)^2$，我们可以通过最小化给定均值的二阶矩来定义均值-方差边界。图 5.2 中每个向量的模是其二阶矩，因此需要确定给定均值的收益平面上的最短向量。收益平面中给定均值的最短向量落在直线 $R^* + w R^{e*}$ 上。

该图还显示了 R^{e*} 在超额收益空间中表示均值的方式。期望是与 1 的内积。图 5.2 中恒定期望值的平面垂直于向量 1，正如恒定价格的平面垂直于向量 x^* 或 R^*。为清楚起见，本节没有演示所有恒定预期收益平面的全部范围，而是在 $\underline{R^e}$ 中画出了恒定预期超额收益线，这是恒定的预期收益平面与 $\underline{R^e}$ 平面的交界处。因此，正如我们将 m 投影到 $\underline{X}$ 上，与通过 $\underline{X}$ 中的 x^* 来确定 $\underline{X}$ 中的价格一样，也可以将 1 投影到 $\underline{R^e}$ 上确定 $\underline{R^e}$ 的 R^{e*}。这正是一个无常数的回归方程。垂直于 $\underline{R^e}$ 中的 R^{e*} 的收益平面具有恒定均值，正如垂直于 $\underline{X}$ 的 x^* 的收益平面具有相同价格。

代数分析

现在，本节将给出均值-方差边界的特征及其分解的代数证明。该代数证明仅包括直角和二阶矩的证明过程。

证明：基于式（5.9）和式（5.10），可知 R^{e*} 是超额收益（价格为 0），因此 R^* 和 R^{e*} 正交。

$$E(R^*R^{e*})=\frac{E(x^*R^{e*})}{E(x^{*2})}=0$$

通过定义 n^i，使分解向量之和等于 R^i，并定义 w^i 以确保 n^i 与其他两个分量正交。之后证明 $E(n^i)=0$。选择任意 w^i，然后定义

$$n^i \equiv R^i - R^* - w^i R^{e*}$$

n^i 是超额收益，因此与 R^* 正交。

$$E(R^*n^i)=0$$

为了证明 $E(n^i)=0$ 且 n^i 与 R^{e*} 正交，我们利用了 n^i 是超额收益这一事实。

$$E(n^i)=E(R^{e*}n^i)$$

因此，当且仅当确定 w^i 使得 $E(n^i)=0$ 时，R^{e*} 与 n^i 正交。这里不必计算 w^i 作为证明。[1]

正交分解后就会得出边界。由于 $E(n^i)=0$ 并且三个部分是正交的

---

① $w^i=\frac{E(R^i)-E(R^*)}{E(R^{e*})}$ 不是很有启发性。

$$E(R^i)=E(R^*)+w^iE(R^{e^*})$$
$$\sigma^2(R^i)=\sigma^2(R^*+w^iR^{e^*})+\sigma^2(n^i)$$

因此，平均收益的每个期望值都有一个唯一的 w^i。$n^i=0$ 推导出的收益使得每个均值的方差最小化。

均值-方差空间的分解

图 5.3 说明了在均值-方差空间而不是状态空间中的分解过程。

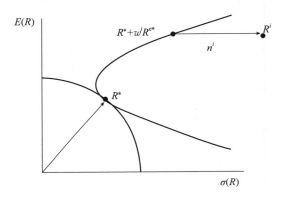

图 5.3　均值-方差空间中收益 R^i 的正交分解

首先确定 R^*。R^* 是最小的二阶矩收益。从图 5.2 中可以看出：R^* 是最接近原点的收益，因此，也是模（即二阶矩）最小的收益。与 OLS 回归相同，最小化 R^* 的模与推导出一个与所有超额收益正交的 R^* 是同一种处理方法，也可以通过代数运算验证上述结论。由于任何收益都可以表示为 $R=R^*+wR^{e^*}+n$，因此 $E(R^2)=E(R^{*2})+w^2E(R^{e^{*2}})+E(n^2)$。$n=0$ 和 $w=0$ 时可以确定最小的二阶矩收益。

在均值-标准差空间中，二阶矩不变的曲线是圆。因此，最小二阶矩的收益 R^* 落在与所有资产集合相交的最小圆上，而资产位于双曲的均值-方差边界中。值得注意的是，R^* 位于均值-方差边界的较低或"低效"部分。最令人惊讶的是，这是边界上最为有趣的收益所在！R^* 不属于通常位于边界上部的"市场投资组合"或"财富投资组合"。

增大 R^{e^*} 的值会使其沿着边界移动，而增大 n 不会改变均值，但会改变方差。因此，这是一种非系统收益，即将资产移出边界，如图 5.3 所示。

5.4 均值-方差边界的扩展

通过 R^* 和 R^{e*} 表示均值-方差边界是最符合常理的。但是,读者也可以通过边界上任意两个投资组合(R^* 和 R^{e*} 的任意两个不同的线性组合)等效地构建均值-方差边界范围。特别是,对于任意收益

$$R^a = R^* + \gamma R^{e*}, \quad \gamma \neq 0 \tag{5.12}$$

使用此收益代替 R^{e*}

$$R^{e*} = \frac{R^a - R^*}{\gamma}$$

可通过 R^* 和 R^a 表示均值-方差边界:

$$\begin{aligned} R^* + wR^{e*} &= R^* + y(R^a - R^*) \\ &= (1-y)R^* + yR^a \end{aligned} \tag{5.13}$$

在此定义新的权重 $y = w/\gamma$。

最常见的替代方法是使用无风险利率,或者某种类似于无风险利率的风险利率代替 R^{e*} 以扩展边界。当存在无风险利率时,它将位于边界上

$$R^f = R^* + R^f R^{e*}$$

基于式(5.20)可推导出该公式。联立式(5.13)和 $R^a = R^f$。当不存在无风险利率时,经常会使用一些保留无风险利率属性的风险收益。6.5 节给出了"零 β 资产组合"收益,它与 R^* 不相关,"常数模拟投资组合"收益最接近单位交易报酬,$\hat{R} = \text{proj}(1 \mid \underline{X})/p[\text{proj}(1 \mid \underline{X})]$,也是最小方差收益。虽然 γ 的值不同,但这些收益值的形式为式(5.12),都位于均值-方差边界上。因此,我们可以使用 R^* 和任何这些无风险利率变量以表示均值-方差边界。

5.5 R^*,R^{e*} 和 x^* 属性的汇总

特殊收益 R^* 和 R^{e*} 不仅能够组成均值-方差边界,而且自身具有许多有趣且有用的特点。上面简单叙述了它们的一些特性,下面将更为详细地

讨论其衍生和一些后面会用到的技巧。读者可结合图形以对其大多数属性和推导进行理解！

(1) $E(R^{*2}) = \dfrac{1}{E(x^{*2})}$　　　　　　　　　　　　(5.14)

基于 $R^* = x^*/E(x^{*2})$，在公式两边乘以 R^* 推导出期望值。R^* 是收益，因此 $1 = E(x^*R^*)$。

(2) 可通过公式变形，使用 R^* 表示 x^*

$$x^* = \frac{R^*}{E(R^{*2})}$$　　　　　　　　　　(5.15)

基于 $R^* = x^*/E(x^{*2})$，将式（5.14）代入 $E(x^{*2})$ 可得该公式。

(3) R^* 可以像 x^* 一样用来表示价格，因为它们都与恒定价格平面正交并指向相同的方向。根据式（5.15）

$$p(x) = E(x^*x) = \frac{E(R^*x)}{E(R^{*2})} \quad \forall x \in \underline{X}$$

为确定收益，结果可变形为：

$$E(R^{*2}) = E(R^*R) \quad \forall R \in \underline{R}$$　　　　(5.16)

这也可看作 R^* 的另一种属性定义。

(4) R^{e*} 通过内积表示 $\underline{R^e}$ 上的均值，与 x^* 通过内积表示 $\underline{X}$ 上的价格相同。R^{e*} 与 $\underline{R^e}$ 中的恒定均值平面正交，因为 x^* 与恒定价格平面正交。类似于 $p(x) = E(x^*x)$，可得

$$E(R^e) = E(R^{e*}R^e) \quad \forall R^e \in \underline{R^e}$$　　　(5.17)

这也可看作 R^{e*} 的另一种属性定义。

(5) 如果使用无风险利率进行交易，可通过 R^* 构建 R^f

$$R^f = \frac{1}{E(x^*)} = \frac{E(R^{*2})}{E(R^*)}$$　　　　　(5.18)

如果不存在无风险利率，公式右侧可得出"零 β 资产组合收益率"。读者可试着联立式（5.16）与 R^f 推导此公式。

(6) R^{e*} 和 R^* 正交

$$E(R^*R^{e*}) = 0$$

一般而言，R^* 与任何超额收益正交。

（7）均值-方差边界由下式给出：

$$R^{mv} = R^* + wR^{e*}$$

我们在 5.3 节中已证明了这一点。$E(R^2) = E[(R^* + wR^{e*} + n)^2] = E(R^{*2}) + w^2 E(R^{e*2}) + E(n^2)$，并且 $E(n) = 0$，所以令 n 等于 0。条件均值-方差边界允许 w 包含于条件信息集。而无条件均值-方差边界要求 w 等于常数（第 8 章）。

（8）R^* 是最小的二阶矩收益。从图形来看，R^* 是最接近于原点的收益。使用（7）中的分解方法，令 w^2 和 n 为 0 以最小化二阶矩（见图 5.3）。

（9）R^{e*} 的一阶矩和二阶矩相同

$$E(R^{e*}) = E(R^{e*2})$$

联立式（5.17）与 R^{e*}，可得

$$\mathrm{var}(R^{e*}) = E(R^{e*2}) - E(R^{e*})^2 = E(R^{e*})[1 - E(R^{e*})]$$

（10）如果存在无风险利率，那么 R^{e*} 也可以定义为 1 在 R^* 上投影的残差：

$$R^{e*} = 1 - \mathrm{proj}(1 \mid R^*) = 1 - \frac{E(R^*)}{E(R^{*2})} R^* = 1 - \frac{1}{R^f} R^* \qquad (5.19)$$

图 5.2 形象地描述了第一个公式。注意，由于 R^* 和 $\underline{R^e}$ 是正交的且构成 $\underline{X}$，因此 $1 = \mathrm{proj}(1 \mid \underline{R^e}) + \mathrm{proj}(1 \mid R^*) = R^{e*} + \mathrm{proj}(1 \mid R^*)$。最后一个公式来自式（5.18）。

读者也可自证式（5.19）。确定 R^{e*} 是 $\underline{X}$ 内的超额收益（其价格为 0），并且 $E(R^{e*}R^e) = E(R^e)$，$E(R^*R^{e*}) = 0$。

（11）由式（5.19）的结果，R^f 可分解为：

$$R^f = R^* + R^f R^{e*} \qquad (5.20)$$

由于 $R^f > 1$，这意味着 $R^* + R^{e*}$ 位于均值-方差空间中均值-方差边界的下部，即 R^f 的右侧。如果无风险利率为 1，则单位向量将位于收益空间中，由此可得 $R^f = R^* + R^{e*}$。通常来说，收益空间位于单位向量的上部。将单位向量拉伸 R^f 的量以获得收益 R^f 时，即 R^* 加 R^{e*} 推导出 R^f。

（12）如果不存在无风险利率，我们可以通过

$$\mathrm{proj}(1 \mid \underline{X}) = \mathrm{proj}(\mathrm{proj}(1 \mid \underline{X}) \mid \underline{R^e}) + \mathrm{proj}(\mathrm{proj}(1 \mid \underline{X}) \mid R^*)$$

$$= \mathrm{proj}(1 \mid \underline{R^e}) + \mathrm{proj}(1 \mid R^*)$$

推导类似于式（5.19）的公式：

$$R^{e*} = \mathrm{proj}(1 \mid \underline{X}) - \mathrm{proj}(1 \mid R^*) = \mathrm{proj}(1 \mid \underline{X}) - \frac{E(R^*)}{E(R^{*2})}R^*$$

$$(5.21)$$

（13）由于公式 $x^* = p'E(xx')^{-1}x$ 是基于基础资产构造 x^*（见 4.1 节），因此在这种情况下，我们可以根据

$$R^* = \frac{x^*}{p(x^*)} = \frac{p'E(xx')^{-1}x}{p'E(xx')^{-1}p}$$

（分母由 $p(x^*) = E(x^* x^*)$ 推导出）来构造 R^*。

（14）我们也可以基于一组基础资产构造 R^{e*}。按照将单位向量在超额收益空间中投影的定义

$$R^{e*} = E(R^e)'E(R^e R^{e'})^{-1}R^e$$

式中，R^e 是基础超额收益的向量。（可使用 $R^e = R - R^*$ 来构成超额收益。）该构造方式与 4.1 节中将 x^* 表示为 $x^* = p'E(xx')^{-1}x$ 的方式类似，但结果是用 E 代替 p，因为 R^{e*} 是均值而不是价格。

如果存在无风险利率，则可以使用式（5.19）构造 R^{e*}：

$$R^{e*} = 1 - \frac{1}{R^f}R^* = 1 - \frac{1}{R^f}\frac{p'E(xx')^{-1}x}{p'E(xx')^{-1}p}$$

$$(5.22)$$

如果不存在无风险利率，则可以使用式（5.21）构造 R^{e*}：

$$\mathrm{proj}(1 \mid \underline{X}) = E(x)'E(xx')^{-1}x$$

5.6 折现因子的均值-方差边界：Hansen-Jagannathan 边界

> 对给定资产进行定价的所有折现因子的均值-方差边界与资产收益的均值-方差边界相关，即
>
> $$\frac{\sigma(m)}{E(m)} \geq \frac{|E(R^e)|}{\sigma(R^e)}$$

因此

$$\min_{\langle 使价格x\in\underline{X}的所有m\rangle} \frac{\sigma(m)}{E(m)} = \max_{\langle \underline{X}中的所有超额收益R^e\rangle} \frac{E(R^e)}{\sigma(R^e)}$$

边界的折现因子可以类比于资产收益的均值-方差边界来表征：

$$m = x^* + we^*$$

$$e^* \equiv 1 - \mathrm{proj}(1\,|\,\underline{X}) = \mathrm{proj}(1\,|\,\underline{E}) = 1 - E(x)'E(xx')^{-1}x$$

$$\underline{E} = \{m - x^*\}$$

第 1 章中得出了推导超额收益的夏普比率与相关折现因子的波动性之间的关系：

$$\frac{\sigma(m)}{E(m)} \geqslant \frac{|E(R^e)|}{\sigma(R^e)} \tag{5.23}$$

因此

$$0 = E(mR^e) = E(m)E(R^e) + \rho_{m,R^e}\sigma(m)\sigma(R^e)$$

并且 $|\rho| \leqslant 1$，如果存在无风险利率，则

$$E(m) = 1/R^f$$

Hansen and Jagannathan（1991）对此有杰出的见解，可将这个公式理解为对给定一组收益定价的折现因子集的限制，以及对特定折现因子收益集的限制。该计算过程说明为了了解股票收益，确定均值接近于 1 而方差较大的折现因子是非常必要的。实际上，这类计算公式是理解并解决股权溢价之谜的中心工具，在第 21 章中将会详细讲解。

本节试图使用大量资产构建边界，如果不存在无风险利率，则该边界有效。与给定资产价格和报酬集合一致的 $\{E(m), \sigma(m)\}$ 的集合是什么？折现因子的均值-方差边界是什么？

从式（5.23）可以明显看出，夏普比率越高，$\sigma(m)$ 的边界越窄小。这从侧面暗示了一种我们所追求的构建边界的方法。对于任何假定的无风险利率，寻找最大的夏普比率。当然，这就是切线投资组合，因此，切线投资组合的斜率为 $\sigma(m)/E(m)$。图 5.4 证明了上述观点。

当 $1/E(m)$ 增大时，切线的斜率变小，因此 Hansen-Jagannathan 边界缩减。在对应最小方差点的平均收益处，Hansen-Jagannathan 边界达到

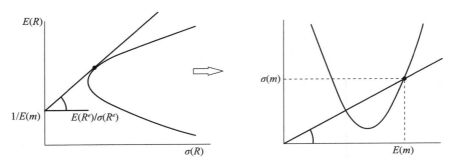

图 5.4 Hansen-Jagannathan 边界的图形构造

最小值。当我们进一步增大 $1/E(m)$ 时，相切点位于边界的下部，夏普比率再次上升，边界也是如此。如果存在无风险利率，那么可以确定 $E(m)$ 以及收益边界是 V 形的，而 Hansen-Jagannathan 边界纯粹是方差的边界。

该论述体现了折现因子波动率和夏普比率之间完美的对偶关系：

$$\min_{\{\text{使价格}x \in \underline{X}\text{的所有}m\}} \frac{\sigma(m)}{E(m)} = \max_{\{\underline{X}\text{中的所有超额收益}R^e\}} \frac{E(R^e)}{\sigma(R^e)} \tag{5.24}$$

我们需要用公式来进行计算。遵循与推导式（4.2）相同的逻辑，可确定一组给定的资产收益集定价的折现因子的表示形式——满足 $p = E(mx)$：

$$m = E(m) + [p - E(m)E(x)]'\Sigma^{-1}[x - E(x)] + \varepsilon \tag{5.25}$$

式中，$\Sigma \equiv \text{cov}(x, x')$，$E(\varepsilon) = 0$，$E(\varepsilon x) = 0$，可将其视为报酬空间中任意折现因子的回归或投影，再加上一个误差。由于 $\sigma^{2(\varepsilon)} > 0$，因此可由该表达式立即推出 Hansen-Jagannathan 边界的表达式：

$$\sigma^2(m) \geqslant [p - E(m)E(x)]'\Sigma^{-1}[p - E(m)E(x)] \tag{5.26}$$

由于所有资产收益都必须位于 $\{E(R), \sigma(R)\}$ 空间中的双曲线区域，因此所有折现因子都必须包括在 $\{E(m), \sigma(m)\}$ 空间的双曲线区域中，如图 5.4（b）所示。

边界上的折现因子与收益的公式表达同等重要，而不仅仅是拘泥于均值和方差的公式。由于我们已确定所有收益的三向分解，其中的两个因素构成了收益的均值-方差边界，因此可以推出折现因子的三向分解，其中的两个因素构成了折现因子的均值-方差边界。图 5.5 详细说明了构造方法。

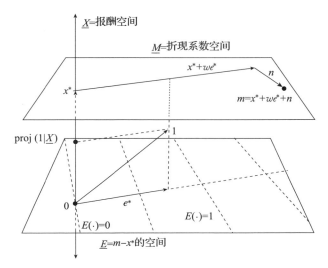

图 5.5　任意折现因子的分解 $m = x^* + we + n$

任意折现因子 m 必须位于标记为 $\underline{M}$ 的平面内，通过 x^* 垂直于 $\underline{X}$。m 必须满足下列公式

$$m = x^* + we^* + n$$

这里只是将 $m = x^* + \varepsilon$ 中的残差 ε 分解为两个向量。e^* 定义为 1 投影到 $\underline{X}$ 上的残差，或者等效地等于 1 在 "额外的 m" 的空间 $\underline{E}$ 上的投影，随机变量满足形式 $m - x^*$。

$$e^* \equiv 1 - \mathrm{proj}(1 \mid \underline{X}) = \mathrm{proj}(1 \mid \underline{E})$$

用 e^* 表示 m 的均值，就像用 R^{e^*} 表示收益：

$$E(m - x^*) = E[1 \times (m - x^*)] = E[\mathrm{proj}(1 \mid \underline{E})(m - x^*)]$$

n 的均值为 0，因为它与 1 正交且与 $\underline{X}$ 正交。

与收益一样，折现因子的均值-方差边界为：

$$m = x^* + we^* \tag{5.27}$$

如果单位收益在报酬空间中，那么可以推导出 $E(m)$，并且边界为 $m = x^*$，$\sigma^{2(m)} \geqslant \sigma^2(x^*)$。这与收益均值-方差边界的风险中性的情况完全一致，在这种情况下，边界缩小为点 R^*。

式（5.27）可用于推导上述有限维情况下 Hansen-Jagannathan 边界的公式（5.26）。它的适用范围更广，可用于无穷维的报酬空间。第 8 章中相应的收益公式为 $R^{mv}=R^* +wR^{e*}$，说明它更容易扩展到有条件和无条件均值-方差边界的计算（Gallant，Hansen and Tauchen，1990）。

如果我们能够确定式（5.27）组成元素的公式，那么公式将变得更为复杂。我们发现 x^* 与之前一样；$\underline{X}$ 中的投资组合 $c'x$ 为 x 定价：

$$x^* = p'E(xx')^{-1}x$$

同样，我们可以求出 e^*。1 在 $\underline{X}$ 上的投影为：

$$\text{proj}(1\,|\,\underline{X})=E(x)'E(xx')^{-1}x$$

（过一段时间，读者就会习惯令回归方程左侧为 1，右侧为随机变量！）因此

$$e^* =1-E(x)'E(xx')^{-1}x$$

同样，读者可以根据这些定义构造 x^* 和 e^* 的时间序列。

最后，现在我们可以构建最小化方差的折现因子

$$m^* =x^* +we^* =p'E(xx')^{-1}x +w[1-E(x)'E(xx')^{-1}x]$$

或

$$m^* =w+[p-wE(x)]'E(xx')^{-1}x \tag{5.28}$$

随着 w 的变化，可在均值和方差变化的边界上确定折现因子 m^*。

$$E(m^*)=w+[p-wE(x)]'E(xx')^{-1}E(x)$$
$$\sigma^2(m^*)=[p-wE(x)]'\text{cov}(xx')^{-1}[p-wE(x)]$$

正如你所看到的那样，Hansen-Jagannathan 边界等价于均值-方差边界。一个显而易见的例子是测试资产的增加在多大程度上扩大了 Hansen-Jagannathan 边界，这与询问这些资产在多大程度上扩大了均值-方差边界完全相同。Chen and Knez（1996）以及 De Santis（1993）使用 Hansen-Jagannathan 边界检验了均值-方差效率。

Hansen-Jagannathan 边界可能比均值-方差边界有更多的用处。Hansen 和 Jagannathan 展示了如何解决这个问题

$$\min \sigma^2(m) \quad \text{s.t.} \quad p=E(mx), \quad m>0, E(m)\text{固定}$$

"Hansen-Jagannathan 边界始终为正。"严格来说，因为存在额外的条件限

制，它比 Hansen-Jagannathan 边界定理更为严谨。它允许增加无套利条件。在股票应用过程中，这个额外限制仍然没有提供那么多信息。但是在第 18 章中边界为正确实很重要，该章叙述了如何解决正边界的问题。

Hansen，Heaton and Luttmer（1995）优化了边界分布理论。Luttmer（1996）提出是在市场摩擦中形成了边界，如卖空限制和买/卖价差，以解释过高的夏普比率和短期债券数据中的边界。Cochrane and Hansen（1992）调查了各种边界，包括折现因子与股票收益弱相关的信息边界（Hansen-Jagannathan 边界使用极限 $|\rho|=1$），许多模型所隐含的利率过大变动的条件矩的边界，卖空限制和市场摩擦的边界等。

第 21 章讨论了 Hansen-Jagannathan 边界计算的结果，以及对股票和债券收益数据定价的折现因子的含义。

第6章

折现因子、β 和均值-方差边界之间的关系

本章描述折现因子、均值-方差边界和 β 表达式之间的联系。第 1 章介绍了在完全竞争市场下如何根据 $p=E(mx)$ 推导均值-方差和 β 表达式。本章将基于上一章的研究，讨论双向和不完全市场下表达式的联系。

本章的中心思想是公式的三种表示形式都是等效的。图 6.1 总结了由一种表达式推导另一种表达式的过程。折现因子、β 的参考变量（位于 β 的回归方程右侧）和均值-方差边界的收益都包含相同的信息。给定其中任何一项就可以确定其他变量的值。具体来说：

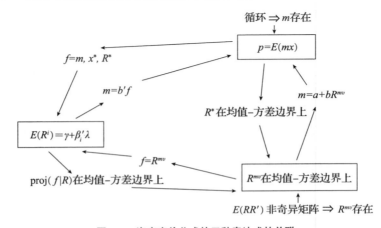

图 6.1 资产定价公式的三种表达式的关联

（1）$p = E(mx) \Rightarrow \beta$。给定 m 确定 $p = E(mx)$，则 m，x^*，R^* 或 $R^* + wR^{e*}$ 都可以作为 β 的参考变量。

（2）$p = E(mx) \Rightarrow$ 均值-方差边界。可根据 $x^* = \mathrm{proj}(m \mid \underline{X})$，$R^* = x^*/E(x^{*2})$ 构造 R^*。而 R^*，$R^* + wR^{e*}$ 位于均值-方差边界上。

（3）均值-方差边界 $\Rightarrow p = E(mx)$。如果 R^{mv} 位于均值-方差边界上，则收益中的 $m = a + bR^{mv}$ 是折现因子，它满足 $p = E(mx)$。

（4）$\beta \Rightarrow p = E(mx)$。如果存在系数为 f 的预期收益-β 模型，则因子中的 $m = b'f$ 线性满足 $p = E(mx)$。

（5）如果收益位于均值-方差边界上，则存在一个预期收益-β 模型，其中收益作为参考变量。

以下各节详细讨论从一种表达式到另一种表达式的转换机制。本章的最后一部分探讨了无风险利率的一些特殊情况。下一章将讨论这些等价定理的含义以及它们的重要性。

Roll（1977）指出了均值-方差边界与 β 定价系数之间的联系，Ross（1978）、Dybvig and Ingersoll（1982）指出了线性折现因子与 β 定价系数之间的联系，Hansen and Richard（1987）指出了折现因子与均值-方差边界之间的联系。

6.1 从折现因子到 β 表达式

m，x^* 和 R^* 都可以视为单 β 表达式中的单一因子。

使用 m 确定 β 表达式

$p = E(mx)$ 表示 $E(R^i) = \gamma + \beta_{i,m}\lambda_m$。从下式开始

$$1 = E(mR^i) = E(m)E(R^i) + \mathrm{cov}(m, R^i)$$

因此

$$E(R^i) = \frac{1}{E(m)} - \frac{\mathrm{cov}(m, R^i)}{E(m)}$$

通过乘以 $\mathrm{var}(m)$ 再除以 $\mathrm{var}(m)$ 变形，定义 $\gamma \equiv 1/E(m)$，可得

$$E(R^i) = \gamma + \left(\frac{\mathrm{cov}(m, R^i)}{\mathrm{var}(m)}\right)\left(-\frac{\mathrm{var}(m)}{E(m)}\right) = \gamma + \beta_{i,m}\lambda_m$$

如上述公式所示，可确定单 β 表达式。

例如，我们可以将基于消费的模型等效地表示为：在资产收益的因子 β 与 $(c_{t+1}/c_t)^{-\gamma}$ 的回归中，平均资产收益应该是线性的。此外，该横截面关系的斜率 λ_m 不是自由参数，尽管在因子定价模型的实证分析中通常将其视为自由参数。λ_m 应等于 $(c_{t+1}/c_t)^{-\gamma}$ 的方差与均值之比。

边际效用增长的因子风险溢价 λ_m 为负，而正预期收益与消费增长正相关，因此，边际效用增长与 m 负相关。由此假设 $\lambda_m < 0$。

基于 x^* 和 R^* 的 β 表达式

通过报酬而不是诸如消费增长之类的实际变量来表示定价模型，是一种很实用的做法，例如，可以避免实际数据的测量困难。上面已经阐述了如何通过投影形成的"因子模拟投资组合"：将 m 投影到 $\underline{X}$ 上，将所得的报酬 x^* 作为折现因子。不出所料，x^* 或收益 $R^* = x^*/E(x^{*2})$ 也可以作为预期收益-β 表达式的因子。当该因子也是收益时会大大简化模型，因为因子风险溢价等效于预期超额收益。

定理：$1 = E(mR^i)$ 表示预期收益-β 模型，其中 $x^* = \mathrm{proj}(m \mid \underline{X})$ 或 $R^* \equiv x^*/E(x^{*2})$ 作为因子，$E(R^i) = \gamma + \beta_{i,x^*}\lambda_{x^*}$ 和 $E(R^i) = \gamma + \beta_{i,R^*}[E(R^*) - \gamma]$。

证明：$p = E(mx)$ 意味着 $p = E[\mathrm{proj}(m \mid \underline{X})\ x]$ 或 $p = E(x^*x)$，可得

$$1 = E(mR^i) = E(x^*R^i) = E(x^*)E(R^i) + \mathrm{cov}(x^*, R^i)$$

求出预期收益

$$\begin{aligned}
E(R^i) &= \frac{1}{E(x^*)} - \frac{\mathrm{cov}(x^*, R^i)}{E(x^*)} \\
&= \frac{1}{E(x^*)} - \frac{\mathrm{cov}(x^*, R^i)}{\mathrm{var}(x^*)}\frac{\mathrm{var}(x^*)}{E(x^*)}
\end{aligned} \tag{6.1}$$

可将其整理为所需的单 β 模型形式

$$E(R^i) = \gamma + \beta_{i,x^*}\lambda_{x^*}$$

请注意，当不存在无风险利率时，将出现零 β 资产组合收益率，即 $1/E(x^*)$。

通过 R^* 推导单 β 表达式，请回顾以下定义：

$$R^* = \frac{x^*}{E(x^{*2})}$$

用 R^* 代替 x^*，式（6.1）意味着我们可以令 m 作为 β 模型中的单个因子，以构造收益 R^*

$$E(R^i) = \frac{E(R^{*2})}{E(R^*)} - \frac{\text{cov}(R^*, R^i)}{E(R^*)}$$

$$= \frac{E(R^{*2})}{E(R^*)} + \left(\frac{\text{cov}(R^*, R^i)}{\text{var}(R^*)}\right)\left(-\frac{\text{var}(R^*)}{E(R^*)}\right)$$

或者，用更明显的方式

$$E(R^i) = \gamma + \beta_{R^i, R^*}\lambda_{R^*} \tag{6.2}$$

由于因子 R^* 也是收益，因此超过零 β 资产组合收益率的预期超额收益可推导出因子风险溢价 λ_{R^*}。联立式（6.2）与 R^*

$$E(R^*) = \gamma - \frac{\text{var}(R^*)}{E(R^*)} \tag{6.3}$$

因此，我们可将 β 模型整理为标准形式

$$E(R^i) = \gamma + \beta_{R^i, R^*}\left[E(R^*) - \gamma\right] \tag{6.4}$$

回想一下，R^* 是均值-方差边界下部的最小二阶矩边界。这就是为什么 R^* 具有显著为负的预期超额收益或因子风险溢价，即 $\lambda_{R^*} = -\text{var}(R^*)/E(R^*) < 0$。$\gamma$ 是 R^* 上的零 β 资产组合收益率。

特殊案例

这些公式构造的前提为 $E(m)$，$E(x^*)$ 或 $E(R^*)$ 不为零，或者它们不能作为分母。例如，$E(m) = 0$ 说明无风险资产的价格为零，而无风险利率为无限大。如果存在无风险利率，我们可以简单地验证它不是无限大的，并可以通过推导证明此事实。同样，在完全市场中，$E(m)$ 不能为零，因为在无套利的情况下 $m > 0$。在其他定理中也可以发现类似的特殊情况：公式变形仅适用于零或无限的无风险利率。本书将在 6.6 节中讨论这个问题。

如果 $\text{var}(m)$，$\text{var}(x^*)$ 或 $\text{var}(R^*)$ 为零，则无法基于预期收益协方差推导预期收益-β 表达式。这是纯风险中性的情况。在这种情况下，所有预期收益都将与无风险利率相同。

6.2 从均值-方差边界到折现因子和 β 表达式

R^{mv} 在均值-方差边界上 $\Rightarrow m = a + bR^{mv}$；$E(R^i) - \gamma = \beta_i [E(R^{mv}) - \gamma]$。

$p = E(mx)$ 是表示具有均值-方差有效参考收益（即 R^*）的单 β 模型。反之亦然：对于均值-方差边界上的（几乎）任何收益都可以得出折现因子 m，它是均值-方差有效收益的线性函数。同样，预期收益通过均值-方差有效收益构成单 β 表达式。

本节从折现因子开始讨论。

定理：当且仅当 R^{mv} 位于均值-方差边界上且 R^{mv} 不是无风险利率时，折现因子的形式为 $m = a + bR^{mv}$。（不存在无风险利率且 R^{mv} 不是恒定模拟投资组合的收益。）

图形解释

基本思想非常简单，图 6.2 是完全市场的图形描述，折现因子 $m = x^*$ 与 R^* 成比例。均值-方差边界是 $R^* + wR^{e*}$。如图 6.2 所示，在均值-方差边界上选择一个向量 R^{mv}，然后拉伸 b 倍（bR^{mv}），减去向量 1 的一部分（a）。由于 R^{e*} 是由单位向量构成的，因此，如果选择正确的 a 和 b 就可以消去 R^{e*} 分量，并得到折现因子 x^*。

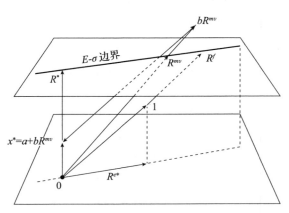

图 6.2　当且仅当 R^{mv} 位于均值-方差边界上且不是无风险利率时，折现因子 $m = a + bR^{mv}$

如果基础收益向量不在均值-方差边界上，则任何线性组合 $a +$ $bR^{mv}(b\neq 0)$ 都将指向 n 方向，而 R^* 和 x^* 则不会。但是如果 $b=0$，则单位向量的向上或向下拉伸将不会得到 x^*。因此，如果 R^{mv} 在边界上，则只能获得 $a+bR^{mv}$ 形式的折现因子。

读者可能还记得 x^* 不是唯一的折现因子——所有折现因子的形式均服从 $m=x^*+\varepsilon$，且 $E(\varepsilon x)=0$。当 R 不在均值-方差边界上时，$a+bR$ 或许可以确定部分折现因子。但是，这不起作用，n 仍然位于报酬空间 $\underline{X}$ 中，而根据定义，ε 与该空间正交。

如果一开始讨论的均值-方差有效收益 R^{mv} 恰好位于延长的单位向量和边界的交点处，那么延长 R^{mv} 向量并加上单位向量可得到相同的结果，因此，我们无法通过单位向量的组合得到 x^*，延长后的单位报酬是无风险利率，而该定理排除了无风险利率。当不存在无风险利率时，我们必须排除“恒定模拟投资组合收益”这一情况。6.6 节会进行详细描述。

代数证明

基于代数证明可以保证相同的结果。

证明：对于任意 R，尝试代入折现因子模型

$$m=a+bR=a+b(R^*+wR^{e*}+n) \tag{6.5}$$

当且仅当 $n=0$ 时，除了与无风险利率（或无风险利率下的恒定模拟投资组合收益）R 相关的 w，该折现因子可以为任意报酬定价。

我们可以通过使用 m 为任意两个资产定价来确定 a 和 b。找到 a 和 b 来确定模型的价格 R^* 和 R^{e*}：

$$1=E(mR^*)=aE(R^*)+bE(R^{*2})$$
$$0=E(mR^{e*})=aE(R^{e*})+bwE(R^{e*2})=(a+bw)E(R^{e*})$$

求解出 a 和 b，

$$a=\frac{w}{wE(R^*)-E(R^{*2})}$$

$$b=-\frac{1}{wE(R^*)-E(R^{*2})}$$

因此，如果要对 R^* 和 R^{e*} 定价，则折现因子必须为：

$$m=\frac{w-(R^*+wR^{e*}+n)}{wE(R^*)-E(R^{*2})} \tag{6.6}$$

现在，让我们思考 m 是否可为任意报酬 x^i 定价。任意 $x^i \in X$ 也可以分解为：

$$x^i = y^i R^* + w^i R^{e*} + n^i$$

（参考图 5.2。）x^i 的价格为 y^i，是因为 R^{e*} 和 n^i 均为零价格（超额收益）报酬。因此，我们需要 $E(mx^i) = y^i$。

$$E(mx^i) = E\left(\frac{(w - R^* - wR^{e*} - n)(y^i R^* + w^i R^{e*} + n^i)}{wE(R^*) - E(R^{*2})}\right)$$

基于 R^*，R^{e*}，n 的正交性，$E(n) = 0$ 和 $E(R^{e*2}) = E(R^{e*})$ 以化简乘积。

$$E(mx^i) = \frac{wy^i E(R^*) - y^i E(R^{*2}) - E(nn^i)}{wE(R^*) - E(R^{*2})}$$

$$= y^i \frac{E(nn^i)}{wE(R^*) - E(R^{*2})}$$

为了使 $p(x^i) = y^i = E(mx^i)$，则让 $E(nn^i) = 0$。保证每项报酬 $x^i \in \underline{X}$ 的唯一条件是 $n = 0$。

显然，如果式（6.6）的分母为零，即 $w = E(R^{*2})/E(R^*) = 1/E(x^*)$，则构造不成立。如果存在无风险利率，则 $R^f = 1/E(x^*)$，因此我们排除了无风险利率 $R^{mv} = R^* + R^f R^{e*}$ 的情况。如果不存在无风险利率，则可将 $R = R^* + E(R^{*2})/E(R^*)R^{e*}$ 解释为"恒定模拟投资组合收益"，这在 6.6 节会进一步阐述。

在某种程度上该定理可以进行拓展。收益并无特别之处；形式为 $yR^* + wR^{e*}$ 或 $yx^* + wR^{e*}$ 的任何报酬均可对资产进行定价；在给定均值和价格的情况下，此类报酬在所有报酬之间具有最小的方差。当然，我们也证明了存在性，而不仅仅是唯一性：$m = a + bR^{mv} + \epsilon$，$E(\epsilon x) = 0$ 也可以为资产定价。

从均值-方差边界到 β 定价模型，我们可以将该定理与上一节的定理推导结合在一起。在不存在无风险利率的情况下存在一些微妙的差别，但是基本的定理阐述并无影响，因此 6.6 节将介绍定理之间的联系和特殊案例。

6.3 因子模型和折现因子

> β 定价模型与折现因子 m 的线性模型等价：
>
> $$E(R^i) = \gamma + \lambda' \beta_i \Leftrightarrow m = a + b'f$$

我们已经证明 $p=E(mx)$ 意味着可通过 m，x^* 或 R^* 构建单 β 表达式。在此提出一个相反的问题：假设已经存在一个预期收益-β 模型，如 CAPM，APT，ICAPM 等，那么这些模型背后隐含着什么折现因子？预期收益-β 模型等效于折现因子，而折现因子是 β 模型中因子的线性函数，这是非常重要的结论。它给出了本书所强调的折现因子公式与实证研究中常见的预期收益-β、因子模型公式之间的联系。

读者可以将线性因子模型整理为 $m=b'f$，令因子之一为常数。但是，由于我们希望基于协方差而不是二阶矩构建 β 表达式，最简单的方法是将因子的均值视为常数，联立 $E(f)=0$ 得出 $m=a+b'f$，因此 $E(m)=a$。

在特殊情况下可看到所有测试资产都与超额收益相关。那么 $0=E(mR^e)$ 不能确定 m 的均值，因此我们可以标准化 a，将 $E(m)=1$ 或 $m=1+b'[f-E(f)]$ 标准化较为方便。

定理：给定模型

$$m=1+[f-E(f)]'b, \quad 0=E(mR^e) \tag{6.7}$$

可确定 λ 满足

$$E(R^e)=\beta'\lambda \tag{6.8}$$

式中，β 是各因子超额收益 R^e 的多元回归系数。相反，给定式（6.8）中的 λ，则可以确定使式（6.7）成立的 b。

证明：基于式（6.7）

$$0=E(mR^e)=E(R^e)+\text{cov}(R^e,f')b$$
$$E(R^e)=-\text{cov}(R^e,f')b$$

可较为便捷地从协方差推导 β。

$$E(R^e)=-\text{cov}(R^e,f')\text{var}(f)^{-1}\text{var}(f)b=\beta'\lambda$$

因此，λ 和 b 存在下列关系：

$$\lambda=-\text{var}(f)b$$

当测试资产为收益时，相同的思路也一样有效，但是由于我们必须确定常数 m 和 β 模型中的零 β 资产组合收益率，因此代数过程会略显复杂。

定理：给定模型

$$m=a+b'f, \quad 1=E(mR^i) \tag{6.9}$$

可确定 γ 和 λ 满足

$$E(R^i) = \gamma + \lambda'\beta_i \tag{6.10}$$

式中，β_i 是 R^i（含常数项 f）的多元回归系数。相反，给定式（6.10）因子模型中的 γ 和 λ，则可以确定使式（6.9）成立的 a，b。

证明：现在只需要构造 (γ, λ) 与 (a, b) 之间的关系，并证明它是成立的。基于 $m = a + b'f$ 和 $1 = E(mR)$，将因子均值视为 a 以推导 $E(f) = 0$。

$$E(R) = \frac{1}{E(m)} - \frac{\text{cov}(m,R)}{E(m)} = \frac{1}{a} - \frac{E(Rf')b}{a} \tag{6.11}$$

β_i 是回归系数的向量。

$$\beta_i \equiv E(ff')^{-1} E(fR^i)$$

把 β 代入公式，可得

$$E(R) = \frac{1}{a} - \frac{E(Rf')E(ff')^{-1}E(ff')b}{a} = \frac{1}{a} - \beta' \frac{E(ff')b}{a}$$

现在，将 γ 和 λ 定义为：

$$\gamma \equiv \frac{1}{E(m)} = \frac{1}{a}$$

$$\lambda \equiv -\frac{1}{a}\text{cov}(f,f')b = -\gamma E[mf] \tag{6.12}$$

联立式（6.12）与预期收益-β 表达式可得出 $m = a + b'f$。

与往常一样，这里无须考虑无风险利率为零或无限大的特殊情况。首先排除 $E(m) = E(a + b'f) = 0$ 的情况，以适用于式（6.11），并且排除 $\gamma = 0$ 且 $\text{cov}(ff')$ 为奇异矩阵的情况，将式（6.12）中的 γ，β，λ 代入 m。

给定任何一个模型，都存在另一种形式的模型。它们不是唯一的。我们可以将任何与收益正交的随机变量添加到 m 中，并且可以添加零 β 或零 λ 资产组合的伪风险因子，从而保持定价含义不变。我们也可以将多 β 模型简化为单 β 模型，其中 $m = a + b'f$ 为单因子，或使用其相对应的 R^*。

式（6.12）表明因子风险溢价 λ 可以解释为因子的价格。$\lambda \neq 0$ 的检验通常视为"因子是否已定价"的检验。更准确地说，λ 代表以无风险利率计算出的（平均）因子的价格 $E(mf)$。如果我们从潜在因子 $\tilde{f}$ 出发，使得去均值因子为 $f = \tilde{f} - E(\tilde{f})$

$$\lambda \equiv -\gamma p[\tilde{f} - E(\tilde{f})] = -\gamma \left[p(\tilde{f}) - \frac{E(\tilde{f})}{\gamma} \right]$$

λ 代表因子价格减去其风险中性估值，如因子风险溢价。如果该因子不可交易，则 λ 是模型的预测价格，而不是市场价格。低价格使高风险溢价为负。如果因子是单位价格的收益，则该因子的风险溢价为因子的预期收益减去 γ，即 $\lambda = E(f) - \gamma$。

值得注意的是，"因子"不一定是收益（尽管可能是）；它们不必正交，也不必满足连续不相关、有条件或无条件均值为零的前提。而上述属性可作为特殊市场情况，也可作为特定因子模型经济推导的一部分继续讨论，但是对于既定因子定价表达式而言，它们并不是必需的。例如，如果无风险利率是恒定的，则 $E_t(m_{t+1})$ 是恒定的，并且总和 $b'f_{t+1}$ 至少应该与时间不相关。但是，如果无风险利率不是恒定的，则 $E_t(m_{t+1}) = E_t(b'f_{t+1})$ 应该随时间变化而变化。

因子模拟投资组合

> 使用因子模拟投资组合的报酬通常是很方便的。
>
> $$f^* = \text{proj}(f \mid \underline{X})$$
>
> 因子模拟投资组合的收益
>
> $$f^* = \frac{\text{proj}(f \mid \underline{X})}{p[\text{proj}(f \mid \underline{X})]}$$
>
> 或者因子模拟投资组合的超额收益
>
> $$f^* = \text{proj}(f \mid \underline{R^e})$$
>
> 代替真正的因子。上述报酬与原始因子具有相同的定价信息，并且可以用作预期收益-β 表达式中的参考变量。

当该因子不属于收益或超额收益时，可根据因子模拟投资组合而不是因子本身来构建 β 定价模型。$x^* = \text{proj}(m \mid \underline{X})$ 包含 m 对 $\underline{X}$ 的所有定价影响；$p(x) = E(mx) = E(x^* x)$。因子模拟投资组合与单因子的思路类似。

定义报酬 f^*

$$f^* = \mathrm{proj}(f \mid \underline{X})$$

$m = b'f^*$ 与 $m = b'f$ 对 $\underline{X}$ 具有相同的定价含义:

$$p = E(mx) = E(b'fx) = E[b'(\mathrm{proj}f \mid \underline{X})x] = E[b'f^*x] \tag{6.13}$$

因子模拟投资组合也可构成 β 表达式。只需从式 (6.13) 着手回到预期收益-β 表达式

$$E(R^i) = \gamma^* + \beta^{*\prime}\lambda^* \tag{6.14}$$

并通过式 (6.12) 求出 λ^*,γ^*。β^* 是因子模拟投资组合上收益 R^i 的回归系数,而非模型中的因子。

因子模拟投资组合中采用收益或超额收益,而不是采取上面的报酬。将报酬除以其价格以获得收益:

$$f_i^* = \frac{\mathrm{proj}(f_i \mid \underline{X})}{p[\mathrm{proj}(f_i \mid \underline{X})]}$$

所得的 b_i 将基于因子模拟报酬的价格进行缩小,而整体模型保持不变。请注意,这是在报酬空间而非收益空间上进行投影。收益 $\underline{R}$ 不符合空间的定义,因为它们不包含零。

如果测试资产都属于超额收益,那么可以更为轻松地将因子投影到超额收益集上。因为超额收益中包括零,所以它们符合空间的定义。如果我们定义

$$f^* = \mathrm{proj}(f \mid \underline{R^e})$$

当然超额收益 f^* 与一组超额收益的因子 f 具有相同的定价含义;$m = b'f^*$ 满足 $0 = E(mR^{ei})$ 并且

$$E(R^{ei}) = \beta_{i,f^*}\lambda = \beta_{i,f^*}E(f^*)$$

6.4 均值-方差边界上的折现因子和 β 模型

基于 m 可以构造均值-方差边界上的 R^*。

如果 β 定价模型成立,则因子模拟投资组合收益的线性组合位于均值-方差边界上。

> 任何边界收益都是 R^* 与其他收益的组合，如无风险利率或无风险利率替代变量的组合。因此，任何边界收益都是因子模拟收益加上无风险利率替代变量的线性函数。

很容易证明，给定 m 可以确定均值-方差边界上的收益。给定 m，构造 $x^* = \mathrm{proj}(m \mid \underline{X})$ 和 $R^* = x^*/E(x^{*2})$。R^* 是最小二阶矩收益，因此位于均值-方差边界上。

同样，如果存在 β 模型所对应的 f 因子集，则因子模拟投资组合的线性组合位于均值-方差边界上。β 模型与 $m = b'f$ 相同。由于 m 在 f 中是线性的，x^* 在 $f^* = \mathrm{proj}(f \mid \underline{X})$ 中是线性的，因此 R^* 在因子模拟报酬 f^* 或它们的收益 $f^*/p(f^*)$ 中是线性的。

5.4 节说明了如何使用 R^* 和无风险利率构建均值-方差边界，在存在单位向量、零 β 资产组合，最小方差或恒定模拟投资组合收益 $\hat{R} = \mathrm{proj}(1 \mid \underline{X})/p[\mathrm{proj}(1 \mid \underline{X})]$（如果不存在无风险利率）的情况下。在线性因子模型中，后者的拟合程度较好，因为常数可视为一项因子，所以边界完全可以由因子模拟投资组合收益构成。

6.5　三种无风险利率类比

> 本节将介绍三种无风险利率替代项，它们出现在无风险利率的资产定价公式中。这三种收益是零 β 资产组合收益、最小方差收益和恒定模拟投资组合收益。

当无风险利率或单位报酬不属于报酬集时，三种无风险利率的不同描述是十分实用的。这些是零 β 资产组合收益、最小方差收益和恒定模拟投资组合收益。本节将阐述收益，并在下一节中使用它解释一些涉及均值-方差边界的特殊情况。在无风险利率市场中，每类收益都保有无风险利率的一个属性。零 β 资产组合收益是一个均值-方差有效收益，它与另一个给定的均值-方差有效收益不相关。最小方差收益正是这样。恒定模拟投资组合收益最"接近"于单位报酬。这些收益可通过标准形式 $R^* + wR^{e*}$ 表示，只在 w 值上稍有不同。此外，某些资产定价表达式使用风险资产的预期收益。例如，零 β 资产组合收益率通常用于表示零 β 资产组合收益的期望值。

这些无风险利率替代项是均值-方差有效的。因此，本节通过改变 $R^* + wR^{e*}$ 中的权重 w 进行表征。我们在上面推导了无风险利率的这种表达式，如式（5.20）所示：

$$R^f = R^* + R^f R^{e*} \tag{6.15}$$

最后一小节中将说明无风险利率替代项如何转变为无风险利率。

R^* 的零 β 资产组合收益

R^* 的零 β 资产组合收益（以 R^γ 表示）是与 R^* 不相关的均值-方差有效收益。它的预期收益为零 β 资产组合收益率 $\gamma = E(R^\gamma)$。零 β 资产组合收益的表达式为：

$$R^\gamma = R^* + \frac{\mathrm{var}(R^*)}{E(R^*)E(R^{e*})}R^{e*}$$

对应的零 β 资产组合收益率为：

$$\gamma = E(R^\gamma) = \frac{E(R^{*2})}{E(R^*)} = \frac{1}{E(x^*)}$$

从图形来看，通过将 R^* 处的切线扩展到垂直轴，可在均值-标准差空间中确定零 β 资产组合收益率。这也是基于单位报酬的 x^* 和 R^* 对应的价格倒数。

当然，无风险利率 R^f 与 R^* 不相关。存在无风险利率的情况下，与 R^* 不相关的风险收益可获得与无风险利率相同的平均收益，因此当 R^f 不存在时，此类收益可以替代 R^f。对于与 R^* 不相关的任意收益 R^γ，有 $E(R^* R^\gamma) = E(R^*)E(R^\gamma)$，因此

$$\gamma = E(R^\gamma) = \frac{E(R^* R^\gamma)}{E(R^*)} = \frac{E(R^{*2})}{E(R^*)} = \frac{1}{E(x^*)}$$

式中，γ 为零 β 资产组合收益率，R^γ 为零 β 收益。因为没有无风险利率，所以不存在只支付 γ 的证券。

　　由公式可以得出零 β 资产组合收益率是单位报酬的 R^* 和 x^* 价格的倒数，这是无风险利率的另一个自然解释。之所以称为零 β 资产组合收益率，是因为 $\mathrm{cov}(R^*,\ R^\gamma)=0$。这意味着 R^γ 对 R^* 的回归 β 为零。更准确地说，可以将其称为 R^* 的零 β 资产组合收益率，因为人们可以计算除 R^* 以外的其他收益的零 β 资产组合收益率，并且它们与 R^* 的零 β 资产组合收益率不同。特别地，"市场投资组合"上的零 β 资产组合收益率通常与 R^* 上的零 β 资产组合收益率不同。

　　本节在图 6.3 中画出了切线与纵轴的交界 γ。这是均值-方差边界上任意收益的属性：与均值-方差有效资产（零 β 资产）不相关的资产的预期收益位于上述构造点。读者可通过相似三角形证明上述观点：图 6.3 中 R^* 的长度为 $\sqrt{E(R^{*2})}$，垂直长度为 $E(R^*)$，因此 $\gamma/\sqrt{E(R^{*2})}=\sqrt{E(R^{*2})/E(R^*)}$，或 $\gamma=E(R^{*2})/E(R^*)$。由于 R^* 位于均值-方差边界的下部，因此该零 β 资产组合收益率 γ 高于最小方差收益。

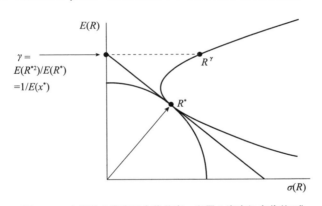

图 6.3　R^* 的零 β 资产组合收益率 γ 和零 β 资产组合收益 R^γ

　　注意，通常 $\gamma\neq 1/E(m)$。$\underline{X}$ 上的投影 m 保留了 $\underline{X}$ 的资产定价含义，但不能保留 $\underline{X}$ 之外的报酬。因此，如果不存在无风险利率，则 x^* 和 m 的无风险利率预测可能会与非交易资产前提下的预测不同。

　　如图 6.3 中的 R^γ 所示，零 β 资产组合收益是均值-方差边界上的收益率，而均值等于零 β 资产组合收益率。这里使用 R^*+wR^{e*} 形式来表征这种收益。为此，需要确定 w 满足

$$E(R^\gamma)=\frac{E(R^{*2})}{E(R^*)}=E(R^*)+wE(R^{e*})$$

可得

$$w = \frac{E(R^{*2}) - E(R^*)^2}{E(R^*)E(R^{e*})} = \frac{\text{var}(R^*)}{E(R^*)E(R^{e*})}$$

因此，零 β 资产组合收益为：

$$R^\gamma = R^* + \frac{\text{var}(R^*)}{E(R^*)E(R^{e*})}R^{e*}$$

注意，权重不是 $E(R^\gamma) = E(R^{*2})/E(R^*)$，因为 $R^f = R^* + R^f R^{e*}$。当不存在无风险利率时，权重和平均收益不同。

最小方差收益

最小方差收益表达式为：

$$R^{\text{min. var.}} = R^* + \frac{E(R^*)}{1 - E(R^{e*})}R^{e*}$$

当存在无风险利率时，它显然是最小方差收益。当不存在无风险利率时，最小方差收益为：

$$R^{\text{min. var.}} = R^* + \frac{E(R^*)}{1 - E(R^{e*})}R^{e*} \qquad (6.16)$$

取期望

$$E(R^{\text{min. var.}}) = E(R^*) + \frac{E(R^*)}{1 - E(R^{e*})}E(R^{e*}) = \frac{E(R^*)}{1 - E(R^{e*})}$$

因此，最小方差收益保留了无风险利率的良好特征，即在 R^{e*} 上的权重与其均值相同。

$$R^{\text{min. var.}} = R^* + E(R^{\text{min. var.}})R^{e*}$$

正如 $R^f = R^* + R^f R^{e*}$。如果不存在无风险利率，则零 β 资产组合收益和最小方差收益不同。图 6.3 形象地阐述了这项推论。

我们可以通过暴力算法得出最小方差收益的表达式 （6.16）：在 $R^* + wR^{e*}$ 中确定 w 以最小化方差。

$$\min_{w} \text{var}(R^* + wR^{e*}) = E[(R^* + wR^{e*})^2] - E(R^* + wR^{e*})^2$$
$$= E(R^{*2}) + w^2 E(R^{e*}) - E(R^*)^2$$
$$-2wE(R^*)E(R^{e*}) - w^2 E(R^{e*})^2$$

一阶条件为：

$$0 = wE(R^{e*})[1 - E(R^{e*})] - E(R^*)E(R^{e*})$$
$$w = \frac{E(R^*)}{1 - E(R^{e*})}$$

恒定模拟投资组合收益

> 恒定模拟投资组合收益定义为单位向量在报酬空间上的投影收益。
>
> $$\hat{R} = \frac{\text{proj}(1 \mid \underline{X})}{p[\text{proj}(1 \mid \underline{X})]}$$
>
> 它的表达式为：
>
> $$\hat{R} = R^* + \frac{E(R^{*2})}{E(R^*)} R^{e*}$$

当存在无风险利率时，它是单位报酬 $R^f = 1/p(1)$ 的收益率。如果不存在无风险利率，则可以定义模拟投资组合的单位报酬收益。

$$\hat{R} = \frac{\text{proj}(1 \mid \underline{X})}{p[\text{proj}(1 \mid \underline{X})]}$$

这称为恒定模拟投资组合收益。

恒定模拟投资组合收益的均值-方差表达式为：

$$\hat{R} = R^* + \gamma R^{e*} = R^* + \frac{E(R^{*2})}{E(R^*)} R^{e*} \tag{6.17}$$

注意，权重 γ 等于零 β 资产组合收益率会产生恒定模拟收益，而不是零 β 资产组合收益。要得到式（6.17），则从式（5.21）开始

$$R^{e*} = \text{proj}(1 \mid \underline{X}) - \frac{E(R^*)}{E(R^{*2})} R^* \tag{6.18}$$

取双侧的价格。由于 R^{e*} 的价格为 0，R^* 的价格为 1，可得

$$p[\text{proj}(1\,|\,\underline{X})] = \frac{E(R^*)}{E(R^{*2})} \tag{6.19}$$

为 $\text{proj}(1\,|\,\underline{X})$ 求解式（6.18），除以式（6.19），可得出式（6.17）的右侧。

无风险利率

无风险利率可通过均值-方差表示：

$$R^f = R^* + R^f R^{e*}$$

当存在无风险利率时，零 β 资产组合、最小方差和恒定模拟投资组合收益将服从上述公式。

同样，从式（5.20）可推导出无风险利率的下列表达式：

$$R^f = R^* + R^f R^{e*} \tag{6.20}$$

显然，我们期望零 β 资产组合收益率、最小方差和恒定模拟投资组合收益率存在时，降至无风险利率。

$$\text{恒定模拟投资组合：} \quad \hat{R} = R^* + \frac{E(R^{*2})}{E(R^*)} R^{e*} \tag{6.21}$$

$$\text{最小方差：} \quad R^{\text{min. var.}} = R^* + \frac{E(R^*)}{1 - E(R^{e*})} R^{e*} \tag{6.22}$$

$$\text{零 }\beta\text{ 资产组合：} \quad R^\alpha = R^* + \frac{\text{var}(R^*)}{E(R^*)E(R^{e*})} R^{e*} \tag{6.23}$$

为了确定无风险利率存在时它们都是相同的，我们需要证明

$$R^f = \frac{E(R^{*2})}{E(R^*)} = \frac{E(R^*)}{1 - E(R^{e*})} = \frac{\text{var}(R^*)}{E(R^*)E(R^{e*})} \tag{6.24}$$

式（5.18）可推导出第一个公式。根据式（6.15）的期望值可推导出第二个公式

$$R^f = E(R^*) + R^f E(R^{e*}) \tag{6.25}$$

并求解 R^f。联立式（6.25）与式（6.24）中的第一项，可推导出第三个公式

$$\frac{E(R^{*2})}{E(R^*)} = E(R^*) + R^f E(R^{e*})$$

解出 R^f

$$R^f = \frac{E(R^{*2}) - E(R^*)^2}{E(R^*)E(R^{e*})} = \frac{\mathrm{var}(R^*)}{E(R^*)E(R^{e*})}$$

6.6　不存在无风险利率的均值-方差特殊情况

> 　　除恒定模拟收益外，我们可以从任何有效均值-方差收益中找到一个折现因子。
>
> 　　除了最小方差收益之外，我们可以从任何均值-方差有效收益中确定一项 β 表达式。

　　本节将讨论等价定理的特殊情况。特殊情况都围绕以下问题展开：预期折现因子、单位报酬的价格或无风险利率不能为零或无穷大。这通常是一个理论上而非实践上需要讨论的重要问题。在一个完全无套利市场中，$m>0$，因此 $E(m)>0$。如果存在无风险利率，则 $\infty>E(m)=1/R^f>0$。在一个不存在无风险利率的不完全市场，许多折现因子受到相同的资产定价影响，因此可能碰巧选择了一个 $E(m)=0$ 的变量。总的来说，这是可以避免的：选择具有相同定价影响的众多折现因子，保证其 $E(m)$ 不等于 0。一般而言，选择特定的折现因子意味着选择了当前价格和报酬集合的扩展；此举将当前价格和报酬视为特定或有求偿权经济的子集。我们一定要做出明智的选择。因此，这里可以将特殊情况表述为"当不存在无风险利率时，请确保使用满足 $0<E(m)<\infty$ 条件的折现因子"。但是，在均值-方差边界上确定特殊收益是非常传统且实用的方法。该收益具有无限或零的无风险利率前提。本节将说明这些收益是什么，并且讨论必须避免这些收益的原因。

均值-方差边界折现因子的特例

> 　　除了恒定模拟投资组合收益之外，当不存在无风险利率时可以确定一个折现因子，它是任何均值-方差有效收益的线性函数。

在 6.2 节中，我们看到可以从任何均值-方差有效收益 R^{mv} 中得到一个折现因子 $a+bR^{mv}$，除一个形式为 $R^*+[E(R^{*2})/E(R^*)]R^{e*}$ 的特定收益之外。这个收益会产生无穷大的 m。我们把这个收益看作无风险利率下的收益（当有无风险利率时），或者恒定模拟投资组合下的收益（当没有无风险利率时）。

图 6.4 是这种情况的几何表示。鉴于三维的约束，必须将收益和超额收益降维为直线。如图所示，报酬空间 $\underline{X}$ 是连接收益和超额收益集的平面。所有折现因子集为 $m=x^*+\varepsilon$，$E(\varepsilon x)=0$，穿过 x^* 的线正交于图中的报酬空间 $\underline{X}$。图中绘制了单位报酬（在图 6.4 中标记为"1"的点），使其比平面 $\underline{X}$ 更靠近观察者，并且绘制了一个穿透纸面的向量。

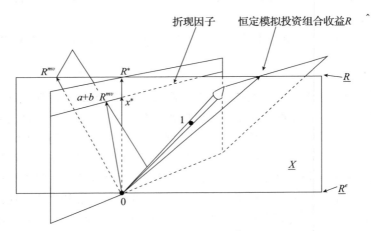

图 6.4 根据任何均值-方差有效收益（恒定模拟收益 $\hat{R}$ 除外）构造折现因子 $m=a+bR^{mv}$

取均值-方差边界 R^{mv} 上的任意收益。（由于报酬空间只有二维，因此所有收益都位于边界上。）对于给定的 R^{mv}，R^{mv} 和单位报酬构成空间 $a+bR^{mv}$。该平面位于图像侧面。如图所示，该平面上存在一个向量 $a+bR^{mv}$，它位于折现因子直线上。

接下来讨论一个特例。如果由单位报酬和收益 R^{mv} 构成的平面平行于包含折现因子的直线，则该构造是不准确的。因此，该构造不适用于图中标记为 $\hat{R}$ 的收益。这是与收益相对应的报酬，而收益是单位报酬在 $\underline{X}$ 上的投影，因此残差将与 $\underline{X}$ 正交，而折现因子直线也是如此。

基于前面的图 6.4 可以解释恒定模拟投资组合收益与最小方差收益的不同。方差是残差在单位向量上的投影（回归）的大小或二阶矩：

$$\text{var}(x) = E\left[(x - E(x))^2\right] = E\left[(x - \text{proj}(x\,|\,1))^2\right]$$
$$= \|x - \text{proj}(x\,|\,1)\|^2$$

因此，最小方差收益是最接近单位向量延展的收益，这是通过将收益投影在单位向量上形成的。恒定模拟投资组合收益是报酬中最接近单位向量的收益，这是通过将单位向量投影到报酬集合上形成的。

$β$ 模型均值-方差边界的特殊情况

> 除了最小方差收益外，我们可以使用均值-方差边界上的任何收益作为单 $β$ 表达式的参考收益。

我们已经知道均值-方差边界⇔折现因子，折现因子⇔单 $β$ 表达式，直观来看可以将这两个定理串在一起，从均值-方差有效收益推导 $β$ 表达式。但是直接表示较为优雅，而且在特殊情况下显得简单。

定理：存在以收益 R^{mv} 作为因子的单 $β$ 表达式

$$E(R^i) = \gamma_{R^{mv}} + \beta_{i,R^{mv}}\left[E(R^{mv}) - \gamma_{R^{mv}}\right]$$

当且仅当 R^{mv} 是均值-方差有效的而非最小方差收益。

Roll（1977）以及 Hansen and Richard（1987）提出了这个著名的定理。我们不考虑最小方差以排除 $E(m) = 0$ 的特殊情况。如图 6.3 所示，基于均值-方差边界的切线可以形成零 $β$ 资产组合收益率。本节使用特定的均值-方差收益 R^{mv} 相对应的零 $β$ 资产组合收益率，该收益也用作参考收益，以符号 $\gamma_{R^{mv}}$ 指代。如果我们使用最小方差收益，那么将导致无限大的零 $β$ 资产组合收益率。

证明：均值-方差边界为 $R^{mv} = R^* + wR^{e*}$，而任何收益都是 $R^i = R^* + w^i R^{e*} + n^i$。因此

$$E(R^i) = E(R^*) + w^i E(R^{e*}) \tag{6.26}$$

现在

$$\begin{aligned}
\text{cov}(R^i, R^{mv}) &= \text{cov}\left[(R^* + wR^{e*}), (R^* + w^i R^{e*})\right] \\
&= \text{var}(R^*) + ww^i \text{var}(R^{e*}) - (w + w^i)E(R^*)E(R^{e*}) \\
&= \text{var}(R^*) - wE(R^*)E(R^{e*}) \\
&\quad + w^i\left[w\text{var}(R^{e*}) - E(R^*)E(R^{e*})\right]
\end{aligned}$$

因此，$\text{cov}(R^i, R^{mv})$ 和 $E(R^i)$ 都是 w^i 的线性函数。我们可以通过解 $\text{cov}(R^i, R^{mv})$ 求出 w^i，并将其与 $E(R^i)$ 联立。

首先解 $\text{cov}(R^i, R^{mv})$ 求出 w^i。要求

$$w \neq \frac{E(R^*)E(R^{e*})}{\text{var}(R^{e*})} = \frac{E(R^*)E(R^{e*})}{E(R^{e*2}) - E(R^{e*})^2} = \frac{E(R^*)}{1 - E(R^{e*})}$$

$$(6.27)$$

这是最小方差收益的成立条件。

第7章

存在定理和等价定理的含义

折现因子的存在意味着 $p=E(mx)$ 的普适性，所有内容都可由折现因子模型推导出。

该定理也适用于样本矩；找出事后抽样或样本均值-方差有效投资组合的不准确。

因子抽样考察的规则来源。

联合假设问题。有效性检验与经济折现因子模型的检验相同。

因子与模拟投资组合的比较。

因子数量检验。

在坐标轴上画出或有求偿权与均值和方差的关系。

折现因子的存在定理，以及 $p=E(mx)$，预期收益-β 和资产定价的均值-方差之间的等价关系，对处理和评估实证研究具有重要意义。

对于本书的主题而言，等价定理显然也很重要。这表明选择折现因子与预期收益-β 表达式或均值-方差边界完全是基于便利的考虑，相较于更为传统的介绍没有任何损失。

7.1 $p=E(mx)$ 的普适性

在 Roll（1977）之前，预期收益-β 表达式是在特殊且明确的经济模型

（尤其是 CAPM）的背景下得出的。在实证研究中，任何预期收益-β 模型的成功似乎都证明了整个结构的正确性。例如，人们可能会使用纽约证券交易所价值加权指数投资组合来代替 CAPM 预测的总财富收益这一事实，似乎这在实证研究中只是一件小事。

当 Roll 指出均值-方差有效意味着单 β 表达式时，上述结论都改变了。由于存在均值-方差有效收益，因此始终存在某些单 β 表达式。仅用于预测特定收益的资产定价模型（如"市场收益"）是均值-方差有效的。因此，如果要"检验 CAPM"，就必须谨慎选择参考投资组合，以防止偶然出现某些均值-方差有效的情况并因此按结构为资产定价。

这种见解自然导致在参考投资组合中拓宽了指数的使用范围（Stambaugh，1982），以提供对 CAPM 更扎实的检验。但是，这种见解尚未流行，因为股票通过股票因子定价，债券通过债券因子定价等。按规模、账面/市场价值和过去表现特征分类的股票是由根据这些特征排序的投资组合定价的（Fama and French，1993，1996）。这部分是因为 β 很小，资产类别之间的相关性不高，因此来源于一项 β 的风险溢价对另一组平均收益的影响很小。而且，包括人力资本和房地产在内的全面财富衡量标准并未附带高频价格数据，因此将它们添加到投资组合中对 β 的影响很小。但是，在交易热情高涨（投资者嗤之以鼻，而研究者饱含好奇心）的前提下，人们对市场可能会有所细分。

Roll 存在定理说明预期收益-β 模型的普遍适用，几乎无须任何修改。然而，这也体现了模型的局限性。所有经济、统计和预测性内容都来自模型选择的因子。

基于一价定律，该定理说明存在折现因子 m，使得 $p = E(mx)$ 只是罗尔定理的重新叙述。定理基于 $m = f(数据)$，而非 $p = E(mx)$。最初资产定价框架似乎具有完全令人置信的结构（在完全无摩擦的市场中，最具代表性的当属基于消费者消费的模型），之后转变为根本不需要任何结构假设前提的模型。同样，$p = E(mx)$ 仍然普遍适用，而不必隐含或有求偿权或具有代表性的消费者前提假设。然而，这也表明了 $p = E(mx)$ 的局限性，因为所有经济、统计和预测性内容都来自折现因子模型 $m = f(数据)$。

7.2　事前和事后

或许有人会混淆定理中有关期望和其他矩的概率。事实上，该定理适用于任何概率集。因此，存在定理和等价定理在事前和事后检验中同样有效：$E(mx)$，β，$E(R)$ 等可以指代主体的主观概率分布、客观概率分布或者在给定样本中实现的矩。

因此，如果样本符合一价定律，则满足 $p(x)=E(x^*x)$ 的样本矩可能会形成 x^*，其中 $p(x)$ 为观察到的价格，$E(x^*x)$ 是样本均值。等效的概念是，如果一组收益的样本协方差矩阵不是奇异的，则存在事后均值-方差有效投资组合，其样本平均收益与样本回归 β 完全一致。

这一观察结果表明，在广泛调研和统计评估特定资产定价模型中存在巨大的不确定性。如果一个模型较少考虑折现因子或参考投资组合，则它可以保证在样本中取得成功的实证结果。该模型无法适用的唯一原因是研究人员对 m 中包含的因子的数量、特征或与 m 相关的函数参数施加了限制。由于这些限制正是模型的全部实质内容，它们必须精心描述并具有现实积极意义！

显然，这不是典型的情况，否则我们不会对此大惊小怪。大多数实证资产定价研究都假定了一个特殊的因子池，在该因子池中寻找并报告显示"成功"的统计量，因为该模型在对一组投资组合定价时在统计上没有被拒绝。而折现因子池通常不够大，无法给出我们已知的可能的零定价误差，因此边界并没有被明确定义。

7.3 规 则

读者可能会问：确定事后有效的投资组合或者根据 x^* 定价资产会存在什么问题？过分关注存在定理可能会忘记经济学、CAPM、边际效用等前提，而简单地使用事后均值-方差有效投资组合定价资产时，定价误差一定为零！

常犯的错误是根据样本中一个事后有效的资产组合对该样本中的所有资产定价。但是在下一个样本的事前或事后检验中不太可能具有均值-方差有效这一特征，因此很可能会导致未来资产定价模型失效。类似地，基于单样本构造的折现因子投资组合 $x^*=p'E(xx')^{-1}x$（使用样本中的二阶矩）不太可能是下一个样本的折现因子；而投资组合权重 $p'E(xx')^{-1}$ 在每个样本之间通常都会有所差异。

例如，假设 CAPM 成立且使用真概率或主观概率，则市场投资组合的事前均值-方差是有效的，并且定价误差为零。尽管如此，在任何给定样本中，市场投资组合不太可能是事后均值-方差有效的。不管怎样都会存在幸运的赢家和不幸的输家。事后均值-方差有效投资组合将是"星期一早上的四分卫"①。它会告诉你，在一个给定的样本中，应该增加那些碰巧幸运但未来产生高额收益的可能性并不比 β 大的资产的权重。"哦，如果我在 1982 年收购微软……"对于构成均值-方差有效投资组合而言，这并不是一个富有实用性的指南。（实际上，均值回归和账面/市场效应表明，过去收益非常高的资产将来可能表现不佳！）

唯一的解决方案是加入某种限制，以避免对表现良好但具有误导性的样本定价。

这种情景与传统回归分析相同。回归用于预测 y，或由回归公式 $y=x'\beta+\varepsilon$ 中的其他变量 x 解释变量 y。通过公式右侧的变量，可以构造具有任意良好统计拟合度的模型。但是这种模型在样本外显得不稳定，无法用于解释或预测。为了确定具有良好统计拟合度的模型，必须仔细周到地限制公式右侧变量 x 的范围。

是什么导致了一系列的限制？用 $y=x'\beta+\varepsilon$ 进行检验的计量经济学家对这个问题已经思考了大约 50 年，最佳的答案是：（1）运用经济理论指定右侧的变量；（2）进行一系列交叉样本和样本外稳定性检查。

但是，这个建议很难执行。经济学理论通常要么在回归公式右侧增加任意变量，要么允许增加大量变量。金融领域也是如此。"什么是基本的风险因子"仍然是一个悬而未决的问题。同时，研究者也认为 APT 和 ICAPM 证明了几乎任何理想因子都是合理的。（Fama（1991）将这些理论称为"捕鱼许可证"。）因此，我们只需静静等待理论家继续提出严格的限制。

如果遵循纯粹的统计建议，交叉样本和样本外检验通常表明模型是不稳定的，需要进行修改。修改之后便不再需要进行抽样检查。即便一个研究人员足够耐心地遵循经典统计学的方法，并等待 50 年获取另一个新样本，然后再考虑使用另一种模型，他的竞争对手和期刊编辑也不太可能这么有耐心。因此在实践中，样本外验证不能像人们希望的那样有效地防止类似捕鱼行为的发生。

---

① 四分卫是橄榄球队做决策的球员，美国大多数职业橄榄球赛事在周日举行，人们要到星期一早上才能聚在一起讨论球赛。所以这句话可以理解为"放马后炮"，即只在事后才对事情、决定等提出意见和批评。——译者注

尽管如此，这些是防止捕鱼行为发生的唯一工具。本节认为确定样本外和不同市场中稳定的定价因子的最大希望是了解基本的宏观经济风险来源，即将资产价格与宏观经济事件联系起来，就像市场下行时基于消费的模型通过 $m_{t+1} = \beta u'(c_{t+1})/u'(c_t)$ 所做的那样。基于消费的模型的构建困难使得这种方法在最近几年不再受欢迎。但是，相关替代方法也遇到了麻烦，因为凭经验确定的风险因子的数量和特征似乎不稳定。自 Merton（1973a）和 Ross（1976a）提出多因子模型以来的 25 年中，风险因子的标准集大约每两年发生一次变化。诸如 Lettau and Ludvigson（2001a）之类为经验确定的风险因子寻找宏观经济解释的努力可能被证明是实用的折中方案。

无论如何，对于某个因子模型应当考虑，限制了因子使用范围的令人信服的经济事件是什么，或使用了哪些统计限制条件来防止事后均值-方差有效投资组合的出现，或确保结果在所有样本中都可靠。存在定理告诉我们，这些问题的答案是实践中的核心要点。如果模型的目的不仅在于预测资产价格，还在于解释资产价格，将给风险因子的经济动机解释带来额外负担。

目前用于评估模型和论文的统计方法中包含对于这种学科的自然抵制。当最后一位作者四处采风并创建一个特定因子定价模型时，该模型包含 1% 的平均定价误差，而这很难说服读者、期刊编辑和相关客户，尽管平均水平为 2%。相较于逐渐落伍的传统模型，现在的模型确实更好，也将继续做得很好，但是很难获得过去样本内拟合度的统计量。学者渴望衡量由大量因子造成的影响，例如 $\overline{R}^2$ 中的自由度校正。如果缺乏客观的数字校正，我们必须通过主观判断降低影响经济和统计量的因子数量，进而减少表面上统计的成功。

7.4 模拟投资组合

定理 $x^* = \mathrm{proj}(m \mid \underline{X})$ 对实证研究也存在有趣的启示。任何模型的定价含义都可以通过其因子模拟投资组合来表示。如果 m 的一组经济变量中存在任何计量误差，则真实 m 的因子模拟投资组合对资产的定价将好于基于宏观经济变量估计 m 的效果。

因此，将统计学意义上的模型与投资组合收益模型相比，以评估经济上有趣的模型可能不是一个好主意。即便是真实且经过完美计量的、具有经济意义的模型，在大样本中的表现也将等同于其自身的因子模拟投资组合模型。甚至任何测量误差都会使得经济模型的表现不如其自身的因子模拟投资组合。相对于特定因子模型，这两个模型总会在样本中失效，而前者几乎能找到所有事后有效的投资组合。

这就是说，收益在模型中的地位逐渐提高。确定潜在的宏观因素之后，研究者需要逐日盯市以研究因子模拟投资组合，而有关因子模拟投资组合的良好数据最好在每分钟提供。出于许多目的，人们不必了解模型的具体经济内容。

但是，这一事实并没有告诉我们，通过因子模拟投资组合来绕过理解真正的宏观经济因素的过程。使用因子模拟投资组合的从业者的经验似乎证实了这一建议。广泛的统计分析（也称为捕鱼）产生的大型商业因子模型在样本中的表现很差，这是各种因子和载荷（β）一直在变化所导致的。

7.5 非理性与联合假设

长期以来，金融领域一直在争论资产市场的"理性"与"非理性"以及"效率"与"低效"。许多资产定价实证研究的书籍阐述了市场"低效"或投资者"非理性"的观点。例如，1987 年 10 月的崩盘，以及诸如小公司、账面/市场、季节性影响或长期可预测性都可作为某种卖点。

但是，上述难题都无法证明存在套利机会。因此，存在一个"理性模型"（一种随机折现因子，一个可用于单 β 表达式的有效投资组合）可以将上述所有因素合理化。我们可以自信地预测这种情况会持续下去；真正的套利机会不可能持续太久！Fama（1970）提出一个著名的观点，强调任何对"效率"的检验都是对效率和"市场均衡模型"的联合检验，即资产定价模型或 m 模型。不可能仅基于资产市场数据检验就可以证明其是否属于"理性"市场。难怪 30 年来成千上万的论文没有推动该问题的解决前进一步。

但是在无套利条件下，市场可以是"非理性的"或"低效的"吗？可以，当（且仅当）确定资产价格的折现因子与实体经济中的边际替代率或转化率无关时才成立，但是现在我们又回到指定和检验折现因子的经济模型的问题上了！资产定价难题如此棘手以至于所需的折现因子完全（按某种标准）"不合理"地衡量边际替代率或转换率。然而，我们仍然不得不确定合理的边际比率的定义。

　　总而言之，存在定理意味着无法对"理性"或"非理性"进行快速证明。唯一用于解释资产价格的方法是折现因子的经济模型。

7.6　因子数量

　　许多资产定价检验关注的是对资产的横截面进行定价所需的因子数量。等价定理暗示这是一个愚蠢的做法。线性因子模型 $m=b'f$ 或其等效的预期收益-β 模型 $E(R^i)=\alpha+\beta'_{if}\lambda_f$ 不是唯一表达式。特别是给定任何多因子或多 β 表达式，可以轻松地确定单 β 表达式。类似于原始因子 f，单一因子 $m=b'f$ 一样也会为资产定价，$x^*=\mathrm{proj}(b'f\,|\,\underline{X})$ 或相应的 R^* 也是如此。以上三种选择都能够推导出与多因子模型具有完全相同定价能力的单 β 模型。我们还可以轻松地确定具有不同数量（大于一个）因子的等效表达式。

$$m=a+b_1f_1+b_2f_2+b_3f_3=a+b_1f_1+b_2\left(f_2+\frac{b_3}{b_2}f_3\right)$$
$$=a+b_1f_1+b_2\hat{f}_2$$

例如，上述公式将"三因子"模型简化为"双因子"模型。在 ICAPM 中，消费本身可以作为单个状态变量，以代替假定影响它的 S 个状态变量。

　　有时人们确实会对多因子模型表达式感兴趣。有时这些因子具有经济上的解释，而一旦采用线性组合，就会失去原有的意义。但单纯的定价因子数量并不是一个值得探讨的问题。

7.7　折现因子与均值、方差、β

　　第 6 章说明了折现因子、均值-方差和预期收益-β 模型如何等价地表示资产定价。这里将此进行了对比。首先了解为什么使用均值-方差和 β，并考虑为什么折现因子这一表达式正在逐渐代替前者。

　　资产定价一开始就将收益的均值和方差安放于坐标轴上，而不是像我们现在的处理方法，如状态 1 中的报酬、状态 2 中的报酬等。早期的资产定价理论家，特别是 Markowitz（1952），提出了一个非常恰当的问题：他们想要在微观经济学的苹果和橙子、无差异曲线和预算集框架下处理资产。问题是，坐标轴的单位是什么？显然，"IBM 股票"和"GM 股票"不是一个好主意；投资者并不看重证券本身，而是看重这些证券所产生的随机现金流的某些方面。

他们认为坐标轴上应分别为投资组合收益的均值和方差，将其视为对他们的投资组合进行评估的"享乐主义"。投资者似乎希望更大的均值和更小的方差。而它们恰好给投资者提供了根据均值和方差定义的"效用函数"，就像是在苹果和橙子上定义了标准效用函数一样。均值-方差边界正是"预算集"。

上述论点着眼于投资组合的均值和方差，下一步需要认识到每种证券的平均收益衡量了其对投资组合均值的贡献，而总体投资组合的回归系数 β 则是每种证券对投资组合方差的贡献。每种证券的平均收益与 β 自然遵循资本资产定价模型（Sharpe，1964）。

更深一层来说，从均值-方差边界和 β 模型到折现因子的过渡可以认识到，通过状态 1 的消费和状态 2 的消费描述坐标轴单位（即对状态的偏好或状态依存消费的预算约束）是非常重要的处理方式。相较于通过均值、方差描述坐标轴的单位，前者将标准微观经济学更自然地映射到了金融模型中。如果没有其他原因，或有求偿权预算约束是线性的，而均值-方差边界则不是。因此本书认为，对于均值、方差、均值-方差边界和预期收益-β 模型的关注都是出于历史的巧合，即早期的资产定价理论碰巧将均值和方差放在了坐标轴上，而非状态依存消费。或有求偿权可以追溯到 Debreu（1959）。但是，Debreu 似乎将其视为不现实的数学形式主义。我们花了很长时间才意识到，或有求偿权模型可以应用于现实世界。

在这里，为什么我们偏爱一种"语言"而非另一种"语言"？折现因子具有简单通用、计算方便和形式优雅的特点。这些优点确实引人注意，但是基于公式 $p=E(mx)$ 的资产定价计算另辟蹊径。该公式涵盖了所有资产，包括债券、期权和实际投资机会，而预期收益-β 表达式在后者的条件约束下会失去效果或者使用起来较为麻烦。因此，似乎存在几种不同的资产定价理论：股票的预期收益-β 模型、债券的收益曲线模型以及期权的套利模型。实际上，这三个都是 $p=E(mx)$ 的特殊案例。作为一个特殊的例子，从正报酬与负价格的精确意义上讲，套利根本没有进入实质讨论。我不知道用什么方法可以将无套利方法完全运用到预期收益-β 模型上。尽管如此还是要埋头苦干，要确保每个具有正报酬的投资组合都具有正价格。在折现因子模型上实现这一点非常容易：只需保证 $m>0$。

折现因子和状态空间语言还促使学者从不同的视角和模型的现值描述进行考虑。从 $p=E(mx)$ 可以快速推导出 $p_t=E_t \sum_j m_{t,t+j} x_{t+j}$，而收益必须综合考虑以确定多期模型。

语言的选择与正态分布或收益分布无关。关于收益分配假设在金融领域的地位让人困惑。到目前为止，在任何讨论中本书都没有做出分布假设。因为 $p=E(mx)$ 涉及二阶矩，所以出现了 β 中的二阶矩和均值-方差边界的方差。人们无须假设正态性就可以讨论均值-方差边界。即使收益不是正态分布，也可以通过均值-方差边界的收益对其他资产进行定价。

第8章

条件信息

资产定价理论实际上是根据条件矩来确定价格。投资者的一阶条件是

$$p_t u'(c_t) = \beta E_t \left[u'(c_{t+1}) x_{t+1} \right]$$

式中，E_t 表示期望取决于投资者的 t 时的信息。如果在 t 时存在信息说明 $t+1$ 时折价报酬可能会比平时更高，则 t 时资产的价格应更高。

基本资产定价公式应为：

$$p_t = E_t (m_{t+1} x_{t+1})$$

条件期望也可写成：

$$p_t = E \left[m_{t+1} x_{t+1} \mid I_t \right]$$

确定信息集 I_t 十分重要。

如果报酬和折现因子是独立同分布的，那么条件期望与无条件期望相同，并且我们不必注意这两个概念之间的区别。但是，股票价格/股息比率、债券和期权价格都随时间而变化，这必须由公式右侧条件矩的变化所反映。

一种方法是指定和估计资产报酬和折现因子变量（即消费增长、市场收益）的条件分布的显式统计模型。这种方法在某些应用程序中非常实用，但通常较为复杂。当我们令（假设）N 个收益分布的条件均值、方差、协方差等参数取决于 M 个信息变量时，所需参数的数量可能会迅速超过观测的数量。

更重要的是，这种显式方法通常要求假设投资者使用与研究相同的条件信息模型。显然，我们没有观察到经济主体或代理人采用的所有条件信息，甚至无法在模型中包含已观察的部分条件信息。资产价格（与所有价格一样）的基本特征和关键之处在于，其总结了只有个人才能观察到的大量信息。令 IBM 股票价格变动 1 美元的事件，与令西红柿价格上涨 10 美分的事件相同，本质上是经济学家或者社会规划学家无法观察到的（Hayek，1945）。只要有可能，我们对条件数据的处理应该让代理人观测到比我们更多的信息。

如果我们不想直接对条件分布建模，并且希望避免假设投资者仅注意实证研究中包含的变量，那么模型中仍需考虑无条件矩，或者至少考虑代理人能观测到较少信息的条件矩。无条件矩本身的含义也很有趣。例如，我们可能对找出某些股票投资组合的无条件均值收益高于其他股票投资组合的原因感兴趣，即使每个代理人都在寻求较高的条件均值收益。正如 GMM 章节所述，大多数统计估计基本上等同于描述无条件均值。因此，本章不是强调对条件分布进行建模，而是着重于可以从条件理论中得出无条件矩的内在含义。

8.1　规模报酬

读者可通过添加规模报酬并无条件地执行所有投资行为整合条件信息。本节将规模报酬解释为被管理的投资组合的报酬。

$$p_t = E_t(m_{t+1}x_{t+1}) \Rightarrow E(p_t z_t) = E(m_{t+1}x_{t+1}z_t)$$

条件约束

任何定价模型的无条件含义都非常容易表示。基于

$$p_t = E_t(m_{t+1}x_{t+1})$$

可取其无条件期望，得出①

---

①　这里存在技术假设前提，即存在无条件矩或者粗略信息集的条件矩。例如，如果 X 和 Y 服从正态分布（0，1），则 $E(X/Y \mid Y) = 0$，但 $E(X/Y)$ 是无限的。

$$E(p_t) = E(m_{t+1}x_{t+1}) \tag{8.1}$$

因此，如果仅将 p 解释为 $E(p_t)$，那么上面的结论都适用于无条件矩。同样，我们也可以将代理人的准确信息集转化为我们观察到的粗略信息集。

$$p_t = E(m_{t+1}x_{t+1} \mid \Omega) \Rightarrow E(p_t \mid I \subset \Omega) = E(m_{t+1}x_{t+1} \mid I \subset \Omega)$$
$$\Rightarrow p_t = E(m_{t+1}x_{t+1} \mid I_t \subset \Omega_t) \quad \text{如果 } p_t \in I_t$$

上述推导基于迭代期望定律。该定律表明今天的最佳预测与明天的最佳预测相同。下列公式变形十分实用：

$$E(E_t(x)) = E(x),$$
$$E_{t-1}(E_t(x_{t+1})) = E_{t-1}(x_{t+1}),$$
$$E[E(x \mid \Omega) \mid I \subset \Omega] = E[x \mid I]$$

工具变量和被管理的投资组合

除了条件约束之外，仍然存在许多值得探讨的部分。假设我们将报酬和价格乘以在 t 时观察到的任意变量或变量 z_t。之后

$$z_t p_t = E_t(m_{t+1}x_{t+1}z_t)$$

并取无条件期望

$$E(p_t z_t) = E(m_{t+1}x_{t+1}z_t) \tag{8.2}$$

这只是条件模型的一项附加含义，不能像式（8.1）中那样仅仅通过条件约束进行推导。这项技巧来自下面讨论的估算资产定价模型的 GMM 方法。变量 z 所代表的工具一词来自 GMM 的工具变量估计。

基于式（8.2），将 $(x_{t+1}z_t)$ 分组。这个乘积称为报酬 $x = x_{t+1}z_t$，价格为 $p = E(p_t z_t)$。由此可得

$$p = E(mx)$$

与其将式（8.2）视为条件模型的工具变量估计，不如将其视为价格和报酬，并直接应用于所有资产定价理论。

这种处理方法并不像听起来那样过于牵强。$z_t x_{t+1}$ 是被管理的投资组合的报酬。观察 z_t 的投资者可以根据 z_t 的价值来投资资产，而不是单纯地"买入并持有"。例如，如果 z_t 预测为高价值，则下一期的资产收益可

能会很高。那么当 z_t 的价值很高时，投资者可能会购买更多的资产，反之亦然。如果投资者遵循线性规则，则他会在每个时期将 $z_t p_t$ 美元投入资产中，并在下一期收到 $z_t x_{t+1}$ 美元。

所有这些听起来都与之前的理论不同，但是实际上每项检验都可以使用被管理的投资组合。例如，股票投资组合的规模、β、行业、账面/市场等都是被管理的投资组合，因为它们的构成每年都会根据条件信息（个股的规模、β 等）而变化。这种思路也与动态扩展的想法紧密相关。显然，不完全市场事实上可以通过动态的（条件信息）交易策略提供更多的状态依存投资组合。

式（8.2）提供了一个非常简单的将额外信息纳入条件信息的方法：添加被管理的投资组合收益，并进行无条件矩处理，就像条件信息不存在一样！

xz 的线性表达不是一项重要的限制。如果投资者想要在资产中投入 $2+3z^2$ 美元，我们可以用工具 $z_2 = 2+3z^2$ 反映这一事实。时间 t 随机变量的非线性（可测量）转换仍然是随机变量。

因此，我们可以整合条件信息，同时仍然注意无条件矩而非条件矩，且无须采取任何时变矩显式模型的统计方法。值得注意的是：（1）资产报酬集急剧扩大，因为我们可以纳入所有被管理的投资组合以及基本资产，因此有可能使每项资产收益乘以每个信息变量。（2）如果从基础资产收益和超额收益开始，则被管理的投资组合的预期价格显示为 p，而不只是 $p=0$ 和 $p=1$。

8.2 增加规模报酬的充分性

从原则上说，检验所有被管理的投资组合的预期价格足以检验条件信息的所有含义。

$$E(z_t p_t) = E(m_{t+1} x_{t+1} z_t) \forall z_t \in I_t \quad \Rightarrow$$
$$p_t = E(m_{t+1} x_{t+1} \mid I_t)$$

我们已经证明，通过增加规模报酬可以从条件信息的存在中得出一些额外的含义。但这是否就是条件信息的全部含义？我们是否因为依赖这种方法而错过了一些重要的规律？答案是否定的。

根据以下的数学定律：给定信息集 I_t，变量 y_{t+1} 的条件期望 $E(y_{t+1}|I_t)$ 等于基于每个变量 $z_t \in I_t$ 的 y_{t+1} 回归预测。现在，"每个随机变量"表示每个变量以及每个变量的非线性（可测量）变换，因此该项回归方程中存在很多变量！（通过 projection 和 $\text{proj}(y_{t+1}|z_t)$ 即可区分 z_t 的线性组合下 y_{t+1} 的最佳预测。）令 $y_{t+1} = m_{t+1}x_{t+1} - p_t$，然后对于每个 $z_t \in I_t$ 都有 $E[(m_{t+1}x_{t+1} - p_t)z_t] = 0$，说明 $0 = E(m_{t+1}x_{t+1} - p_t|I_t)$。因此，从规模报酬上看根本不会损失任何含义。

z_t 不必直接表示。$x_{t+1}z_t$ 是在 $t+1$ 时可获得的报酬，p_tz_t 是其价格。因此，所有报酬 $\underline{X}_{t+1}$ 的空间已经包括可用资产 x_{t+1} 的基础集生成的 $(t+1)$ 时的报酬，以及基于信息集 I_t 的所有动态策略。基于空间 $\underline{X}_{t+1}$ 的定义可以得出规模化报酬的充分性，只需认识到 z_tp_t 是一个价格，而 z_tx_{t+1} 是一项报酬。

$$E(p_t) = E(m_{t+1}x_{t+1}) \,\forall\, x_{t+1} \in \underline{X}_{t+1} \quad \Rightarrow \quad p_t = E(m_{t+1}x_{t+1}|I_t)$$

"t 时观察到的所有变量的线性和非线性变换"听起来存在大量工具变量，事实上也确实如此。因为只有预测收益或 m（或它们的较高矩和共同矩）的变量能够提供额外信息，所以实际需要限制的规模工具变量 z_t 的数量是有限的。

由于添加工具变量与涵盖潜在的被管理的投资组合是同一件事，因此周全地选择一些工具变量对资产定价模型进行检验时，与周全地选择某项资产或投资组合是相同的。即使在评估完全无条件的资产定价模型时，也总是舍去许多可能的资产，从中选取部分以构成投资组合。事实上，几乎不存在能够正确定价 $10\sim25$ 个股票投资组合和一些债券投资组合的检验模型研究。这意味着人们自认为选择的报酬在扩展可接受风险载荷或平均收益集方面做得很好，因此添加其他资产不会影响投资结果。但是，由于现在可以轻松获得纽约证券交易所、美国证券交易所和纳斯达克股票的数千种数据，更不用说政府和企业债券、共同基金、外汇、国外股票、实际投资机会等数据，因此在确定某些投资组合之后，就意味着大量潜在的资产报酬以特定的方式被忽略。

同样，如果已知确定折现收益 $m_{t+1}R_{t+1}$ 的所有可预测值的工具变量集，则无须添加更多工具变量。因此，我们秉持着谨慎性与随机性选择了一些表征收益的条件分布工具变量。排除潜在工具变量与排除资产因子过程完全相同。这没有更好的根据，但人们确实是在普遍使用这种方法。

非规模报酬确实没有什么特别之处，也不存在基本的经济理由将其置于规模报酬的考量中。遵循被管理的投资组合策略而构成的共同基金，其非规模报酬将与原始规模报酬相同。无法对规模报酬定价的模型，往往比刻板地从第一个字母 A 到 L 的为股票定价的模型更有趣。出于经济学方面的原因，非规模报酬的可信度更高，因为在小样本中反应缓慢的工具变量与折现报酬的相关性无法准确衡量。交易成本引起人们对快速检验工具变量的怀疑，即高度动态的交易策略。但是交易成本也引起了人们对流动性小与交易量小的股票的无条件定价的怀疑。

当然，另一种包含条件信息的方法是构造条件分布的显式参数模型。基于这种方法，可在实践中检验模型对条件矩的所有影响。但是，参数模型可能不准确，或者无法反映投资者采用的某些变量。如果统计模型完全正确，则加入工具变量也可能是无效的，即便参数模型不正确，也是一致的。

8.3 条件和无条件模型

条件因子模型并不表示固定权重或无条件因子模型：

(1) $m_{t+1}=b_t'f_{t+1}$，$p_t=E_t(m_{t+1}x_{t+1})$ 不代表存在 b，使 $m_{t+1}=b'f_{t+1}$，$E(p_t)=E(m_{t+1}x_{t+1})$。

(2) 由 $E_t(R_{t+1})=\beta_t'\lambda_t$ 不能推导出 $E(R_{t+1})=\beta'\lambda$。

(3) 条件均值-方差有效并不意味着无条件均值-方差有效。

如果包括被管理的投资组合，则相反的说法是正确的。

对于显式折现因子模型（参数随时间变化的模型），条件与无条件前提对于模型没有影响：

$$p_t=E_t(m_{t+1}x_{t+1})\Rightarrow E(p_t)=E(m_{t+1}x_{t+1})$$

示例为包含幂效用函数的基于消费的模型，$m_{t+1}=\beta(c_{t+1}/c_t)^{-\gamma}$ 和对数效用函数 CAPM，$m_{t+1}=1/R_{t+1}^W$。

但是，线性因子模型包含的参数可能会随时间或者条件信息的变化而变化。在上述情况下，从条件矩到无条件矩的过渡要微妙得多。我们不能在对价格和报酬进行条件限制的同时轻易地对模型进行条件限制。

折现因子语言中的条件与无条件因子模型

以 CAPM 为例

$$m = a - bR^W$$

式中，R^W 是市场或财富投资组合的收益。我们可以根据下述条件确定 a 和 b：该模型正确地为任意两项收益定价，如 R^W 自身和无风险利率：

$$\begin{cases} 1 = E_t(m_{t+1}R_{t+1}^W) \\ 1 = E_t(m_{t+1})R_t^f \end{cases} \Rightarrow \begin{cases} a = \dfrac{1}{R_t^f} + bE_t(R_{t+1}^W) \\ b = \dfrac{E_i(R_{t+1}^W) - R_t^f}{R_t^f \sigma_t^2(R_{t+1}^W)} \end{cases} \tag{8.3}$$

基于式（8.3），$a > 0$ 且 $b > 0$。要使报酬与最小二阶矩收益成正比（位于均值-方差边界的下部），需要一项特殊的投资组合。该投资组合应将无风险利率设为多头，将市场 R^W 设为空头。

式（8.3）明确地表示 a 和 b 必须随着时间变化，因为 $E_t(R_{t+1}^W)$，$\sigma_t^2(R_{t+1}^W)$ 和 R_t^f 随着时间变化。如果要对资产进行有条件的定价，则 CAPM 一定是随时间变化的线性函数，形式为：

$$m_{t+1} = a_t - b_t R_{t+1}^W$$

这意味着我们不能再放松条件约束了。表达式为：

$$1 = E_t[(a_t - b_t R_{t+1}^W)R_{t+1}]$$

不意味着可以确定常数 a 和 b，以使得

$$1 = E[(a - bR_{t+1}^W)R_{t+1}]$$

取无条件期望

$$\begin{aligned} 1 &= E[(a_t - b_t R_{t+1}^W)R_{t+1}] \\ &= E[a_t R_{t+1} - b_t R_{t+1}^W R_{t+1}] \\ &= E(a_t)E(R_{t+1}) - E(b_t)E(R_{t+1}^W R_{t+1}) + \text{cov}(a_t, R_{t+1}) \\ &\quad - \text{cov}(b_t, R_{t+1}^W R_{t+1}) \end{aligned}$$

因此，无条件模型为：

$$1 = E[(E(a_t) - E(b_t)R_{t+1}^W)R_{t+1}]$$

仅在上述公式的协方差为零时成立。由于 a_t 和 b_t 是由收益的条件矩得出的，因此协方差通常不会为零。

另一方面，假设 a_t 和 b_t 为常数。即使 R_t^f 和 R_t^W 不服从独立同分布，基于式（8.3）的投资组合也可能为常数。可得

$$1 = E_t\left[(a - bR_{t+1}^W)R_{t+1}\right]$$

这表示

$$1 = E\left[(a - bR_{t+1}^W)R_{t+1}\right]$$

此外，如果后一种无条件模型适用于所有被管理的投资组合，则后者与前者的条件模型等价。

条件与无条件预期收益-β 模型

相同的结论可用于 β 定价语言

$$E_t(R_{t+1}^i) = R_t^f + \beta_t^i \lambda_t \tag{8.4}$$

这并不意味着

$$E(R_{t+1}^i) = \gamma + \beta^i \lambda \tag{8.5}$$

显然，放松式（8.4）和式（8.5）的条件约束会推导出 β_t^i 和 λ_t 之间的协方差。因此，条件模型通常不会推导出无条件模型。然而在某些特殊情况下，条件模型确实会放松条件约束。如果折现因子 $b_t = b$（常数），则放松了条件约束。预期收益-β 模型中的风险溢价基于 $\lambda_t = \mathrm{var}_t(f)b_t$。因此，如果因子风险溢价与因子的条件方差成正比，则其等于常数 b，即放松约束条件的表现。这里仍然存在其他特殊情况。如果收益与其他因子的协方差在一段时间内恒为常数，那么尽管 b_t 可能有所变化，但这仍然是放松条件约束的表现。我们可以通过 $E_t(R^e) = \beta_t'\lambda_t = \mathrm{cov}_t(R^e, f')\mathrm{var}_t(f)^{-1}\lambda_t$ 来简单地计算条件协方差，$E(R^e) = \mathrm{cov}(R^e, f')E\left[\mathrm{var}_t(f)^{-1}\lambda_t\right] = \mathrm{cov}(R^e, f')\lambda$。（不需要 $\lambda = E_t(\lambda_t)$。）如果条件 β 随时间恒定，则该模型也放松了条件约束。

一个精确解释

将上述观察结果规范化。令 $\underline{X}$ 指代基础资产所有投资组合的空间，包括被管理的投资组合的空间，其各个资产的权重取决于条件信息（即规

模报酬）。

条件因子定价模型为对于所有 $x_{t+1} \in \underline{X}$，都满足 $p_t = E_t(m_{t+1}x_{t+1})$ 的 $m_{t+1} = a_t + b_t' f_{t+1}$ 模型。

无条件因子定价模型为对于所有 $x_{t+1} \in \underline{X}$，都满足 $E(p_t) = E(m_{t+1}x_{t+1})$ 的 $m_{t+1} = a + b' f_{t+1}$ 模型。它可能更适合被称为固定权重因子定价模型。

基于上述定义，无条件模型只是条件模型的一种特殊情况（恰好具有固定的权重）。因此，条件因子模型并不是无条件因子模型（因为权重可能会发生变化），但无条件因子模型可能是条件因子模型。

这里存在一个值得注意的地方。已知报酬空间 $\underline{X}$，并且在上述两种条件下都包含被管理的投资组合。无条件因子定价模型的报酬空间不仅是一组基础资产的固定组合。例如，我们可能检查静态（常数 a，b）CAPM 能否描述一组资产的无条件平均收益。如果这个模型无法对通过工具变量描述的资产进行定价，那么它就不是条件模型，或者正如上述论证所提出的，它根本不是一个有效的因子定价模型。

当然，所有条件都适用于使用完全信息集（如投资者的信息集）的条件因子定价模型和使用粗糙信息集（如我们自身的信息集）的条件因子定价模型的共同协作。如果存在一组因子通过投资者的信息为资产定价，并不意味着同样可以基于我们自身所获取的信息集为资产定价。

均值-方差边界

将条件均值-方差边界定义为在给定 $E_t(R_{t+1})$ 的情况下 $\text{var}_t(R_{t+1})$ 最小化的收益集。（此定义包含均值-方差边界的下半部分。）将无条件均值-方差边界定义为一组收益，其中包括在给定 $E(R_{t+1})$ 的情况下使 $\text{var}(R_{t+1})$ 最小的被管理的投资组合收益。上述两个边界的关系如下：

如果收益位于无条件均值-方差边界上，那么它也位于条件均值-方差边界上。然而，如果收益位于条件均值-方差边界上，那么它不是必须位于无条件均值-方差边界上。

上述观点与最初对该"语言"的期望恰恰相反。迭代期望定律 $E(E_t(x)) = E(x)$ 易误导投资者期望"条件"模型应该包含"无条件"模型。但现有研究是条件和无条件的均值-方差边界，而不是条件和无条件的期望，结果正好相反。当然，"无条件"也可以指"对粗糙信息集有条件"。

同样请记住，无条件均值-方差边界包括被管理的投资组合的收益。这个定义非常合理。如果投资者追求给定均值-方差的最小化，为什么还要选择固定权重投资组合呢？同样，投资顾问承诺可以根据条件信息调整投资组合时，为什么投资者不在自身的投资收益中包含共同基金的收益？

基于基础资产固定权重投资组合构建均值-方差边界，就是通常所说的"无条件均值-方差边界"。真正的无条件均值-方差边界的收益通常包括一些被管理的投资组合收益，因此其在固定权重投资组合的均值-方差范围之外。相反，固定权重投资组合均值-方差边界的收益通常不在无条件或条件均值-方差边界上。我们只知道固定权重边界位于两者的内部。它可能会与之相交，但这不是一定的。这并不是指固定权重无条件边界缺乏研究意义。例如，此边界的收益可以对基础资产的固定权重投资组合定价。关键之处在于，此边界与其他两个边界没有任何联系。特别是条件均值-方差有效收益（有条件的 CAPM）不需要无条件地为固定权重投资组合定价。

本节介绍了几种方法来厘清条件和无条件均值-方差边界之间的关系。

运用因子模型之间的关联

我们已经看到条件 CAPM $m_{t+1} = a_t - b_t R_{t+1}^W$ 不意味着无条件 CAPM $m_{t+1} = a - b R_{t+1}^W$。我们看到该条件因子模型的存在等价于收益 R_{t+1}^W 位于条件均值-方差边界上，而无条件因子模型 $m_{t+1} = a - b R_{t+1}^W$ 的存在等价于 R^W 位于无条件均值-方差边界上。基于无条件因子模型是条件模型的特例，因此可由无条件边界上的 R^W 得出条件边界上的 R^W，反之则不然。

使用正交分解

我们可通过均值-方差边界的正交分解特征 $R^{mv} = R^* + w R^{e*}$（参见第 5 章），观察条件和无条件均值-方差边界之间的关系。这个绝妙的论点来自 Hansen and Richard（1987）。

基于迭代期望定律，x^* 和 R^* 可形成预期价格，R^{e*} 可产生无条件均值和条件均值：

$$E[p = E_t(x^* x)] \Rightarrow E(p) = E(x^* x)$$
$$E[E_t(R^{*2}) = E_t(R^* R)] \Rightarrow E(R^{*2}) = E(R^* R)$$
$$E[E_t(R^{e*} R^e) = E_t(R^e)] \Rightarrow E(R^{e*} R^e) = E(R^e)$$

这个事实非常重要。例如，基于 $x^* = p_t' E_t(x_{t+1} x_{t+1}')^{-1} x_{t+1}$，读者可能

会认为这里需要用不同的 x^*，R^*，R^{e^*} 表示预期价格和无条件均值，使用无条件概率定义内积。然而，上述三行公式显示其并非如此。相同的 x^*，R^*，R^{e^*} 也可表示条件和无条件的价格和均值。

回想一下，当且仅当收益满足以下形式时，它符合均值-方差有效

$$R^{mv}=R^*+wR^{e^*}$$

因此，如果 w 是 t 时信息集中的任意数，则 R^{mv} 符合条件均值-方差有效：

$$\text{条件边界：} R_{t+1}^{mv}=R_{t+1}^*+w_tR_{t+1}^{e^*}$$

如果 w 是任意常数，则 R^{mv} 符合无条件均值-方差有效：

$$\text{无条件边界：} R_{t+1}^{mv}=R_{t+1}^*+wR_{t+1}^{e^*}$$

常数在 t 信息集中；时间 t 随机变量不一定是常数。因此，无条件有效（包括被管理的投资组合）包含条件有效，反之则不然。与因子模型处理方法相同，分解处理之后就可以简单地证明权重是恒定的还是随时间变化的。

暴力算法和案例

如果读者仍然感到困惑，那么基于暴力算法的论证可能会有所帮助。

如果收益位于无条件均值-方差边界上，则在每个时间点它都必须位于条件均值-方差边界上。如果不符合上述情况，则可在每个日期移至条件均值-方差边界以改进无条件均值-方差交易。无条件均值-方差边界求解可得

$$\min E(R^2) \quad \text{s.t.} \quad E(R)=\mu$$

通过条件矩表示无条件矩，可得

$$\min E[E_t(R^2)] \quad \text{s.t.} \quad E[E_t(R)]=\mu$$

现在，假设可以在某个日期 t 降低 $E_t(R^2)$，而不影响该日期的 $E_t(R)$。这种方法将降低目标函数，而不会更改条件约束。至此我们已经选择了条件均值-方差边界上的收益。

我们似乎可以证明条件有效包含无条件有效，但事实并非如此。对于日期 t 给定 $E_t(R)$ 的 $E_t(R^2)$ 最小值不代表着给定 $E(R)$ 的 $E(R^2)$ 最小值。为了证明无条件有效包含条件有效，可令每个日期的固定 $E_t(R)$ 为 μ，并取 $\sigma_t(R)$ 最小值。在倒推过程中，问题在于给定值 $E(R)$ 未确定

每个日期的 $E_t(R)$ 大小。我们可以在一个条件信息集中增加 $E_t(R)$，在另一个条件信息集中减少 $E_t(R)$，以使收益保留在条件均值-方差边界上。

图 8.1 给出了示例。收益 B 满足条件均值-方差有效。它也具有零无条件方差，因此它所示的是预期收益处的无条件均值-方差有效收益。收益 A 位于条件均值边界上，并且具有与收益 B 相同的无条件预期收益。但是收益 A 存在无条件方差，所以在无条件均值-方差边界内。

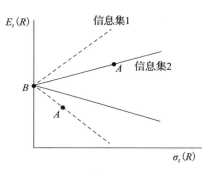

图 8.1

注：收益 A 位于条件均值-方差边界上，而不是无条件均值-方差边界上。收益 B 同时位于条件和无条件均值-方差边界上。

第二个例子，如果无风险利率是一个常数，则其位于无条件均值-方差边界上。记住无风险利率的表达式（6.15）：

$$R^f = R^* + R^f R^{e*}$$

无条件均值-方差边界为 $R^* + wR^{e*}$，其中 w 是常数。因此，如果无风险利率为常数，则它仅是无条件均值-方差有效的。当然，无风险利率始终位于条件均值-方差边界上。

含义：Hansen-Richard 批判

许多模型，例如 CAPM，都隐含着条件线性因子模型 $m_{t+1} = a_t + b_t' f_{t+1}$。这些定理表明这类模型并不等价于无条件模型。同样，如果基于模型预测市场投资组合条件均值-方差有效，这并不意味着市场投资组合无条件均值-方差有效。我们经常检验 CAPM 以判定某些投资组合的平均收益，或者（等价的）市场是否位于无条件均值-方差边界上。CAPM 很可能是正确的（条件性的），但未通过检验；资产可能在无条件均值与无条件方差方面表现得更好，同时有条件地遵循 CAPM。

简单地列举一些条件信息不能解决上述问题。诸如 CAPM 之类的模型暗示了一个关于投资者信息集的条件线性因子模型。但是此处只能检验隐含条件，而该隐含条件是可观察到的并包含在检验中的变量。因此，条件线性因子模型不可进行检验！

我喜欢用类似于"Roll 批判"的形式将这种观察称为"Hansen-Richard 批判"。Roll 指出财富投资组合可能无法观察到，因此无法对 CAPM 进行检验。而 Hansen 和 Richard 指出，代理人的条件信息可能无法观察到，但在检验条件模型时却不能忽略上述信息。因此，即便可以观察到财富投资组合的信息，我们也无法确定代理人的信息，这一事实使得检验 CAPM 化为泡影。

8.4 规模因子：部分解决方案

> 读者可以扩展因子集以检验条件因子定价模型。
>
> 因子集 $= f_{t+1} \otimes z_t$

问题在于，因子定价模型 $m_{t+1} = a_t + b_t f_{t+1}$ 的参数可能会随时间变化。一个解决方案是以变量 a_t 和 b_t 为因变量，t 时的信息集中的变量为自变量进行建模。令 $a_t = a(z_t)$，$b_t = b(z_t)$，其中 z_t 是在 t 时观察到的变量（包括常数）向量。先从线性模型着手

$$a_t = a' z_t, \quad b_t = b' z_t$$

线性不意味着限制性：z_t^2 只是另一种工具变量。唯一需要批判的是，某些工具变量 z_{jt} 对于刻画 a_t 和 b_t 的变化可能很重要，但是被忽略了。对于具备数据的工具变量，可以通过尝试 z_{jt} 变量并查看其是否满足要求。但是，对于代理人而不是我们观察到的工具，上述批判仍然有效。

线性折现因子模型可以很好地理解为规模因子，与线性被管理的投资组合可以获取规模报酬一致。基于单一因子和工具变量，可得

$$m_{t+1} = a(z_t) + b(z_t) f_{t+1} \tag{8.6}$$
$$= a_0 + a_1 z_t + (b_0 + b_1 z_t) f_{t+1}$$
$$= a_0 + a_1 z_t + b_0 f_{t+1} + b_1 (z_t f_{t+1}) \tag{8.7}$$

因此，我们用具有固定系数的三因子模型（z_t，f_{t+1}，$z_t f_{t+1}$），来替代具有时变系数式（8.6）的单因子模型。

由于系数是固定的，我们可将规模因子模型与无条件矩结合：

$$p_t = E_t[(a_0 + a_1 z_t + b_0 f_{t+1} + b_1(z_t f_{t+1})) x_{t+1}] \Rightarrow$$
$$E(p_t) = E[(a_0 + a_1 z_t + b_0 f_{t+1} + b_1(z_t f_{t+1})) x_{t+1}]$$

例如，在 CAPM 的标准派生公式中，市场（财富投资组合）收益是条件均值-方差有效的；投资者希望持有的投资组合位于条件均值-方差边界上；条件预期收益遵循条件单 β 表达式，或者折现因子 m 遵循条件线性因子模型

$$m_{t+1} = a_t - b_t R_{t+1}^W$$

但是，这都不意味着 CAPM 可以无条件使用。与其在此止步不前，不如增加一些规模因子以修正模型。因此，如果股息/价格比率和期限溢价在概括条件矩变化方面做得很好，则条件 CAPM 为无条件的五因子（加常数）模型。这些因子为常数、市场收益、股息/价格比率、期限溢价，以及市场收益乘以股息/价格比率和期限溢价。Jagannathan and Wang（1996）曾检验相似因子是否可以解释 CAPM 异常。

当然，该五因子模型的无条件定价含义可以通过单 β 表达式进行描述。当然，参考投资组合不是市场投资组合，而是五因子模拟投资组合。但是，就单因子条件模型和两种工具模型而言，单因子模拟投资组合将难以解释。在上述条件下，多 β 或多因子表达式可能会更为有趣。

如果我们存在许多因子 f 和工具变量 z，原则上应该将每个因子乘以每个工具变量。

$$m = b_1 f_1 + b_2 f_1 z_1 + b_3 f_1 z_2 + \cdots + b_{N+1} f_2 + b_{N+2} f_2 z_1 + b_{N+3} f_2 z_2 + \cdots$$

该公式可以用克罗内克乘积符号 $a \otimes b$ 进行简要总结，这意味着向量 a 中的每个元素乘以向量 b 中的每个元素，或者

$$m_{t+1} = b'(f_{t+1} \otimes z_t)$$

8.5 总 结

第一次讨论条件信息时，看起来有些棘手——这需要思考随时间变化

的预期收益、β、因子风险溢价、方差、协方差等。但是，本章概述的方法提供了一种非常简单且优美的解决方案以处理条件信息引起的相关问题。为了表示给定模型的条件含义，读者要做的就是选择一些经过分析的规模化或被管理的投资组合收益，然后不考虑条件信息。

一些因子模型是条件模型，其系数为投资者信息集的函数。通常没有方法可以检验这类模型，但是如果读者愿意假设相关条件信息可由少数变量较好地描述，那么可以再一次不考虑条件信息添加由等价于条件变量所缩放的旧因子得来的新因子。

然而，读者可能想通过条件信息进行模型检验或者经济解释。多因子模型 $m_t = a_0 + a_1 z_t + b_0 f_{t+1} + b_1 z_t f_{t+1}$ 的估计可能很有趣，之后可确定其对于隐含条件模型 $m_t = (a_0 + a_1 z_t) + (b_0 + b_1 z_t) f_{t+1}$ 的影响。这可能需要绘制条件 b、β、因子风险溢价、预期收益等的图表，但是大可不必担心估计和检验中的条件信息。

第9章

因子定价模型

第 2 章指出，虽然基于消费的模型在原则上可以完全解决大多数资产定价的问题，但在实践中（目前）尚未如此有效。上述模型提供了将折现因子 m 与其他数据联系起来的方法。线性因子定价模型是金融学中最受欢迎的模型。它们主导着当前离散时间条件下的实证研究。

因子定价模型通过下列形式的线性模型代替了用于描述基于消费的边际效用增长表达式

$$m_{t+1}=a+b'f_{t+1}$$

式中，a 和 b 是自由参数。正如第 6 章所述，此表达式等价于多 β 模型

$$E(R_{t+1})=\gamma+\beta'\lambda$$

式中，β 是因子 f 中收益 R 的多元回归系数；γ 和 λ 是自由参数。

最大的问题在于我们应该用什么来表示因子 f_{t+1}？因子定价模型寻找的变量可以很好地代表边际效用总量的增长，即一个有说服力且经济上可以解释的近似变量。

$$\beta\frac{u'(c_{t+1})}{u'(c_t)}\approx a+b'f_{t+1} \tag{9.1}$$

直接地说，资产定价的本质是在某些特殊情况下投资者过于担心其投资组合的表现不佳，愿意权衡一些整体绩效（平均收益），以确保投资组合在这些特定情况下不会过于失衡。这些因子是表明这些"不良状态"已经发生的变量。

任何权威的经济模型以及数据披露中，消费都与基础广泛的投资组合的收益、利率、GDP 增长、投资或其他宏观经济变量的增长以及实际生产过程的收益有关。所有这些变量都可以衡量经济状况。

此外，消费和边际效用对舆论也有所反应：如果今天某些变量的变化预示着未来的高收入，那么基于永久收入理论，现在的消费将增加。这一事实为预测变量指明了前进的方向：任何资产收益预测（"投资机会集的变化"）或宏观经济变量预测都是可行的备选因子。期限溢价、股息/价格比率、股票收益等变量可以作为公式中的定价因子进行解释。尽管它们不能直接反映市场表现的优劣，但是能够预测发生的时间范围。

随着时间的推移，因子是否逐渐不可预测？答案是在一定程度上确实如此。如果实际利率恒定，那么边际效用增长将是不可预测的。（在二次效用永久收入模型中，消费服从随机游走。）看一下利率恒定的一阶条件

$$u'(c_t) = \beta R^f E_t[u'(c_{t+1})]$$

或采取时间序列符号表示

$$\frac{u'(c_{t+1})}{u'(c_t)} = \frac{1}{\beta R^f} + \varepsilon_{t+1}, \quad E_t(\varepsilon_{t+1}) = 0$$

实际的无风险利率并非恒定不变，但变化不大，尤其是与资产收益相比。消费增长并非完全不可预测，但进行时间聚合处理（消费数据是季度均值）之后，它仍属于可预测性最低的宏观经济时间序列。因此，虽然衡量边际效用增长的因子不一定完全不可预测，但也不服从高度可预测性。如果选择高度可预测的因子，该模型将反事实地得出较大的利率变化预测值。

实际上，这意味着应该选择正确的衡量单位：使用 GNP 增长而不是 GNP 水平，使用投资组合收益而不是价格或价格/股息比率等。但是，除非已确定完全恒定的无风险利率，否则不应该预处理以使其完全不可预测。此外，我们经常通过无法确定的折现因子条件均值，将因子定价模型应用于超额收益，而这对于结果没有影响。

令边际效用增长为模型因子，这种直观观点能够使其通过当下因子模型的实证检验。本章推导得出的额外条件约束没有太多的实证研究规范的限制。

所有的公式推导基于我们提出的因子模型———一般均衡模型，特别是生产技术的规范使得今天的实际投资决定明天的实际产出。这种一般均衡

产生了由外生变量表达消费决定因素的关系，以及将消费与其他内生变量联系起来的关系，即形式为 $c_t = g(f_t)$ 的公式。之后可使用该公式描述基本一阶条件下的消费。CAPM 和 ICAPM 是一般线性均衡模型，而收益 R 不依赖于投资数量。

该推导完成了两项工作：确定了可以代表边际效用增长的一列特定因子，并证明了上述关系为线性。基于因子定价模型的这两个特征，某些假设通常可以替代其他模型中的假设。

有一点需要牢记于心：所有因子模型都是基于消费的模型的特殊派生。许多采用因子模型的论文作者轻描淡写地提到了基于消费的模型，但是忽视了他们的因子模型本身就是基于消费的模型加上额外假设，而这些假设允许人们使用其他变量来替代边际效用增长。（Constantinides（1989）很好地解释了这一点。）

第 7 章清晰地说明了经济基础定义对于因子模型非常重要，因为它有助于我们防范捕鱼行为的发生。然而，目前因子定价模型无法完全发挥效果。人们要求更为完善的理论或者更为合理的推导，严谨地限制潜在因子并描述基本的宏观经济风险来源，从而为实证研究提供更多的理论约束。但是金融界的顶尖人才致力于解决这一问题已有 40 年，目前尚无权威答案。此外，即便是当前的理论也可以提供比实证研究更为严格的约束。因此尚不清楚更为严格的理论是否会改变实践。例如，CAPM 和 ICAPM 的推导对无风险利率和因子风险溢价进行了预测，而这些预测值常常被忽略，且通常被视为自由参数。ICAPM 对状态变量的限制比通常变量更为严格："状态变量"应该可以预测某些内容。

这些推导表明，诸如 CAPM 和 ICAPM 之类的定理所必需的一般均衡前提是多么特殊和脱离现实。这促使人们更加认真地研究真实一般均衡模型。

9.1　资本资产定价模型

CAPM 的模型形式为 $m = a + bR^w$；R^w ＝财富投资组合收益。我们根据基于消费的模型通过：（1）两期二次效用；（2）两期、指数效用和正常收益；（3）无限时间跨度、二次效用和独立同分布的收益；（4）对数效用函数，可以推导出 CAPM。

由 Sharpe（1964）和 Lintner（1965a，b）发现的 CAPM 是资产定价中首个最著名、使用最广泛的模型。它将折现因子 m 与"财富投资组合"的收益相关联。该函数是线性的

$$m_{t+1} = a + b R_{t+1}^W$$

式中，a 和 b 是自由参数，可以通过折现因子 m 对任意两类资产定价以确定参数 a 和 b 的理论值，如财富投资组合收益和无风险利率，即 $1 = E(mR^W)$ 和 $1 = E(m)R^f$。（参照式（8.3）。）实证研究中，可选择 a 和 b 来对较大的资产横截面进行最佳定价。我们没有关于总财富收益的良好数据，甚至没有良好的实证定义。通常用价值广泛或权重均等的纽约证券交易所指数、标准普尔 500 指数代替 R^W。

当然，CAPM 最常使用等效的预期收益-β 表达式

$$E(R^i) = \gamma + \beta_{i,R^W}[E(R^W) - \gamma]$$

本节简要介绍 CAPM 的一些经典的派生公式。同样，我们需要说明前提假设以确定哪些因子代表边际效用（此处为 R^W），以及 m 与因子之间的线性关系。

本节也介绍了相同模型的几项派生模型。其中，许多模型是基于经典且广泛适用的建模假设。通常可以基于不同假设确定同一派生模型。通过学习下列推导过程，可以了解假设之间的等价关系。例如，如果采取二次效用函数，则 CAPM 不需要正态分布的前提假设。

两期二次效用

无劳动收入和二次效用的两期投资者行为服从 CAPM。

具有二次偏好的投资者仅在两期内进行投资

$$U(c_t, c_{t+1}) = -\frac{1}{2}(c^* - c_t)^2 - \frac{1}{2}\beta E[(c^* - c_{t+1})^2] \qquad (9.2)$$

因此，边际替代率是

$$m_{t+1} = \beta \frac{u'(c_{t+1})}{u'(c_t)} = \beta \frac{(c^* - c_{t+1})}{(c^* - c_t)}$$

二次效用假设说明边际效用在消费中呈线性。因此，此时已经实现了公式

推导的第一步，即线性化。

第一期投资者的财富为 W_t，无劳动收入。他们可以投资 N 项资产，价格为 p_t^i，报酬为 x_{t+1}^i 或者出于简化符号的目的，令收益为 R_{t+1}^i。然后确定 c_t 和 c_{t+1} 这两个日期的消费量与投资组合权重 w_i。因此，预算约束为：

$$
\begin{aligned}
c_{t+1} &= W_{t+1} \\
W_{t+1} &= R_{t+1}^W (W_t - c_t) \\
R_{t+1}^W &= \sum_{i=1}^N w_i R_{t+1}^i, \quad \sum_{i=1}^N w_i = 1
\end{aligned} \tag{9.3}
$$

式中，R^W 是总财富的收益率。

两期假设意味着在约束条件（9.3）下，投资者在第二期消费了所有商品。因此可以通过财富和财富收益来替代消费，从而实现派生模型推导的第二步，确定消费或边际效用的替代变量：

$$
m_{t+1} = \beta \frac{c^* - R_{t+1}^W (W_t - c_t)}{c^* - c_t} = \frac{\beta c^*}{c^* - c_t} - \frac{\beta(W_t - c_t)}{c^* - c_t} R_{t+1}^W \tag{9.4}
$$

即

$$
m_{t+1} = a_t - b_t R_{t+1}^W
$$

指数效用和正态分布

> $u(c) = -e^{-\alpha c}$ 和正态分布的收益集可推导出 CAPM。

指数效用和正态分布的组合是另一组假设前提，它们基于单期或两期模型确定 CAPM。该结构形式使得分析较为简便。由于它会导致线性需求曲线化，因此会引入不完全市场或不对称信息，这在交易结构日益复杂化的模型中得到了广泛的应用。Grossman and Stiglitz（1980）是一个非常著名的例子。

本节只介绍最后一个时期的消费模型。（读者也可以用这种方法来完成上一节的二次效用模型推导。）

$$
E[u(c)] = E[-e^{-\alpha c}]
$$

式中，α 为绝对风险规避系数。如果消费服从正态分布，则有

$$Eu(c) = -e^{-aE(c)+(a^2/2)\sigma^2(c)}$$

假设该投资者的初始财富 W 可在收益为 R^f 的无风险资产和收益为 R 的风险资产之间分配。令 y 表示投资在每种证券上的该财富 W 的金额（不是占比）。因此，预算约束为

$$c = y^f R^f + y'R,$$
$$W = y^f + y'1$$

联立第一项约束与效用函数，可得

$$Eu(c) = -e^{-a[y^f R^f + y'E(R)]+(a^2/2)y'\Sigma y} \tag{9.5}$$

与二次效用类似，两期模型可将消费设定为财富，之后通过财富组合的收益替代折现因子中的消费增长。

通过 y，y^f 最大化式（9.5），可得出投资于风险资产的最优金额的一阶条件为：

$$y = \Sigma^{-1} \frac{E(R)-R^f}{\alpha}$$

如果风险资产的预期收益较高，则投资者会对其进行更多投资，但是如果投资者的风险规避系数较高，或者资产具有较高的风险，则其对风险资产进行的投资将减少。值得注意的是，总财富没有出现在此表达式中。基于上述理论，投资于风险资产的金额与财富多少无关。这就是该投资者具有恒定的绝对风险规避而非相对风险规避（相对于财富）的原因。另外，这些风险资产的"需求"在预期收益中呈线性。

基于一阶条件可得

$$E(R) - R^f = \alpha \Sigma y = \alpha \text{cov}(R, R^W) \tag{9.6}$$

投资者的总风险投资组合为 $y'R$。因此，Σy 给出了每项收益与 $y'R$ 的协方差，也给出了投资者的整体投资组合 $y^f R^f + y'R$ 的协方差。如果所有投资者都相同，则市场投资组合与个人投资组合相同，因此 Σy 给出了每项收益与 $R^m = y^f R^f + y'R$ 的相关性。（如果投资者的风险规避系数 α 有所不同，结论仍然相同，会有一个总风险规避系数。）

至此确定了 CAPM。该公式将风险市场价格与风险规避系数联系在一起。联立式（9.6）与市场收益可得

$$E(R^W) - R^f = \alpha \sigma^2(R^W)$$

二次值函数和动态规划

> 假设投资环境在一段时间内独立，我们可以让投资者一直满足二次效用 CAPM。值函数是二次函数，可代替第二期的二次效用函数。这对动态规划来说是一个很好的引子。

两期结构有些脱离现实，因为大多数投资者的投资周期都超过两期。这里尝试以较少限制假设推导相同的基本思想。

我们可通过二次值函数替换第二期的二次效用函数，求出多期下的CAPM。但是，二次值函数的成立需要额外的假设，即收益独立同分布（不存在投资机会的转变）。基于 Fama（1970），这一结论也是动态规划的引子，即通过将多期问题转换为两期问题简化多期问题的处理。该推导过程使得 CAPM 更加现实、透明和直观。购买股票相当于对财富下注。实际上，推动 CAPM 的基本假设是财富的边际效用呈线性且不依赖于其他状态变量。

以简单特定条件着手，基于该期的消费和下一期的财富定义的"效用函数"为：

$$U = u(c_t) + \beta E_t V(W_{t+1})$$

对于投资者来说，这是一项合理的目标，并且不需要我们做出非常极端的假设，例如他明天会撒手人寰。如果具有这种"效用函数"的投资者购买价格为 p_t、收益为 x_{t+1} 的资产，那么他的一阶条件（假设投资者多购买一些投资组合，则下一期 x 对财富的边际效应）是

$$p_t u'(c_t) = \beta E_t[V'(W_{t+1}) x_{t+1}]$$

因此，折现因子使用下一期的财富边际价值替代更熟悉的边际消费效用

$$m_{t+1} = \beta \frac{V'(W_{t+1})}{u'(c_t)}$$

（包络条件指出在最佳情况下，节省的一分钱与消费的一分钱具有相同的价值，$u'(c_t) = V'(W_t)$，我们也可以使用此条件来确定财富表达式的分母。）

现在，假设值函数为二次函数

$$V(W_{t+1}) = -\frac{\eta}{2}(W_{t+1} - W^*)^2$$

可得

$$m_{t+1} = -\beta\eta\frac{W_{t+1} - W^*}{u'(c_t)} = -\beta\eta\frac{R_{t+1}^W(W_t - c_t) - W^*}{u'(c_t)}$$

$$= \left[\frac{\beta\eta W^*}{u'(c_t)}\right] + \left[-\frac{\beta\eta(W_t - c_t)}{u'(c_t)}\right]R_{t+1}^W$$

或者

$$m_{t+1} = a_t + b_t R_{t+1}^W$$

即 CAPM!

让我们明确这些假设及其作用。

（1）值函数仅取决于财富变量。如果值函数包含其他变量，则 $\partial V/\partial W$ 和 m 将取决于其他变量。此假设完成了推导的第一步：因子的同一性。ICAPM 允许值函数包含其他变量与更多因子。（实际上，值函数可以包含其他变量，只要它们不影响财富的边际价值。天气变化就是一个例子：你和我一样，在晴天时可能会更快乐，但你不会在晴天比雨天更看重额外的财富。因此，天气的协方差不会影响你对股票的估值。）

（2）值函数属于二次函数。假设边际值函数 $V'(W)$ 是线性的，可确定 m 是线性的。二次效用和值函数确定整体线性边际值函数 $V'(W)$。

为什么值函数是二次函数？

读者可能认为目前已经尽善尽美了，但是优秀的经济学家对含有财富的效用函数不满意。很少有人会像迪士尼笔下的史高治舅舅那样，每天享受在金库的硬币海洋中畅游的乐趣。财富之所以宝贵，是因为它能够支持我们更多地消费。效用函数应始终考虑消费量。经济学中为数不多的规则之一是保证理论不至于空洞无物，即最终应确定对财富（或投资组合收益的均值和方差）等其他对象的特殊"效用函数"，因为它是出于最根本的愿望，即用于消费或休闲。

实践中需要谨慎地对待派生模型，而值函数只是财富的函数流于表面合理的假设，源自更为理想的假设，实际上肯定是错误的，即利率是固定的、收益独立同分布或者投资者存在无风险劳动收入。因此，下面将讨论效用函数在支持二次函数方面的论证基础。

假设投资者一直存在，并具有标准的效用函数

$$U = E_t \sum_{j=0}^{\infty} \beta^j u(c_{t+j})$$

同样，假设投资者的初始财富为 W_0，随机收益为 R^W，不存在其他收入来源。另外，假设利率固定，且股票收益为独立同分布。

将值函数定义为此环境中效用函数的最大值。因此，将 $V'(W)$ 定义为[1]：

$$V(W_t) \equiv \max_{\{c_t, c_{t+1}, c_{t+2}, \cdots, w_t, w_{t+1}, \cdots\}} E_t \sum_{j=0}^{\infty} \beta^j u(c_{t+j}) \tag{9.7}$$
$$\text{s. t.} \quad W_{t+1} = R_{t+1}^W(W_t - c_t); \quad R_t^W = w_t'R_t; \quad w_t'1 = 1$$

（我们通过向量符号简化投资组合问题的陈述；$R \equiv [R^1 R^2 \cdots R^N]'$ 等。）值函数是投资者在给定财富以及其他任何限制他的变量的状况下可实现的总效用水平。这里存在无劳动收入、固定利率和独立同分布的假设。因此，上述定义的值函数可能取决于投资者环境的其他特征。例如，如果存在某些变量，即"D/P"以表明收益在一段时间内的高低。当 D/P 较高时，在给定的财富水平下投资者可能会更快乐，并且拥有较高的价值。因此，可得 $V(W_t, D/P_t)$。

值函数可以将无限期问题拆分为两期问题，从而将最大化问题分解为第一期和其他期，如下所示：

$$V(W_t) = \max_{\{c_t, w_t\}} \left\{ u(c_t) + \beta E_t \left[\max_{\{c_{t+1}, c_{t+2}, \cdots, w_{t+1}, w_{t+2}, \cdots\}} E_{t+1} \sum_{j=0}^{\infty} \beta^j u(c_{t+1+j}) \right] \right\}$$

或

$$V(W_t) = \max_{\{c_t, w_t\}} \{ u(c_t) + \beta E_t V(W_{t+1}) \} \tag{9.8}$$

至此确定了值函数的存在。基于两期消费得出了"效用函数"，并且下一期的财富没有看起来那么疯狂。

值函数也是关于人们如何做出决策的一个有吸引力的观点。人们不会认为"如果我今天享受一顿昂贵的午餐，从现在起 20 年后的某个晚上，我将无法出去吃晚餐"，而是直接采用效用函数进行表示。他们认为，"我

---

[1]　在预算约束条件下，仍然存在横截条件约束或 $W_t > \underline{W}$ 的财富下限。这可以防止因消费者过度消费而承担更多的债务，即可以通过现值形式描述预算约束。

负担不起昂贵的午餐"，这意味着财富价值的下降与消费边际效用的增加是不对应的。因此，式（9.8）描述了人们实现效用最大化的心理进程。

剩下的问题是值函数是二次函数吗？哪个效用函数假设会导致二次值函数的产生？这是一个有趣的现象：在这种条件下二次效用函数可推导出二次值函数。然而，该现象不是定理，即对于任何 $u(c)$，$V(W)$ 具有相同的函数。不过在这种条件下是成立的，当然包括其他一些特殊情况。"在这种条件下"这一前提并非无关紧要。值函数（达到预期效用水平）是效用函数和约束条件共同作用的结果。

那么如何证明这一事实？一种方法是通过暴力算法从其定义式（9.7）中计算值函数。这种方法不太有趣，也没有利用动态规划的简洁之美，即将无限期问题简化为两期问题。

将式（9.8）视为一个函数公式并进行求解。假设值函数 $V(W_{t+1})$ 为二次函数，并且含有未知参数。基于式（9.8）中 $V(W_t)$ 的递归定义，解决两期的问题，即确定最佳消费量决策，再与式（9.8）联立，可得函数 $V(W_t)$。如果假设正确，则可确定 $V(W_t)$ 的二次函数与其中的任意自由参数。

首先指定

$$u(c_t) = -\frac{1}{2}(c_t - c^*)^2$$

猜想

$$V(W_{t+1}) = -\frac{\eta}{2}(W_{t+1} - W^*)^2$$

式中，η 和 W^* 参数待确定。那么式（9.8）为（简单起见，忽略投资组合选择的 w，这不会带来影响。）

$$V(W_t) = \max_{\{c_t\}} \left[-\frac{1}{2}(c_t - c^*)^2 - \beta \frac{\eta}{2} E(W_{t+1} - W^*)^2 \right]$$

$$\text{s. t.} \quad W_{t+1} = R_{t+1}^W(W_t - c_t)$$

（假设独立同分布之后 E_t 为 E。）联立约束条件和目标条件

$$V(W_t) = \max_{\{c_t\}} \left[-\frac{1}{2}(c_t - c^*)^2 - \beta \frac{\eta}{2} E[R_{t+1}^W(W_t - c_t) - W^*]^2 \right]$$

$$(9.9)$$

关于 c_t 的一阶条件，通过 $\hat{c}$ 表示最优值

$$\hat{c}_t - c^* = \beta\eta E\{[R_{t+1}^W(W_t - \hat{c}_t) - W^*]R_{t+1}^W\}$$

解出 $\hat{c}_t$

$$\hat{c}_t = c^* + \beta\eta E\{[R_{t+1}^{W2}W_t - \hat{c}_t R_{t+1}^{W2} - W^* R_{t+1}^W]\}$$

$$\hat{c}_t[1 + \beta\eta E(R_{t+1}^{W2})] = c^* + \beta\eta E(R_{t+1}^{W2})W_t - \beta\eta W^* E(R_{t+1}^W)$$

$$\hat{c}_t = \frac{c^* - \beta\eta E(R_{t+1}^W)W^* + \beta\eta E(R_{t+1}^{W2})W_t}{1 + \beta\eta E(R_{t+1}^{W2})} \tag{9.10}$$

这是 W_t 的线性函数。联立 c 的最优值与式（9.9），可得

$$V(W_t) = -\frac{1}{2}(\hat{c}_t - c^*)^2 - \beta\frac{\eta}{2}E[R_{t+1}^W(W_t - \hat{c}_t) - W^*]^2 \tag{9.11}$$

这是 W_t 和 $\hat{c}_t$ 的二次函数。线性函数的二次函数仍是二次函数，因此值函数是 W_t 的二次函数。如果读者愿意投入几小时进行代数检验，可将式（9.10）与式（9.11）联立，检查结果是否为 W_t 的二次函数，并确定基本参数 β，c^*，$E(R^W)$，$E(R^{W2})$（或 $\sigma^2(R^W)$）的系数 η，W^*。而 η，W^* 的表达式没有提供太多的信息，故在此不做代数推演。

对数效用函数

> 对数效用函数而不是二次效用函数也意味着存在一个 CAPM。对数效用函数暗含着消费与财富成正比，因此我们可以用财富收益替代消费量。

CAPM 的要点是尽量避免使用消费量，而是使用财富或财富收益率。对数效用函数是上述做法中的另一种特殊情况。对数效用函数比二次效用函数更加合理。Rubinstein（1976）引入了对数效用 CAPM。

假设投资者服从对数效用函数

$$u(c) = \ln(c)$$

将财富组合定义为对所有未来消费量的要求。根据对数效用，财富投资组合的价格与消费量本身成正比

$$p_t^W = E_t\sum_{j=1}^{\infty}\beta^j\frac{u'(c_{t+j})}{u'(c_t)}c_{t+j} = E_t\sum_{j=1}^{\infty}\beta^j\frac{c_t}{c_{t+j}}c_{t+j} = \frac{\beta}{1-\beta}c_t$$

财富投资组合的收益与消费增长成正比

$$R_{t+1}^W = \frac{p_{t+1}^W + c_{t+1}}{p_t^W} = \frac{(\beta/(1-\beta)+1)}{\beta/(1-\beta)} \frac{c_{t+1}}{c_t} = \frac{1}{\beta} \frac{c_{t+1}}{c_t} = \frac{1}{\beta} \frac{u'(c_t)}{u'(c_{t+1})}$$

因此，对数效用折现因子等于财富投资组合收益的倒数

$$m_{t+1} = \frac{1}{R_{t+1}^W} \tag{9.12}$$

式（9.12）可以单独使用：它达到了通过其他变量替代消费量的目的。（Brown and Gibbons(1985) 检验过这种形式的 CAPM。）请注意，到目前为止，对数效用是唯一的假设。不存在固定利率、收益独立同分布或者无劳动收入等前提假设。

对数效用函数存在一个特殊的属性，即"收入效应抵消了替代效应"，或者在资产定价的条件下，"折现因子效应抵消了现金流量效应"。更高的消费量＝股息的消息使得消费主张更加有价值。但是 $u'(c)$ 也会提高折现因子，从而降低消费量价值。对于对数效用函数，这两个影响正好抵消。

线性化任何模型

> 泰勒展开、连续时间极限和正态分布都可以将非线性模型 $m = g(f)$ 变形为线性模型 $m = a + bf$。

线性因子模型推导的双重目标是得出驱动折现因子的变量、CAPM 情况下的财富，以及折现因子与这些变量之间的线性关系。达到第一个目标通常比第二个目标容易。例如，对数效用 CAPM 为我们指明了正确的变量选择，即市场投资组合的收益，但它是非线性函数形式。本节介绍了线性函数变形的三种标准技巧。9.3 节讨论了保持线性是否仍然是一个的重要目标。

泰勒展开

将模型线性化最简便的方法是泰勒展开

$$m_{t+1} = g(f_{t+1}) \approx a_t + b_t f_{t+1}$$

因为所选的泰勒展开点可能会随时间变化，令系数为 a_t 和 b_t，使得

f_{t+1} 不会偏离展开点太远。例如，自然展开点是该因子的条件均值。之后

$$m_{t+1} \approx g(E_t(f_{t+1})) + g'(E_t(f_{t+1}))(f_{t+1} - E_t(f_{t+1}))$$

连续时间

我们常常可以在连续时间内导出精确的线性化模型。如果离散时间间隔足够短，可以将连续时间结果作为近似值。

非线性折现因子为：

$$A_t = g(f_t, t)$$

因此

$$dA_t = \frac{\partial g}{\partial t}dt + \frac{\partial g}{\partial f}df_t + \frac{1}{2}\frac{\partial^2 g}{\partial f^2}df_t^2$$

然后，资产 i 在连续时间内的基本定价公式为：

$$E_t\left(\frac{dp_t^j}{p_t^i}\right) + \frac{D_t^i}{p_t^i}dt - r_t^f dt = -E_t\left(\frac{dp_t^i}{p_t^i}\frac{d\Lambda_t}{\Lambda_t}\right)$$

$$= -\frac{1}{g(f,t)}\frac{\partial g(f_t, t)}{\partial f}E_t\left(\frac{dp_t^i}{p_t^i}df_t\right)$$

或者，在较短的离散时间间隔内

$$E_t(R_{t+1}^i) - R_i^f \approx \text{cov}_t(R_{t+1}^i, f_{t+1})\left(-\frac{1}{g(f,t)}\frac{\partial g(f_t, t)}{\partial f}\right)$$

$$\approx \beta_{i,f_t}\lambda_t^f$$

存在一项离散时间折现因子，它在 f 中是线性的。

基于消费的模型。我们在第 1 章中使用了这一技巧，得出了基于消费的线性化模型。基于

$$\Lambda_t = e^{-\delta t}c_t^{-\gamma}$$

可得

$$\frac{d\Lambda_t}{\Lambda_t} = -\delta dt - \gamma\frac{dc_t}{c_t} + \gamma(\gamma+1)\frac{dc_t^2}{c_t^2}$$

因此

$$E_t\left(\frac{dp_t^i}{p_t^i}\right) + \frac{D_t^i}{p_t^i}dt - r_t^f dt = -E_t\left(\frac{dp_t^i}{p_t^i}\frac{d\Lambda_t}{\Lambda_t}\right)$$

$$= \gamma E_t \left(\frac{\mathrm{d}p_t^i}{p_t^i} \frac{\mathrm{d}c_t}{c_t} \right)$$

或者，在较短的离散时间间隔内

$$E_t(R_{t+1}^i) - R_t^f \approx \gamma \operatorname{cov}_t \left(R_{t+1}^i, \frac{c_{t+1}}{c_t} \right)$$

$$\approx \beta_{i, \Delta c_i t} \lambda_t^{\Delta c}$$

对数效用 CAPM。在连续时间内，消费流或财富投资组合的价格为：

$$u'(c_t) p_t^W = E_t \int_0^\infty \mathrm{e}^{-\delta s} u'(c_{t+s}) c_{t+s} \mathrm{d}s$$

基于对数效用，可得 $u'(c_t) = 1/c_t$，因此市场投资组合的价值也与消费量成正比

$$\frac{p_t^W}{c_t} = \int_0^\infty \mathrm{e}^{-\delta s} \mathrm{d}s = \frac{1}{\delta}$$

折现因子与市场投资组合的价值成反比

$$\Lambda_t = \mathrm{e}^{-\delta t} u'(c_t) = \frac{\mathrm{e}^{-\delta t}}{c_t} = \frac{\mathrm{e}^{-\delta t}}{\delta p_t^W}$$

因此

$$\frac{\mathrm{d}\Lambda_t}{\Lambda_t} = -\delta \mathrm{d}t - \frac{\mathrm{d}p_t^W}{p_t^W} + \frac{1}{2} \frac{\mathrm{d}p_t^{W2}}{p_t^{W2}}$$

现在，资产 i 在连续时间内的基本定价公式为：

$$E_t \left(\frac{\mathrm{d}p_t^i}{p_t^i} \right) + \frac{D_t^i}{p_t^i} \mathrm{d}t - r_t^f \mathrm{d}t = E_t \left(\frac{\mathrm{d}p_t^i}{p^{it}} \frac{\mathrm{d}p_t^W}{P_t^{Wt}} \right)$$

或者，在较短的离散时间间隔内

$$E_t(R_{t+1}^i) - R_t^f \approx \operatorname{cov}_t(R_{t+1}^i, R_{t+1}^W)$$

$$\approx \beta_{i, w_i t} \operatorname{var}_t(R_i^W)$$

$$\approx \beta_{i, w_i t} \lambda_t^W \tag{9.13}$$

式（9.13）对应离散时间折现因子，它是市场收益的线性函数。

离散时间的正态分布：斯坦因引理
连续时间近似的本质是扩散过程服从局部正态分布。如果假设收益在

离散时间内呈正态分布，则可以在离散时间内线性化。

同样，线性化的目的是推导预期收益-β 模型，该 β 是根据因子本身而不是因子的非线性函数计算的。这里需要一种方法将 $\mathrm{cov}(g(f)，R)$ 转换为 $\mathrm{cov}(f，R)$。核心的数学技巧是斯坦因引理：

引理：如果 $f，R$ 服从二元正态分布，则 $g(f)$ 可微且 $E|g'(f)| < \infty$，则

$$\mathrm{cov}[g(f)，R] = E[g'(f)]\mathrm{cov}(f，R)$$

至此完成了所有理论工作。我们可以通过含有 f 的协方差和 β 的非线性函数 $g(f)$ 替换协方差和 β。

尽管可能有些不切实际，但基于该引理能够得出线性折现因子：

$$\begin{aligned} p &= E(mx) = E(g(f)x) \\ &= E[g(f)]E(x) + \mathrm{cov}[g(f)，x] \\ &= E[g(f)]E(x) + E[g'(f)]\mathrm{cov}[f，x] \\ &= E(\{E[g(f)] + E[g'(f)](f - Ef)\}x) \\ &= E(\{E[g(f)] - E[g'(f)]E(f) + E[g'(f)]f\}x) \end{aligned}$$

或

$$\begin{aligned} m_{t+1} &= \{E_t[g(f_{t+1})] - E_t[g'(f+1)]E_t(f_{t+1})\} + E_t[g'(f_{t+1})]f_{t+1} \\ &= a_t + b_t f_{t+1} \end{aligned}$$

同样，它使我们能够基于以下因子推导出预期收益-β 模型

$$\begin{aligned} E_t(R_{t+1}^i) &= R_t^f - \mathrm{cov}_t(R_{t+1}^i，m_{t+1}) \\ &= R_t^f - E_t[g'(f_{t+1})]\mathrm{cov}_t(R_{t+1}^i，f_{t+1}) \qquad (9.14) \\ &= R_t^f + \beta_{i,f_t}\lambda_t^f \qquad (9.15) \end{aligned}$$

两期 CAPM。根据斯坦因引理的经典用法可以在两期的 CAPM 中通过正态分布假设替代二次效用假设。从式（9.2）开始，使用任意效用函数继续分析，可得

$$m_{t+1} = \beta \frac{u'(c_{t+1})}{u'(c_t)} = \beta \frac{u'[R_{t+1}^W(W_t - c_t)]}{u'(c_t)}$$

基于斯坦因引理，假设 R^W 和 R^i 服从正态分布，可得

$$\mathrm{cov}_t(R_{t+1}^i，m_{t+1}) = E\left[\beta \frac{(W_t - c_t)u''[R_{t+1}^W(W_t - c_t)]}{u'(c_t)}\right] \mathrm{cov}_t(R_{t+1}^i，R_{t+1}^W)$$

同时假设期望存在,则完成了所要求的步骤。

对数效用 CAPM。有趣的是,斯坦因引理不能应用于对数效用 CAPM,因为市场收益不服从正态分布。这项事实经常被忽略,因为在实证研究中,我们通常将式(9.15)中的因子风险溢价 λ 视为自由参数。但是,将式(9.14)中的项应用于对数效用 CAPM $g(f)=1/R^W$ 为:

$$E(R_{t+1}^i)=R_t^f+E_t\left(\frac{1}{R_{t+1}^{W2}}\right)\text{cov}_t(R_{t+1}^i,R_{t+1}^W)$$

如果 R_{t+1}^W 服从正态分布,则 $E(1/R_{t+1}^{W2})$ 不存在,这违背了斯坦因引理条件 $E|g'(f)|<\infty$。

这不是随便应付了事的小问题。如果 R^W 服从正态分布,则其范围为 $-\infty$ 到 ∞,包括负值。为了获得财富投资组合的非正收益,价格和消费必须非正。对数效用和 $1/c$ 边际效用随着消费量接近零而迅速增长。对数效用函数消费者永远不会做出零消费或负消费的选择。在对数效用函数中财富投资组合的收益不服从正态分布。

这警告我们不要将连续时间模型式(9.15)得出的近似值应用于较长的时间段。通过假定市场和每项资产收益都服从对数联合正态分布,可以得出类似于 CAPM 的对数收益函数。时间范围应足够短,以使对数与实际收益之间的区别很小。

同样,即使理论上我们可以在较短的时间范围内通过线性折现因子模型近似非线性折现因子模型($(c_{t+1}/c_t)^{-\gamma}$ 或 $1/R_{t+1}^W$),在更长的时间范围内或者股息流折现的前提下,这种做法毫无疑问也是错误的。基于 $a-bR^W$ 逼近 $1/R^W$ 的效果会越来越差。特别是前者可能会变成负数,而后者则不会。实际上,Rubinstein(1976)的观点并不是推导对数效用 CAPM,而是提倡通过 CAPM 将非线性模型 $m=1/R^W$ 作为计算无套利多期折现的一种好方法。

9.2 跨期资本资产定价模型(ICAPM)

任何"状态变量"z_t 都可以成为因子。ICAPM 是一个线性因子模型,包含财富和状态变量,以预测未来收益或收入分配的变化。

ICAPM 生成线性折现因子模型

$$m_{t+1} = a + b' f_{t+1}$$

在这个模型中，因子是投资者消费投资组合决策的"状态变量"。

状态变量是决定投资者投资收益最大化的变量。显然，当前财富显然是一个状态变量。附加的状态变量描述了代理人在未来面临的资产收益条件分布或者"投资机会集的变化"。在多种商品或国际模型中，相关价格变化也是状态变量。

最佳消费量是状态变量 $c_t = g(z_t)$ 的函数。可以再次使用这个条件来替代消费，并得出

$$m_{t+1} = \beta \frac{u'[g(z_{t+1})]}{u'[g(z_t)]}$$

由此，简单的线性化推导出的状态变量 z_{t+1} 将是因子。

或者，值函数取决于状态变量

$$V(W_{t+1}, z_{t+1})$$

所以可以得到

$$m_{t+1} = \beta \frac{V_W(W_{t+1}, z_{t+1})}{V_W(W_t, z_t)}$$

（在任何条件下，每 1 美元的边际价值必须相同，所以 $u'(c_t) = V_W(W_t, z_t)$）。

这样就完成了第一步，即对代理变量进行命名。然后假设正态分布并使用斯坦因引理，采用泰勒相似或者直接运用连续时间求得线性关系。得出

$$\Lambda_t = e^{-\delta t} V_W(W_t, z_t)$$

还有

$$\frac{d\Lambda_t}{\Lambda_t} = -\delta \, dt + \frac{W_t V_{WW}(W_t, z_t)}{V_W(W_t, z_t)} \frac{dW_t}{W_t} + \frac{V_{Wz}(W_t, z_t)}{V_W(W_t, z_t)} dz_t$$
$$+ （二阶导数项）$$

边际价值相对于财富的弹性通常称为相对风险规避系数

$$rra_t \equiv -\frac{W V_{WW}(W_t, z_t)}{V_W(W_t, z_t)}$$

这反映了投资者规避货币或财富投资的意愿。

代入基本定价公式可以得到 ICAPM，它将预期收益与财富收益的协方差联系起来，也与其他状态变量联系起来。

$$E\,\frac{\mathrm{d}p_t^i}{p_t^i}+\frac{D_t^i}{p_t^i}\mathrm{d}t-r_t^f\mathrm{d}t=rra_t E\Big(\frac{\mathrm{d}W_t}{W_t}\,\frac{\mathrm{d}p_t^i}{p_t^i}\Big)-\frac{V_{w_z,t}}{V_{w,t}}E\Big(\mathrm{d}z_t\,\frac{\mathrm{d}p_t^i}{p_t^i}\Big)$$

至此，有一种简便方法，即用 β 而非协方差或者用线性折现因子模型来表达 ICAPM。大量实证工作是在离散时间内进行的，我们常常将在连续时间内的结果近似为：

$$E_t(R_{t+1}^i)-R_t^f\approx rra_t\,\mathrm{cov}_t(R_{t+1}^i,\Delta W_{t+1}/W_t)+\lambda_{zt}\,\mathrm{cov}_t(R_{t+1}^i,\Delta z_{t+1})$$

我们可以用财富投资组合的协方差替代财富个体的协方差，也可以用因子模拟投资组合来替代其他因子 dz，这两者的结果是一样的。因子模拟投资组合对投资组合建议也很有意义，原因是它们提供了对冲状态变量风险敞口或从中获利的最纯粹的方式。

这段简短的陈述并没有充分体现默顿的投资组合理论和 ICAPM 的美妙之处。剩下的就是实际表述消费者的问题，证明值函数取决于未来投资机会的状态变量 W 和 z，以及最优投资组合持有投资机会变量的市场和对冲投资组合。这并不空洞。例如，即使有随时间变化的投资机会，对数效用 CAPM 也存在。因此，ICAPM 仅在效用曲率不等于 1 时才起作用。

9.3　关于 CAPM 和 ICAPM 的评论

条件与无条件模型。

它们可以为期权定价吗？

为什么线性化？

财富投资组合。

基于隐含消费的模型，并忽略预测。

投资组合直觉和衰退状态变量。

对这些模型正式推导的观察应该能让我们理解它们的实证应用，并理解（如果不能解决）常见的争议。

CAPM 是条件还是无条件模型?

CAPM 究竟是条件还是无条件因子模型? 在 $m=a-bR^W$ 中的参数 a 和 b 是常数, 还是因为条件信息会发生变化, 它们在每个时间段都会发生变化? 在第 8 章中, 条件 CAPM 并不意味着无条件 CAPM。如果是有条件的, 则必须采取额外步骤来说明观察到的平均收益, 而实证上的失败可能仅仅来自条件信息。

因为式 (9.4) 中的参数 a_t 和 b_t 随时间变化, 因此基于两期二次效用推导可得到条件 CAPM。同样从式 (8.3) 中可知, 如果条件矩 R^W, R^f 随时间变化, 那么 a_t 和 b_t 必须随时间变化。两期消费者是在条件均值-方差边界上选择投资组合, 而不是在无条件边界上。多期二次效用 CAPM 只在收益独立同分布的情况下成立, 因此它只在条件模型和无条件模型之间没有区别的情况下成立。

另一方面, 用反向市场收益表示的对数效用 CAPM 在有条件和无条件下都成立。没有可以更改条件信息的自由参数:

$$1=E_t\left(\frac{1}{R^W_{t+1}}R_{t+1}\right)\Leftrightarrow 1=E\left(\frac{1}{R^W_{t+1}}R_{t+1}\right)$$

但是, 这使得额外预测被拒绝, 我们将在下面详细说明。此外, 当线性化对数效用 CAPM 时, 所有系数将随时间变化。

总之, 不同假设有不同的答案。CAPM 能否被更加细致的条件信息处理, 仍然是一个实证问题。

CAPM 可以为期权定价吗?

读者或许听说过: CAPM 并不是用来为衍生证券定价的。这种说法也取决于人们的推测。二次效用 CAPM 和对数效用 CAPM 应适用于所有报酬: 股票、债券、期权、或有求偿权等。Rubinstein (1976) 表明, 对数效用 CAPM 推导出了布莱克-斯科尔斯期权定价公式。但是, 如果假设在离散时间内用正态收益分布获得线性 CAPM, 就不能对期权定价, 因为期权收益是非正态分布的。即使常规收益的正态分布也是值得怀疑的。通过这些推导, 可以看到理论在这一点上并不是决定性的。

为什么线性化?

为什么要对模型线性化? 为什么取对数效用模型 $m=1/R^W$ (该模型可以为任何资产定价), 把它变成 $m_{t+1}=a_t+b_tR^W_{t+1}$, 从而失去了清洁条

件约束的性质，不能为非正态分布的收益定价，且必须应用于短期？这些
技巧是很难在估计非线性模型时应用的。如何通过回归来估计 β 和 λ 是清
楚明白的，但估计非线性模型是困难的。现在，GMM 使非线性模型的估
计和评价变得容易。因此，线性化不再那么重要了。如果非线性模型做出
了重要的预测或简化，而这些预测或简化是在线性化过程中丢失的，那么
就没有理由丢失这些特征。

财富投资组合如何？

对数效用的推导说明了财富投资组合的概念有多广泛。要拥有消费流
的一部分，不仅要拥有所有的股票，还要拥有所有的债券、房地产、私人
资本、公共资本（道路、公园等）和人力资本。显然，CAPM 对于像纽
约证券交易所价值加权投资组合等常见代理人来说是防御能力很差。由于
很容易找到任意资产子集（如股票）的事后均值-方差有效投资组合，所
以认真对待这一理论是我们防止捕鱼行为的唯一措施。

基于隐含消费的模型

许多替代模型显然是出于这种想法，即不管消费衡量得有多好，基于
消费的模型都不起作用。这种观点并非毫无根据，或许交易成本与消费和
资产收益脱钩的频率很高，且总消费背后的完美风险分担似乎一直很
极端。

然而，推导表明 CAPM 和 ICAPM 并不是基于消费的模型的替代品，
它们是该模型的特例。在任何情况下，$m_{t+1} = \beta u'(c_{t+1})/u'(c_t)$ 依然起作
用。我们只能增加假设用其他变量替代 c_t，不能因为基于消费的模型是错
误的，就采用 CAPM。如果基于消费的模型从根本上就是错误的，那么替
代因子模型的经济合理性也会消失。

既然有了这些推论，那么因子模型唯一一致的动机就是相信消费数据
不是令人满意的。虽然资产收益数据衡量得很好，但标准普尔 500 指数或
其他投资组合收益能否很好地衡量总财富收益并不明显。Chen，Roll and
Ross（1986）等人使用的"宏观因子"是他们想要测量的数量的替代变
量，而基于代理其他的 NIPA 总量（投资、产出等）的宏观因子也遇到了
与总消费相同的计量问题。

在很大程度上，基于消费的模型的 CAPM 和 ICAPM 的"更好表现"
源于抛弃模型内容。再者，在任何 CAPM 和 ICAPM 中都存在 $m_{t+1} = \delta u'(c_{t+1})/u'(c_t)$。CAPM 和 ICAPM 确实对消费数据进行了预测，但这

些预测是非常不可信的，不仅包括总体消费数据，而且包括任何想象的完美测量的个人消费数据。

例如，对数效用 CAPM 预测

$$R_{t+1}^W = \frac{1}{\beta} \frac{c_{t+1}}{c_t} \tag{9.16}$$

式（9.16）表明，财富投资组合收益的标准差等于消费增长的标准差。股票收益的标准差约为 16%，而消费增长的标准差仅为 1%，难以想象完美衡量的消费变化幅度竟相差 16 倍多。

更糟糕的是，式（9.16）将消费与事前和事后收益联系起来。当消费较高时，财富投资组合的事后收益也较高。这在任何情况下都是成立的：如果股票在 12：00 到 1：00 之间上涨，那一定是因为（平均而言）我们都决定吃一顿丰盛的午餐。这看起来很荒谬。总消费和资产收益脱钩的频率可能很高，但有多高（按季度来说？）以及脱钩的机制是什么才是需要回答的重要问题。在任何情况下，这都是刚刚抛出的对数效用 CAPM 的另一个含义。

所有的模型都会做出进一步的预测，包括因子风险溢价 λ 的大小、无风险利率的大小，或者对价格（p/c = 对数效用 CAPM 的常数）的预测，这些预测通常在"检验"时被忽略。

总之，基于消费的模型的糟糕表现是一个值得深思的问题，而不仅仅是一个可以完全无视并继续经营的死胡同或失败尝试。

状态变量的识别

ICAPM 并没有告诉我们状态变量 z_t 的识别，许多作者将 ICAPM 作为一个强制性的引证，并介绍了如何使用由特定投资组合构成的因子，这导致 Fama（1991）将 ICAPM 定义为"捕鱼许可证"。ICAPM 确实不是很宽泛的许可证。因子模拟投资组合实际上是在报酬空间上一些可识别状态变量的投影，对于一个明确声明的优化问题来说，我们可以做很多工作来确保候选状态变量是真实可信的。例如，投资机会集状态变量确实可以预测一些事情。捕鱼许可证既来自理论应用的习惯，也来自理论本身。

另一方面，实证研究的惯例可能是健康的。CAPM 和多因子模型的建立显然是人为的，其核心地位的确立实际上来自一连串的成功实证，而不是来自纯粹的理论。也许研究人员明智地选择了那些程式化的量化含义。

投资组合直觉和衰退状态变量

现在推导出了基于消费的模型的实例，以及用折现因子替代消费的技巧。对于多因子模型，更传统的投资组合方法提供了很多有用的直觉，这有助于解释为什么 CAPM 和后续因子模型如此引人注目，尽管这些形式化的推导是人为的。传统直觉认为，过去的消费取决于收入或消息的来源。

现在，从投资组合 R^W 开始，尝试更改投资组合——为 ε 增加更多的 R^i 和减少 R^f。这一修正将投资组合的平均收益提高了 $\varepsilon E(R^i - R^f)$。这种变化也提高了投资组合收益的方差

$$\sigma^2(R^W + \varepsilon(R^i - R^f)) = \sigma^2(R^W) + 2\varepsilon\operatorname{cov}(R^W, R^i) + \varepsilon^2\operatorname{var}(R^i)$$

因此，对于小的 ε（实际上是在这里取一个导数），这个修正使投资组合方差提高了 $2\varepsilon\operatorname{cov}(R^W, R^i)$。

这是核心观点。R^i 与 R^W 的协方差（或 β）衡量 R^i 的边际增长对投资组合方差的影响程度。这里强调投资组合方差。现代资产定价始于我们意识到投资者关心的是投资组合的收益，而不是特定资产的选择行为。

投资组合变动的收益是增加的投资组合平均收益 $\varepsilon E(R^i - R^f)$，变动的成本是增加的投资组合方差 $2\varepsilon\operatorname{cov}(R^W, R^i)$。在最佳的情况下，每项资产的成本收益权衡必须相同。因此，平均超额收益必须与投资者的投资组合收益的协方差或 β 成正比。

ICAPM 增加了长期投资的视野和随时间变化的投资机会。当有消息称未来收益较低时，一个有长远眼光（效用曲线比对数曲线更为弯曲）的投资者会感到不高兴，因为他的长期财富或消费将降低。因此，他会选择在此类消息中表现良好的股票，以对冲再投资风险。投资者对这类股票的需求增加，就会提高它们的价格，降低给定市场 β 的预期收益。因此，均衡预期收益取决于与未来收益的协变，以及与当前市场收益的协变。ICAPM 在理论上搁置了 20 年，主要是因为它花了很长时间积累实证证据，以证明收益实际上是可预测的。

目前大多数理论和实证工作在引用 ICAPM 的同时，实际上考虑了其他风险因子的另一个来源：投资者有工作，或者他们拥有房屋和小企业的股份。CAPM 和 ICAPM 通过假设拥有财富的纯粹的（退休的）投资者将其财富全部投资于股票或债券来简化问题。或者，这些模型假定休闲和消费是可分离的，包括劳动收入在内的所有收入来源都对应于可交易证券。

因此，CAPM 模型中的唯一风险是市场收益，而 ICAPM 模型中唯一的状态变量是预测未来市场收益的状态变量。

　　有工作的人更喜欢在经济衰退时不下跌的股票。他们对这类股票的需求推高了价格，并降低了预期收益。因此，预期收益可能取决于额外的 β，包括劳动力市场状况、房屋价值、小企业财富或其他非市场化资产。然而，这些状态变量不需要预测任何交易资产的收益，这不是 ICAPM。许多当前的实证工作似乎朝着"窘迫""衰退"等状态变量的方向发展。然而，没有什么著名的论文或名字可以引用这个观点，也许是因为在这一点上，它的理论内容是如此明显。

　　这些额外的因子对普通投资者的影响至关重要。如果一个事件使投资者 A 的境况更糟，投资者 B 的境况更好，那么投资者 A 购买事件发生时表现良好的资产，而投资者 B 出售这些资产。他们的行为转移了事件的风险，但资产的价格或预期收益不受影响。对于一个影响价格或预期收益的因子，普通投资者肯定受到它的影响。我们应该预料到许多因子，如收益的协同变动不会带来风险价格。行业投资组合似乎是一个例子；行业一起变动，但一旦控制了其他的 β，平均收益就不会因行业而变化。

　　如你所见，这种传统的直觉被消费或更普遍的边际效用包含。糟糕的劳动力市场结果或者未来收益的坏消息提高了财富的边际效用，使之等于消费的边际效用。基于消费的模型的承诺是，它会给我们一个单一的指标来捕捉所有一般均衡决定因素。理论上是存在的，但在实证实践中还没有证明。

9.4　套利定价理论（APT）

　　APT：如果一组资产收益是由线性因子模型产生的

$$R^i = E(R^i) + \sum_{j=1}^{N} \beta_{ij} \widetilde{f}_j + \varepsilon^i$$

$$E(\varepsilon^i) = E(\varepsilon^i \widetilde{f}_j) = 0$$

那么（在附加假设的情况下）因子 $m = a + b'f$ 中有一个线性折现因子 m，它可以为收益定价。

APT 是由 Ross（1976a）提出的，始于统计特征。股票收益有一个巨大的共有成分：当市场指数上涨时，大多数股票也会上涨。在市场之外，成组的股票协同变动，例如，计算机股票、公用事业股票、小型企业股票、价值股票等。最后，每只股票的收益都有一些完全不同的运动。这是实现收益、结果或报酬的表征。APT 的要点是从结果的统计特征开始，得出预期收益或价格。

APT 背后的直觉是，资产收益的完全特殊变动不应包含任何风险价格，因为投资者可以通过持有投资组合分散特殊收益。因此，一种证券的风险价格或预期收益应该只与该证券的共同组成成分或"因子"的协方差有关。

这部分工作是：（1）描述股票协同变动趋势的数学模型，从而定义"因子"和剩余的特殊成分；（2）仔细考虑特殊成分的零（或小）风险价格，因此，只有共同组成成分才对资产定价有意义。

第二项有两个要点：（1）如果没有残差，可以通过套利（实际上是根据一价定律）从这些因子中为证券定价。或许可以扩展这个逻辑，证明如果残差很小，它们的风险价格一定很小。（2）如果投资者都持有多样化的投资组合，那么只有这些因子的变化才能驱动消费，从而产生边际效用。

APT 最初的大部分吸引力来自第一个要点，即在没有 CAPM，ICAPM 所需的经济结构或基于消费的模型的任何其他模型下，可以推导出定价的含义。在这一节中，我们将首先尝试能在多大程度上得到纯粹的一价定律。我们得出的结论是这并不麻烦，APT 最令人满意的论点是必须依赖于一些经济限制。

协方差矩阵中的因子结构

> 定义和检验因子分解
> $$x^i = a_i + \beta_i' f + \varepsilon^i, \quad E(\varepsilon^i) = 0, \quad E(f\varepsilon^i) = 0$$
> 因子分解等价于对报酬协方差矩阵的限制。

APT 通过统计因子分解，对资产报酬（收益）协同变动的趋势进行建模。

$$x^i = a_i + \sum_{j=1}^{M} \beta_{ij} f_j + \varepsilon^i = a_i + \beta_i' f + \varepsilon^i \tag{9.17}$$

式中，f_j 是因子；β_{ij} 是 β 或因子载荷；ε^i 是残差。像往常一样，用没有下标的字母来表示向量，例如 $f = [f_1 f_2 \cdots f_K]'$。折现因子 m、$m = b'f$ 中的定价因子 f 以及收益的因子分解（或因子结构）与"因子"一词完全无关。APT 通常是用 $x^i =$ 收益来表示，但用价格和报酬来表示会更容易理解。

将因子均值折成第一常数因子，并用零均值因子 $\widetilde{f} \equiv f - E(f)$ 进行因子分解，是一种方便且传统的简化方法。

$$x^i = E(x^i) + \sum_{j=1}^{M} \beta_{ij} \widetilde{f}_j + \varepsilon^i \tag{9.18}$$

记住，$E(x^i)$ 仍然只是一个统计特征，而不是一个模型的预测。

我们可以以将因子分解构造为一个回归方程，将 β_{ij} 定义为回归系数，则 ε_i 与因子结构不相关。

$$E(\varepsilon^i) = 0; \quad E(\varepsilon_i \widetilde{f}_j) = 0$$

式（9.18）不能描述任意一组报酬的假设，就是假设 ε^i 彼此不相关。

$$E(\varepsilon^i \varepsilon^j) = 0$$

（更一般的模型允许残差之间有一些有限的相关性，但基本的原理是相同的。）

因此，因子结构是对报酬的协方差矩阵的限制。例如，如果只有一个因子，那么

$$\begin{aligned}
\mathrm{cov}(x^i, x^j) &= E[(\beta_i \widetilde{f} + \varepsilon^i)(\beta_j \widetilde{f} + \varepsilon^j)] \\
&= \beta_i \beta_j \sigma^2(f) + \begin{cases} \sigma^2_{\varepsilon^i} & \text{如果 } i = j \\ 0 & \text{如果 } i \neq j \end{cases}
\end{aligned}$$

因此，在 $N =$ 证券数量的情况下，方差-协方差矩阵的 $N(N-1)/2$ 个元素由 N 个 β 和 $N+1$ 个方差来描述。同一模型的向量版本是

$$\mathrm{cov}(x, x') = \beta\beta' \sigma^2(f) + \begin{bmatrix} \sigma_1^2 & 0 & 0 \\ 0 & \sigma_2^2 & 0 \\ 0 & 0 & \ddots \end{bmatrix}$$

利用多个（正交）因子，得到

$$\mathrm{cov}(x, x') = \beta_1 \beta_1' \sigma^2(f_1) + \beta_2 \beta_2' \sigma^2(f_2) + \cdots + (\text{对角矩阵})$$

在所有这些情况下，我们将协方差矩阵描述为一个奇异矩阵 $\beta\beta'$（或一些这样的奇异矩阵的和）加上一个对角矩阵。

如果提前知道要使用的因子，比如市场（价值加权投资组合）和行业投资组合，或者规模和账面/市场投资组合，那么我们就可以通过运行回归来估计因子结构。然而，在通常情况下，我们无法提前知道因子投资组合的特征。在这种情况下，我们不得不使用因子分析（这就是"因子"一词的来源）下的几种统计方法之一来快速估计因子模型。通过对协方差矩阵进行特征值分解，然后将小特征值设置为零，可以快速估计因子结构。

精确的因子定价

无误差项

$$x^i = E(x^i)1 + \beta_i'\widetilde{f}$$

意味着

$$p(x^i) = E(x^i)p(1) + \beta_i'p(\widetilde{f})$$

因此

$$m = a + b'f, \quad p(x^i) = E(mx^i), \quad E(R^i) = R^f + \beta_i'\lambda$$

仅使用了一价定律。

假设没有特定项 ε^i。这称为精确因子模型。现在再来看因子分解

$$x^i = E(x^i)1 + \beta_i'\widetilde{f} \tag{9.19}$$

它开始于统计分解。但它也表示，收益 x^i 可以综合为一个投资组合的因子和一个常数（无风险报酬）。因此，x^i 的价格只能取决于因子 f 的价格

$$p(x^i) = E(x^i)p(1) + \beta_i'p(\widetilde{f}) \tag{9.20}$$

一价定律假设允许你同时考虑左右两侧的价格。

如果这些因子是收益，那么它们的价格是 1。如果这些因子不是收益，那么它们的价格是自由参数，我们可以选择这些参数使模型尽可能地拟合。由于因子比报酬少，这个过程并不空洞。

这确实可以做到，但是 APT 通常是这样表述的："f 中存在一个线性折现因子，其为收益 R^i 定价"，或者"存在一个以 f 为因子的预期收益-β

表达式"。因此，我们应该花点时间来说明价格之间十分明显的关系相当于折价系数和预期收益之间的关系。

假设只有一价定律，我们知道因子中的 m 线性折现因子会对这些因子进行定价。通常将其称为 x^*，但在这里称为 f^* 是想提醒我们，它为这些因子定价。如果折现因子为因子定价，它必须对因子的任意组合进行定价，因此在遵循因子结构式（9.19）的条件下，f^* 为所有报酬 x^i 定价。要明白这一点，表示 $\hat{f}=[1\hat{f}]'$ 的因子包括常数。与 x^* 一样，$f^*=p(\hat{f})'$ $E(\hat{f}\hat{f}')^{-1}\hat{f}=a+b'f$ 满足 $p(\hat{f})=E(f^*\hat{f})$ 和 $p(1)=E(f^*)$。

现在我们可以使用第 6 章中两个表达式之间的关系，从因子中的线性的 m 到预期收益-β 模型。但还有一个更直接联系。从式（9.20）开始，专用于收益 $x^i=R^i$ 和 $p(R^i)=1$。使用 $p(1)=1/R^f$，并求得预期收益

$$E(R^i)=R^f+\beta_i'[-R^fp(\tilde{f})]=R^f+\beta_i'\lambda$$

最后一个公式定义了 λ。预期收益在 β 中是线性的，常数（λ）与因子的价格有关。这与在第 6 章中得出的 $m=b'f$ 与预期收益-β 模型有关的 λ 的定义相同。

用一价定律近似 APT

当误差是"小的"、市场是"大的"时，尝试将精确因子定价模型扩展到近似因子定价模型，而仍然只使用一价定律。

对于固定的 m，APT 随着 R^2 或资产数量的增加而变得越来越好。

然而，对于任何一个固定的 R^2 或市场规模，APT 都是特别糟糕的。

这些观察结果意味着必须超越一价定律来推导因子定价模型。

实际收益并不显示确切的因子结构。存在一些特殊或剩余风险，我们不能准确地用几个大因子构成的投资组合来复制给定股票的收益。然而，特殊风险通常很小。例如，特别是当投资组合而非单只证券位于左侧时，式（9.17）的因子模型回归中的 R^2 通常很高。剩余风险仍然具有特殊性：即使它们是单只证券方差的很大一部分，它们也应该对多样化投资组合具有一些小的贡献。因此，我们有理由希望 APT 大致持有，尤其是对于规模相当大的投资组合。当然，如果残差是"很小的"或"特殊的"，资产的价格不可能与其因子含量预测的价格"相差太大"？

想一想这些问题，从一个因子结构开始，但这次加入一个残差

$$x^i = E(x^i)1 + \beta_i'\hat{f} + \varepsilon^i$$

再次考虑双方的价格

$$p(x^i) = E(x^i)p(1) + \beta_i'p(\tilde{f}) + E(m\varepsilon^i)$$

现在，对于残差 $p(\varepsilon^i) = E(m\varepsilon^i)$ 的价格，你能说出些什么呢？

图 9.1 说明了这种情况。这些因子的投资组合跨越了一个报酬空间，即图中从原点到 $\beta_i'f$ 的直线。我们希望得到的价格 x^i 不在这个空间中，因为残差 ε^i 不为零。f 报酬空间中的一个折现因子 f^* 为这些因子进行定价。为这些因子定价的所有折现因子集是垂直于 f^* 的 m 线。因为它是回归残差，特别是与 f^* 正交，$E(f^*\varepsilon^i) = 0$，所以残差 ε^i 与因子空间正交。这意味着 f^* 将残差赋值为零。但 m 线上的其他折现因子与 ε^i 不正交，因此残差 ε^i 的价格非零。当沿着为 f 定价的折现因子 m 的线扫过时，实际上是为残差生成了从 $-\infty$ 到 ∞ 的价格。因此，一价定律并没有确定残差 ε^i 的价格，因此不确定 x^i 的价格或预期收益。

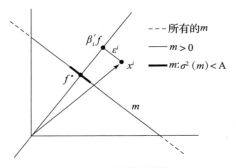

图 9.1　近似套利定价

限制性论据

我们想证明 x^i 的价格必须"接近" $\beta_i'f$ 的价格。"接近"的概念是指在某种适当的极限下，x^i 的价格收敛到 $\beta_i'f$ 的价格。"极限"当然意味着，可以通过在极限方向上走足够远来获得任意准确的精度（对于每一个 $\varepsilon > 0$，都有一个 δ）。因此，建立极限结果是论证近似的一种方法。

这里有一个定理，似乎暗示着 APT 应该是很好的近似，投资组合，因为它具有高 R^2 的因子。本节陈述了在有常数因子的情况下，常数在 f

空间中并且 $E(\varepsilon^i)=0$。同样的想法也适用于不太常见的情况，即没有常数因子时，使用二阶矩替代方差。

定理：确定一个折现因子 m 来为因子定价。然后，随着 $\mathrm{var}(\varepsilon^i)\to 0$，$p(x^i)\to p(\beta_i'f)$。

这是最容易观察到的，只要看看图表。$E(\varepsilon^i)=0$，所以 $\mathrm{var}(\varepsilon^i)=E(\varepsilon^{i2})=\|\varepsilon^i\|^2$。因此，当图 9.1 中的 ε^i 向量变小时，x^i 越来越接近 $\beta_i'f$。对于任何固定的 m，诱导定价函数（垂直于所选的 m 的线）是连续的。因此，当 x^i 越来越接近 $\beta_i'f$ 时，它的价格越来越接近 $p(\beta_i'f)$。

因子模型以回归的方式定义，所以

$$\mathrm{var}(x^i)=\mathrm{var}(\beta_i'f)+\mathrm{var}(\varepsilon^i)$$

因此，残差的方差与回归 R^2 有关。

$$\frac{\mathrm{var}(\varepsilon^i)}{\mathrm{var}(x^i)}=1-R^2$$

这个定理说明随着 $R^2\to 1$，残差的价格趋近于 0。

我们希望风险具有特殊性这一事实与因子定价之间存在某种联系。即使特殊风险占当前报酬的很大一部分，它们也是多样化投资组合的一小部分。下一个定理表明，具有高 R^2 的投资组合不一定是偶然出现的，多样化投资组合将始终具有这一特征。

定理：随着原始资产数量的增加，多样化投资组合的 R^2 增加到 1。

证明：从一个同等权重的投资组合开始

$$x^p=\frac{1}{N}\sum_{i=1}^{N}x^i$$

回到每一项资产 x^i 的因子分解式（9.17），x^p 的因子分解是

$$x^p=\frac{1}{N}\sum_{i=1}^{N}(a_i+\beta_i'f+\varepsilon^i)=\frac{1}{N}\sum_{i=1}^{N}a_i+\frac{1}{N}\sum_{i=1}^{N}\beta_i'f+\frac{1}{N}\sum_{i=1}^{N}\varepsilon^i$$
$$=a^p+\beta_p'f+\varepsilon^p$$

最后一个公式定义了符号 α^p，β_p，ε^p。但是

$$\mathrm{var}(\varepsilon^p)=\mathrm{var}\left(\frac{1}{N}\sum_{i=1}^{N}\varepsilon^i\right)$$

只要 ε^i 的方差是有界的，并且给定因子假设 $E(\varepsilon^i\varepsilon^j)=0$

$$\lim_{N \to \infty} \mathrm{var}(\varepsilon^p) = 0$$

显然，只要投资组合对所有新资产都分配一定的权重，也就是说，只要投资组合"多样化程度高"，同样的想法就会出现。

这两个定理可以解释为，APT 对于自然具有高 R^2 的投资组合或在足够大的市场中多样化程度高的投资组合都近似成立（ChamberLain and Rothschild（1983）是一个经典的处理方法。）我们只使用了一价定律。

一价定律论证失败

现在，我们为这些结果泼些冷水。确定了 m 后，让其他的变量取极限。另一方面是对于任何非零残差 ε^i，其不管有多小，我们都可以选择一个折现因子 m 来为这些因子定价并将任意价格赋给 x^i！在数学中，"所有"和"存在"的顺序非常重要。

定理：对于任意非零残差 ε^i，都有一个折现因子，它对因子 f 进行定价（与一价定律一致），并且将在 $(-\infty, \infty)$ 中的任意期望价格赋给报酬 x^i。

只要 $\| \varepsilon^i \| > 0$，当我们沿着图 9.1 的虚线扫过 m 时，ε^i 和 x^i 的内积 m 则在 $-\infty$ 到 ∞ 内变化。因此，对于给定的 $R^2 < 1$，或给定的有限市场，一价定律对不完全遵循因子结构的报酬价格毫无意义。一价定律认为，构造相同投资组合的两种方法必须给出相同的价格。如果残差不完全为零，就无法从这些因子中复制报酬 x^i，也无法从这些因子的价格推断出 x^i 的价格。

我们认为这个定理和上一小节的对比解释了大部分关于 APT 的巨大理论争议（如 Shanken（1985）、Dybvig and Ross（1985））。如果确定 m 并取 N 或 ε 的极限，APT 就会变得非常好。但是如果确定 N 或 ε，如像在任意应用中一样，当你寻找可能的 m 时，APT 可能会变得非常糟糕。

我们学到的教训是，仅仅使用一价定律将价格从一组原始证券（在本例中为 f）扩展到并不完全由原始证券集合所构成的新报酬的努力是注定要失败的。为扩展定价函数，我们需要添加一些超出一价定律的限制。

超越一价定律：套利和夏普比率

> 如果我们对一价定律和折现因子的波动施加一个限制，或等价地对由因子和测试资产的投资组合所得到的夏普比率施加一个限制，我们就可以找到一个表现良好的近似 APT。

因为我们总是可以选择一个足够远的"折现因子"来为任意小的残差产生任意大的价格，所以基于一价定律的近似 APT 失败了。但是，这些折现因子肯定是"不合理的"。当然，我们可以重新建立近似 APT，而不必跳转到完全指定的折现因子模型，如 CAPM 或基于消费的模型。

很自然的第一个想法是施加无套利限制，即 m 必须是正的。从图形上看，现在仅限于图 9.1 中的实线 m。由于这条线只延伸了有限的量，从而使 ε^i 和 x^i 的价格产生有限的上、下套利边界。（套利边界一词来自期权定价，我们将在这一背景下再次看到这些思想。如果这一思想奏效，它将使 APT 恢复为"套利定价"而不是"一价定律"。）

在 APT 的应用中（通常在期权定价中），套利边界太宽没有太多用处。正折现因子限制相当于说"如果在每个自然状态下，投资组合 A 的报酬都高于投资组合 B，那么 A 的价格必须高于 B 的价格"。因为股票收益和因子是连续分布的，而不是如图 9.1 所示的两态分布，所以在通常情况下没有严格控制投资组合，因此添加 $m>0$ 没有帮助。

第二个限制使我们得到近似 APT，它在 $R^2<1$ 的有限市场中是有用的。我们可以限制方差，从而限制折现因子的大小（$\|m\|=E(m^2)$）。图 9.1 包括具有有限方差、大小或长度的折现因子图。折现因子的限制范围产生了 x^i 价格的限制范围。根据因子价格，折现因子的限制范围给出了 x^i 的价格上限和价格下限。确切地说，上下限解决了这个问题。

$$\min_{\{m\}}(\text{or } \max_{\{m\}})\, p(x^i)=E(mx^j)$$
$$\text{s. t.}\quad E(mf)=p(f),\quad m\geqslant 0,\quad \sigma^2(m)\leqslant A$$

限制折现因子方差与限制因子和 x^i 的投资组合相关的最大夏普比率（超额收益的均值/标准差）相同。回想一下第 1 章

$$\frac{E(R^e)}{\sigma(R^e)}\leqslant\frac{\sigma(m)}{E(m)}$$

尽管夏普比率或折现因子波动率的界限不是完全无偏好的概念，但它所施加的结构显然比 CAPM 或 ICAPM 要少得多，后者本质上是完全一般均衡模型。虽然在仅仅从一价定律推导 APT 的失败努力下，这一建议似乎已经从文献中消失了，但是 Ross（1976a）在他最初的 APT 论文中包含了这一建议。Ross 指出，偏离因子定价可能会提供非常高的夏普比率机会，这似乎不可信但并不违反一价定律。Saá-Requejo and Cochrane（2000）将这种观点称为"良好交易"定价，作为"套利定价"的延伸。限制 $\sigma(m)$

排除了"良好交易"和纯套利机会。

对折现因子波动率或夏普比率 A 施加了限制，那么 APT 限制确实会起作用并且不依赖于"所有"和"存在"的顺序。

定理：因为 $\varepsilon^i \to 0$ 和 $r^2 \to 1$，满足 $E(mf)=p(f)$，$m \geqslant 0$，$\sigma^2(m) \leqslant A$ 的任意折现因子 m 所分配的价格 $p(x^i)$ 趋向于 $p(\beta_i'f)$。

9.5　APT 与 ICAPM

> 收益协方差中的因子结构或因子收益回归中的高 R^2 可以暗示因子定价（APT），但因子可以在不描述其协方差矩阵（ICAPM）的情况下对收益定价。
>
> 对因子的不同激励。
>
> 绝对定价的消失。

APT 和 ICAPM 的概念经常被混淆。因子结构可以暗示因子定价（APT），但因子定价不需要因子结构。在 ICAPM 中，没有假设定价模型 $m=b'f$ 中的因子 f 描述收益的协方差矩阵。这些因子不一定是正交的，也不一定是独立同分布的。因子收益的时间序列回归中高 R^2 可能意味着因子定价（APT），但同样不是必要的（ICAPM）。因子收益的回归在 ICAPM 中可能具有较低的 R^2。行业等因素可能会描述大部分收益的方差，但无法对解释平均收益有所帮助。

在实证工作中，APT 和 ICAPM 最大的区别在于对因子的激励。APT 建议先对收益的协方差矩阵进行统计分析，找出具有协同变动特征的投资组合。ICAPM 建议先考虑描述未来资产收益条件分布的状态变量。更一般地说，用边际效用增长来替代宏观经济指标，特别是对非资产收入冲击的指标。

因子定价模型的推导，特别是近似一价定律基础与边际效用基础之间的差别似乎对实践没有多大影响。在实践中，我们只是检验模型 $m=b'f$，不必担心派生。这一观点的最好证据在于著名论文的介绍。Chen, Roll and Ross（1986）描述了最早流行的多因子模型之一，将工业生产和通货膨胀作为一些主要因子。他们甚至不呈现测试资产收益的因子分解或时间序列回归。读者很可能将该论文归类为宏观经济因子模型或 ICAPM，但他们称其为 APT。Fama and French（1993）描述了当时最流行的多因子模型，他们将其描述为 ICAPM，其中的因子代表了状态变量。但这些因子是按规模和账面/市场分类的资产投资组合，就像测试资产一样。时间序列 R^2 都在 90% 以上，而且大部分解释都涉及这些因子捕获的测试资产的协同变动。读者很可能会将该模型归类为更接近 APT 的模型。

在前言中，本书区分了相对定价和绝对定价。在前者中，根据其他证券的价格对每种证券定价；而在后者中，根据风险的基本来源对每种证券定价。因子定价的有趣之处在于，它们从一个很好的绝对定价模型（基于消费的模型）开始，抛出足够的信息，最终形成相对模型。在给定的市场中 CAPM 为 R^i 定价，但是抛弃了基于消费的模型对市场收益来源的描述。尽管推导结果表明 CAPM 应作为绝对模型为任意资产定价，但每个人都知道，最好不要对期权数据等进行检验。APT 是一个真正的相对定价模型。它假装只是把因子投资组合的价格扩展到"附近"的证券。

第2部分

资产定价模型的估计与评价

将资产定价模型引入数据的首要任务是估计自由参数：$m = \beta(c_{t+1}/c_t)^{-\gamma}$ 中的 β 和 γ，或 $m = b'f$ 中的 b。然后再评估这个模型。它是不是个好模型？另一种模型会更好吗？

统计分析通过提供数字的分布理论，如我们从数据中创建的参数估计来帮助我们评估模型。分布理论遵循以下思想：假设我们从统计模型中迭代生成人工数据。例如，我们可以指定市场收益是独立同分布正态随机变量，并且一组股票收益由 $R_t^{ei} = \alpha_i + \beta_i R_t^{em} + \epsilon_t^i$ 生成。在选取了市场收益的均值和方差以及 α_i，β_i，$\sigma^2(\epsilon^i)$ 的值后，可以要求计算机模拟许多人工数据集。我们可以在每个人工数据集中重复统计过程，并绘制从实际数据中估计的任何统计分布图，即它在人工数据集中呈现任何特定值的频率。

特别是我们对估计参数的分布理论很感兴趣，这样就能知道数据对它们的价值有多大的影响；就定价误差而言，这有助于我们判断观察到的定价误差是由于某个特殊历史事件，还是表明模型的失败。我们还希望生成用于比较一个模型与另一个模型的统计分布，或提供其他有意义的证据，以判断有多少样本影响计算。

在这一部分讨论的统计方法达到了这些目的。它们提供了估计自由参数的方法，以及这些参数的分布理论，并且提供了可以用来评估模型的统计分布，通常是 $\hat{\alpha}' V^{-1} \hat{\alpha}$ 形式的二次型定价误差。

首先关注 GMM 方法。GMM 方法是资产定价理论中折现因子公式的自然拟合，因为我们只使用样本矩来代替总体矩。正如你所见，没有奇异的"GMM 估计和检验"。GMM 是一个大画布和一大套颜料、画笔，是一个灵活的工具，可以对数据执行各种合理（除非你很小心，否则就不那么合理）的操作。然后考虑传统回归检验、自然配对的因子模型的预期收益-β 检验以及它们的最大似然形式化。正如我强调了 $p = E(mx)$、预期收益-β 模型和均值-方差边界之间的相似性一样，我强调这三种方法之间存在基本相似性。因为对比了模型的 $p = E(mx)$ 和 β 或均值-方差表达式，所以最后一章强调了这些方法之间的一些差异。

第 **10** 章

显式折现因子模型中的 GMM

GMM 方法的基本思想非常简单。资产定价模型预测

$$E(p_t) = E[m(\text{数据}_{t+1}, \text{参数})x_{t+1}] \tag{10.1}$$

检查这种预测最自然的方法是检查样本均值，即计算

$$\frac{1}{T}\sum_{t=1}^{T} p_t \quad \text{和} \quad \frac{I}{T}\sum_{t=1}^{T}[m(\text{数据}_{t+1}, \text{参数})x_{t+1}] \tag{10.2}$$

GMM 通过使式（10.2）中的样本均值尽可能接近来估计参数。在评估一个模型之前，选择能给它最好机会的参数似乎是很自然的。然后 GMM 提出了估计值的分布理论。这个分布理论是对统计学中最简单的运用的概括：样本均值的分布。然后，它建议我们通过观察价格和折现报酬的样本均值之间的接近程度来评估模型，或者通过观察定价误差来等效地评估模型。GMM 对总体均值实际上为零的假设进行了统计检验。

10.1　方　法

定义：

$$u_{t+1}(b) \equiv m_{t+1}(b)x_{t+1} - p_t$$

$$g_T(b) \equiv E_T[u_t(b)]$$

$$S \equiv \sum_{j=-\infty}^{\infty} E[u_t(b)u_{t-j}(b)']$$

GMM 估计:

$$\hat{b}_2 = \mathrm{argmin}_b g_T(b)' \hat{S}^{-1} g_T(b)$$

标准误差:

$$\mathrm{var}(\hat{b}_2) = \frac{1}{T}(d'S^{-1}d)^{-1}; \quad d \equiv \frac{\partial g_T(b)}{\partial b}$$

模型检验("过度识别限制"):

$$TJ_T = T \min[g_T(b)'S^{-1}g_T(b)] \sim \chi^2 (矩的数目-参数的数目)$$

在显式折现因子模型(如基于消费的模型)的背景下,开始讨论 GMM 是最容易的。本章稍后将讨论线性因子模型的特殊结构。首先从 Hansen and Singleton(1982)给出的基本经典方法开始。

折现因子模型包含一些未知的参数和数据,所以我写成 $m_{t+1}(b)$ 以提醒读者这是很重要的。例如,如果 $m_{t+1} = \beta(c_{t+1}/c_t)^{-\gamma}$,则 $b \equiv [\beta \gamma]'$。当区分估计值与其他值很重要时,我用 $\hat{b}$ 来表示估计值。

任何资产定价模型都意味着

$$E(p_t) = E[m_{t+1}(b)x_{t+1}] \tag{10.3}$$

以 $E(\cdot) = 0$ 的形式写这个公式是最容易的。

$$E[m_{t+1}(b)x_{t+1} - p_t] = 0 \tag{10.4}$$

式中,x 和 p 是典型的向量,我们通常检查 m 的模型是否可以同时为多个资产定价。式(10.4)通常称为矩条件。

可以方便地将误差 $u_t(b)$ 定义为其均值应为零的对象。

$$u_{t+1}(b) = m_{t+1}(b)x_{t+1} - p_t$$

给定参数 b 的值,可以在 u_t 上构造一个时间序列,并查看其均值。

当参数向量在大小为 T 的样本中为 b 时,将 $g_T(b)$ 定义为 u_t 误差的样本均值:

$$g_T(b) \equiv \frac{1}{T}\sum_{t=1}^{T} u_t(b) = E_T[u_t(b)] = E_T[m_{t+1}(b)x_{t+1} - p_t]$$

第二个公式为样本均值引入了简便符号 E_T:

$$E_T(\cdot) = \frac{1}{T} \sum_{t=1}^{T}(\cdot)$$

（将这些估计值表示为 $\hat{E}$ 和 $\hat{g}$ 可能更有意义。然而，Hansen 的 T 下标符号使用非常普遍，这样做会造成更多的混乱，而不是解决更多的问题。）

b 的第一阶段估计使误差的样本均值的二次型最小化。

$$\hat{b}_1 = \operatorname{argmin}_{(b)} g_T(b)' W g_T(b)$$

对于任意矩阵 W（通常 $W = I$）。这个估计是一致的和渐近正态的。正如在下面解释的那样，读者应该经常在这里进行复习回顾。

使用 $\hat{b}_1$，估计 $\hat{S}$

$$S \equiv \sum_{j=-\infty}^{\infty} E\left[u_t(b)u_{t-j}(b)'\right] \tag{10.5}$$

（下面将讨论该估计的各种解释和构造方法。）使用二次型的矩阵 $\hat{S}$ 形成第二阶段的估计 $\hat{b}_2$，

$$\hat{b}_2 = \operatorname{argmin}_b g_T(b)' \hat{S}^{-1} g_T(b)$$

$\hat{b}_2$ 是参数向量 b 的一致、渐近正态和渐近有效估计。"有效"是指在将 $g_T(b)$ 的不同线性组合设置为零或所有加权矩阵 W 的选择设置为零的所有估计量中具有最小的方差-协方差矩阵。$\hat{b}_2$ 的方差-协方差矩阵为：

$$\operatorname{var}(\hat{b}_2) = \frac{1}{T}(d' S^{-1} d)^{-1}$$

式中

$$d \equiv \frac{\partial g_T(b)}{\partial b}$$

或者更明确地说

$$d = E_T\left(\frac{\partial}{\partial b}\left[(m_{t+1}(b)x_{t+1} - p_t)\right]\right)\Big|_{b=\hat{b}}$$

（更准确地说，d 应写为 $\partial g_T/\partial b'$ 收敛的对象，$\partial g_T/\partial b'$ 是该对象的估计，用于形成渐近方差-协方差矩阵的一致估计。）

该方差-协方差矩阵可用于检验参数或参数集合是否等于零，通过

$$\frac{\hat{b}_i}{\sqrt{\operatorname{var}(\hat{b})_{ii}}} \sim N(0,1)$$

和

$$\hat{b}_j\big[\mathrm{var}(\hat{b})_{jj}\big]^{-1}\hat{b}_j \sim \chi^2 \text{(包括的 } b \text{ 的数目)}$$

式中，b_j 为子向量；$\mathrm{var}(b)_{jj}$ 为子矩阵。

最后，过度识别限制的检验是对模型整体拟合的检验。它指出 T 乘以第二阶段目标的最小值是 χ^2 分布的，其自由度等于矩的数目减去估计参数的数目：

$$TJ_T = T\min_{(b)}\big[g_T(b)'S^{-1}g_T(b)\big] \sim \chi^2 \text{(矩的数目 — 参数的数目)}$$

10.2 解释 GMM 程序

> $g_T(b)$ 是定价误差。它与 α 成正比。
>
> GMM 选择参数以最小化定价误差加权平方和。
>
> 第二阶段通过最小的抽样变异来选择最佳测量的定价误差的线性组合。第一阶段和第二阶段类似于 OLS 和 GLS 回归。
>
> 标准误差公式可以理解为德尔塔方法的应用。
>
> J_T 检验通过查看定价误差平方和来评估模型。

定价误差

矩条件是

$$g_T(b) = E_T[m_{t+1}(b)x_{t+1}] - E_T[p_t]$$

因此，每个矩都是实际价格（$E_T(p)$）和预测价格（$E_T(mx)$）之间的差额，即定价误差。有什么比选择参数使模型的预测价格尽可能接近实际价格，然后根据这些定价误差的大小来评估模型更自然的呢？

在预期收益的语言中，矩 $g_T(b)$ 与实际收益和预测收益之间的差异成比例：Jensen 的 α，或实际平均收益与预测平均收益图中点与线之间的垂直距离（如图 2.4）。要了解这一事实，请记住 $0 = E(mR^e)$ 可以转换为预测的预期收益

$$E(R^e) = -\frac{\mathrm{cov}(m, R^e)}{E(m)}$$

因此，可将定价误差写为：

$$g(b) = E(mR^e) = E(m)\Big(E(R^e) - \Big(-\frac{\mathrm{cov}(m,R^e)}{E(m)}\Big)\Big)$$

$$= \frac{1}{R^f}(\text{实际平均收益} - \text{预测平均收益})$$

如果用预期收益-β 表达式来表示模型

$$E(R^{ei}) = \alpha_i + \beta_i'\lambda$$

那么 GMM 目标与 Jensen 的 α 错误定价测度成正比。

$$g(b) = \frac{1}{R^f}\alpha_i$$

第一阶段估计

如果可以的话，我们会选择 b 使 $g_T(b) = 0$ 的每个元素在样本中具有完美的模型价格资产。然而，相比参数通常有更多的矩条件（收益乘以工具变量）。因为拥有和事实（矩）一样多的自由参数理论是空洞的。因此，通过最小化二次型，选择 b 使定价误差 $g_T(b)$ 尽可能小。

$$\min_{\{b\}} g_T(b)'W g_T(b) \tag{10.6}$$

W 是一个权重矩阵，它告诉我们对每个矩的关注程度，或者如何权衡一项资产或资产线性组合的定价与另一项资产的定价。在 $W = I$ 的一般情况下，GMM 对所有资产的处理相同，目标是最小化定价误差平方和。

样本定价误差 $g_T(b)$ 可能是 b 的非线性函数。因此，可能需要使用数值搜索来求出 b 的值，从而使式（10.6）中的目标最小化。然而，由于目标是局部二次的，所以搜索通常是直接的。

第二阶段估计：为什么是 S^{-1}？

应该使用什么加权矩阵？加权矩阵指示 GMM 强调某些矩或矩的线性组合而忽略其他矩。读者可以从 $W = I$ 开始，也就是说，试着为所有资产定价。一个非单位矩阵 W 可用于抵消矩之间单位的差异。你如果认为某些资产比其他资产更有意义、更有用或更好度量，那么也可以从 W 对角线上的不同元素开始。

第二阶段估计基于统计考虑选取加权矩阵。一些资产收益可能比其他资产收益有更多的差异。对于这些资产，因为样本均值将因样本而异，样

本均值 $g_T = E_T(m_t R_t - 1)$ 将是对总体均值 $E(mR-1)$ 更不准确的测量。因此，少关注具有 $m_t R_t - 1$ 高方差资产的定价误差似乎是个好主意。可以通过使用由 $E_T(m_t R_t - 1)$ 在对角线上的逆方差组成的 W 矩阵来实现。这一思想更一般地说，由于资产收益是相关的，人们可以考虑使用 $E_T(m_t R_t - 1)$ 的协方差矩阵。这个加权矩阵最关注的是由数据集所组成的信息最多的矩线性组合。这个想法与异方差和互相关校正完全相同，正是它们引导你在线性回归中从 OLS 变为 GLS。

$g_T = E_T(u_{t+1})$ 的协方差矩阵是样本均值的方差。假设 $E(u_t) = 0$ 并且 u_t 是平稳的，则 $E(u_1 u_2) = E(u_t u_{t+1})$ 只依赖于两个 u 之间的时间间隔，得到

$$\text{var}(g_T) = \text{var}\left(\frac{1}{T}\sum_{t=1}^{T} u_{t+1}\right)$$
$$= \frac{1}{T^2}\left[TE(u_t u_t') + (T-1)(E(u_t u_{t-1}') + E(u_t u_{t+1}')) + \cdots\right]$$

因为 $T \to \infty$ 时，$(T-j)/T \to 1$，因此

$$\text{var}(g_T) \to \frac{1}{T}\sum_{j=-\infty}^{\infty} E(u_t u_{t-j}') = \frac{1}{T}S$$

最后一个公式表示 S，由于其他原因被称为 u_t 的频率在零点处的谱密度矩阵。（确切地说，S 的定义是固定 b 的 g_T 方差-协方差矩阵。g_T 的实际方差-协方差矩阵必须考虑到选择的 b 以在每个样本中将 g_T 的线性组合设置为零的事实。公式如下所示，这里的要点是启发性的。）

这一事实表明，一个好的加权矩阵可能是 S 的逆矩阵。事实上，Hansen（1982）正式表明

$$W = S^{-1}, \quad S \equiv \sum_{j=-\infty}^{\infty} E(u_t u_{t-j}')$$

是统计上最优的加权矩阵，这意味着它产生的估计具有最小的渐近方差。

读者可能熟悉样本均值-标准差的公式 $\sigma(u)/\sqrt{T}$。这个公式是一种特殊情况，适用于 $u_t's$ 与时间不相关。如果 $E_t(u_t u_{t-j}') = 0$，$j \neq 0$，则上一个公式简化为：

$$\text{var}\left(\frac{1}{T}\sum_{t=1}^{T} u_{t+1}\right) = \frac{1}{T}E(uu') = \frac{\text{var}(u)}{T}$$

这可能是读者见过的第一个统计公式，即样本均值的方差。在 GMM 中，这是读者会看到的最后一个统计公式。GMM 等于是把样本均值分布背后的简单思想推广到参数估计和一般统计背景。

第一阶段和第二阶段的估计应该提醒我们使用标准的线性回归模型。从 OLS 回归开始，如果误差不是独立同分布的，则 OLS 估计是一致的但不是有效的。如果需要有效的估计，可以使用 OLS 估计获得一系列残差，估计残差的方差-协方差矩阵，然后进行 GLS。GLS 是一致的且更有效的，这意味着估计参数中的抽样变异更小。

标准误差

估计的标准误差公式

$$\text{var}(\hat{b}_2) = \frac{1}{T}(d'S^{-1}d)^{-1} \tag{10.7}$$

可以简单地理解为德尔塔方法的一个实例，即 $f(x)$ 的渐近方差是 $f'(x)^2 \text{var}(x)$。假设只有一个参数和一个矩。S/T 是矩 g_T 的方差矩阵。d^{-1} 为 $[\partial g_T / \partial b]^{-1} = \partial b / \partial g_T$。然后得出德尔塔方法公式

$$\text{var}(\hat{b}_2) = \frac{\partial b}{\partial g_T} \text{var}(g_T) \frac{\partial b}{\partial g_T}$$

实际的式（10.7）只是把这个概念推广到向量上。

J_T 检验

一旦估计出了使模型"最适合"的参数，自然的问题是，它的适合程度如何？我们很自然地去观察定价误差，看看它们是否"大"。J_T 检验会根据统计标准衡量它们是否"大"。如果模型是正确的，那么应该多久看到一次定价误差（加权）平方和这么大？如果不经常，模型就会被"拒绝"。检验如下

$$TJ_T = T[g_T(\hat{b})'S^{-1}g_T(\hat{b})] \sim \chi^2 (\text{矩的数目} - \text{参数的数目})$$

因为 S 是 g_T 的方差-协方差矩阵，所以该统计量是最小定价误差除以它们的方差-协方差矩阵。样本均值收敛于正态分布，所以样本均值的平方除以方差收敛于标准正态分布的平方，或 χ^2。

自由度的简少修正了这样的事实：对于固定的 b，S 实际上是 g_T 的协方差矩阵。在每个样本中将 g_T 的线性组合设置为零，因此 g_T 的实际协方差矩阵是奇异的并且秩为矩的数目减去参数的数目。

10.3 应用 GMM

> 符号。
>
> 预测误差和工具变量。
>
> 平稳性和单位选择。

符号、工具变量和收益

GMM 所涉及的大部分工作只是将给定的问题映射到非常一般的符号中。公式

$$E[m_{t+1}(b)x_{t+1} - p_t] = 0$$

十分常用。我们经常使用收益来检验资产定价模型，在这种情况下，矩条件是

$$E[m_{t+1}(b)R_{t+1} - 1] = 0$$

增加工具变量的方法也是很常见的。简单机械地，可以两边同时乘以

$$1 = E_t[m_{t+1}(b)R_{t+1}]$$

在采取无条件期望之前，在时间 t 观察到的任何变量 z_t，会导致

$$E(z_t) = E[m_{t+1}(b)R_{t+1}z_t]$$

以 $E(\cdot) = 0$ 的形式表示结果

$$0 = E\{[m_{t+1}(b)R_{t+1} - 1]z_t\} \tag{10.8}$$

我们可以对整个收益向量和工具变量这样做，用每项收益乘以每个工具变量。例如，如果从两项收益 $R = [R^a R^b]'$ 和工具变量 z 开始，式（10.8）看起来像

$$E\left\{\begin{bmatrix} m_{t+1}(b)R_{t+1}^a \\ m_{t+1}(b)R_{t+1}^b \\ m_{t+1}(b)R_{t+1}^a z_t \\ m_{t+1}(b)R_{t+1}^b z_t \end{bmatrix} - \begin{bmatrix} 1 \\ 1 \\ z_t \\ z_t \end{bmatrix}\right\} = \begin{bmatrix} 0 \\ 0 \\ 0 \\ 0 \end{bmatrix}$$

使用克罗内克积 $\otimes$ 表示"将每个元素乘以其他元素"，并将常数 1 作为工

具向量 zt 的第一个元素，我们可以简洁地表示这个关系

$$E\{[m_{t+1}(b)R_{t+1}-1] \otimes z_t\}=0 \tag{10.9}$$

或者，强调被管理的投资组合的解释和 $p=E(mx)$ 表达式

$$E[m_{t+1}(b)(R_{t+1} \otimes z_t)-(1 \otimes z_t)]=0$$

预测误差和工具变量

资产定价模型表明，尽管预期收益可能随时间和资产而变化，但预期折现收益应始终相同。误差 $u_{t+1}=m_{t+1}R_{t+1}-1$ 是事后折现收益。$u_{t+1}=m_{t+1}R_{t+1}-1$ 表示预测误差。与任何预测误差一样，u_{t+1} 应该在任何情况下都等于零。

在计量经济学背景下，z 是一种工具变量，因为它应该与误差 u_{t+1} 不相关，$E(z_tu_{t+1})$ 是 u_{t+1} 回归系数在 z_t 上的分子，因此添加工具变量基本上检查了事后折现收益通过线性回归是不可预测的。

在 z_t 异常高但不是平均水平的情况下，如果一项资产的收益高于预测值，则按 z_t 的比例缩放将获得数据的这一特征。然后，此时矩条件会检查折现率是否异常低，或者折现率和资产收益的条件协方差是否移动到足以证明高条件预期收益。如 8.1 节所述，添加工具变量等同于将被管理的投资组合的收益添加到分析中，原则上能够捕捉到模型的所有预测。

平稳与分布

GMM 分布理论确实需要一些统计假设。Hansen（1982）和 Ogaki（1993）对此进行了深入探讨。最重要的假设是 m，p 和 x 必须是平稳随机变量。（"平稳"常误用于表示常数或独立同分布。平稳的统计定义是 x_t，x_{t-j} 的联合分布仅依赖于 j，而不依赖于 t。）随着样本量的增长，样本均值必须收敛到总体均值且该结果是平稳的。

确保平稳通常相当于选择合适的单位。例如，虽然可以将股票的定价表示为：

$$p_t=E_t[m_{t+1}(d_{t+1}+p_{t+1})]$$

这样做是不明智的。对于股票来说，p 和 d 随着时间的推移而上升，因此通常不是平稳的；它们的无条件均值没有被定义。最好的方法是除以 p_t，并将模型表示为：

$$1=E_t\left[m_{t+1}\frac{d_{t+1}+p_{t+1}}{p_t}\right]=E_t(m_{t+1}R_{t+1})$$

股票收益似乎是平稳的。

我认为除以股息是另一种实现平稳的未充分利用的方法（至少对于投资组合而言是这样的，因为许多个股不定期支付股息）：

$$\frac{p_t}{d_t}=E_t\left[m_{t+1}\left(1+\frac{P_{t+1}}{d_{t+1}}\right)\frac{d_{t+1}}{d_t}\right]$$

现在我们把 $1+(p_{t+1}/d_{t+1})(d_{t+1}/d_t)$ 映射到 x_{t+1}，把 p_t/d_t 映射到 p_t。这个公式是让读者能够关注价格，而不是一期的收益。

债券是对一美元的求偿权，因此债券价格和收益率不会随着时间的推移而增长。因此，可以检查一下

$$p_t^b=E(m_{t+1}1)$$

并没有转换。

在实践中，平稳并不总是一个明确的问题。当变量变得"不太平稳"时，当它们在样本中经历较长的波动时，渐近分布可能成为有限样本分布的不太可靠的指南。例如，名义利率水平在基本意义上肯定是一个平稳变量：早在古巴比伦时期，我们就观察到它接近 6％，而今天它又回到了 6％左右。然而，它需要很长的时间才能摆脱这种无条件均值，一次缓慢上升或下降甚至长达 20 年。因此，在使用利率水平的估计和检验中，渐近分布理论可能是正确有限样本分布理论的一个糟糕的近似。即使数据点的数量很大，这也是正确的。每分钟测量 1 万个数据点比每年测量 100 个数据点的数据集"更小"。在这种情况下，通过模拟或自举来开发有限样本分布尤为重要。考虑到如今的计算能力，这很容易做到。

以一种固定的方式选择测试资产也很重要。例如，随着时间的推移个股的性质会发生变化，规模、风险因子敞口、杠杆率甚至业务的性质都会增加或减少。因此，基于 β、规模、账面/市场比率、行业等特征将股票分类为投资组合是很常见的。投资组合收益的统计特征可能比单只证券的特征更为恒定，这些证券在不同的投资组合中会来回变动。（也可以将这些特性作为工具变量包括在内。）

许多经济计量技术需要对分布进行假设。正如你所见，GMM 中的方差公式不包括通常的假设，即变量为独立同分布、正态分布、同态分布等。如果你愿意，可以加入这些假设——我们会在下面看到如何加入这些假设，添加这些假设可以简化公式，并在假设合理的情况下提高小样本的性能——但你不必添加这些假设。

第**11**章

GMM：一般公式及应用

　　除了参数估计和模型检验之外，许多计算在评估模型和将其与其他模型进行比较的过程中都是有用的。我们仍然希望了解此类计算中的抽样变异，则将问题映射到 GMM 框架中能够轻松地完成这项工作。此外，与上一章描述的两阶段（或多阶段）程序相比，可选择的估计和评价程序可能更直观或更稳健地应对模型错误设定。

　　本章提出了 GMM 的一般框架，并讨论了基本 GMM 方法的五个应用和变化：（1）给出了如何导出相关系数等样本矩的非线性函数的标准误差。（2）将 GMM 应用于 OLS 回归，很容易得到修正自相关和条件异方差的标准误差公式。（3）展示了如何在资产定价检验中使用预先设定的权重矩阵 W，以克服有效 GMM 关注虚假低方差投资组合的倾向。（4）展示了如何模拟真实商业周期模型的"校准"和"评估"阶段，这是一个很好的比喻，用于预先设定的矩 a 的线性组合。（5）展示了如何使用 g_T 的分布理论，而不仅仅是形成 J_T 检验以评估个体定价误差的重要性。下一章继续收集 GMM 变量，这些变量可用于评估线性因子模型和相关的均值-方差边界问题。

　　许多计算相当于 a_T 矩阵的创造性选择，该 a_T 矩阵选择将哪些矩的线性组合设置为零，并且读取估计系数的方差-协方差矩阵的结果公式（式（11.4））和矩的方差-协方差矩阵 g_T（式（11.5））。

11.1　一般 GMM 公式

一般 GMM 估计：

$$a_T g_T(\hat{b}) = 0$$

$\hat{b}$ 分布：

$$T\mathrm{cov}(\hat{b}) = (ad)^{-1} a S a' (ad)^{-1}{}'$$

$g_T(\hat{b})$ 分布：

$$T\mathrm{cov}[g_T(\hat{b})] = (I - d(ad)^{-1}a) S (I - d(ad)^{-1}a)'$$

"最优"估计使用 $a = d'S^{-1}$。在这种情况下

$$T\mathrm{cov}(\hat{b}) = (d'S^{-1}d)^{-1}$$
$$T\mathrm{cov}[g_T(\hat{b})] = S - d(d'S^{-1}d)^{-1}d'$$

并有

$$TJ_T = Tg_T(\hat{b})'S^{-1}g_T(\hat{b}) \to \chi^2(矩的数目 - 参数的数目)$$

类似于似然比检验

$$TJ_T(受限制的) - TJ_T(不受限制的) \sim \chi^2(限制的数目)$$

　　GMM 程序可以用来实现一系列的估计和检验练习。几乎任何想估计的东西都可以写成 GMM 的特例。要做到这一点，只需要记住（或查找）一些非常一般的公式，然后将它们映射到案例中。

　　将模型表示为：

$$E[f(x_t, b)] = 0$$

一切都是向量：f 表示 L 个样本矩的向量，x_t 表示 M 个数据序列，b 表示 N 个参数。$f(x_t, b)$ 产生了上一章中的误差 $u_t(b)$。

GMM 估计的定义

我们通过估计参数 $\hat{b}$，将 f 样本均值的一些线性组合设置为零。

$$\hat{b}: \text{令} \, a_T g_T(\hat{b}) = 0 \tag{11.1}$$

其中

$$g_T(b) \equiv \frac{1}{T} \sum_{t=1}^{T} f(x_t, b)$$

a_T 是一个矩阵，它定义了 $g_T(b)$ 的哪个线性组合将被设置为零。这定义了 GMM 估计。

如果矩和参数一样多，则将每个矩设置为零；当参数小于矩时，式（11.1）捕捉到一个自然的想法，即将某些矩或矩的线性组合设置为零以便估计参数。

最后一章的最小化是一个特例。如果通过 $\min g_T(b)' W g_T(b)$ 来估计 b，则一阶条件是

$$\frac{\partial g_T'}{\partial b} W g_T(b) = 0$$

这是带有 $a_T = \partial g_T' / \partial b W$ 的式（11.1）。一般 GMM 程序允许选择在参数估计中设置为零的任意矩的线性组合。

估计的标准误差

Hansen（1982，定理 3.1）告诉我们 GMM 估计的渐近分布是

$$\sqrt{T}(\hat{b} - b) \to \mathcal{N}[0, (ad)^{-1} a S a' (ad)^{-1'}] \tag{11.2}$$

其中

$$d \equiv E\left[\frac{\partial f}{\partial b'}(x_t, b)\right] = \frac{\partial g_T(b)}{\partial b'}$$

（确切地说，d 表示第一个公式中的总体矩，其在样本中用第二个公式来估计），其中

$$a \equiv \text{plim} \, a_T$$

并且

$$S \equiv \sum_{j=-\infty}^{\infty} E[f(x_t, b), f(x_{t-j}, b)'] \tag{11.3}$$

实际上，这意味着使用

$$\text{var}(\hat{b}) = \frac{1}{T}(ad)^{-1}aSa'(ad)^{-1'} \tag{11.4}$$

作为标准误差和检验的协方差矩阵。如前一章所述，我们可以将此公式理解为德尔塔方法的应用。

矩的分布

Hansen 引理 4.1 给出了矩 $g_T(b)$ 的抽样分布：

$$\sqrt{T}g_T(\hat{b}) \rightarrow \mathcal{N}[0,(I-d(ad)^{-1}a)S(I-d(ad)^{-1}a)'] \tag{11.5}$$

如我们所见，如果不估计任何参数，S 将是样本均值的渐近方差-协方差矩阵。$I-d(ad)^{-1}a$ 项说明了这样一个事实：在每个样本中为了估计参数，g_T 的一些线性组合被设置为零。因此，该方差-协方差矩阵是奇异的。

χ^2 检验

我们可以很自然地用 g_T 的分布理论来判断 g_T 是否联合起来"太大"。式（11.5）表明形成了统计数据

$$Tg_T(\hat{b})'[I-d(ad)^{-1}a)S(I-d(ad)^{-1}a)']^{-1}g_T(\hat{b}) \tag{11.6}$$

标准正态平方和的分布为 χ^2，所以这个统计数据应该有一个 χ^2 分布。但有一个问题：方差-协方差矩阵是奇异的，所以必须伪逆它。例如，可以执行特征值分解 $\sum = Q\Lambda Q'$，然后对非零特征值进行反向求解。同时，χ^2 分布的自由度是基于 g_T 的非零线性组合数得出的，即矩的数目减去估计参数的数目。

有效估计

该理论允许通过将任何矩的线性组合设置为零来估计参数。Hansen 说明了一个特定的选择在统计学上是最优的

$$a = d'S^{-1} \tag{11.7}$$

这个选择是在上一章研究的 $\min_{(b)} g_T(b)'S^{-1}g_T(b)$ 的一阶条件。使用该加权矩阵，标准误差公式（11.4）可简化为：

$$\sqrt{T}(\hat{b}-b) \rightarrow \mathcal{N}[0,(d'S^{-1}d)^{-1}] \tag{11.8}$$

这是 Hansen 定理 3.2。式（11.7）是"有效"的含义是任意矩阵如

式（11.4）的参数的抽样变异等于式（11.8）中"有效的"估计的抽样变异加上一个半正定矩阵。因此，在将矩 g_T 的不同线性组合设置为零的估计类型中，它是"有效的"。基于其他矩的估计可能更有效。

使用最优权重（11.7），矩的方差（11.5）可以简化为：

$$\mathrm{cov}(g_T) = \frac{1}{T}(S - d(d'S^{-1}d)^{-1}d') \tag{11.9}$$

我们可以用这个矩阵来检验式（11.6）。然而，Hansen 引理 4.2 告诉我们，可以用一种等价且简单的方法来构造这个检验

$$Tg_T(\hat{b})'S^{-1}g_T(\hat{b}) \to \chi^2(\text{矩的数目} - \text{参数的数目}) \tag{11.10}$$

因为可以使用已经计算过的非奇异 S^{-1}，所以这个结果很好。

为了推导出式（11.10），使用因子 $S = CC'$，然后用式（11.5）求得 $C^{-1}g_T(\hat{b})$ 的渐近协方差矩阵。结果是

$$\mathrm{var}[\sqrt{T}C^{-1}g_T(\hat{b})] = I - C^{-1}d(d'S^{-1}d)^{-1}d'C^{-1\prime}$$

这是（一个秩为矩的数目—参数的数目）的幂等矩阵。

另外，注意 S^{-1} 是第二阶段 $\mathrm{cov}(g_T)$ 的伪逆（伪逆乘以 $\mathrm{cov}(g_T)$ 应产生与 $\mathrm{cov}(g_T)$ 秩相同的幂等矩阵）。

$$S^{-1}\mathrm{cov}(g_T) = S^{-1}(S - d(d'S^{-1}d)^{-1}d') = I - S^{-1}d(d'S^{-1}d)^{-1}d'$$

然后，检查结果是不是幂等的。

$$(I - S^{-1}d(d'S^{-1}d)^{-1}d')(I - S^{-1}d(d'S^{-1}d)^{-1}d')$$
$$= I - S^{-1}d(d'S^{-1}d)^{-1}d'$$

这一推导不仅验证了 J_T 与 $g_T'\mathrm{cov}(g_T)^{-1}g_T$ 具有相同的分布，而且在每个样本中它们在数值上是相同的。

本节强调式（11.8）和式（11.10）仅适用于加权的"最佳"选择，即式（11.7）。如果使用另一组权重，就像在第一阶段的估计，则必须使用一般公式（11.4）和式（11.5）。

模型比较

我们经常想把一个模型与另一个模型进行比较。如果一个模型可以表示为另一个或"不受限制的"模型的特殊或"受限制的"情况，那么我们可以进行类似于似然比检验的统计比较。如果我们使用相同的 S 矩

阵——通常是不受限制的模型的 S 矩阵——则受限制的 J_T 必须上升。但如果受限制的模型是真实的，就不应该涨"太多"，那应该涨多少呢？

$$TJ_T(受限制的)-TJ_T(不受限制的)\sim\chi^2(限制的数目)$$

这是一个"χ^2 差异"检验，由 Newey and West（1987a）提出，他们称之为"D-检验"。

11.2 检验矩

> 如何检验一个或一组定价误差？（1）使用 $var(g_T)$ 公式。（2）使用 χ^2 差异检验。

我们可能希望了解模型在特定矩或特定定价误差上的表现。例如，著名的"小企业效应"指出，无条件 CAPM（$m=a+bR^W$，非规模因子）在为一个总是持有纽约证券交易所最小的 1/10 或 1/20 公司的投资组合的收益定价时表现很差。我们可能想看看一个新的模式能否为小企业收益良好定价。定价误差的标准误差还允许我们将误差添加到图 2.4 所示的预测与实际平均收益中，或根据定价误差计算其他诊断的标准误差。

我们已经看到，g_T 的个别因素可以衡量定价误差。因此，由式（11.5）给出的 g_T 的抽样变异正好提供了我们正在寻找的标准误差。我们可以使用 g_T 的抽样分布来评估个别定价误差的显著性，构建 t 检验（对于单个 g_T，例如小企业）或 χ^2 检验（对于 g_T 组，例如小企业⊗工具变量）。

或者，我们可以使用 χ^2 差异法。从包含所有矩的一般模型开始，形成谱密度矩阵 S 的估计。现在将要检验的矩设置为零，并用 $g_{sT}(b)$ 表示矩的向量且包括零（s 表示"较小"）。使用相同的加权矩阵 S 并选择 b_s 最小化 $g_{sT}(b_s)'S^{-1}g_{sT}(b_s)$。因为参数的数目相同并且矩较少，因此该标准将低于原始标准 $g_T(b)'S^{-1}g_T(b)$。但是，如果想要检验的矩真的是零，那么标准应该不会低那么多。采用 χ^2 差异检验

$$Tg_T(\hat{b})'S^{-1}g_T(\hat{b})-Tg_{sT}(\hat{b}_s)S^{-1}g_{sT}(\hat{b}_s)\sim\chi^2(估计的矩的数目)$$

当然，不要落入一个明显的陷阱：从 10 个定价误差中选出最大的一

个，并指出它与零的偏差超过 2 个标准差。10 个定价误差中最大的一个分布比单个误差的分布要广得多。为了使用此分布，必须在查看数据之前选择要检验的定价误差。

11.3　用德尔塔方法计算任何事物的标准误差

一个快速的应用说明了 GMM 公式的用处。我们通常想要估计一个量，这个量是样本均值的非线性函数

$$b = \phi[E(x_t)] = \phi(\mu)$$

在这种情况下，式（11.2）可以简化为：

$$\mathrm{var}(b_T) = \frac{1}{T} \left[\frac{\mathrm{d}\phi}{\mathrm{d}\mu}\right]' \sum_{j=-\infty}^{\infty} \mathrm{cov}(x_t, x'_{t-j}) \left[\frac{\mathrm{d}\phi}{\mathrm{d}\mu}\right] \tag{11.11}$$

这个公式很直观。样本均值的方差是内部的协方差项。推导过程只是把函数 ϕ 线性化，以接近真实的 b。

例如，相关系数可以写成样本均值的函数

$$\mathrm{corr}(x_t, y_t) = \frac{E(x_t, y_t) - E(x_t)E(y_t)}{\sqrt{E(x^2 t) - E(x_t)^2}\sqrt{E(y_t^2) - E(y_t)^2}}$$

因此，取

$$\mu = [E(x_t)E(x_t^2)E(y_t)E(y_t^2)E(x_t y_t)]'$$

本章最后的一个问题是求导数并得出相关系数的标准误差。我们可以用这种方法推导出冲激响应函数、方差分解和许多其他统计量的标准误差。

11.4　使用 GMM 进行回归

通过将 OLS 回归映射到 GMM 框架中，导出了 OLS 标准误差的公式，其修正了误差的自相关和条件异方差。一般公式是

$$\mathrm{var}(\hat{\beta}) = \frac{1}{T} E(x_t x'_t)^{-1} \left[\sum_{j=-\infty}^{\infty} E(\varepsilon_t x_t x'_{t-j} \varepsilon_{t-j})\right] E(x_t x'_t)^{-1}$$

在特殊情况下，它可以简化。

将任意统计过程映射到 GMM 中，可以很容易地得到一个渐近分布，用于修正统计问题，如序列相关和条件异方差。为了说明以及开发非常有用的公式，我们将 OLS 回归映射到 GMM 中。

修正计量经济学问题的 OLS 标准误差与修正 GLS 不同。当误差不服从 OLS 假设时，OLS 是一致的且通常比 GLS 更显著，但是其标准误差需要修正。

OLS 选择参数 β 以使残差的方差最小化：

$$\min_{(\beta)} E_T[(y_t - \beta' x_t)^2]$$

我们从一阶条件中找到了 $\hat{\beta}$，表明残差与右侧变量正交：

$$g_T(\beta) = E_T[x_t(y_t - x_t'\beta)] = 0 \tag{11.12}$$

这个条件被精确地识别——矩的数目等于参数的数目。因此，我们将样本矩恰好设置为零并且不存在加权矩阵（$a = I$）。我们可以用解析法求解这个估计值

$$\hat{\beta} = [E_T(x_t x_t')]^{-1} E_T(x_t y_t)$$

这是我们熟悉的 OLS 公式。式（11.2）的其余成分为：

$$d = -E(x_t x_t')$$
$$f(x_t, \beta) = x_t(y_t - x_t'\beta) = x_t \varepsilon_t$$

式（11.2）给出了 OLS 标准误差的公式

$$\text{var}(\hat{\beta}) = \frac{1}{T} E(x_t x_t')^{-1} \left[\sum_{j=-\infty}^{\infty} E(\varepsilon_t x_t x_{t-j}' \varepsilon_{t-j}) \right] E(x_t x_t')^{-1} \tag{11.13}$$

（当通过残差的样本方差来估计 σ_ε^2 时，可以通过它的样本对应项来估计式（11.13）中括号内的数量。）这个公式可以简化为一些有趣的特殊情况。

序列不相关，同方差误差

这些是常用的 OLS 假设，出现常用的公式是件好事。形式上，OLS 假设是

$$E(\varepsilon_t | x_t, x_{t-1} \cdots \varepsilon_{t-1}, \varepsilon_{t-2} \cdots) = 0 \tag{11.14}$$
$$E(\varepsilon_t^2 | x_t, x_{t-1} \cdots \varepsilon_{t-1} \cdots) = 常数 = \sigma_\varepsilon^2 \tag{11.15}$$

为了使用这些假设，应用的公式是

$$E(ab) = E(E(a \mid b)b)$$

第一个假设意味着只有 $j = 0$ 项进入求和

$$\sum_{j=-\infty}^{\infty} E(\varepsilon_t x_t x_{t-j} \varepsilon_{t-j}) = E(\varepsilon_t^2 x_t x_t')$$

第二个假设意味着

$$E(\varepsilon_t^2 x_t x_t') = E(\varepsilon_t^2) E(x_t x_t') = \sigma_\varepsilon^2 E(x_t x_t')$$

因此，式（11.13）可以简化为我们熟悉的公式

$$\text{var}(\hat{\beta}) = \frac{1}{T} \sigma_\varepsilon^2 E(x_t x_t')^{-1} = \sigma_\varepsilon^2 (X'X)^{-1}$$

最后一个符号是典型的计量经济学文本符号，其中 $X = [x_1 \ x_2 \ \cdots \ x_t]'$ 表示数据矩阵。

异方差误差

如果删除条件同方差假设，即式（11.15），就不能把 ε 从期望值中分离出来，所以标准误差是

$$\text{var}(\hat{\beta}) = \frac{1}{T} E(x_t x_t')^{-1} E(\varepsilon_t^2 x_t x_t') E(x_t x_t')^{-1}$$

称为"异方差一致性标准误差"或 White（1980）之后的"White 标准误差"。

Hansen-Hodrick 误差

Hansen and Hodrick（1982）使用月度数据对 6 个月的收益进行了预测回归。我们可以用回归符号将这种情况写成

$$y_{t+k} = \beta_k' x_t + \varepsilon_{t+k}, \quad t = 1, 2, \cdots, T$$

Fama and French（1988b）还使用了对股息/价格比率和期限溢价等变量的重叠长期收益的回归。这种回归是证明资产收益具有可预测性的重要证据。

在单期收益是不可预测的零假设下，由于数据重叠我们仍然会在 ε_t 中看到相关性。不可预测的收益意味着

$$E(\varepsilon_t \varepsilon_{t-j}) = 0 \quad 对于 |j| \geqslant k$$

但该公式不适用于 $|j| < k$。因此，只能排除 S 小于 k 的项。因为我们在做检验时还可以修正潜在的异方差，所以标准误差是

$$\mathrm{var}(\beta_k) = \frac{1}{T} E(x_t x_t')^{-1} \left[\sum_{j=k+1}^{k-1} E(\varepsilon_t x_t x_{t-j}' \varepsilon_{t-j}) \right] E(x_t x_t')^{-1}$$

11.5 预先设定的加权矩阵和矩条件

> 预先设定而非"最优的"加权矩阵可以强调经济上有意义的结果，它们可以避免放大标准误差而不是改进定价误差的陷阱，可以对小模型的错误设定进行更为稳健的估计。这类似于在进行回归时 OLS 通常比 GLS 更可取。固定加权矩阵 W 的 GMM 公式是
>
> $$\mathrm{var}(\hat{b}) = \frac{1}{T}(d'Wd)^{-1} d'WSWd(d'Wd)^{-1}$$
>
> $$\mathrm{var}(g_T) = \frac{1}{T}(I - d(d'Wd)^{-1} d'W) S (I - Wd(d'Wd)^{-1} d')$$

在第 10 章概述的基本方法中，我们的最终估计是基于"有效的" S^{-1} 加权矩阵。基于矩 g_T 的选择，该目标使样本中关于模型的渐近统计信息最大化。但是，我们可能希望使用预先设定的加权矩阵 $W \neq S^{-1}$ 来代替，或者至少作为伴随更正式统计检验的诊断。通过预先设定的加权矩阵，而不是 S 矩阵，可以指定矩的最小值 $\min\{b\} g_T(b) W g_T(b)$ 或矩的线性组合 GMM。W_{ii} 的值越大，GMM 在参数估计中就越注意获得正确的第 i 个矩。例如，我们可能会觉得某些资产存在计量误差、规模小且流动性差，因此不应该强调这些资产，或者可能希望让 GMM 不考虑具有强劲多头和空头头寸的投资组合。本节在下面给出了一些额外的动机。

我们还可以更进一步，在估计中将矩条件 a_T 的线性组合设置为零，而不是使用最小化的结果，$a_T = d'S^{-1}$ 或 $a_T = d'W$。固定 W 估计仍然根据每个矩对参数的敏感性来权衡单个矩的精度。例如，如果 $g_T = [g_T^1 g_T^2]'$，$W = I$，但 $\partial g_T / \partial b = [1 \ 10]$，因此第二个矩对参数值的敏感度是第一个矩的 10 倍，则具有固定加权矩阵的 GMM 设置成

$$1 \times g_T^1 + 10 \times g_T^2 = 0$$

第二个矩条件将比第一个矩条件的 10 倍更接近于零。如果我们真的希望 GMM 给予这两个矩同等的关注，那么可以直接固定 a_T 矩阵，例如 $a_T = [1 \quad 1]$ 或 $a_T = [1 \quad -1]$。

　　使用预先设定的加权矩阵或预先设定的矩集与忽略分布理论中误差 u_t 的相关性不同。S 矩阵仍然会出现在所有的标准误差和检验统计数据中。

如何使用预先设定的加权矩阵

　　一旦决定使用预先设定的加权矩阵 W 或预先设定的矩集 $a_T b_T(b) = 0$，11.1 节中的一般分布理论就会很快给出估计和矩的标准误差，因此 χ^2 统计量可用于检验所有矩是否联合起来为零。11.1 节给出了 a_T 被预先设定情况下的公式。如果使用加权矩阵 W，$\min_{(b)} g_T'(b) W g_T(b)$ 的一阶条件是

$$\frac{\partial g_T(b)'}{\partial b} W g_T(b) = d' W g_T(b) = 0$$

所以我们将 $a_T = d'W$ 映射到一般情况中。将该值代入式（11.4），估计的系数的方差-协方差矩阵为：

$$\mathrm{var}(\hat{b}) = \frac{1}{T}(d'Wd)^{-1} d'WSWd(d'Wd)^{-1} \tag{11.16}$$

（代入 $W = S^{-1}$ 此公式可以简化为 $1/T(d'S^{-1}d)^{-1}$。）

　　将 $a = d'W$ 代入式（11.5），可以得到矩 g_T 的方差-协方差矩阵

$$\mathrm{var}(g_T) = \frac{1}{T}(I - d(d'Wd)^{-1}d'W)S(I - Wd(d'Wd)^{-1}d') \tag{11.17}$$

与一般公式一样，S 左右侧的项说明了这样的事实：在每个样本中，一些矩的线性组合被设置为零。

　　式（11.17）可以作为过度识别受限制的 χ^2 检验的基础。如果将 $()^{-1}$ 解释为广义逆，那么

$$g_T' \mathrm{var}(g_T)^{-1} g_T \sim \chi^2 (\text{矩的数目} - \text{参数的数目})$$

与一般情况一样，我们必须对奇异 $\text{var}(g_T)$ 进行伪逆变换，例如对非零特征值进行伪变换。

使用预先设定的加权矩阵或矩 a_T 的主要危险在于必须仔细选择矩、单位和预先设定的 a_T 或 W。例如，如果将第二个矩乘以其原始值的 10 倍，则最佳 S^{-1} 加权矩阵将撤销此变换并按其原始比例对其进行加权。单位加权矩阵不会撤销这样的变换，因此单位应该在最初就要进行正确选择。

预先设定加权矩阵的动机

稳健性，如 OLS 与 GLS

当误差是自相关或异方差时，每本计量经济学教材都会向读者展示如何通过适当的 GLS 修正来"改进"OLS。如果正确地对误差协方差矩阵建模，并且完全设定了回归，则 GLS 程序可以提高效率，即给出具有较小渐近标准误差的估计。然而，GLS 的稳健性较差。如果错误地对误差协方差矩阵建模，GLS 估计比 OLS 差得多。此外，GLS 转换可以在模型的错误设定的区域归零。这也许很好地表明杯子是半空的，但你无法看到杯子是半满的，也不能品尝里面的东西。GLS 是"最好的"，但 OLS 是"非常好的"。我们经常有足够的数据，从数据中获取每一盎司的统计精度（低标准误差）不比生成不依赖于可疑统计假设的估计值更重要，它明显关注数据的有效性。在这些情况下，使用 OLS 估计通常是一个好主意。不过，OLS 标准误差公式是错误的。因此，我们必须使用 11.4 节中开发的公式，针对误差协方差矩阵的这些特征来修正 OLS 估计的标准误差。

GMM 也是如此。第一阶段或其他固定加权矩阵估计可能会在渐近效率上放弃某些东西，但它们仍然是一致的且对统计和经济问题更为稳健。不过，因为我们要修正 OLS 标准误差，所以仍然希望在计算标准误差时使用 S 矩阵，GMM 公式展示了如何做到这一点。

如果最终我们想得到"有效的"估计和检验，计算第一阶段估计值、标准误差和进行模型拟合检验是个好主意。在理想情况下，参数估计不应发生太大变化，第二阶段的标准误差应更小。如果"有效的"参数估计确实发生了很大变化，那么最好诊断其原因。这主要归结于在第一阶段不重要的强加权矩或矩的线性组合的"有效的"参数估计，以及前一个矩的线性组合与后一个在哪些参数拟合方面强烈不一致。然后，可以决定结果的差异是否真正是由于效率的提高，或者它是否表示模型的错误设定。

近似奇异 S

因为资产收益之间是高度相关的，并且我们经常持有许多与数据点数量相关的资产，所以谱密度矩阵通常是近似奇异的。因此，第二阶段 GMM（以及我们将在下面看到的，最大似然或任何其他有效的技术）试图最小化矩的差异（和差异的差异），以便提取具有最小方差的统计正交分量。人们可能会觉得，这一特性导致 GMM 把大量的权重放在估计不佳、经济上无趣或其他方面不稳健的数据上。特别是 $100R_1 - 99R_2$ 形式的投资组合假设投资者实际上可以购买这些高杠杆的投资组合。卖空成本通常会排除这类投资组合或显著改变其收益，因此人们可能不希望在估计和评价中强调正确定价。

例如，假设 S 为：

$$S = \begin{bmatrix} 1 & \rho \\ \rho & 1 \end{bmatrix}$$

所以

$$S^{-1} = \frac{1}{1-\rho^2} \begin{bmatrix} 1 & -\rho \\ -\rho & 1 \end{bmatrix}$$

我们可以通过 Choleski 分解将 S^{-1} 分解为"平方根"。这就产生了一个三角矩阵 C，使得 $C'C = S^{-1}$。可以检查矩阵

$$C = \begin{bmatrix} \dfrac{1}{\sqrt{1-\rho^2}} & \dfrac{-\rho}{\sqrt{1-\rho^2}} \\ 0 & 1 \end{bmatrix} \tag{11.18}$$

是否有效。那么，GMM 标准

$$\min g_T' S^{-1} g_T$$

等价于

$$\min (g_T' C')(C g_T)$$

$C g_T$ 给出了有效 GMM 试图最小化的矩的线性组合。从式（11.18）可以看出，当 $\rho \to 1$ 时，（2，2）元素仍然是 1，但（1，1）和（1，2）元素变得很大且符号相反。例如，如果 $\rho = 0.95$，则

$$C = \begin{bmatrix} 3.20 & -3.04 \\ 0 & 1 \end{bmatrix}$$

在本例中，GMM 更侧重于第二个矩，但将三倍权重放在第一个和第二个矩之间的差异上。更大的矩阵会产生更大的权重。至少，观察 S^{-1} 和它的 Choleski 分解是个不错的想法，看看 GMM 的矩是什么。

在这一点上有一个经典的解释，这是一个经典的基于回归检验的缺陷。有效的 GMM 希望专注于测量良好的矩。在资产定价应用中，误差通常在一段时间内接近于不相关，因此 GMM 正在寻找 $\mathrm{var}(m_{t+1}R_{t+1}^e)$ 较小的投资组合。粗略地说，这些资产的收益差异很小。因此，GMM 将最关注对样本最小方差投资组合的正确定价，GMM 通过 J_T 检验对模型的评估将侧重于其对该投资组合的定价能力。

现在，考虑一下样本中发生了什么，如图 11.1 所示。样本均值-方差边界通常比真实的或事前的均值-方差边界宽得多。特别是样本最小方差投资组合可能与真正的最小方差投资组合关系不大。与样本边界上的任何投资组合一样，它的组成在很大程度上体现了偶然性，这就是为什么首先要有资产定价模型，而不仅仅是对样本边界上的投资组合来为资产定价。样本最小方差收益也可能由强大的多空头寸构成。

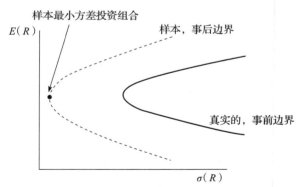

图 11.1 真实的（或事前）和样本（或事后）均值-方差边界
注：样本经常显示虚假的最小方差投资组合。

总之，我们希望迫使 GMM 不要太注重样本最小方差投资组合的正确定价，不要太注重模型评估的统计度量，这种统计度量关注的是模型对投资组合定价的能力。

有经济学意义的矩

最优加权矩阵使得 GMM 在估计和评价中都非常关注抽样误差小的矩的线性组合。我们希望强制估计和评价去关注有经济学意义的矩。最初的投资组合通常是根据经济学意义上的特征形成的，如规模、β、账面/市场比率或行业。我们通常希望最终看到模型对这些初始投资组合的定价如何好，而不是模型对这些投资组合中奇怪的投资组合的定价如何好。如果一个模型失败了，我们可能想把这个失败描述为"这个模型不适用于小型股票"，而不是"这个模型不适合给 $900\times$ 小企业收益 $-600\times$ 大企业收益 $-299\times$ 中等企业收益的投资组合定价"。

公平的竞争环境

S 矩阵随模型和参数的变化而变化。（见定义，式（10.5）或式（11.3）。）随着 S 矩阵的变化，GMM 估算的资产也将努力为良好的变化定价。例如，一个模型的 S 矩阵可能会把很大权重放在 T 票据收益上，而另一个模型的 S 矩阵可能会把很大权重放在股票超额收益上。比较这些估计的结果就像比较苹果和橘子一样困难。通过固定加权矩阵，我们可以迫使 GMM 在改变模型的同时，关注相同比例的各种资产。

S 矩阵随模型变化的事实导致另一个微妙的陷阱。因为模型夸大了 S 的估计值，而不是在降低定价误差 g_T 方面取得任何进展，一个模型可能会"改进" $J_T = g_T' S^{-1} g_T$ 统计信息。当然，没有人会正式使用 J_T 检验在各模型之间进行比较。但是事实证明，尽管加权矩阵不同，矩不同，并且有时定价误差更大，但通过指出改进的 J_T 统计量来说明新模型比以前的模型成功几乎是不可抗拒的。例如，如果采用模型 m_t，并通过简单地添加与资产收益（在样本中）无关的噪声创建新模型 $m_t' = m_t + \varepsilon_t$，则矩条件 $g_T = E_T(m_t' R_t^e) = ET((m_t + \varepsilon_t) R_t^e)$ 不变。但是，谱密度矩阵 $S = E[(m_t + \varepsilon_t)^2 R_t^e R_t^{e'}]$ 可能会急剧上升。这样可以简化 J_T，从而产生"改进"的错觉。

相反，如果样本包含一个几乎无风险的测试资产投资组合，或 $m_{t+1} R_{t+1}^e$ 的方差很小的投资组合，则 J_T 检验实质上是通过对一个投资组合进行定价的方式来评价模型。这可能导致统计学上对改进模型的拒绝——如果 S 的特征值很小，即使很小的 g_T 也会产生大的 $g_T' S^{-1} g_T$。

如果对所有模型都使用常用的加权矩阵 W，并通过 $g_T' W g_T$ 评价模型，则可以避免此陷阱。问题"定价误差是否小？"与问题"如果从零统计模型中一遍又一遍地提取人工数据，将多久估算一次定价误差与其估计方差 $g_T S^{-1} g_T$ 之比是大还是更大"，都很有趣。

预先设定的加权矩阵

两个具有经济意义的加权矩阵的例子是 Hansen and Jagannathan（1997）提出的收益的二阶矩矩阵，以及在许多实证资产定价中隐含使用的简单单位矩阵。

二阶矩矩阵

Hansen and Jagannathan（1997）主张使用报酬的二阶矩矩阵 $W = E(xx')^{-1}$ 代替 S。他们将此加权矩阵作为 m 模型（比如 y）和真实 m 空间之间合理的距离度量。准确地说，候选折现因子 y 与真实折现因子空间之间的最小距离（二阶矩）与以 $W = E(xx')^{-1}$ 为加权矩阵的 GMM 标准的最小值相同。

如果要了解原因，请见图 11.2。y 与最近的有效 m 之间的距离与 proj $(y|\underline{X})$ 与 X^* 之间的距离相同。像往常一样，我们要考虑 $\underline{X}$ 是由基于价格 p 的报酬向量 x 生成的这一事实。根据 OLS 公式

$$\text{proj}(y|\underline{X}) = E(yx')E(xx')^{-1}x$$

x^* 是按结构定价的 x 的投资组合

$$x^* = P'E(xx')^{-1}x$$

那么，y 和最近的有效 m 之间的距离是

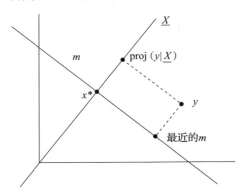

图 11.2 y 和最近的有效 m 之间的距离＝**proj**$(y|x)$ 和 x^* 之间的距离

$$\begin{aligned}
\| y - \text{nearest } m \| &= \| \text{proj}(y \mid \underline{X}) - x^* \| \\
&= \| E(yx')E(xx')^{-1}x - p'E(xx')^{-1}x \| \\
&= \| (E(yx') - p')E(xx')^{-1}x \| \\
&= [E(yx) - p]'E(xx')^{-1}[E(yx) - p] \\
&= g_T'E(xx')^{-1}g_T
\end{aligned}$$

我们想要选择模型参数以最小化与模型拟合的"经济"度量，或出于经济动机的定价误差的线性组合，而非拟合的统计度量 S^{-1}。我们还可以使用此标准的最小值来比较两个模型。因为它改进了定价误差，而不仅仅是夸大了加权矩阵，这样我们就可以确定更好的模型。

单位矩阵

利用单位矩阵对资产或投资组合的初始选择进行估计和评价。对于 S 是近似奇异的大系统，这种选择具有特殊的优势，因为它避免了与近似奇异的 S 矩阵求逆相关的大多数问题。许多实证资产定价研究使用 OLS 横截面回归，这与第一阶段 GMM 估计具有单位加权矩阵是一样的。

二阶矩矩阵与单位矩阵的比较

二阶矩矩阵给出了对资产或投资组合的初始选择不变的目标。如果我们用非奇异 A（即不丢弃信息的变换）形成初始报酬 x 的一个投资组合 Ax，那么

$$\begin{aligned}
&[E(yAx) - Ap]'E(Axx'A')^{-1}[E(yAx) - Ap] \\
&= [E(yx) - p]'E(xx')^{-1}[E(yx) - p]
\end{aligned}$$

最优加权矩阵 S 具有这一性质，但它不适用于单位或其他固定矩阵。在这些情况下，结果将取决于投资组合的初始选择。

Kandel and Stambaugh（1995）提出，几个重要的资产定价模型检验的结果对投资组合的选择高度敏感，即作者无意中选择了一组在特定样本中 CAPM 的表现异常糟糕的投资组合。坚持认为加权矩阵对投资组合选择具有这种不变性，可能是避免这一问题的好办法。

另一方面，如果我们想专注于模型对经济有效投资组合的预测，那么用加权矩阵撤销有经济学意义的投资组合的说明就没有太大意义。例如，许多研究都希望关注模型描述预期收益的能力，而这些收益似乎取决于规模、账面/市场比率、行业、动量等特征。此外，由于 $E(xx') = \text{cov}(x) + E(x)E(x)'$，二阶矩矩阵往往比谱密度矩阵更接近奇异。因此，它往往

强调的是具有更极端的空头和多头头寸的投资组合，而这无助于克服 S 矩阵的近奇异性。

11.6 估计一组矩，检验另一组矩

我们可能想强制系统使用一组矩进行估计，并使用另一组矩进行检验。宏观经济学中，真实的商业周期文献对此做了广泛的研究，通常使用"一阶矩"进行估计（"校准"）和"二阶矩"（即一阶平方矩）进行评估。具有统计学头脑的宏观经济学家可能想知道，与抽样变异相比，模型偏离数据"二阶矩"的程度是否很大，并希望在本评估中包括有关参数估计的抽样不确定性。

我们可能希望使用一组资产（股票、国内资产、规模投资组合、前 9 个规模十分位数、计量良好的资产）收益来选择参数，然后查看模型如何对另一组资产（债券、外国资产、账面/市场投资组合、小企业投资组合、有问题的计量资产、共同基金）进行"样本外"处理。但是，我们希望用于对第二组矩评估的分布理论包含对第一组矩估计参数的抽样不确定性，以及"估计"矩和"评价"矩之间的相关性。

只需使用适当的加权矩阵或预先设定的矩阵 a_T，就可以完成这一切。例如，如果前 N 个矩用于估计 N 个参数，剩余的 M 个矩用于检验"样本外"模型，则使用 $a_T = I_N 0_{N+M}$。如果"估计"块中的矩 N 多于参数，则可以构造一个加权矩阵 W，它是 $N \times N$ 估计块中的单位矩阵，并且在其他地方为零。然后 $a_T = \partial g_T' / \partial b W$ 将只包含 $\partial g_T' / \partial b$ 的紧跟零的前 N 列。检验矩将不用于估算。甚至可以使用 S 上部的 $N \times N$ 矩阵（而不是 S 的逆矩阵！）来使估计更有效率。

11.7 估计谱密度矩阵

关于估计谱密度或长期协方差矩阵的提示：（1）使用合理的第一阶段估计。（2）移除均值。（3）降低高阶相关的权重。（4）考虑自相关和异方差的参数结构。（5）使用空值限制相关性的数量或对 S 施加其他结构。（6）规模问题；考虑 S 的系数或其他参数横截面结构。（7）迭代，同时进行 b，S 估计。

最优加权矩阵 S 取决于总体矩，也取决于参数 b。通过定义进行回溯

$$S = \sum_{j=-\infty}^{\infty} E(u_t u'_{t-j})$$
$$u_i \equiv (m_t(b) x_t - p_{t-1})$$

如何估计这个矩阵？看上去很简单：根据通常的方法，根据样本对应值来估计总体矩。因此，使用第一阶段 b 估计和数据来构造 S 的样本版本。此程序可以产生真实谱密度矩阵的一致估计，这就是渐近分布理论所要求的。

但是，细节很重要，本节给出了一些提示。此外，你可能希望在标准误差的计算中寻求一个不一样的、受到更少限制的 S 估计值，而不是加权矩阵中形成的 S 估计值。

（1）使用合理的第一阶段 W，或者转换数据。

在渐近理论中，可以使用由任何非平凡加权矩阵形成的一致的第一阶段 b 估计。当然，在实践中，应该使用合理的加权矩阵，这样第一阶段估计就不会到低效的地步。$W=I$ 通常是个好选择。

有时，某些矩的单位与其他矩不同。例如，股息/价格比率是一个类似于 0.04 的数字。因此，由 $R_{t+1} \times d/p_t$ 所形成的矩约为 $R_{t+1} \times 1$ 所形成矩的 0.04 倍。如果使用 $W=I$，GMM 将对 $R_{t+1} \times d/p_t$ 矩大大减少赋权。因此，明智的做法是，要么使用一个初始加权矩阵来对 $R_{t+1} \times d/p_t$ 矩进行加权，要么对数据进行变换，使这两个矩的均值和方差大致相同。例如，可以使用 $R_{t+1} \times (1+d/p_t)$。从彼此之间没有强关联性的矩开始，或者用合适的 W 来消除这种关联，也是很有用的。例如，可以考虑 R^a 和 $R^b - R^a$，而不是 R^a 和 R^b。我们可以直接完成，或者从下列公式开始

$$W = \begin{bmatrix} 1 & -1 \\ 0 & 1 \end{bmatrix} \begin{bmatrix} 1 & 0 \\ -1 & 1 \end{bmatrix} = \begin{bmatrix} 2 & -1 \\ -1 & 1 \end{bmatrix}$$

（2）移除均值。

在 $E(u_t)=0$ 的零假设下，是否通过移除均值来估计协方差矩阵与渐近分布理论无关，使用

$$\frac{1}{T} \sum_{t=1}^{T} [(u_t - \overline{u})(u_t - \overline{u})'], \quad \overline{u} \equiv \frac{1}{T} \sum_{t=1}^{T} u_t$$

或者通过不移除均值来估计二阶矩矩阵。然而，Hansen and Singleton（1982）主张移除样本中的均值，这通常是一个好主意。

估计的 S 矩阵（甚至是简单的方差-协方差矩阵）通常是近似奇异的，在求逆时产生一个不可靠的加权矩阵，这已经成为第二阶段估计的障碍。由于二阶矩矩阵 $E(uu') = \text{cov}(u，u') + E(u)E(u')$ 加上一个奇异矩阵 $E(u)E(u')$，所以它们往往更糟。

（3）降低高阶相关的权重。

显然，不能使用谱密度矩阵的直接对应样本。在规模为 100 的样本中，无法估计 $E(u_t u'_{t+101})$。对 $E(u_t u'_{t+99})$ 的估计是基于一个数据点 $u_t u'_{100}$。因此，这将是一个相当不可靠的估计。基于这个原因，在给定样本中使用所有可能的自相关的估计量是不一致的（一致性意味着随着样本量的增长，估计量的概率分布会收敛到真实值。不一致的估计通常有很大的样本变异。）

此外，即使是使用很少自相关的 S 估计，在样本中也不总是正定的。当一个人试图逆转估计的谱密度矩阵时，这就会让人很尴尬。如果把它视作一个加权矩阵，就必须这样做。因此，在每个样本中构造自正定的一致估计是一个好主意。其中一个估计是 Bartlett 估计，Newey and West (1987b) 在这个应用程序中使用了这个估计值。它是

$$\hat{S} = \sum_{j=-k}^{k} \left(\frac{k - |j|}{k} \right) \frac{1}{T} \sum_{t=1}^{T} (u_t u'_{t-j}) \tag{11.19}$$

正如你所看到的，只有高达第 $k(k<T)$ 阶的自相关才会被包括在内，而高阶的自相关则是低权重的。（重要的是使用 $1/T$，而不是 $1/(T-k)$；这会进一步降低权重。）Newey-West 估计量基本上是第 k 次和的方差，这就是它在样本中是正定的原因：

$$\begin{aligned} \text{var}\left(\sum_{j=1}^{k} u_{t-j} \right) &= kE(u_t u'_t) + (k-1)[E(u_t u'_{t-1}) + E(u_{t-1}u'_t)] \\ &\quad + \cdots + [E(u_t u'_{t-k}) + E(u_{t-k}u'_t)] \\ &= k \sum_{j=-k}^{k} \frac{k-|j|}{k} E(u_t u'_{t-k}) \end{aligned}$$

Andrews（1991）给出了谱密度估计的一些附加加权方案。

这个计算也让我们对 S 矩阵有了一些直观的理解。我们正在寻找样本均值 $\text{var}\left(\frac{1}{T} \sum_{t=1}^{T} u_t \right)$ 的样本方差。我们只找到了一个样本均值，所以通过获取单个样本的短和方差来估计样本均值的方差，$\text{var}\left(\frac{1}{k} \sum_{j=1}^{k} u_j \right)$。因

此，S 矩阵有时称为长期协方差矩阵。事实上，可以直接将 S 估计为第 k 次和的方差，以得到几乎相同的估计量。上述方法在任何样本中都是正定的。

$$v_t = \sum_{j=1}^{k} u_{t-j}, \quad \overline{v} = \frac{1}{T-k} \sum_{t=k+1}^{T} v_t$$

$$\hat{S} = \frac{1}{k} \frac{1}{T-k} \sum_{t=k+1}^{T} (v_t - \overline{v})(v_t - \overline{v})'$$

当我们对 S 的测量十分感兴趣时就会使用该估计量（Cochrane，1988；Lo and MacKinlay，1988）。人们还提倡各种其他加权方案。

k 的值是多少，或者如果是其他形状，窗口应该有多宽？重复一遍，你必须做出判断。k 值太小，加上明显自相关的 u_t，就无法修正误差中可能存在的相关性。k 值太大，加上序列没有太多的自相关，估计和检验的作用就会下降。例如，如果 $k = T/2$，则实际上只是使用两个数据点来估计均值的方差。然后，最优值取决于特定应用中持续性或低频移动的多少，而不是估计的准确性。

关于最佳窗口的宽度或 k 的大小，已有大量的统计文献对此进行了说明。这些文献大多描述了 k 随样本规模增加的速率。为了得到一致的估计，我们必须保证随着样本量的增加而增加 k，但不能像样本量增加的那样快——$\lim_{T\to\infty} k = \infty$，$\lim_{T\to\infty} k/T = 0$。在实践中，关于如何处理更多数据的承诺是毫无意义的，而且一旦得到更多的数据，这些承诺通常就会被打破。

（4）考虑自相关和异方差的参数结构。

如式（11.19）中的"非参数的"修正通常在典型样本中表现不太好。问题是"非参数的"技术实际上是高度参数化的，必须估计数据中的许多相关性。因此，非参数估计因样本而异。这种变化可能使 S^{-1} 加权估计的效率大大降低，有时甚至比在固定加权矩阵上形成的估计更差。此外，渐近分布理论忽略了协方差矩阵估计中的抽样变异。因此，渐近分布可能是统计量（如 J_T）的有限样本分布的一个糟糕的近似。

用蒙特卡罗法或自助法（bootstrap）而不是依赖于渐近理论可以得到更精确的标准误差。或者在 S 矩阵上强加一个参数化结构，从而解决这两个问题。仅仅因为公式是用协方差之和表示的，并不意味着必须这样估计它们；GMM 本质上并不与"非参数的"协方差矩阵估计相关。例如，如果用参数 ρ 将标量 u 建模为 AR(1)，则可以估计两个数字 ρ 和 σ_u^2，而不是整个自相关序列，并计算

$$S = \sum_{j=-\infty}^{\infty} E(u_t u_{t-j}) = \sigma_u^2 \sum_{j=-\infty}^{\infty} \rho^{|j|} = \sigma_u^2 \frac{1+\rho}{1-\rho}$$

如果这种结构不是一种糟糕的预测，那么加强它（估计更少的参数）可以得到更可靠的估计和检验统计量。我们可以尝试将数据转换成一开始需要修正相关关系较少的形式。

（顺便说一下，这是一个非常有用的公式。我们可能习惯于计算均值的标准误差

$$\sigma(\overline{x}) = \frac{\sigma(x)}{\sqrt{T}}$$

这个公式假定 x 与时间不相关。如果 AR(1) 对它们的相关性是一个好模型，则可以使用

$$\sigma(\overline{x}) = \frac{\sigma(x)}{\sqrt{T}} \sqrt{\frac{1+\rho}{1-\rho}}$$

来快速调整相关性。）

这种参数修正在 OLS 回归分析中很常见。教材中普遍提倡使用 AR (1) 模型来进行序列相关，以及使用参数模型来进行异方差修正。对于 GMM 统计，没有理由不采用类似的方法。

（5）使用零假设限制相关性？

在典型的资产定价设置中，零假设指定 $E_t(u_{t+1}) = E_t(m_{t+1} R_{t+1} - 1) = 0$，以及 $E(u_{t+1}) = 0$。这意味着 S 的所有自相关项都会被剔除；对于 $j \neq 0$，$E(u_t u'_{t-j}) = 0$。滞后的 u 可以是工具变量 z；即使使用过去的折现收益以及任何其他变量，折现收益也应该是不可预测的。在这种情况下，可以利用零假设只包含一项，并估计

$$\hat{S} = \frac{1}{T} \sum_{t=1}^{T} u_t u'_t$$

类似地，如果我们对某个变量 z_t 的预测收益进行回归

$$R_{t+1} = a + b z_t + \varepsilon_{t+1}$$

在时间 t 时，任何变量都不能预测收益的零假设意味着误差不应该是自相关的。然后，我们可以简化 11.4 节给出的 OLS 回归公式中的标准误差，消除所有超前和滞后变量。

在其他情况下，零假设可以表示成 $E(u_t u'_{t-j})$ 的函数形式或者一些

不是全部为零的函数形式。例如，正如我们在 11.4 节中所看到的，即使在无收益预测的零假设下，重叠数据上长期收益的回归也导致了相关的误差项。正如 Hansen 和 Hodrick 所建议的那样，我们可以设其为零假设并剔除重复的部分。

$$\operatorname{var}(b_T) = \frac{1}{T}E(x_t x_t')^{-1} \Big[\sum_{j=-k}^{k} E(\varepsilon_t x_t x_{t-j}' \varepsilon_{t-j})\Big] E(x_t x_t')^{-1} \quad (11.20)$$

但是，零假设可能不正确，并且误差可能是相关的。如果是这样，我们把它们排除在外可能会犯错误。如果零假设是正确的，额外的项会收敛到零并且只会失去一些（有限样本）不需要的自由度。如果零假设不正确，则估计不一致。考虑到这一点，即使零假设表示它们不属于，我们也希望至少包含一些额外的自相关。

此外，不能保证式（11.20）中的未加权的求和部分在样本中是正定的。如果公式中求和部分不是正定的，那么可以通过使用加权的方式求和，如增加滞后项的方法，可以降低滞后项（期数）接近 k 的部分存在异常低估的加权比例问题。同理，估计哪些原假设为零的额外滞后项仅仅会损失极小的估计能力。

蒙特卡罗证明（Hodrick，1992）表明，采用零假设简化谱密度矩阵有助于正确获得检验统计量的有限样本容量，即零假设为真的拒绝概率为真。如果零假设为真，尽可能多地使用它会使估计和检验工作做得更好，这一点也不让人奇怪；另一方面，添加额外的相关性有助于提高检验统计数据的效用，即备择假设为真的拒绝概率，因为它们会收敛到正确的谱密度矩阵。

这种权衡需要深思熟虑。对于测量而非纯粹的检验来说，使用能够包含备择假设的谱密度矩阵可能是正确的选择。例如，在收益预测回归中，人们真正关注的是衡量收益的可预测性，而不是仅仅在形式上检验其为零的假设。

如果我们正在检验资产定价模型，则该模型预测 u 不应该是自相关的。如果这个问题具有很大的差异，那么这表明模型有问题：将 u 作为工具变量 z 之一将导致拒绝或至少实质性改变的结果。如果 u 是不相关的，那么是否添加一些额外的项就真的无关紧要了。

（6）规模问题：考虑一个因子或其他参数横截面结构。

如果试图估计的协方差矩阵大于数据点的数量（比如 2 000 只纽约证券交易所股票和 800 个月的观察数据），那么 S 估计就像任何其他协方差矩阵一样，从构造上来说是奇异的。当试图求 S 的逆时，会产生一个明显的问题！一般来说，当矩的数量超过数据点数量的 $1/10$ 左右时，S 估计往往变得不稳定且接近奇异。作为加权矩阵，S 矩阵要注意是奇异的并且可能是虚假的矩线性组合，如 11.5 节中所强调的。因此，大多数第二阶段 GMM 估计仅限于少数资产和少数工具变量。

一个良好但尚未试验的替代方案可能是在协方差矩阵上施加因子结构或其他性能良好的结构。在分析之前将资产分组为投资组合这种近乎普遍的做法已经暗示了一种假设，即基础资产的真实值 S 具有因子结构。投资组合中的分组意味着单个资产的信息都包含在投资组合中，因此加权矩阵 S^{-1} 将以相同的方式对待投资组合中的所有资产。估计 S 对所有原始资产施加因子结构可能更好。

估计 S 的另一个困难是在第一阶段停止估计，并且只使用 S 来表示标准误差。我们也可以使用高度结构化的 S 估计作为加权矩阵，同时对标准误差使用较少的约束估计。

这个问题当然不是 GMM 独有的。任何估计技术都需要计算协方差矩阵。许多传统的估计只是假设 u_t 误差是横截面独立的。这种错误的假设导致对标准误差的低估，远远低于任何 GMM 估计的小样本性能。

经济计量技术都是为大时间序列和小横截面而设计的。我们的数据具有较大的横截面和较短的时间序列。金融学中一个尚未解决的大问题是如何开发合适的评估资产定价模型的大 N 小 T 工具。

（7）两阶段程序的替代程序：迭代和一步到位。

Hansen and Singleton（1982）描述了上述两步程序并因此而流行。在实践中，两个替代程序可能表现得更好，即可能导致具有更好的小样本性质的渐近等价估计。它们也可以更简单地实现，并且需要更少的手动调整或指定设置（矩、加权矩阵）通常是同等重要的。

1）迭代。第二阶段估计 $\hat{b}_2$ 将不意味着与第一阶段具有相同的谱密度。对 b 和谱密度的估计应该是一致的，也就是说，要找到一个固定点 $\hat{b} = \min\limits_{\{b\}}[g_T(b)'S(\hat{b})^{-1}g_T(b)]$。搜索这个固定点的一种方法是迭代，即在以下公式中求出 b_2：

$$\hat{b}_2 = \min\limits_{\{b\}} g_T(b)'S^{-1}(b_1)g_T(b) \tag{11.21}$$

式中，b_1 是第一阶段估计值，其在计算 b_2 时取最小值。然后使用 $\hat{b}_2$ 找到 $S(\hat{b}_2)$，求出

$$\hat{b}_3 = \min_{\{b\}}[g_T(b)'S(\hat{b}_2)^{-1}g_T(b)]$$

等等。不存在这样的迭代会收敛的定点定理，但它们经常会收敛，特别是在稍加处理的情况下。（本书曾经在迭代的开始部分使用 $S[(b_j+b_{j-1})/2]$ 以防止它在 b 的两个值之间振荡。）Ferson and Foerster（1994）发现，在蒙特卡罗实验中，迭代比两阶段 GMM 能提供更好的小样本性能。这个程序也可能产生不依赖于初始加权矩阵的估计。

2）同时选择 b 和 S。当搜索 b 时，S 必须保持不变，这是不正确的。相反，可以为 b 的每个值找到新的 $S(b)$。显而易见，可以使用以下公式来估计 b：

$$\min_{\{b\}}[g_T(b)'S^{-1}(b)g_T(b)] \tag{11.22}$$

在有限样本中，这种同时搜索产生的估计值在数值上与两步或迭代估计不同。式（11.21）的一阶条件是

$$\left(\frac{\partial g_T(b)}{\partial b}\right)'S^{-1}(b_1)g_T(b)=0 \tag{11.23}$$

当式（11.22）中的一阶条件加上一项涉及 $S(b)$ 对 b 的导数时，后一项渐近消失，因此渐近分布理论不受影响。Hansen，Heton and Yaron（1996）进行了一些蒙特卡罗实验，发现这种估计在某些问题上可能具有小样本优势。然而，一步最小化可能会发现参数空间的区域放大了谱密度矩阵 $S(b)$，而不是降低了定价误差 g_T。

通常这个选择比另一个更方便。对于线性模型，可以从一阶条件式（11.23）中解析地找到 b 的最小值。这一事实消除了搜索的必要，因此迭代估计比一步估计快得多。对于非线性模型，每一步都涉及对 $g_T(b)'$ $Sg_T(b)$ 的数值搜索，而不是多次执行此搜索，这样可以更快地最小化 $g_T(b)'S(b)g_T(b)$。另一方面，由于后者不是局部二次型，因此搜索可能会遇到更大的数值困难。

第 12 章

线性因子模型的回归检验

接下来的四章研究了应该如何估计和评价线性因子模型这个问题，即 $p=E(mx)$，$m=b'f$ 形式的模型或等价于 $E(R^e)=\beta'\lambda$ 的模型。到目前为止，这些模型是实证资产定价中最常见的模型，并且有大量关于使用计量经济学技术来估计和评价它们的文献。每种技术都集中在相同的问题上：如何估计参数，如何计算估计参数的标准误差，如何计算定价误差的标准误差，以及如何使用 $\hat{\alpha}'V^{-1}\hat{\alpha}$ 形式的检验统计量检验模型。

本章将从简单而长期的时间序列和横截面回归检验开始。在第 13 章中，对 $p=E(mx)$，$m=b'f$ 形式的模型采用 GMM 方法。第 14 章总结了最大似然估计的原理，推导了最大似然估计和检验。最后，第 15 章比较了不同的方法。

一如既往，主题是内在的统一。所有这些技术都归结为两个基本概念之一：时间序列回归或横截面回归。时间序列回归是横截面回归的一个极限情形。GMM，$p=E(mx)$ 方法与横截面回归几乎相同。最大似然（适当的统计假设）证明了时间序列和横截面回归方法的合理性。参数估计、标准误差和检验统计量的公式都惊人地相似。

12.1 时间序列回归

当因子也是收益时，我们可以为每项资产评估模型

$$E(R^{ei}) = \beta_i E(f)$$

通过运行 OLS 时间序列回归

$$R_t^{ei} = \alpha_i + \beta_i f_t + \varepsilon_t^i, \quad t = 1, 2, \cdots, T$$

OLS 分布公式（带修正的标准误差）提供了 α 和 β 的标准误差。

在误差为随时间独立同分布变化、同质且与因子无关的情况下，截距的渐近联合分布给出了模型检验统计量

$$T \left[1 + \left(\frac{E_T(f)}{\hat{\sigma}(f)} \right)^2 \right]^{-1} \hat{\alpha}' \hat{\Sigma}^{-1} \hat{\alpha} \sim \chi_N^2$$

Gibbons-Ross-Shanken 检验是一个与此统计量相对应的多元的有限样本检验，当误差也是正态分布时

$$\frac{T-N-K}{N}(1 + E_T(f)' \hat{\Omega}^{-1} E_T(f))^{-1} \hat{\alpha}' \hat{\Sigma}^{-1} \hat{\alpha} \sim F_{N,T-N-K}$$

本节展示了如何通过 GMM 构造具有异方差和自相关误差的相同检验统计量。

从最简单的案例开始。我们有一个单一因子的因子定价模型。该因子是超额收益（例如，满足 $R^{em} = R_m - R^f$ 的 CAPM），测试资产都可以带来超额收益。我们用预期收益-β 表达式来表示模型。β 由回归系数定义

$$R_t^{ei} = \alpha_i + \beta_i f_t + \varepsilon_t^i \tag{12.1}$$

模型表明预期收益在 β 中是线性的：

$$E(R^{ei}) = \beta_i E(f) \tag{12.2}$$

由于因子也是超额收益，该模型也适用于因子，因此 $E(f) = 1 \times \lambda$。

比较模型（12.2）和时间序列回归的期望（12.1），我们发现模型对数据有且仅有一个暗示：所有的回归截距 α_i 都应该为零。回归截距等于定价误差。

考虑到这一事实，Black，Jensen and Scholes（1972）提出了一种自然的估计和评价策略：对每个测试资产运行时间序列回归（12.1）。因子风险溢价的估计值就是因子的样本均值

$$\hat{\lambda} = E_T(f)$$

　　然后，使用标准 OLS 公式来求出参数的分布理论。特别是我们可以使用 t 检验来检查定价误差 α 是否实际为零。这些分布通常是针对式（12.1）中的回归误差是不相关和同方差的情况提出的，但 11.4 节中的公式很容易说明如何计算任意误差协方差结构的标准误差。

　　如果还想知道是否所有的定价误差联合起来等于零，就要求我们不能只使用式（12.1），因为获得联合密度函数时会有跨资产相关误差（$E(\epsilon_t^i \epsilon_t^j)=0$）。（可以把式（12.1）看作一个面板回归，然后检验公司虚拟变量是否联合为零。）这些检验的经典形式假定没有自相关或异方差。用方差-协方差矩阵除以 $\hat{\alpha}$ 回归系数，得到 χ^2 检验

$$T\left[1+\left(\frac{E_T(f)}{\hat{\sigma}(f)}\right)^2\right]^{-1}\hat{\alpha}'\hat{\Sigma}^{-1}\hat{\alpha}\sim\chi_N^2 \tag{12.3}$$

式中，$E_T(f)$ 表示样本均值，$\hat{\sigma}^2(f)$ 表示样本方差，$\hat{\alpha}$ 是估计截距的向量。

$$\hat{\alpha}=\begin{bmatrix}\hat{\alpha}_1 & \hat{\alpha}_2 & \cdots & \hat{\alpha}_N\end{bmatrix}'$$

$\hat{\Sigma}$ 是残差协方差矩阵，即 $E(\epsilon_t \epsilon_t')=\Sigma$ 的样本估计，其中

$$\epsilon_t=\begin{bmatrix}\epsilon_t^1 & \epsilon_t^2 & \cdots & \epsilon_t^N\end{bmatrix}'$$

　　通常在检验回归系数的假设时，这个检验是渐近有效的。渐近分布理论假定 $\sigma^2(f)$（即 $X'X$）和 Σ 已收敛到其概率极限；因此，即使因子是随机的且 Σ 是估计的，它也是渐近有效的，但它忽略了有限样本中的那些变化源。它不要求误差是正态的，且依赖于中心极限定理，因此 $\hat{\alpha}$ 是正态的。

　　同样在回归环境中，我们可以得到一个有限样本 F 分布，假设一组参数联合为零

$$\frac{T-N-1}{N}\left[1+\left(\frac{E_T(f)}{\hat{\sigma}(f)}\right)^2\right]^{-1}\hat{\alpha}'\hat{\Sigma}^{-1}\hat{\alpha}\sim F_{N,T-N-1} \tag{12.4}$$

这是 Gibbons，Ross and Shanken（1989）或 "GRS" 检验统计。F 分布识别了 $\hat{\Sigma}$ 中的抽样变异，这不包括在式（12.3）中。这个分布要求误差 ϵ 是正态的、不相关的、同方差的。在正态误差下，$\hat{\alpha}$ 是正态的，并且 $\hat{\Sigma}$ 是一个独立的 Wishart 分布（多元形式的 χ^2），所以比值是 F。这个分布在有限的样本中是精确的。

　　检验式（12.3）和式（12.4）的形式非常直观。检验的基本部分是定

价误差的二次型，即 $\hat{a}\hat{\Sigma}^{-1}\hat{a}$。如果模型中没有 βf，那么 $\hat{a}$ 就是回归误差 ε_t 的样本均值。假设独立同分布的 ε_t，其样本均值的方差仅为 $1/T\Sigma$。如果我们知道 Σ，那么 $T\hat{a}'\Sigma^{-1}\hat{a}$ 将是样本均值平方和除以方差-协方差矩阵。其中方差-协方差矩阵将具有渐近的 χ_N^2 分布，或者如果 ε_t 是正态的，则为有限样本 χ_N^2 分布。但是我们必须估计 Σ，这就是有限样本分布是 F 而不是 χ^2 的原因。我们还估计了 β，并且式（12.3）和式（12.4）中的第二项解释了这个事实。

回想一下，当且仅当参考收益在均值-方差边界上时，才存在单 β 表达式。因此，该检验也可以解释为在考虑抽样误差后，利用总体矩检验 f 在均值-方差边界上（是否为事前均值-方差有效）。即使 f 是在真实的或在事前均值-方差边界上，由于运气的原因，样本中的其他收益也会优于它。因此，即使是用样本矩绘制的边界，收益 f 也通常在事后均值-方差边界内。不过，它不应该离样本边界太远。Gibbons，Ross and Shanken（1989）表明，检验统计量可以用收益 f 在事后边界内的距离来表示：

$$\frac{T-N-1}{N}\frac{(\mu_q/\sigma_q)^2-(E_T(f)/\hat{\sigma}(f))^2}{1+(E_T(f)/\hat{\sigma}(f))^2} \tag{12.5}$$

式中，$(\mu_q/\sigma_q)^2$ 是由测试资产加上因子 f 形成的事后相切投资组合的夏普比率（最大事后夏普比率）。分子中的最后一项是因子的夏普比率，因此分子表示因子是如何在事后边界内的。

如果有很多因子是超额收益，那么同样的想法也会起作用，但要付出一些代数复杂性的代价。回归公式是

$$R^{ei}=\alpha_i+\beta_i'f_t+\varepsilon_t^i$$

资产定价模型

$$E(R^{ei})=\beta_i'E(f)$$

再次预测截距应该为零。用 OLS 时间序列回归估计 α 和 β。假设误差正态独立同分布，则二次型 $\hat{a}'\hat{\Sigma}^{-1}\hat{a}$ 具有分布

$$\frac{T-N-K}{N}(1+E_T(f)'\hat{\Omega}^{-1}E_T(f))^{-1}\hat{a}'\hat{\Sigma}^{-1}\hat{a}\sim F_{N,T-N-K} \tag{12.6}$$

其中

$N=$ 资产数量

$$K = 因子数量$$

$$\hat{\Omega} = \frac{1}{T} \sum_{t=1}^{T} [f_t - E_T(f)][f_t - E_T(f)]'$$

$$\hat{\Sigma} = \frac{1}{T} \sum_{t=1}^{T} \hat{\varepsilon}_t \hat{\varepsilon}_t'$$

主要的区别是单因子的夏普比率被通式 $E_T(f)' \hat{\Omega}^{-1} E_T(f)$ 代替。

χ^2 统计量的推导及一般误差分布

导出式（12.3）作为 GMM 的一个实例。这种方法能够直接对自相关和异方差扰动产生所需的校正。（MacKinlay and Richardson（1991）提倡用 GMM 方法进行回归检验。）它也提醒我们 GMM 和 $p = E(mx)$ 不一定是成对的；我们也可以对预期收益-β 模型进行 GMM 估计。由于同时跟踪了 N 个 OLS 回归，因此这个机制与我们在 11.4 节中生成 OLS 回归系数分布的方法略有不同。

把所有的 N 个资产的公式写成向量形式

$$R_t^e = \alpha + \beta f_t + \varepsilon_t$$

用常用的 OLS 矩来估计系数

$$g_T(b) = \begin{bmatrix} E_T(R_t^e - \alpha - \beta f_t) \\ E_T[(R_t^e - \alpha - \beta f_t)f_t] \end{bmatrix} = E_T\left(\begin{bmatrix} \varepsilon_t \\ f_t \varepsilon_t \end{bmatrix} \right) = 0$$

这些矩恰好确定了参数 α, β, 因此 $a g_T(\hat{b}) = 0$ 中的 a 矩阵是单位矩阵。求解时，GMM 估计当然是 OLS 估计

$$\hat{\alpha} = E_T(R_t^e) - \hat{\beta} E_T(f_t)$$

$$\hat{\beta} = \frac{E_T[(R_t^e - E_T(R_t^e))f_t]}{E_T[(f_t - E_T(f_t))f_t]} = \frac{\text{cov}_T(R_t^e, f_t)}{\text{var}_T(f_t)}$$

一般 GMM 公式中的 d 矩阵是

$$d \equiv \frac{\partial g_T(b)}{\partial b'} = -\begin{bmatrix} I_N & I_N E(f_t) \\ I_N E(f_t) & I_N E(f_t^2) \end{bmatrix}$$

$$= -\begin{bmatrix} 1 & E(f_t) \\ E(f_t) & E(f_t^2) \end{bmatrix} \otimes I_N$$

式中，I_N 是 $N \times N$ 的单位矩阵。S 矩阵是

$$S = \sum_{j=-\infty}^{\infty} \begin{bmatrix} E(\varepsilon_t \varepsilon'_{t-j}) & E(\varepsilon_t \varepsilon'_{t-j} f_{t-j}) \\ E(f_t \varepsilon_t \varepsilon'_{t-j}) & E(f_t \varepsilon_t \varepsilon'_{t-j} f_{t-j}) \end{bmatrix}$$

使用 GMM 方差公式（11.4）和 $a = I$，得到

$$\text{var}\left(\begin{bmatrix} \hat{\alpha} \\ \hat{\beta} \end{bmatrix} \right) = \frac{1}{T} d^{-1} S d^{-1\prime} \tag{12.7}$$

至此，整个过程完成了。$\text{var}(\hat{\alpha}\,\hat{\beta})$ 的左上角是 $\text{var}(\hat{\alpha})$，正在寻找的检验是 $\hat{\alpha} \text{var}(\hat{\alpha})^{-1} \hat{\alpha} \sim \chi_N^2$。

标准公式假设误差与时间不相关，且不存在异方差，从而使该表达式更优秀。这些假设简化了 S 矩阵，如 11.4 节中的标准 OLS 公式。如果假设 f 和 ε 既相互独立又正交，则 $E(f\varepsilon\varepsilon') = E(f)E(\varepsilon\varepsilon')$ 且 $E(f^2\varepsilon\varepsilon') = E(f^2)E(\varepsilon\varepsilon')$。如果假设误差也与时间不相关，则我们会失去所有的超前和滞后项。然后，S 矩阵简化为：

$$S = \begin{bmatrix} E(\varepsilon_t \varepsilon'_t) & E(\varepsilon_t \varepsilon'_t)E(f_t) \\ E(f_t)E(\varepsilon_t \varepsilon'_t) & E(\varepsilon_t \varepsilon'_t)E(f_t^2) \end{bmatrix} = \begin{bmatrix} 1 & E(f_t) \\ E(f_t) & E(f_t^2) \end{bmatrix} \otimes \Sigma \tag{12.8}$$

现在代入式（12.7）。使用 $(A \otimes B)^{-1} = A^{-1} \otimes B^{-1}$ 和 $(A \otimes B)(C \otimes D) = AC \otimes BD$，可以得到

$$\text{var}\left(\begin{bmatrix} \hat{\alpha} \\ \hat{\beta} \end{bmatrix} \right) = \frac{1}{T} \left(\begin{bmatrix} 1 & E(f_t) \\ E(f_t) & E(f_t^2) \end{bmatrix}^{-1} \otimes \Sigma \right)$$

求逆

$$\text{var}\left(\begin{bmatrix} \hat{\alpha} \\ \hat{\beta} \end{bmatrix} \right) = \frac{1}{T} \frac{1}{\text{var}(f)} \begin{bmatrix} E(f_t^2) & -E(f_t) \\ -E(f_t) & 1 \end{bmatrix} \otimes \Sigma$$

我们对左上角感兴趣。使用 $E(f^2) = E(f)^2 + \text{var}(f)$

$$\text{var}(\hat{\alpha}) = \frac{1}{T}\left(1 + \frac{E(f)^2}{\text{var}(f)}\right) \Sigma$$

这是传统的公式（12.3）。虽然这个公式很优秀，但现在没有真正的理由假设误差是独立同分布的或独立于这些因子。通过简单的计算式（12.7），可以很容易地构造不需要这些假设的标准误差和检验统计量。

12.2 横截面回归

> 我们可以通过对 β 的平均收益进行横截面回归来拟合
>
> $$E(R^{ei}) = \beta_i'\lambda + \alpha_i$$
>
> 无论因子是否为收益,都可以使用此技术。
>
> 我们讨论了 OLS 和 GLS 横截面回归,得到了 λ 的标准误差公式,并用 χ^2 检验 α 是否联合为零。由 GMM 的例子,推导出了分布,并展示了如何对自相关和异方差误差使用相同的方法。经过证明,当因子也是超额收益时,GLS 横截面回归与时间序列回归是相同的,并且包含在测试资产集中。

从 K 因子模型开始,写为:

$$E(R^{ei}) = \beta_i'\lambda, \quad i = 1, 2, \cdots, N$$

核心的经济问题是,为什么不同资产的平均收益各不相同。如果一项资产具有较高的 β,或对具有高风险溢价的因子具有较大的风险敞口,则该资产的预期收益应较高。

图 12.1 描绘了单因子(如 CAPM)的情况。每个点代表一项资产 i。模型表示平均收益应该与 β 成比例,所以绘制了样本平均收益与 β 的对比图。即使模型是真实的,也不能在每个样本中都把这个图完美地绘制出来,总会有一些改变与扩展,如图所示。

考虑到这些事实,一个自然的想法是运行一个横截面回归,通过图 12.1 中的散点来拟合成一条线。首先从时间序列回归中找到 β 的估计值

$$R_t^{ei} = a_i + \beta_i'f_t + \varepsilon_t^i, \quad t = 1, 2, \cdots, T \quad \text{对每个 } i \tag{12.9}$$

然后根据 β 平均收益的资产的回归估计因子风险溢价 λ

$$E_T(R^{ei}) = \beta_i'\lambda + \alpha_i, \quad i = 1, 2, \cdots, N \tag{12.10}$$

如图所示,β 为右侧变量,λ 为回归系数,横截面回归残差 α_i 为定价误差。

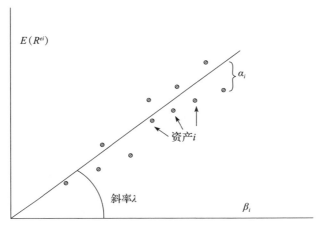

图 12.1　横截面回归

因为该估计首先进行时间序列回归，然后进行横截面回归，所以这也被称为两步回归估计。

我们可以使用常数或不使用常数来运行横截面回归。理论上说，常数或零 β 资产组合的超额收益应该是零。我们可以施加这个限制或者估计一个常数，看看它的结果是否很小。通常需要在效率（如将常数项设为空值以获得有效估计）和稳健性之间进行权衡。

OLS 横截面回归

考虑单因子需要简化符号，多因子的情况看起来与向量代替标量相同。本节表示了从 1 到 N 的没有上标或下标的向量，即 $\varepsilon_t = [\varepsilon_t^1 \ \varepsilon_t^2 \ \cdots \ \varepsilon_t^N]'$，$\beta = [\beta_1 \ \beta_2 \ \cdots \ \beta_N]'$，$R_t^e$ 和 α 的情况类似。为了简便起见，假设横截面回归中没有截距。使用这个符号表示的 OLS 横截面估计是

$$\hat{\lambda} = (\beta'\beta)^{-1}\beta' E_T(R^e)$$
$$\hat{\alpha} = E_T(R^e) - \hat{\lambda}\beta \tag{12.11}$$

接下来，需要一个估计参数的分布理论。一个最自然的想法是标准的 OLS 分布公式。从传统的假设开始，即真正的误差是随时间独立同分布的，与因子无关。本节将给出一些易于解释的公式，后面介绍分配理论时我们还会看到这些术语。

在 OLS 回归 $Y = X\beta + u$ 和 $E(uu') = \Omega$ 中，β 估计的方差为 $(X'X)^{-1}X'$

$\Omega X(X'X)^{-1}$。残差协方差矩阵为 $(I-X(X'X)^{-1}X')\Omega(I-X(X'X)^{-1}X')'$。

为了应用这些公式，需要横截面回归中的误差协方差 $\mathrm{cov}(\alpha,\ \alpha')$。在传统假设中，因子和误差是随时间变化且独立同分布的，即 $\mathrm{cov}(\alpha,\ \alpha')=\frac{1}{T}(\beta\Sigma_f\beta'+\Sigma)$，其中 $\Sigma_f\equiv\mathrm{cov}(f_t,\ f_t')$ 和 $\Sigma=\mathrm{cov}(\varepsilon_t\varepsilon_t')$。因此，从 $\alpha=E_T(R^e)-\beta\lambda$ 开始。当 $R_t^e=a+\beta f_t+\varepsilon_t$ 时，可以得到 $E_T(R_t^e)=a+\beta E_T(f_t)+E_T(\varepsilon_t)$。在模型是正确的零假设下，$E(R^e)=a+\beta E(f)=\beta\lambda$，则 $\mathrm{cov}(\alpha,\ \alpha')=\mathrm{cov}[E_T(R^e),\ E_T(R^e)']=\frac{1}{T}(\beta\Sigma_f\beta'+\Sigma)$。（不要将此协方差与横截面回归中估计值 α 的协方差混淆。像残差协方差和误差协方差一样，估计值 α 的协方差中有一些附加项。下一步需要推导 $E_T(R^e)$，而不是 $E(R^e)$（因为 $E(R^e)$ 没有协方差），或者需要推导 R_t^e。$E_T(R^e)$ 是横截面回归中的 y 变量。）

然后，对于 OLS 估计和残差的协方差矩阵，考虑相关误差的传统 OLS 公式给出了

$$\sigma^2(\hat{\lambda})=\frac{1}{T}\left[(\beta'\beta)^{-1}\beta'\Sigma\beta(\beta'\beta)^{-1}+\Sigma_f\right] \tag{12.12}$$

$$\mathrm{cov}(\hat{\alpha})=\frac{1}{T}\left[I-\beta(\beta'\beta)^{-1}\beta'\right]\Sigma\left[I-\beta(\beta'\beta)^{-1}\beta'\right]' \tag{12.13}$$

正确的式（12.19）和式（12.20）解释了 β 被估计的事实。（Σ_f 项在式（12.13）中被消去。）

我们可以用统计量来检验所有的定价误差是否为零。

$$\hat{\alpha}'\mathrm{cov}(\hat{\alpha})^{-1}\hat{\alpha}\sim\chi_{N-1}^2 \tag{12.14}$$

因为协方差矩阵是奇异的，所以分布是 χ_{N-1}^2，而不是 χ_N^2。式（12.13）中的奇异项和附加项由于估计了 λ 系数，这意味着必须使用广义逆。（如果有 K 个因子，显然会得到 χ_{N-K}^2。）

残差检验在 OLS 回归中是不常见的。因为除了残差本身，没有其他关于残差应该有多大的信息，通常不检验残差是否"太大"。然而，在这种情况下，第一阶段的时间序列回归会给出一些关于 $\mathrm{cov}(\alpha\alpha')$ 大小的独立信息，这些信息是从横截面残差 α 中看不到的。

GLS 横截面回归

由于横截面回归（12.10）中的残差相互关联，标准教材建议使用

$E(\alpha\alpha') = \dfrac{1}{T}(\Sigma + \beta\Sigma_f\beta')$ 作为误差协方差矩阵来运行 GLS 横截面回归，而不是 OLS：

$$\hat{\lambda} = (\beta'\Sigma^{-1}\beta)^{-1}\beta'\Sigma^{-1}E_T(R^e) \tag{12.15}$$
$$\hat{\alpha} = E_T(R^e) - \hat{\lambda}\beta$$

（GLS 公式是

$$\hat{\lambda} = [\beta'(\beta\Sigma_f^{-1}\beta' + \Sigma)^{-1}\beta]^{-1}\beta'(\beta\Sigma_f^{-1}\beta' + \Sigma)^{-1}E_T(R^e)$$

然而，结果证明我们可以去掉 $\beta\Sigma_f^{-1}\beta'$ 项。[①]）

标准回归公式给出了这些估计的方差

$$\sigma^2(\hat{\lambda}) = \dfrac{1}{T}[(\beta'\Sigma^{-1}\beta)^{-1} + \Sigma_f] \tag{12.16}$$

$$\mathrm{cov}(\hat{\alpha}) = \dfrac{1}{T}[\Sigma - \beta(\beta'\Sigma^{-1}\beta)^{-1}\beta'] \tag{12.17}$$

11.5 节的注释提醒：在这种情况下，OLS 有时比 GLS 更稳健。GLS 回归可以提高效率，即给出更精确的估计。然而，Σ 可能很难估计和转换，特别是在横截面 N 较大的情况下。人们很可能会选择 OLS 的稳健性而不是 GLS 的渐近统计优势。

GLS 回归可以理解为报酬空间的转换，以将注意力集中在统计上信息量最大的投资组合上。寻找（比如，通过 Choleski 分解）矩阵 C，使得 $CC' = \Sigma^{-1}$，GLS 回归与 $C\beta$ 上 $CE_T(R^e)$ 的 OLS 回归相同，即在投资组合 CR^e 上检验模型。统计上信息量最大的投资组合是那些残差方差最小的投

---

① 这是代数运算。让

$$A = I + \beta'\Sigma^{-1}\beta\Sigma_f^{-1}$$

然后

$$\hat{\lambda} = [\beta'(\beta\Sigma_f^{-1}\beta' + \Sigma)^{-1}\beta]^{-1}A^{-1}A\beta'(\beta\Sigma_f^{-1}\beta' + \Sigma)^{-1}E_f(R^e)$$
$$= [A\beta'(\beta\Sigma_f^{-1}\beta' + \Sigma)^{-1}\beta]^{-1}A\beta'(\beta\Sigma_f^{-1}\beta' + \Sigma)^{-1}E_T(R^e)$$

可得

$$A\beta' = (I + \beta'\Sigma^{-1}\beta\Sigma_f^{-1})\beta'$$
$$= \beta'(I + \Sigma^{-1}\beta\Sigma_f^{-1}\beta')$$
$$= \beta'\Sigma^{-1}(\Sigma + \beta\Sigma_f^{-1}\beta')$$

因此

$$\hat{\lambda} = (\beta'\Sigma^{-1}\beta)^{-1}\beta'\Sigma^{-1}E_T(R^e)$$

资组合。但这种渐近统计理论假设协方差矩阵已收敛到其真值。在大多数样本中,事后或样本均值-方差边界似乎仍然表明具有很大的运气成分。尤其是当横截面很大,超过时间序列 1/10 时这一点尤其明显。投资组合 CR^e 可能包含许多极端多空头寸。

同样,可以用式（12.14）检验所有 α 等于零的假设。虽然出现的统计量是相同的,但协方差矩阵较小,反映了 GLS 检验的作用更大。与 J_T 检验（11.10）一样,我们可以开发不需要广义逆的等效检验:

$$T\hat{\alpha}'\Sigma^{-1}\hat{\alpha} \sim \chi^2_{N-1} \tag{12.18}$$

为了推导式（12.18）,完全按照 J_T 检验（11.10）的推导进行。通过 Choleski 分解定义一个矩阵 C,使得 $CC'=\Sigma^{-1}$。现在,求出 $\sqrt{T}C'\hat{\alpha}$ 的协方差矩阵:

$$\text{cov}(\sqrt{T}C'\alpha)=C'((CC')^{-1}-\beta(\beta'CC'\beta)^{-1}\beta')C=I-\delta(\delta'\delta)^{-1}\delta'$$

其中

$$\delta=C'\beta$$

综上所述,$\hat{\alpha}$ 是渐近正态的,所以 $\sqrt{T}C'\hat{\alpha}$ 是渐近正态的,$\text{cov}(\sqrt{T}C'\hat{\alpha})$ 是秩为 $N-1$ 的幂等矩阵。因此 $T\hat{\alpha}CC'\hat{\alpha}=T\hat{\alpha}\Sigma^{-1}\hat{\alpha}$ 是 χ^2_{N-1}。

β 估计值的修正,以及不需要独立同分布误差的 GMM 公式

在将标准 OLS 公式应用于横截面回归时,假设右侧变量 β 是固定的。当然,横截面回归中的 β 不是固定的,而是在时间序列回归中估计的。事实证明这很重要。

在这一节中,我们推导出了正确的渐近标准误差。通过简化假设,误差 ε 是随时间变化独立同分布的,且与因子无关,结果是

$$\sigma^2(\hat{\lambda}_{\text{OLS}})=\frac{1}{T}\left[(\beta'\beta)^{-1}\beta'\Sigma\beta(\beta'\beta)^{-1}(1+\lambda'\Sigma_f^{-1}\lambda)+\Sigma_f\right]$$

$$\sigma^2(\hat{\lambda}_{\text{GLS}})=\frac{1}{T}\left[(\beta'\Sigma^{-1}\beta)^{-1}(1+\lambda'\Sigma_f^{-1}\lambda)+\Sigma_f\right] \tag{12.19}$$

式中,Σ_f 是因子的方差-协方差矩阵。该修正应归功于 Shanken（1992b）。将这些标准误差与式（12.12）和式（12.16）进行比较,可以发现一个乘法修正 $(1+\lambda'\Sigma_f^{-1}\lambda)$。

定价误差的渐近方差-协方差矩阵为:

$$\text{cov}(\hat{\alpha}_{\text{OLS}}) = \frac{1}{T}(I_N - \beta(\beta'\beta)^{-1}\beta')\Sigma(I_N - \beta(\beta'\beta)^{-1}\beta')\times(1+\lambda'\Sigma_f^{-1}\lambda)$$

(12.20)

$$\text{cov}(\hat{\alpha}_{\text{GLS}}) = \frac{1}{T}(\Sigma - \beta(\beta'\Sigma^{-1}\beta)^{-1}\beta')(1+\lambda'\Sigma_f^{-1}\lambda)$$ (12.21)

将这些结果与式(12.13)和式(12.17)进行比较,可以看到相同的乘法修正。

通过将定价误差除以方差-协方差矩阵即 $\hat{\alpha}\text{cov}(\hat{\alpha})^{-1}\hat{\alpha}$,可以形成定价误差的渐近 χ^2 检验。紧随式(12.18),将这个结果简化为 GLS 定价误差导致的

$$T(1+\lambda'\Sigma_f^{-1}\lambda)\hat{\alpha}'_{\text{GLS}}\Sigma^{-1}\hat{\alpha}_{\text{GLS}} \sim \chi^2_{N-K}$$ (12.22)

相对于简单的回归公式(12.12)、式(12.13)、式(12.16)、式(12.17),修正是否重要?在 CAPM 中,年度数据中 $\lambda = E(R^{em})$,所以 $\lambda^2/\sigma^2(R^{em}) \approx (0.08/0.16)^2 = 0.25$。因此,在年度数据中,乘法项太大以至于不能忽略。然而,均值和方差都与期限成比例,所以夏普比率与期限平方根成比例。因此,对于一个月间隔 $\lambda^2/\sigma^2(R^{em}) \approx 0.25/12 \approx 0.02$ 来说,这是相当小的,因此忽略乘法项几乎没有区别。

假设这个因子实际上是收益。因子风险溢价为 $\lambda = E(f)$,使用因子均值的标准误差 Σ_f/T 作为 λ 的标准误差。β 项修正了横截面和时间序列估计之间的微小差异。因此,它们可能很小,Σ_f/T 可能是最重要的术语。

将式(12.22)与时间序列回归的 GRS 检验式(12.3)、式(12.4)、式(12.6)进行比较,可以看到相同的统计结果。唯一的区别是,通过从横截面估计 λ 而不是施加 $\lambda = E(f)$,会使横截面回归失去等于因子数量的自由度。

虽然这些公式是标准经典公式,但需要强调的是,不必对用于推导公式的误差项做出严格的假设。与时间序列的情形一样,本节推导出了一个关于 $\hat{\lambda}$ 和 $\hat{\alpha}$ 分布的一般公式,并且做出了经典的误差项假设,以使谱密度矩阵更为美观。

不需要独立同分布误差的推导和公式

在横截面回归中,处理"生成回归函数"如 β 一样的简单而优雅的方

法是将整个过程映射到 GMM 中。然后，将同时生成回归系数 β 的矩视为生成横截面回归系数 λ 的矩，两组矩之间的协方差矩阵 S 捕获生成回归系数对横截面回归系数标准误差的影响。将这种直接的推导与 Shanken (1992b) 论文中的推导困难进行比较，该论文最初推导了 $\hat{\lambda}$ 的修正，但 Shanken 没有找到允许检验定价误差的公式 (12.20)，这是 GMM 框架简洁和强大的一个很好的论证。

为了使代数运算易于处理，我只处理单因子的情况。矩是

$$g_T(b) = \begin{bmatrix} E(R_t^e - a - \beta f_t) \\ E[(R_t^e - a - \beta f_t)f_t] \\ E(R^e - \beta\lambda) \end{bmatrix} = \begin{bmatrix} 0 \\ 0 \\ 0 \end{bmatrix} \tag{12.23}$$

前两个矩条件准确地将 a 和 β 识别为时间序列 OLS 估计。（注意，是 a 不是 α。在横截面回归中，时间序列截距不一定等于定价误差。）底部矩条件是资产定价模型。由于只有一个额外的参数 (λ) 和 N 个额外的矩条件，因此其通常在样本中被过度识别。如果在此条件下使用加权向量 β'，则可得到 λ 的 OLS 横截面估计。如果使用加权向量 $\beta'\Sigma^{-1}$，则可得到 λ 的 GLS 横截面估计。为了适用这两种情况，使用一个加权向量 γ'，然后在最后用 $\gamma' = \beta'$ 或 $\gamma' = \beta'\Sigma^{-1}$ 替换。然而，一旦放弃独立同分布误差，由 Σ^{-1} 加权的 GLS 横截面回归将不再是最佳估计。一旦认识到误差不服从经典假设，如果想要有效的估计，不妨计算正确的和完全有效的估计。在决定了横截面回归之后，矩 (12.23) 的有效估计为 $d'S^{-1}g_T(a, \beta, \lambda) = 0$。

$\hat{\lambda}$ 的标准误差直接来自一般 GMM 标准误差公式 (11.4)。$\hat{a}$ 不是参数，而是最后 N 个矩。因此，它们的协方差矩阵由 g_T 样本变异的 GMM 公式 (11.5) 给出。我们现在要做的就是把问题映射到 GMM 的表达式中。

参数向量是

$$b' = \begin{bmatrix} a' & \beta' & \lambda \end{bmatrix}$$

a 矩阵选择在估计中将哪个矩条件设置为零。

$$a = \begin{bmatrix} I_{2N} & 0 \\ 0 & \gamma' \end{bmatrix}$$

d 矩阵是矩条件对参数的灵敏度。

$$d = \frac{\partial g_T}{\partial b'} = \begin{bmatrix} -I_N & -I_N E(f) & 0 \\ -I_N E(f) & -I_N E(f^2) & 0 \\ 0 & -\lambda I_N & -\beta \end{bmatrix}$$

S 矩阵是矩的长期协方差矩阵。

$$S = \sum_{j=-\infty}^{\infty} E\left(\begin{bmatrix} R_t^e - \alpha - \beta f_t \\ (R_t^e - a - \beta f_t) f_t \\ R_t^e - \beta\lambda \end{bmatrix} \begin{bmatrix} R_{t-j}^e - \alpha - \beta f_{t-j} \\ (R_{t-j}^e - \alpha - \beta f_{t-j}) f_{t-j} \\ R_{t-j}^e - \beta\lambda \end{bmatrix}'\right)$$

$$= \sum_{j=-\infty}^{\infty} E\left(\begin{bmatrix} \varepsilon_t \\ \varepsilon_t f_t \\ \beta(f_t - Ef) + \varepsilon_t \end{bmatrix} \begin{bmatrix} \varepsilon_{t-j} \\ \varepsilon_{t-j} f_{t-j} \\ \beta(f_{t-j} - Ef) + \varepsilon_{t-j} \end{bmatrix}'\right)$$

在第二个表达式中，使用了回归模型和空值的限制，即 $E(R_t^e) = \beta\lambda$。当然，我们可以在计算中简单地估计第一个表达式。

该表达式有计算 GMM 标准误差公式（11.4）和矩协方差公式（11.5）的成分。

对于向量 f，矩是

$$\begin{bmatrix} I_N \otimes I_{K+1} & \\ & \gamma' \end{bmatrix} \begin{bmatrix} E_T(R^e - \alpha - \beta f) \\ E_T[(R^e - \alpha - \beta f) \otimes f] \\ E_T(R^e - \beta\lambda) \end{bmatrix} = 0$$

式中，$\beta_i = N \times 1$，对于 OLS，$\gamma' = \beta'$；对于 GLS，$\gamma' = \beta'(\Sigma^{-1})$。

注意，当收益不是独立同分布时，GLS 估计不是"有效 GMM"估计。有效 GMM 估计是 $d'S^{-1}g_T = 0$。d 矩阵是

$$d = \frac{\partial g_T}{\partial [\alpha' \beta_1' \beta_2' \lambda']} = -\begin{bmatrix} \begin{bmatrix} 1 & E(f') \\ E(f) & E(ff') \\ 0 & \lambda' \end{bmatrix} \otimes I_N & \begin{bmatrix} 0 \\ 0 \\ \beta \end{bmatrix} \end{bmatrix}$$

我们可以通过加上误差是独立同分布且独立于因子，因子与时间不相关的假设来设定经典公式（12.19）、式（12.20）和式（12.21）。假设误差和因子随着时间的推移是不相关的，这意味着可以忽略超前和滞后项。因此，S 的左上角是 $E(\varepsilon_t \varepsilon_t') = \Sigma$。假设误差与因子 f_t 无关，则简化 ε_t 和 f_t 相乘项，如 $E(\varepsilon_t(\varepsilon_t' f_t)) = E(f)\Sigma$。结果是

$$S = \begin{bmatrix} \Sigma & E(f)\Sigma & \Sigma \\ E(f)\Sigma & E(f^2)\Sigma & E(f)\Sigma \\ \Sigma & E(f)\Sigma & \beta\beta'\sigma^2(f)+\Sigma \end{bmatrix}$$

　　根据参数协方差矩阵（11.4）的 GMM 公式，将 a，d，S 相乘，得到所有参数的协方差矩阵，其（3，3）元素的方差为 $\hat{a}$。将这些项乘以式（11.5），得到了 $\hat{a}$ 的抽样分布即式（12.20）。上述式（12.19）的推导方法与 f_t 因子的向量而非标量的推导方法相同；式（12.23）中的二阶矩条件是 $E[(R_t^e - a - \beta f_t) \otimes f_t]$。矩阵乘法不是特别有启发性。

　　再次，没有必要假设误差是独立同分布的，特别是假设它们是条件同方差的，即因子 f 和误差 ε 是独立的。估计一个不施加这些条件的 S 矩阵和计算标准误差是相当容易的。它们将不会有上面给出的完美分析形式，但其将更密切地报告估计的真实抽样不确定性。此外，如果人们真的对效率感兴趣，则 GLS 横截面估计应使用谱密度矩阵作为应用于所有矩的加权矩阵，而不是仅应用于定价误差的 Σ^{-1}。

时间序列与横截面

　　时间序列和横截面方法有何不同？

　　最重要的是，当因子不是收益时，可以运行横截面回归。时间序列检验需要同样是收益的因子，因此可以通过 $\hat{\lambda} = E_T(f)$ 估计因子风险溢价。资产定价模型确实预测了时间序列回归中截距的限制。为什么不检验一下呢？如果施加限制 $E(R^{ei}) = \beta_i' \lambda$，可以将时间序列回归（12.9）写成

$$R_t^{ei} = \beta_i' \lambda + \beta_i'(f_t - E(f)) + \varepsilon_t^i, \quad i=1,2,\cdots,T \quad 对于每个 i$$

因此，截距限制是

$$a_i = \beta_i'(\lambda - E(f)) \tag{12.24}$$

这种限制是有意义的。该模型认为平均收益应该与 β 成正比，时间序列回归中的截距主要影响平均收益。我们还可以看到 $\lambda = E(f)$ 如何导致零截距。然而，如果没有 λ 的估计，就不能检查这个截距限制。如果这个因子不是收益，那么我们将进行诸如横截面回归之类的计算。

　　当因子是收益时，这样就可以比较这两种方法，时间序列回归和横截面回归不一定相同。时间序列回归估计作为因子的样本均值的因子风险溢价。因此，在每个样本中因子的定价误差为零。而且，预测的零 β 资产组

合的超额收益也是零。因此，时间序列回归可以通过画一条线来描述预期
收益的横截面，如图 12.1 所示，该线穿过原点和因子，并忽略了其他点。
OLS横截面回归会选择斜率和截距（如果包含一个）来最佳拟合所有点，
以最小化所有定价误差的平方和。

如果因子是收益，则 GLS 横截面回归（包括作为测试资产的因子）
与时间序列回归相同。当然，因子的时间序列回归是

$$f_t = 0 + 1f_t + 0$$

因此，它有一个零截距，且 β 等于 1，在每个样本中都有零残差。收益的
残差方差-协方差矩阵（包括因子）是

$$E\left(\begin{bmatrix} R^e - a - \beta f \\ f - 0 - 1f \end{bmatrix}[\ \cdot\ ]'\right) = \begin{bmatrix} \Sigma & 0 \\ 0 & 0 \end{bmatrix}$$

由于该因子的残差为零，GLS 回归将其所有权重都放在该资产上。因此，
$\hat{\lambda} = E_T(f)$ 与时间序列回归一样。定价误差是一样的，它们的分布和 χ^2
检验也是一样的。（通过将因子添加到横截面回归中，可以获得一定的自
由度，因此检验结果为 χ_N^2。）

为什么"有效的"技术在估计因子风险溢价时忽略了所有其他资产的
定价误差，而只关注平均收益？答案虽简单，但很微妙。在回归模型

$$R_t^e = a + \beta f_t + \varepsilon_t$$

中，样本中每项资产的平均收益等于 β 乘以样本中因子的平均收益，再加
上样本中的平均残差。平均收益不包含在因子样本均值中尚未观察到的因
子均值信息。除了同一信号中的信息外，信号加噪声不携带任何附加信
息。因此，"有效的"横截面回归明智地忽略了其他资产收益中的所有信
息，仅使用因子收益中的信息来估计因子风险溢价。

12.3 Fama-MacBeth 程序

> 下面将介绍 Fama-MacBeth 程序，用于运行横截面回归和计算标准
> 误差，以修正面板中的横截面相关性。当右侧变量不随时间变化时，
> Fama-MacBeth 程序在数值上等于集合时间序列、横截面 OLS，其具有

标准误差且修正了横截面相关性；也等于时间序列均值的单横截面回归，其也具有标准误差且修正了横截面相关性。Fama-MacBeth 标准误差不包括对被 β 估计的修正。

Fama and MacBeth(1973) 提出了一种运行横截面回归、产生标准误差和检验统计量的替代程序。这是一个历史上非常重要的程序，它在计算上非常容易实现且仍然在广泛使用。因此，理解它并将它与其他程序联系起来非常重要。

首先，通过时间序列回归找到 β 估计。Fama 和 MacBeth 使用了 5 年滚动回归，但也可以使用全样本 β 技术，然而本节将考虑更简单的情况。其次，不再使用样本均值来估计单个横截面回归，而是在每个时间段运行横截面回归，即

$$R_t^{ei} = \beta_i{}'\lambda_t + \alpha_{it}, \quad i=1,2,\cdots,N \quad 对于每个 t$$

简单起见，本节编写了单因子的案例，但是很容易将模型扩展到多因子。然后，Fama 和 MacBeth 建议估计 λ 和 α_i 作为横截面回归估计的均值

$$\hat{\lambda} = \frac{1}{T} \sum_{t=1}^{T} \hat{\lambda}_t, \quad \hat{\alpha}_i = \frac{1}{T} \sum_{t=1}^{T} \hat{\alpha}_{it}$$

最重要的是，他们建议使用横截面回归估计的标准差来产生这些估计的抽样误差

$$\sigma^2(\hat{\lambda}) = \frac{1}{T^2} \sum_{t=1}^{T} (\hat{\lambda}_t - \hat{\lambda})^2, \quad \sigma^2(\hat{\alpha}_i) = \frac{1}{T^2} \sum_{t=1}^{T} (\hat{\alpha}_{it} - \hat{\alpha}_i)^2$$

这是 $1/T^2$，因为我们发现了样本均值的标准误差，即 σ^2/T。

只要你停下来思考一下，就会发现这是一个吸引人的程序。毕竟，抽样误差是指如果重复观察，统计数据从一个样本到下一个样本的变化情况。我们不能只对一个样本进行处理，但为什么不把样本分成两半，然后从上半个样本到下半个样本推断出该统计量是如何变化的呢？为什么不把样本分成四份、八份，等等？Fama-MacBeth 程序将这一思想运用到了它的逻辑结论中，使用随时间变化的统计量 $\hat{\lambda}_t$ 来推断它在样本间的变化。

我们可以利用 $\sigma^2(\overline{x}) = \sigma^2(x)/T = \frac{1}{T^2} \sum_t (x_t - \overline{x})^2$，通过观察 x_t 随时间的变化来推导 x_t 序列的样本均值抽样方差。Fama-MacBeth 技术只是

将这一思想应用于斜率和定价误差估计。该公式假定时间序列不是自相关的，但可以很容易地将此思想扩展到使用长期方差矩阵来估计随时间相关的 $\hat{\lambda}_t$，即估计

$$\sigma^2(\hat{\lambda}) = \frac{1}{T} \sum_{j=-\infty}^{\infty} \mathrm{cov}_T(\hat{\lambda}_t, \hat{\lambda}_{t-j})$$

当然，应该使用某种加权矩阵或参数化描述 $\hat{\lambda}$ 自相关，如 11.7 节所述。资产收益数据通常不具有高度相关性，但这种相关性可能会对 Fama-Mac-Beth 技术在公司财务数据或其他回归中的应用产生重大影响。在这些回归中，随着时间的推移，横截面估计高度相关。

很自然地，可以用这个抽样理论来检验所有的定价误差是否联合为零。用 α 表示资产定价误差的向量。我们可以通过以下公式估计样本定价误差的协方差矩阵

$$\hat{\alpha} = \frac{1}{T} \sum_{t=1}^{T} \hat{\alpha}_t$$

$$\mathrm{cov}(\hat{\alpha}) = \frac{1}{T^2} \sum_{l=1}^{T} (\hat{\alpha}_t - \hat{\alpha})(\hat{\alpha}_t - \hat{\alpha})'$$

（或者解释随时间变化相关性的通用形式）然后使用检验

$$\hat{\alpha}' \mathrm{cov}(\hat{\alpha})^{-1} \hat{\alpha} \sim \chi_{N-1}^2$$

进一步探究 Fama-MacBeth

GRS 程序和单横截面回归分析在任何回归过程中都很常见。本节将在下面通过最大似然法证明它们是合理的。Fama-MacBeth 程序看起来不像在计量经济学课程中看到的任何方法，它显然是一种有用且简单的技术，可以广泛应用于经济学的面板数据、公司财务以及资产定价中。资产定价数据是否存在一些不同之处，需要一种标准回归课程中未教授的全新技术，还是与标准技术相似的技术？为了回答这些问题，有必要更详细地了解它的作用和原理。

在更标准的设置中，使用左侧变量 y 和右侧变量 x 更容易做到这一点。考虑一项回归

$$y_{it} = \beta' x_{it} + \varepsilon_{it}, \quad i = 1, 2, \cdots, N, \quad t = 1, 2, \cdots, T$$

此回归中的数据有一个横截面元素和一个时间序列元素。例如，在公司财

务中，读者可能对投资和财务变量之间的关系感兴趣，并且数据集中有许多公司（N）以及每家公司（T）的时间序列观测值。在预期收益-β资产定价模型中，x_{it}代表β_i，β代表λ。

在这种情况下，一个显而易见的做法是简单地将i和t观测值叠加在一起，并通过OLS估计β。我们称之为集合时间序列横截面估计。然而，误差项之间不太可能是不相关的。特别是在给定的时间，误差项可能是横截面相关的。如果一只股票本月的收益异常高，另一只股票的收益也可能很高；如果一家公司今年的投资额异常大，另一家公司也可能如此。当误差相关时，OLS仍然是一致的，但OLS分布理论是错误的，这通常表明标准误差太小。在极端情况下，N个误差在每个时间段是完全相关的，每个时间段实际上只有一个观测值，所以一个观测值实际上是T，而不是NT。因此，集合时间序列横截面估计必须包括修正的标准误差。人们常常忽略这一事实并报告OLS标准误差。

我们可以做的另一件事是，首先取时间序列的均值，然后运行一个纯横截面回归

$$E_T(y_{it}) = \beta' E_T(x_{it}) + u_j, \quad i = 1, 2, \cdots, N$$

这个程序会由于x_{it}随时间变化而丢失一些信息，但至少可以更容易地计算u_i的方差-协方差矩阵，并修正残差相关的标准误差。（也可以对横截面进行平均，然后进行单一时间序列回归。我们会在后面的期权章节用到。）在这两种情况下，标准误差修正只是具有相关误差项的OLS回归标准公式的应用。

最后，可以运行Fama-MacBeth程序：在每个时间点上运行横截面回归，平均横截面估计值$\hat{\beta}_t$得到估计值$\hat{\beta}$，并使用$\hat{\beta}_t$的时间序列标准差估计$\hat{\beta}$的标准误差。

结果表明，Fama-MacBeth程序是计算标准误差的另一种方法，可根据横截面相关进行修正。

命题：如果x_{it}变量不随时间变化，并且误差是横截面相关但不是随时间变化的，那么Fama-MacBeth估计、纯横截面OLS估计和集合时间序列横截面OLS估计是相同的。此外，Fama-MacBeth标准误差与横截面回归或叠加OLS标准误差相同，已修正了残差的相关性。如果x_{it}随时间变化，则这些关系都不成立。

因为它们是相同的程序，所以计算估计值和标准误差的方法是一个关

乎个人偏好的问题。

本节强调了一个不正确的程序：集合时间序列和横截面 OLS 没有修正标准误差的相关性。在大多数金融应用程序中，这些误差的横截面关联性非常高，因此计算出的标准误差往往相差 10 倍。

对于资产定价应用来说，误差随时间不相关的假设可能没那么糟糕，因为收益接近独立。然而，当集合时间序列横截面回归应用于公司财务时，误差可能与时间高度相关。"其他因子"（ε）导致公司 i 在 t 时的投资比根据一组右侧变量预测的要多，这肯定与导致公司 j 投资更多的其他因子相关。但这些因子很可能导致公司在 $t+1$ 时投资更多。在这种情况下，任何标准误差也必须修正误差中的序列相关性；11.4 节中基于 GMM 的公式可以很容易地做到这一点。

Fama-MacBeth 标准误差也不能纠正 $\hat{\beta}$ 是生成回归系数的事实。如果要使用它们，最好至少计算上述的 Shanken 修正因子，并检查修正量的大小。

证明：只需要写出这三种方法并加以比较。假设 x 变量不随时间变化，回归是

$$y_{it} = x_i'\beta + \varepsilon_{it}$$

叠加横截面 $i=1,\cdots,N$ 并将回归写为：

$$y_t = x\beta + \varepsilon_t$$

x 现在是一个矩阵，x_i' 是行。误差假设为 $E(\varepsilon_t\varepsilon_t') = \Sigma$。

集合 OLS：为了运行集合 OLS，通过

$$Y = \begin{bmatrix} y_1 \\ y_2 \\ \vdots \\ y_T \end{bmatrix}, \quad X = \begin{bmatrix} x \\ x \\ \vdots \\ x \end{bmatrix}, \quad \epsilon = \begin{bmatrix} \varepsilon_1 \\ \varepsilon_2 \\ \vdots \\ \varepsilon_T \end{bmatrix}$$

把时间序列和横截面叠加起来，然后

$$Y = X\beta + \epsilon$$

使用

$$E(\epsilon\epsilon') = \Omega = \begin{bmatrix} \Sigma & & \\ & \ddots & \\ & & \Sigma \end{bmatrix}$$

估计值及其标准误差为：

$$\hat{\beta}_{OLS} = (X'X)^{-1}X'Y$$
$$\text{cov}(\hat{\beta}_{OLS}) = (X'X)^{-1}X'\Omega X(X'X)^{-1}$$

用 $X'X = Tx'x$ 从叠加矩阵的定义中写出

$$\hat{\beta}_{OLS} = (x'x)^{-1}x'E_T(y_t)$$
$$\text{cov}(\hat{\beta}_{OLS}) = \frac{1}{T}(x'x)^{-1}(x'\Sigma x)(x'x)^{-1}$$

我们可以用下列公式来估计抽样变异

$$\hat{\Sigma} = E_T(\hat{\varepsilon}_t\hat{\varepsilon}_t'), \quad \hat{\varepsilon}_t \equiv y_t - x\hat{\beta}_{OLS}$$

　　纯横截面：纯横截面估计量对时间序列均值进行一次横截面回归。所以，取均值

$$E_T(y_t) = x\beta + E_T(\varepsilon_t)$$

式中，$x = E_T(x)$ 是因为 x 为常数。假设随时间变化误差独立同分布，误差协方差矩阵为：

$$E[E_T(\varepsilon_t)E_T(\varepsilon_t')] = \frac{1}{T}\Sigma$$

然后，横截面估计和修正的标准误差为：

$$\hat{\beta}_{XS} = (x'x)^{-1}x'E_T(y_t)$$
$$\sigma^2(\hat{\beta}_{XS}) = \frac{1}{T}(x'x)^{-1}x'\Sigma x(x'x)^{-1}$$

因此，在每个样本中，横截面和集合 OLS 估计值与标准误差完全相同。

　　Fama-MacBeth：Fama-MacBeth 估计量是通过在每个时刻首先运行横截面回归而形成的

$$\hat{\beta}_t = (x'x)^{-1}x'y_t$$

那么这个估计值是横截面回归估计的均值

$$\hat{\beta}_{FM} = E_T(\hat{\beta}_t) = (x'x)^{-1}x'E_T(y_t)$$

因此，在每个样本中，Fama-MacBeth 估计量也与 OLS 估计量相同。Fama-MacBeth 标准误差是基于 $\hat{\beta}_t$ 的时间序列标准差。使用 cov_T 表示样本协方差

$$\text{cov}(\hat{\beta}_{FM}) = \frac{1}{T}\text{cov}_T(\hat{\beta}_t) = \frac{1}{T}(x'x)^{-1}x'\text{cov}_T(y_t)x(x'x)^{-1}$$

运用

$$y_t = x\beta_{FM} + \hat{\varepsilon}_t$$

再用

$$\text{cov}_T(y_t) = E_T(\hat{\varepsilon}_t\hat{\varepsilon}_t') = \hat{\Sigma}$$

最终得出

$$\text{cov}(\hat{\beta}_{FM}) = \frac{1}{T}(x'x)^{-1}x'\hat{\Sigma}x(x'x)^{-1}$$

因此，标准误差的 Fama-MacBeth 估计量在数值上也等同于 OLS 修正的标准误差。

变化量 x：如果 x_{it} 随时间变化，则三个得出的结果都不再相等，这是因为横截面回归忽略了 x_{it} 的时间序列变化。举一个极端的例子，假设标量 x_{it} 随时间变化，但不是横截面的

$$y_{it} = \alpha + x_t\beta + \varepsilon_{it}, \quad i=1,2,\cdots,N, \quad t=1,2,\cdots,T$$

OLS 回归是

$$\hat{\beta}_{\text{OLS}} = \frac{\sum_{it}\tilde{x}_t y_{it}}{\sum_{it}\tilde{x}_t^2} = \frac{\sum_t \tilde{x}_t(1/N)\sum_i y_{it}}{\sum_t \tilde{x}_t^2}$$

式中，$\tilde{x} = x - E_T(x)$ 表示去均值变量。估计是由 x_t 随时间变化的协方差和 y_{it} 的横截面均值驱动的。因为样本中的所有信息都存在于时间变化中，所以这是合理的。这与横截面均值随时间回归是相同的。但是，因为右侧变量在 i 上是常数，我们甚至不能进行横截面估计。

作为一个实际的例子，读者可能对 CAPM 规范感兴趣，其中 β 随时间变化 (β_t)，但不随测试资产变化。此示例仍然包含关于 CAPM 的信息：β 随时间的变化应与预期收益随时间的变化相匹配。但是，任何基于横截面回归的方法都会完全忽略它。

在历史的背景下，Fama-MacBeth 程序也很重要。因为它允许改变 β，这是单个无条件横截面回归或时间序列回归检验不容易处理的。

第13章

折现因子形式的线性因子模型 GMM

本章研究了用 $p = E(mx)$，$m = b'f$ 表示的线性折现因子模型的估计和检验。这种形式自然地提供了一种利用定价误差作为矩的 GMM 方法。得到的估计与第 12 章的回归估计非常相似。

13.1 对定价误差的 GMM 给出横截面回归

第一阶段 GMM 估计是 OLS 横截面回归，第二阶段是 GLS 回归。

第一阶段：$\hat{b}_1 = (d'd)^{-1}d'E_T(p)$

第二阶段：$\hat{b}_2 = (d'S^{-1}d)^{-1}d'S^{-1}E(p)$

标准误差是相应的回归公式，定价误差方差是残差方差的标准回归公式。

将常数 $a \times 1$ 作为常数因子，模型为：

$$m = b'f$$
$$E(p) = E(mx)$$

或者简化为：

$$E(p) = E(xf')b \tag{13.1}$$

式中，p 和 x 分别是资产价格和报酬的 $N \times 1$ 向量；f 是因子的 $K \times 1$ 向量；b 是参数的 $K \times 1$ 向量。我将时间列为下标，可得 m_{t+1}，f_{t+1}，x_{t+1}，p_t。报酬通常是收益或超额收益，包括通过工具变量衡量的收益。价格通常为 1（收益）、0（超额收益）或工具变量衡量的收益。

要实现 GMM，需要选择一组矩。最明显的一组矩是定价误差

$$g_T(b) = E_T(xf'b - p)$$

这种选择是可以的，但不是必须的。不必基于 $p = E(mx)$ 去使用 GMM，也不必基于 $P = E(mx)$ 去使用 GMM。在预期收益-β 模型上使用 GMM，也可以在 $p = E(mx)$ 上使用最大似然。这是一个选择，其结果将取决于矩的选择以及模型的规格。

GMM 估计由下列公式构成

$$\min_b g_T(b)' W g_T(b)$$

具有一阶条件

$$d' W g_T(b) = d' W E_T(xf'b - p) = 0$$

其中

$$d' = \frac{\partial g_T'(b)}{\partial b} = E_T(fx')$$

这是报酬和因子的二阶矩矩阵。第一阶段为 $W = I$，第二阶段为 $W = S^{-1}$。由于这是一个线性模型，所以我们可以求解 GMM 估计，它是

$$\text{第一阶段：} \hat{b}_1 = (d'd)^{-1} d' E_T(p)$$
$$\text{第二阶段：} \hat{b}_2 = (d'S^{-1}d)^{-1} d' S^{-1} E_T(p)$$

第一阶段估计是对平均支付价格的二阶报酬矩的 OLS 横截面回归，第二阶段估计是 GLS 横截面回归。该模型（13.1）指出，平均价格应该是二阶报酬矩随因子变化的线性函数，因此估计值可以进行线性回归。因为它们是在样本均值的基础上跨资产进行操作的，所以这些是横截面回归。回归中的"数据点"是样本平均价格（y）和测试资产中系数（x）的二阶报酬矩。我们应选择使模型拟合的参数 b，以尽可能解释资产价格的横截面。

从通常的 GMM 标准误差公式（11.2）和式（11.8）中可以找到分布理论。在第一阶段，$a = d'$：

$$第一阶段：\operatorname{cov}(\hat{b}_1) = \frac{1}{T}(d'd)^{-1}d'Sd(d'd)^{-1}$$

$$第二阶段：\operatorname{cov}(\hat{b}_2) = \frac{1}{T}(d'S^{-1}d)^{-1} \tag{13.2}$$

不出所料，这些正是误差协方差为 S 的 OLS 和 GLS 回归误差公式。由于报酬是相关的，定价误差在资产之间是相关的。因此，OLS 横截面回归标准误差需要修正相关性，如式（13.2）所示，并且可以求得 GLS 中的有效估计值。GLS 中的类比很相似，因为 S 是 $E(p) - E(xf')b$ 的协方差矩阵，是横截面回归中"误差"的协方差矩阵。

定价误差的协方差矩阵来自式（11.5）、式（11.9）和式（11.10）。

$$第一阶段：T\operatorname{cov}[g_T(\hat{b})] = (I - d(d'd)^{-1}d') \times$$
$$S(I - d(d'd)^{-1}d') \tag{13.3}$$
$$第二阶段：T\operatorname{cov}[g_T(\hat{b})] = S - d(d'S^{-1}d)^{-1}d'$$

这些显然类似于回归残差协方差矩阵的标准回归公式。

模型检验是

$$g_T(\hat{b})'\operatorname{cov}(g_T)^{-1}g_T(\hat{b}) \sim \chi^2(矩的数目 — 参数的数目)$$

其专门用于第二阶段估计的是

$$Tg_T(\hat{b})'S^{-1}g_T(\hat{b}) \sim \chi^2(矩的数目 — 参数的数目)$$

把这些写出来并没有什么意义，只是要指出，这个检验是定价误差向量的二次型。

13.2　超额收益的情形

当 $m_{t+1} = a - b'f_{t+1}$ 且测试资产为超额收益时，GMM 估计为平均收益对带因子的收益二阶矩的 GLS 横截面回归。

$$第一阶段：\hat{b}_1 = (d'd)^{-1}d'E_T(R^e)$$
$$第二阶段：\hat{b}_2 = (d'S^{-1}d)^{-1}d'S^{-1}E_T(R^e)$$

式中，d 是收益和因子之间的协方差矩阵。其他公式也是一样的。

最后一部分的分析要求至少有一项资产的价格为非零。如果所有资产都是超额收益，则 $\hat{b}_1=(d'd)^{-1}d'E_T(p)=0$。线性因子模型最常用于超额收益，因此这种情况很重要。如果 $E(mR^e)=0$，则 $E((2\times m)R^e)=0$。问题是在这种情况下，平均折现因子没有确定。类似地，在预期收益-β 模型中，如果所有测试资产都是超额收益，那么没有关于零 β 资产组合收益率的信息。

将模型写成 $m=a-b'f$，则不能分别识别 a 和 b，所以必须选择一些标准化形式。这种选择完全是出于简便，缺乏识别恰恰意味着定价误差不取决于选择的标准化。

最简单的选择是 $a=1$。那么

$$g_T(b)=-E_T(mR^e)=-E_T(R^e)+E(R^e f')b$$

（负号使得到的公式更美观。）我们有收益和因子的二阶矩矩阵

$$d=-\frac{\partial g_T(b)}{\partial b'}=E(R^e f')$$

$\min g_T' W g_T$ 的一阶条件是

$$-d'W[E_T(R^e)-db]=0$$

那么，b 的 GMM 估计是

第一阶段：$\hat{b}_1=(d'd)^{-1}d'E_T(R^e)$

第二阶段：$\hat{b}_2=(d'S^{-1}d)^{-1}d'S^{-1}E_T(R^e)$

GMM 估计是平均超额收益对带因子的收益的二阶矩的横截面回归。从这里开始，分布理论与上一节保持不变。

协方差平均收益

通过选择标准化 $a=1+b'E(f)$ 而不是 $a=1$，可以得到离 β 很近的协方差平均超额收益横截面回归。然后，模型为 $m=1-b'[f-E(f)]$，其中 $E(m)=1$。定价误差是

$$g_T(b)=E_T(mR^e)=E_T(R^e)-E_T(R^e\tilde{f}')b$$

式中，I 表示 $f\equiv f-E(f)$。可以得到

$$d=\frac{\partial g_T(b)}{\partial b'}=E(R^e\tilde{f}')$$

其表示收益和因子的协方差矩阵。$\min g_T' W g_T$ 的一阶条件是

$$-d'W[E_T(R^e)-db]=0$$

那么，b 的 GMM 估计是

第一阶段：$\hat{b}_1=(d'd)^{-1}d'E_T(R^e)$

第二阶段：$\hat{b}_2=(d'S^{-1}d)^{-1}d'S^{-1}E_T(R^e)$

GMM 估计是预期超额收益对收益与因子的协方差的横截面回归。当然，该模型认为预期超额收益应该与收益和因子的协方差成正比，可以通过线性回归来估计这种关系。定价误差的标准误差和方差与式（13.2）和式（13.3）中的相同，d 现在表示协方差矩阵。这些公式与 12.2 节中的横截面回归公式几乎完全相同。超额收益模型 $p=E(mx)$ 等价于 $E(R^e)=-\text{cov}(R^e，f')b$，因此协方差代替了 β。

有一种说法是：因子 $E(f)$ 的均值是估计得到的，分布理论应该认识到由这一事实引起的抽样变异，正如我们在 12.2 节的横截面回归中所做的那样，β 是生成的回归系数。事实上，这些矩是

$$g_T=\begin{bmatrix} E_T[R^e-R^e(f'-Ef')b] \\ E_T(f-Ef) \end{bmatrix}$$

式中，Ef 是因子的均值，一个与 b 一样需要估计的参数。我们可以用加权矩阵捕捉上面的第一和第二阶段回归

$$a_T=\begin{bmatrix} E_T(\tilde{f}R^{e'})W & 0 \\ 0 & I_K \end{bmatrix}$$

式中，$W=I$ 或 $W=S_{11}^{-1}$。（使用符号 S_{11} 来表示谱密度矩阵的第一块，仅对应于矩 $E_T[R^e-R^e\tilde{f}'b]$。）估计的第一块提供 b 的 OLS 和 GLS 横截面回归估计，而第二块中的单位矩阵提供样本平均估计 $Ef=E_T(f)$。现在 GMM 标准误差和 $\text{cov}(g_T)$ 公式将修正 Ef 估计。此更正仅影响 b 估计的标准误差。定价误差的分布和 χ^2 统计量不受影响。根据我迄今为止使用这种方法的经验，在实践中对 Ef 估计的修正非常小，因此忽略它几乎不会造成任何影响（就像 Shanken 修正的情况一样）。另一方面，一旦把这个问题理解清楚，就很容易做对。

与 Shanken 修正一样，这里的第二阶段回归实际上不是有效 GMM 估计。有效估计在 $W=S^{-11}$ 时不使用 a_T，而使用 $a_T=d'S^{-1}$，其中

$$d = \frac{\partial g_T}{\partial [b' E f']} = \begin{bmatrix} -E(R^e \tilde{f}') & E(R^e) b' \\ 0 & -I_K \end{bmatrix}$$

其中，两组矩的谱密度矩阵是

$$S = \sum_{j=-\infty}^{\infty} E \begin{bmatrix} u_t u'_{t-j} & u_t \tilde{f}'_{t-j} \\ \tilde{f}_t u'_{t-j} & \tilde{f}_t \tilde{f}'_{t-j} \end{bmatrix}$$

$$u_t \equiv R_t^e (1 - \tilde{f}'_t b)$$

因此，最优加权矩阵 $a_T = d' S^{-1}$ 不具有上述 a_T 的块对角形式。有效 GMM 允许一些矩偏离其样本值，如果这样做可以使其他矩接近于零，则可以通过 S^{-1} 矩阵来抵消这些误差，如果一个估计 $Ef \neq E_T(f)$ 会使定价误差变小，那么有效 GMM 会选择这样的估计。因此，如果真的想要有效，那这是实现有效的方法，而不是上面给出的第二阶段横截面回归。

13.3　因子比较

> 　　如何检验一组因子是否会排除另一组因子。在 $m = b'_1 f_1 + b'_2 f_2$ 中使用 $\hat{b}_2$ 的标准误差或 χ^2 差异检验来检验 $b_2 = 0$。

　　检验一组因子能否排除另一组因子通常是很有意义的。例如，Chen, Roll and Ross（1986）检验了他们的五个宏观经济因子能否很好地为资产定价，甚至可以忽略市场收益。考虑到已经提出的大量因子，我们需要一个统计程序来检验哪些因子在其他因子存在的情况下仍然存在。

　　在这个框架中，这样的检验非常简单。从估计一般模型开始

$$m = b'_1 f_1 + b'_2 f_2 \tag{13.4}$$

我们想知道，给定因子 f_1，是否需要 f_2 来定价资产，即 $b_2 = 0$？有两种方法可以知道这一点。

　　首先，也是最明显的。有一个渐近协方差矩阵 $[b_1 b_2]$，所以形成一个 t 检验（如果 b_2 是标量）或通过以下统计形式对 $b_2 = 0$ 进行 χ^2 检验

$$\hat{b}'_2 \text{var}(\hat{b}_2)^{-1} \hat{b}_2 \sim \chi^2_{\sharp b_2}$$

式中，$\sharp b_2$ 是 b_2 向量中的元素数。这是 Wald 检验。

其次，估计一个限制系统 $m=b_1'f_1$。由于自由参数比式（13.4）中的少，且矩的数目相同，我们期望标准 J_T 上升。如果使用相同的加权矩阵（通常是根据不受限制的模型（13.4）估计的加权矩阵），那么 J_T 实际上不能下降。但如果 b_2 真的是零，它就不应该上升太多，应上升多少呢？χ^2 差异检验回答了这个问题：

$$TJ_T（受限制的）-TJ_T（不受限制的）\sim \chi^2（限制的数目）$$

这很像似然比检验。

13.4 定价因子检验：是 λ 还是 b

> 在给定其他因子的情况下，b_j 考虑因子 j 是否有助于资产定价。b_j 给出了 m 在给定的其他因子 f_j 上的多元回归系数。
>
> λ_j 考虑因子 j 是否定价，或其因子模拟投资组合是否具有正风险溢价。λ_j 给出了 m 在 f_j 上的单回归系数。
>
> 因此，当因子相关时，应检验 $b_j=0$，以确定在给定其他因子时是否包含因子 j，而不是检验 $\lambda_j=0$。

在预期收益-β 模型的背景下，通过检验附加因子的因子风险溢价 λ 来评估模型的相对强度，而不是检验它们的 b 是否为零，已经成为比较传统的方法。（b 与 β 不同，b 是 m 在 f 上的回归系数，β 是 R^i 在 f 上的回归系数。）

为使公式简单，我们将使用均值为零的因子、超额收益，并将其规范化为 $E(m)=1$，因为 m 的均值与超额收益不一致。

参数 b 和 λ 与下列公式有关

$$\lambda=E(ff')b$$

见 6.3 节。简单来说，

$$0=E(mR^e)=E[R^e(1-f'b)]$$
$$E(R^e)=\text{cov}(R^e,f')b=\text{cov}(R^e,f')E(ff')^{-1}E(ff')b=\beta'\lambda$$

当因子是正交的时，$E(ff')$ 是对角的。当且仅当相应的 $b_j=0$ 时，每个 $\lambda_j=0$。b 和 λ 之间的区别仅在因子相关时才重要。然而，因子之间往往具有相关性。

λ_j 表示因子 f_j 是否会被定价。写下 $\lambda = E[f(f'b)] = -E(mf)$，以确定 λ 是折现因子 m 赋予 f 的价格（负数）。b 表示考虑到其他因子的存在，因子 f_j 在资产定价中是否具有边际效用。如果 $b_j = 0$，我们可以在没有因子 f_j 的情况下对资产进行定价。

λ_j 与 f 上 m 的单回归系数成正比，$\lambda_j = \mathrm{cov}(m, f_j)$。$\lambda_j = 0$ 引出了对应的单回归系数问题——"因子 j 是否与真实的折现因子相关？"

基于其他因子，b_j 是 m 在 f_j 上的多元回归系数。这就要从 $m = b'f$ 开始。（回归不必有误差项！）$y = x\beta + \varepsilon$ 中的多元回归系数 β_j 是回答"如果存在另一个 x，x_j 是否有助于解释 y 中的变化"的，当你想问这个问题"基于其他因子，应该包括因子 j 吗"，其实就是想问多元回归问题。

例如，假设 CAPM 为真，这是单因子模型

$$m = a - bR^{em}$$

式中，R^{em} 是市场超额收益。任何其他超额收益 R^{ex}（x 表示额外的），与 R^{em} 正相关。如果尝试一个带有伪因子 R^{ex} 的因子模型，则答案是

$$m = a - bR^{em} + 0 \times R^{ex}$$

b_x 显然为零，这表明增加这一因子无助于资产定价。

然而，由于 R^{ex} 与 R^{em} 是正相关的，在 R^{em} 上的 R^{ex} 的 CAPM 的 β 值为正，所以 R^{ex} 获得了正预期超额收益，且 $\lambda_x = E(R^{ex}) > 0$。在预期收益-$\beta$ 模型中

$$E(R^{ei}) = \beta_{im}\lambda_m + \beta_{ix}\lambda_x$$

$\lambda_m = E(R^{em})$ 不随伪因子的增加而改变。然而，由于因子 R^{em} 与 R^{ex} 是相关的，当加入额外因子 R^{ex} 时，R^{ei} 对因子的多元回归 β 会发生变化。如果 β_{ix} 为正，则 β_{im} 将从其单回归值下降，因此新模型解释了相同的预期收益 $E(R^{ei})$。预期收益-β 模型将表明 β_x 敞口的风险溢价，许多资产将具有 β_x 敞口（如 R^x！），即使因子 R^x 是伪因子。特别是 R^{ex} 当然会有多元回归系数 $\beta_{x,m} = 0$ 和 $\beta_{x,x} = 1$，它的预期收益将完全由新的因子 x 解释。

所以，像往常一样，答案取决于问题。如果想知道因子 i 是否被定价，请看 λ（或 $E(mf^i)$）。如果你想知道因子 i 是否有助于其他资产定价，请看 b_i。这不是关于抽样误差或检验的问题。以上所有矩都是总体值。

当然，设定 $p = E(mx)$，在 GMM 中检验 $b = 0$ 特别容易。我们可以在模型的任意表达式中检验相同的表达式。在预期收益-β 模型中，可以

用 $E(ff')^{-1}\lambda$ 估计 b，并检验该向量的元素，而不是 λ 本身。

如果使用单回归 β 而不是多元回归 β，则可以写出资产定价模型，即 $ER^e = \beta'\lambda$，并使用 λ 来检验是否可以在其他因子存在的情况下删除因子。在这种情况下，每个 λ 与对应的 b 成比例。我们也可以确保因子是正交的，在这种情况下，检验 λ 和检验 b 是一样的。

13.5 均值-方差边界与绩效评价

> 用 GMM，$p = E(mx)$ 方法可以检验收益是否扩大了均值-方差边界。只需检验 $m = a + bR$ 是否为所有收益定价。如果没有无风险利率，则使用 a 的两个值。

我们通常用均值-方差边界来总结资产收益数据。例如，一份大型文献在均值-方差背景下研究了国际多样化的可取性。来自许多国家的股票收益并不是完全相关的，所以看起来持有一个国际多样化的投资组合可以在相同的平均收益下大大降低投资组合的方差。但这种现象是真实的还是只是抽样误差？即使价值加权投资组合是事前均值-方差有效的，根据纽约证券交易所约 6 000 只股票的历史收益构建的事后均值-方差边界也将使价值加权投资组合完全处于事后均值-方差边界内。那么，"我应该在 1960 年买日本的股票"（1990 年就卖了！）的一个信号是，现在国际化多样化是一个好主意，但是这只是事后诸葛亮的后悔话，这如同"我应该在 1982 年收购微软"。类似地，在评估基金经理时，我们想知道经理是否真的能够形成一个优于均值-方差有效被动投资组合的投资组合，或者样本中更好的表现是否仅仅是因为运气。

由于单因子模型是真实的，当且仅当因子的线性组合（或者如果因子不是收益，则为因子模拟投资组合的因子）是均值-方差有效的，我们可以将任何因子定价模型的检验解释为给定收益是否在均值-方差边界上的检验。12.1 节说明了当收益和因子为独立同分布时，如何将 Gibbons，Ross and Shanken（1972）的定价误差统计量解释为给定投资组合是否处于均值-方差边界上的检验统计量，并且该检验统计量的 GMM 分布理论允许将检验扩展到非独立同分布误差。一个 GMM，其中 $p = E(mx)$，$m = a - bR^p$ 检验类似于检验 R^p 是否在测试资产的均值-方差边界上。

如果想更进一步，则不仅要检验一组资产 R^d（比如国内资产）的组合是否处于均值-方差边界上，还要检验 R^d 资产是否跨越了 R^d 和 R^i（比如国外或国际）资产的均值-方差边界。问题是，如果没有无风险利率，R^d 生成的边界可能只是与 R^d 和 R^i 生成的边界相交，而不是跨越或与后一个边界重合，如图 13.1 所示。检验 $m=a-b'R^d$ 的价格 R^d 和 R^i 只需检查交叉点。

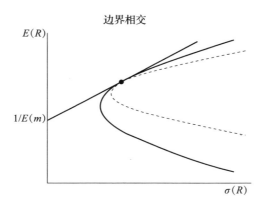

图 13.1　均值-方差边界可能相交而不是重合

De Santis（1993）和 Chen and Knez（1995，1996）展示了如何检验跨越和交叉点。对于交叉点，$m=a-b_d'R^d$ 将只对 a 的一个值，或等价于 $E(m)$ 或选择的截距同时定价 R^d 和 R^f，如图所示。如果边界重合或跨越，那么 $m=a+b_d'R^d$ 对 a 的任意值同时定价 R^d 和 R^f。因此，我们可以通过同时检验 $m=a+b_d'R^d$ 对 a 的两个预先指定值是否同时定价 R^d 和 R^f 来检验重合边界。

为了了解这是如何工作的，首先要注意 R^d 中必须至少有两项资产。如果没有，就没有 R^d 资产的均值-方差边界，它就只是一个点。如果在 R^d 中有两项资产，即 R^{d1} 和 R^{d2}，那么国内资产的均值-方差边界会将它们联系起来；它们都在边界上。如果它们都在边界上，那么一定有折现因子

$$m^1=a^1-\widetilde{b}^1 R^{d1}$$
$$m^2=a^2-\widetilde{b}^2 R^{d2}$$

以及，当然存在任意线性组合

$$m=[\lambda a^1+(1-\lambda)a^2]-[\lambda\widetilde{b}^1 R^{d1}+(1-\lambda)\widetilde{b}^2 R^{d2}]$$

同样，对于 a 的任意值，都有一个以下形式的折现因子

$$m = a - (b^1 R^{d1} + b^2 R^{d2})$$

因此，可以使用对矩的 J_T 检验来检验跨越

$$E[(a^1 - b^{1\prime} R^d) R^d] = 0$$
$$E[(a^1 - b^{1\prime} R^d) R^i] = 0$$
$$E[(a^2 - b^{2\prime} R^d) R^d] = 0$$
$$E[(a^2 - b^{2\prime} R^d) R^i] = 0$$

其适用于任意两个固定值 a^1，a^2。

13.6 特征检验

> 如何检查资产定价模型是否排除了规模、账面/市场价值或波动性等特征。对特征进行定价误差的横截面回归；使用定价误差协方差矩阵的公式创建标准误差。

通过检查一个模型是否激发了一个特征来描述一个模型是很有意义的。例如，按规模或市值形成的投资组合显示出了平均收益的广泛分散性（至少到 1979 年）。小盘股的平均收益高于大盘股。好的资产定价模型应该考虑 β 的平均收益。如果一个特征与平均收益相关，这是可以的，但最终 β 应该剔除该特征；α 或定价误差不应与该特征相关。CAPM 的原始检验同样检查当 β 被包括进来时，单个投资组合的方差是否与平均收益有关。

用 y_i 表示投资组合 i 的特征。一个显而易见的方法是将 β 和特征都包括在一个多元横截面回归中。此外，特征有时是估计的，而不是固定的数字，例如规模投资组合的秩；我们希望将其估计的抽样不确定性包括在特征效果的标准误差中。让 y_t^i 表示其均值 $E(y_t^i)$ 决定其特征的时间序列。现在，将第 i 个资产的矩条件写为：

$$g_T^i = E_T(m_{t+1}(b) x_{t+1}^i - p_t^i - \gamma y_t^i)$$

让 y 表示 y^i 跨资产的向量。γ 的估计表明特征 $E(y^i)$ 如何与模型定价误差 $E(m_{t+1}(b) x_{t+1}^{i\prime} - p_t^i)$ 相关联。γ 标准差的标准 GMM 公式或 $\gamma = 0$ 的 χ^2 差异检验说明 γ 估计是否具有统计学上的意义，包括必须估计 $E(y)$ 这一事实。

第 **14** 章

最大似然

最大似然（ML）与 GMM 一样，是一种通用的组织原则。在考虑如何选择参数和评估模型时，它是一个有用的起点。它与渐近分布理论相结合，像 GMM 一样，当我们不确定如何处理各种问题（如必须在横截面回归中估计 β）时，它是一个很好的起点。

我们将看到，ML 是 GMM 的一个特例。基于数据的统计描述，它规定了在统计上信息量最大的矩。考虑到这些矩，ML 和 GMM 是相同的。因此，ML 可以用来为选择某组特定矩的原因辩护，或者在不确定的情况下为选择哪个矩提供建议。从这个意义上说，因为 ML 证明了标准回归的合理性，所以（与精心选择的统计模型配对）证明了上述回归检验的合理性。另一方面，如果怀疑 ML 的选择对经济或统计模型的错误说明不稳健，则 ML 不会轻易地允许我们使用其他非"有效"矩。例如，ML 将告诉我们如何运行 GLS，但它不会告诉我们如何针对非标准误差项调整 OLS 标准误差。

Hamilton（1994，pp. 142-148）和 Campbell，Lo and MacKinlay（1997）给出了关于 ML 理论的良好总结。Campbell，Lo and Mackinlay（1997）的第 5 章和第 6 章讨论了基于回归的检验和 ML 的更多变化。

14.1 最大似然估计

最大似然原理是指选择使观测数据最有可能的参数。最大似然估计是渐近有效的。信息矩阵给出了最大似然估计的渐近标准误差。

最大似然原理是指选择使观测数据最有可能的一组参数。这不是"基于数据最有可能的参数集"——在经典（与贝叶斯相反）统计中，参数是数字，而不是随机变量。

要实现这个想法，首先必须计算出在给定模型的自由参数 θ 的情况下，数据集 $\{x_t\}$ 的概率是多少。这种概率分布称为似然函数 $f(\{x_t\}; \theta)$。然后，最大似然原理表示成

$$\hat{\theta} = \underset{(\theta)}{\mathrm{argmax}} f(\{x_t\}; \theta)$$

基于一些很快就会显现的原因，使用这个概率分布的对数要容易得多

$$\mathcal{L}(\{x_t\}; \theta) = \ln f(\{x_t\}; \theta)$$

最大化对数似然和最大化似然是一回事。

找到似然函数并不总是容易的。在时间序列中，最好的方法通常是首先找到对数条件似然函数 $f(x_t \mid x_{t-1}, x_{t-2}, \cdots, x_0; \theta)$，给定 x_t，x_{t-1}，…以及给定的参数值，推导 x_{t+1}。由于联合概率是条件概率的乘积，对数似然函数只是条件对数似然函数的和，

$$\mathcal{L}(\{x_t\}; \theta) = \sum_{t=1}^{T} \ln f(x_t \mid x_{t-1}, x_{t-2}, \cdots, x_0; \theta) \tag{14.1}$$

更具体地说，我们通常假设正态误差，所以似然函数是

$$\mathcal{L} = -\frac{T}{2} \ln(2\pi \mid \Sigma \mid) - \frac{1}{2} \sum_{t=1}^{T} \epsilon_t' \Sigma^{-1} \epsilon_t \tag{14.2}$$

式中，ϵ_t 表示冲击向量；$\epsilon_t = x_t - E(x_t \mid x_{t-1}, x_{t-2}, \cdots, x_0; \theta)$ 且 $\Sigma = E(\epsilon_t \epsilon_t')$。

这个表达式提供了一个构造似然函数的简单方法。通常从一个模型开始，然后根据误差生成 x_t，即 $x_t = \rho x_{t-1} + \epsilon_t$。将该模型转化为用数据 $\{x_t\}$ 表示误差 ϵ_t，并代入式（14.2）。

关于如何启用一个模型（如式（14.1））有一个小问题。在理想情况下，第一个观测值应为无条件密度，即

$$\mathcal{L}(\{x_t\}; \theta) = \ln f(x_1; \theta) + \ln f(x_2 \mid x_1; \theta) + \ln f(x_3 \mid x_2, x_1; \theta) \cdots$$

然而，通常很难用几个滞后的 x 来计算无条件密度或第一项。因此，通常情况下，条件密度可以用 x_t 的有限 k 个滞后来表示，我们一般会最大化条件似然函数（以第一个 k 观测值为条件），将第一个 k 观测值视为固

定变量而不是随机变量。或者，可以将 k 个预采样值 $\{x_0, x_{-1}, \cdots, x_{-k+1}\}$ 作为使似然函数最大化的附加参数。

最大似然估计量具有有用的渐近（即近似）分布理论。首先，估计的分布是

$$\hat{\theta} \sim \mathcal{N}(\theta, \left[-\frac{\partial^2 \mathcal{L}}{\partial\theta\partial\theta'}\right]^{-1}) \tag{14.3}$$

如果似然 $\mathcal{L}$ 在 $\hat{\theta}$ 处有一个尖峰，那么我们会对参数了解很多；而如果峰是平的，那么其他参数也同样合理。最大似然估计量是渐近有效的，这意味着没有其他的估计量可以产生更小的协方差矩阵。

式（14.3）中的二阶导数称为信息矩阵。

$$\mathcal{I} = -\frac{1}{T}\frac{\partial^2 \mathcal{L}}{\partial\theta\partial\theta'} = -\frac{1}{T}\sum_{t=1}^{T}\frac{\partial^2 \ln f(x_t \mid x_{t-1}, x_{t-2}, \cdots; \theta)}{\partial\theta\partial\theta'} \tag{14.4}$$

（更准确地说，信息矩阵被定义为第二部分的期望值，其是用样本值估计的。）信息矩阵也可以被估计为一阶导数的乘积。表达式

$$\mathcal{I} = \frac{1}{T}\sum_{t=1}^{T}\left(\frac{\partial \ln f(x_t \mid x_{t-1}, x_{t-2}, \cdots; \theta)}{\partial\theta}\right) \times \left(\frac{\partial \ln f(x_t \mid x_{t-1}, x_{t-2}, \cdots; \theta)}{\partial\theta}\right)'$$

收敛到与式（14.4）相同的值。（Hamilton（1994，p.429）给出了证明。）

如果估计限制参数的模型，则似然函数的最大值必然较低。然而，如果限制是正确的，就不应该低太多。这种思想是在似然比检验中得到的

$$2(\mathcal{L}_{\text{不受限制的}} - \mathcal{L}_{\text{受限制的}}) \sim \chi^2_{\text{限制的数目}} \tag{14.5}$$

这种检验的形式和思想与我们在 11.1 节中遇到的 GMM 的 χ^2 差异检验非常相似。

14.2 ML 和 GMM 的内在联系

ML 是 GMM 的特例。ML 使用辅助统计模型中的信息来推导在统计上信息量最大的矩条件。要了解这一事实，首先要从使似然函数最大化的一阶条件开始

$$\frac{\partial \mathcal{L}(\{x_t\}; \theta)}{\partial\theta} = \sum_{t=1}^{T}\frac{\partial \ln f(x_t \mid x_{t-1}, x_{t-2}, \cdots; \theta)}{\partial\theta} = 0 \tag{14.6}$$

这是 GMM 估计。它是总体矩条件

$$g(\theta) = E \frac{\partial \ln f(x_t \mid x_{t-1}, x_{t-2}, \cdots; \theta)}{\partial \theta}) = 0 \qquad (14.7)$$

的样本对应项。$\partial \ln f(x_t \mid x_{t-1}, x_{t-2}, \cdots; \theta)/\partial \theta$ 被称为"分数"。它是随机变量，由当前和过去的数据（x_t, x_{t-1}, $\cdots$）组合而成。因此，ML 是 GMM 的特例，它是检验某些矩的特殊选择。

例如，假设 x 遵循具有已知方差的 AR(1)

$$x_t = \rho x_{t-1} + \varepsilon_t$$

并且假设误差项是独立同分布的正态随机变量。那么

$$\ln f(x_t \mid x_{t-1}, x_{t-2}, \cdots; \rho) = \text{const.} - \frac{\varepsilon_t^2}{2\sigma^2} = \text{const.} - \frac{(x_t - \rho x_{t-1})^2}{2\sigma^2}$$

分数为：

$$\frac{\partial \ln f(x_t \mid x_{t-1}, x_{t-2}, \cdots; \rho)}{\partial \rho} = \frac{(x_t - \rho x_{t-1}) x_{t-1}}{\sigma^2}$$

最大似然的一阶条件是

$$\frac{1}{T} \sum_{t=1}^{T} (x_t - \rho x_{t-1}) x_{t-1} = 0$$

这个表达式是矩条件，我们会认识到它是 ρ 的 OLS 估计量，并且我们早已把它看作 GMM 的一个例子。

这个例子展示了分数的另一个特性：分数应该是不可预测的。在这个例子中

$$E_{t-1} \left[\frac{(x_t - \rho x_{t-1}) x_{t-1}}{\sigma^2} \right] = E_{t-1} \left[\frac{\varepsilon_t x_{t-1}}{\sigma^2} \right] = 0 \qquad (14.8)$$

直观地说，如果使用可预测的 x 变量的组合 $E(h(x_t, x_{t-1}, \cdots)) = 0$，那么我们可以形成另一个矩，即一个描述 h 变量可预测性的工具变量，并使用该矩获得有关参数的更多信息。为了更一般地证明这个性质，从 $f(x_t \mid x_{t-1}, x_{t-2}, \cdots; \theta)$ 是条件密度，因此必须积分到 1 开始

$$1 = \int f(x_t \mid x_{t-1}, x_{t-2}, \cdots; \theta) \mathrm{d}x_t$$

$$0 = \int \frac{\partial f(x_t \mid x_{t-1}, x_{t-2}, \cdots; \theta)}{\partial \theta} \mathrm{d}x_t$$

$$0 = \int \frac{\partial \ln f(x_t \mid x_{t-1}, x_{t-2}, \cdots; \theta)}{\partial \theta} f(x_t \mid x_{t-1}, x_{t-2}, \cdots; \theta) \mathrm{d}x_t$$

$$0 = E_{t-1}\left[\frac{\partial \ln f(x_t \mid x_{t-1}, x_{t-2}, \cdots; \theta)}{\partial \theta}\right]$$

此外，GMM 分布理论公式给出的结果与 ML 分布相同，即信息矩阵是渐近方差‐协方差矩阵。为了证明这一事实，将 GMM 分布理论式（11.2）应用于式（14.6）。导数矩阵是

$$d = \frac{\partial g_T(\theta)}{\partial \theta'} = \frac{1}{T}\sum_{t=1}^{T}\frac{\partial^2 \ln f(x_t \mid x_{t-1}, x_{t-2}, \cdots; \theta)}{\partial \theta \partial \theta'} = -\mathcal{I}$$

这是信息矩阵的二阶导数表达式。S 矩阵是

$$E\left[\frac{\partial \ln f(x_t \mid x_{t-1}, x_{t-2}, \cdots; \theta)}{\partial \theta}\frac{\partial \ln f(x_t \mid x_{t-1}, x_{t-2}, \cdots; \theta)'}{\partial \theta}\right] = \mathcal{I}$$

因为上述表明分数应该是不可预测的，S 中的超前项和滞后项都是零。这是信息矩阵的外积定义。因为矩本身被设置为零，所以没有矩阵。因此，$\hat{\theta}$ 的 GMM 渐近分布是

$$\sqrt{T}(\hat{\theta} - \theta) \to \mathcal{N}[0, d^{-1}Sd^{-1'}] = \mathcal{N}[0, \mathcal{I}^{-1}]$$

根据 ML 渐近分布理论，我们可以得到逆信息矩阵。

14.3　当因子是收益时，ML 给出时间序列回归

> 本节在经济模型 $E(R^e) = \beta E(f)$ 中加入了一个统计假设，即回归误差独立于时间和因子。然后 ML 给出了没有常数的时间序列回归。为了使时间序列回归具有一个常数，我们去掉模型预测 $\alpha = 0$。本节进一步展示了信息矩阵如何给出与 OLS 标准误差相同的结果。

给定一个线性因子模型，其因子也是收益。与 CAPM 一样，ML 给出了一个时间序列回归检验。为了让符号简单，我还是只考虑单因子 f。经济模型是

$$E(R^e) = \beta E(f) \tag{14.9}$$

式中，R^e 是测试资产的 $N \times 1$ 向量，β 是这些资产在因子（在 CAPM 的情况下是市场收益 R^{em}）上的回归系数的 $N \times 1$ 向量。

为了应用 ML，需要添加一个明确的统计模型，充分描述数据的联合分布。假设市场收益和回归误差是独立同分布正态的，即

$$R_t^e = \alpha + \beta f_t + \varepsilon_t \tag{14.10}$$
$$f = E(f) + u_t$$
$$\begin{bmatrix} \varepsilon_t \\ u_t \end{bmatrix} \sim \mathcal{N}\left(\begin{bmatrix} 0 \\ 0 \end{bmatrix}, \begin{bmatrix} \Sigma & 0 \\ 0 & \sigma_u^2 \end{bmatrix} \right)$$

（可以用非正态因子来表示，但会使符号更混乱。）式（14.10）除了正态性外没有其他内容。u_t 和 ε_t 之间的零相关性将 β 确定为回归系数。把 R^e，R^{em} 写成一般的二元正态函数，我们将得到同样的结果。

经济模型（14.9）意味着对该统计模型的限制。取式（14.10）的期望值，CAPM 表明截距 α 应全部为零。同样，这也是 CAPM 对统计模型（14.10）的唯一限制。

应用 ML 最重要的方法是将零假设贯穿始终。因此，我们写出了使 $\alpha = 0$ 的似然函数。为了构造似然函数，将统计模型简化为独立的误差项，然后加上它们的对数概率密度从而得到似然函数：

$$\mathcal{L} = (\text{const.}) - \frac{1}{2} \sum_{t=1}^{T} (R_t^e - \beta f_t)' \Sigma^{-1} (R_t^e - \beta f_t) - \frac{1}{2} \sum_{t=1}^{T} \frac{(f_t - E(f))^2}{\sigma_u^2}$$

估计值遵循一阶条件

$$\frac{\partial \mathcal{L}}{\partial \beta} = \Sigma^{-1} \sum_{t=1}^{T} (R_t^e - \beta f_t) f_t = 0 \Rightarrow \hat{\beta} = \left(\sum_{t=1}^{T} f_t^2 \right)^{-1} \sum_{t=1}^{T} R_t^e f_t$$

$$\frac{\partial \mathcal{L}}{\partial E(f)} = \frac{1}{\sigma_u^2} \sum_{t=1}^{T} (f_t - E(f)) = 0 \Rightarrow \widehat{E(f)} = \hat{\lambda} = \frac{1}{T} \sum_{t=1}^{T} f_t$$

（$\partial \mathcal{L} / \partial \Sigma$ 和 $\partial \mathcal{L} / \partial \sigma^2$ 也产生了协方差矩阵的 ML 估计值，这是平方残差的标准均值。）

β 的 ML 估计是无常数的 OLS 回归。零假设说明常数为零，而 ML 估计量使用这个事实来避免估计常数。由于因子风险溢价等于因子的期望值，因此 λ 估计值等于因子的样本均值并不太令人惊讶。

我们知道 ML 分布理论肯定会得出与在 12.1 节中已经推导出的 GMM 分布理论相同的结果，但还是值得一看。渐近标准误差来自信息矩阵的任一估计，例如：

$$\frac{\partial^2 \mathcal{L}}{\partial \beta \partial \beta'} = -\Sigma^{-1} \sum_{t=1}^{T} f_t^2$$

因此

$$\mathrm{cov}(\hat{\beta}) = \frac{1}{T} \frac{1}{E(f^2)} \Sigma = \frac{1}{T} \frac{1}{E(f)^2 + \sigma^2(f)} \Sigma \tag{14.11}$$

这是标准的 OLS 公式。

我们还需要定价误差测量、标准误差和检验。我们可以应用 ML 去估计一个包含截距的不受限制的模型，然后使用 Wald 检验（估计值/标准误差）来检验截距为零的限制；也可以使用不受限制的模型来进行似然比检验。不受限制的似然函数是

$$\mathcal{L} = (\text{const.}) - \frac{1}{2} \sum_{t=1}^{T} (R_t^e - \alpha - \beta f_t)' \Sigma^{-1} (R_t^e - \alpha - \beta f_t) + \cdots$$

（因为它再次告诉我们使用样本均值来估计因子风险溢价，所以忽略了因子中这一项。）

现在的估计是

$$\frac{\partial \mathcal{L}}{\partial \alpha} = \Sigma^{-1} \sum_{t=1}^{T} (R_t^e - \alpha - \beta f_t) = 0 \Rightarrow \hat{\alpha} = E_T(R_t^e) - \hat{\beta} E_T(f_t)$$

$$\frac{\partial \mathcal{L}}{\partial \beta} = \Sigma^{-1} \sum_{t=1}^{T} (R_t^e - \alpha - \beta f_t) f_t = 0 \Rightarrow \hat{\beta} = \frac{\mathrm{cov}_T(R_t^e, f_t)}{\sigma_T^2(f_t)}$$

不出所料，α 和 β 的无约束 ML 估计是带有常数的 OLS 估计。

信息矩阵的逆给出了这些估计的渐近分布。因为它们只是 OLS 估计，所以我们将得到 OLS 标准误差。但值得一提的是，这来自 ML：

$$-\left[\frac{\partial^2 L}{\partial \begin{bmatrix} \alpha \\ \beta \end{bmatrix} \partial \begin{bmatrix} \alpha & \beta \end{bmatrix}} \right]^{-1} = \begin{bmatrix} \Sigma^{-1} & \Sigma^{-1} E(f) \\ \Sigma^{-1} E(f) & \Sigma^{-1} E(f^2) \end{bmatrix}^{-1}$$

$$= \frac{1}{\sigma^2(f)} \begin{bmatrix} E(f^2) & E(f) \\ E(f) & 1 \end{bmatrix} \otimes \Sigma$$

因此，$\hat{\alpha}$ 和 $\hat{\beta}$ 的协方差矩阵是

$$\mathrm{cov}(\hat{\alpha}) = \frac{1}{T} \left[1 + \left(\frac{E(f)}{\sigma(f)} \right)^2 \right] \Sigma$$

$$\mathrm{cov}(\hat{\beta}) = \frac{1}{T} \frac{1}{\sigma^2(f)} \Sigma \tag{14.12}$$

当误差随时间不相关且不受因子影响或通过专门化 $\sigma^2(X'X)^{-1}$ 时，这些只是通常的 OLS 标准误差，我们在 12.1 节中将其作为 OLS 时间序列回归标准误差的特殊情况推导出来。

不能把 $\partial^2 \mathcal{L}/\partial\alpha\partial\alpha'$ 反过来求 $\hat{\alpha}$ 的协方差。这种尝试只会得出 Σ 是 $\hat{\alpha}$ 的协方差矩阵，这是错误的。必须求整个信息矩阵的逆才能得到任意参数的标准误差。否则，将忽略估计 β 对 $\hat{\alpha}$ 分布的影响。事实上，我提出的观点是错误的，因为我们必须估计 Σ。然而，结果是 $\hat{\Sigma}$ 与 $\hat{\alpha}$ 和 $\hat{\beta}$ 无关，即信息矩阵是块对角的，所以真实的逆信息矩阵左上两个元素与我在这里写的一样。

式（14.12）中 $\hat{\beta}$ 的方差大于式（14.11）中当我们假设没有常数时的方差。诚然，受约束的 ML 利用它所能得到的所有信息，以最小的协方差矩阵产生有效的估计。这两个公式的比值等于我们所熟悉的 $1+E(f)^2/\sigma^2(f)$ 项。对于 CAPM，在年度数据中，$\sigma(R^{em})=16\%$，$E(R^{em})=8\%$，这意味着不受限制的估计式（14.12）的方差比受限制的估计式（14.11）的方差大 25%，因此效率的提高是很重要的。然而，在月度数据中，由于方差和均值都随时间变化，所以提高较小。

我们也可以把这个事实看作一个警告：ML 将利用零假设，并在没有常数的情况下运行回归，以便在效率上得到任何小的提高。

用这些协方差矩阵来构造一个 Wald（估计值/标准误差）检验，来检验 α 都为零的模型的限制

$$T\left(1+\left(\frac{E(f)}{\sigma(f)}\right)^2\right)^{-1}\hat{\alpha}'\Sigma^{-1}\hat{\alpha} \sim \chi_N^2 \tag{14.13}$$

同样，我们已经在式（12.3）中导出了这个 χ^2 检验，以及它们有限样本 F 对应项，即 GRS F 检验式（12.4）。

限制的另一个检验是似然比检验式（14.5）。一般来说，似然比检验与 Wald 检验是渐近等价的，因此得出了相同的结果。

14.4　当因子不是超额收益时，ML 给出横截面回归

如果因子不是收益，我们就不能在时间序列和横截面回归之间进行选择，因为截距不是零。正如你可能怀疑的那样，ML 在本例中给出了横截面回归。

以预期收益-β 表达式表示的因子模型是

$$E(R^{ei}) = \alpha_i + \beta'_i \lambda, \quad i = 1, 2, \cdots, N \tag{14.14}$$

β 是由时间序列回归定义的

$$R_t^{ei} = a_i + \beta'_i f_t + \varepsilon_t^i \tag{14.15}$$

因为此模型不使用这些因子，所以时间序列回归中的截距 a_i 不必为零。然而，它们并不是不受限制的。取时间序列回归式（14.15）的期望值，并将其与式（14.14）进行比较（正如推导时间序列回归的限制 $\alpha = 0$ 所做的那样），限制 $\alpha = 0$ 意味着

$$a_i = \beta'_i(\lambda - E(f_t)) \tag{14.16}$$

代入式（14.15），时间序列回归必须是受限制的以下公式：

$$R_t^{ei} = \beta'_i \lambda + \beta'_i[f_t - E(f_t)] + \varepsilon_t^i \tag{14.17}$$

在这种形式下，可以看到 $\beta'_i \lambda$ 决定了平均收益。由于因子比收益少，这是对式（14.17）回归的限制。

堆栈资产 $i = 1, 2, \cdots, N$ 到一个向量，引入误差和因子为独立同分布正态的且互不相关的辅助统计模型。那么，受限制的模型是

$$R_t^e = B\lambda + B[f_t - E(f_t)] + \varepsilon_t$$
$$f_t = E(f) + u_t$$
$$\begin{bmatrix} \varepsilon_t \\ u_t \end{bmatrix} \sim \mathcal{N}\left(0, \begin{bmatrix} \Sigma & 0 \\ 0 & V \end{bmatrix}\right)$$

式中，B 表示 K 因子中 N 个资产回归系数的 $N \times K$ 矩阵。似然函数是

$$\mathcal{L} = (\text{const.}) - \frac{1}{2}\sum_{t=1}^{T} \varepsilon'_t \Sigma^{-1} \varepsilon_t - \frac{1}{2}\sum_{t=1}^{T} u'_t V^{-1} u_t$$
$$\varepsilon_t = R_t^e - B[\lambda + f_t - E(f)], \quad u_t = f_t - E(f)$$

最大化似然函数

$$\frac{\partial \mathcal{L}}{\partial E(f)} : 0 = \sum_{t=1}^{T} B' \Sigma^{-1}(R_t^e - B[\lambda + f_t - E(f)])$$
$$+ \sum_{t=1}^{T} V^{-1}(f_t - E(f))$$
$$\frac{\partial \mathcal{L}}{\partial \lambda} : 0 = B' \sum_{t=1}^{T} \Sigma^{-1}(R_t^e - B[\lambda + f_t - E(f)])$$

这对公式的解是

$$\widehat{E(f)} = E_T(f_t) \tag{14.18}$$

$$\hat{\lambda} = (B'\Sigma^{-1}B)^{-1}B'\Sigma^{-1}E_T(R_t^e) \tag{14.19}$$

因子风险溢价的 ML 估计是 β 平均收益的 GLS 横截面回归。

回归系数 B 的 ML 估计不再与标准 OLS 公式相同。同样，ML 施加零假设来提高效率：

$$\frac{\partial \mathcal{L}}{\partial B} : \sum_{t=1}^{T} \Sigma^{-1}(R_t^e - B[\lambda + f_t - E(f)])[\lambda + f_t - E(f)]' = 0$$

$$\hat{B} = \sum_{t=1}^{T} R_t^e [f_t + \lambda - E(f)]' \Big(\sum_{t=1}^{T} [f_t + \lambda - E(f)][f_t + \lambda - E(f)]' \Big)^{-1}$$

$$\tag{14.20}$$

即使在理论上 B 被定义为总体回归系数，那么这也是真实有效的。（矩阵符号在这里隐藏了很多！如果想重新推导出这些公式，最好从标量参数开始，比如 B_{ij}，把它看作 $\partial \mathcal{L}/\partial \theta = \sum_{T=1}^{T} (\partial \mathcal{L}/\partial \varepsilon_t)' \partial \varepsilon_t/\partial \theta$。）因此，要真正实现 ML，必须同时求解式（14.19）和式（14.20）中的 $\hat{\lambda}$，$\hat{B}$ 以及 ML 估计通常是残差二阶矩矩阵的 $\hat{\Sigma}$。这通常可以通过迭代来完成：从 OLS $\hat{B}$ 开始，对 $\hat{\lambda}$ 运行 OLS 横截面回归形成 $\hat{\Sigma}$，然后进行迭代。

第**15**章

线性因子模型的时间序列、横截面和 GMM/DF 检验

GMM/折现因子（DF）、时间序列和横截面回归程序与分布理论相似，但不完全相同。在 β 上的横截面回归与在二阶矩上的横截面回归不同。由残差协方差矩阵加权的横截面回归与由谱密度矩阵加权的横截面回归不同。

与 OLS 横截面回归和第一阶段 GMM 相比，GLS 横截面回归和第二阶段 GMM 具有理论上的效率优势，但这一优势有多重要？较差的有限样本性能是否超过了这一优势？

最后，或许也是最重要的，GMM/DF 方法仍然是一个"新"程序。许多学者仍然不相信它。在经典回归检验中，验证它是否产生了相似的结果和是否具有良好的检验统计信息是很重要的。

为了解决这些问题，首先将各种方法应用于一个经典的实证问题。当时间序列回归、横截面回归和 GMM/DF 应用于 CRSP 规模投资组合的 CAPM 检验时，如何进行比较？我们发现有三种方法对这个经典的练习产生了几乎完全相同的结果。它们产生的估计值、标准误差、t 统计量和 χ^2 统计量几乎完全相同，即定价误差联合为零。

然后使用蒙特卡罗法和自助法进行评估。同样，我们发现这两种方法几乎没有什么区别。两种方法的估计值、标准误差以及检验的规模和能力几乎相同。

自助法确实揭示了传统的独立同分布假设产生的 χ^2 统计量大约有

1/2 的正确可能，它们拒绝的次数是零假设下的一半。对分布理论的简单 GMM 修正修复了这个缺陷。此外，我们可以用不理想的谱密度矩阵估计破坏任何估计和检验。本节尝试用了一个 24 期滞后并且没有 Newey-West 调整的估计。它在数据样本和许多蒙特卡罗方法中是奇异的。有趣的是，这种奇异性对标准误差的影响很小，但当使用谱密度矩阵对第二阶段 GMM 进行加权时，会出现错误。

我们还发现，第二阶段"有效"GMM 仅比第一阶段 GMM 略为有效，但稳健性稍差；它对较差的谱密度矩阵更敏感，其渐近标准误差可能具有误导性。由于 OLS 通常优于 GLS，尽管 GLS 具有理论效率优势，但第一阶段 GMM 可能优于第二阶段 GMM。

让人感到欣慰的是，表面上"新的"GMM/DF 方法与传统方法几乎完全相同。人们普遍认为，GMM 在小样本中存在困难。关于 GMM 小样本性质的文献（如 Ferson and Foerster（1994）、Fuhrer，Moore and Schuh（1995））自然尝试了严苛的设置，即高度非线性模型、高度持久性和异方差误差、重要条件信息、潜在弱工具变量等。没有人会在一种简单的情况下写一篇试验 GMM 的论文，并且正确地预料到答案不是很理想。不幸的是，许多读者从这篇文献中错误地认为 GMM 在有限样本中总是有困难的，即使在非常标准的设置中也是如此。事实并非如此。

Jagannathan and Wang（2000）还将 GMM/DF 方法与经典回归检验进行了比较。分析表明，当因子不是收益时，参数估计、标准误差和 χ^2 统计量与预期收益-β 横截面回归的参数估计、标准误差和 χ^2 统计量是渐近相同的。

15.1　规模投资组合中 CAPM 的三种方法

时间序列方法使预期收益-β 线通过市场收益，而忽略其他资产。OLS 横截面回归最小化了定价误差的平方和，因此允许一些市场定价误差更好地拟合其他资产。GLS 横截面回归通过残差协方差矩阵对定价误差进行加权，因此当因子为收益且包含在测试资产中时，GLS 横截面回归会简化为时间序列回归。

GMM/DF 估计、标准误差和 χ^2 统计量与这一经典设置中的时间序列和横截面回归估计非常接近。

时间序列和横截面

图 15.1 和 15.2 说明了在对月度规模投资组合的 CAPM 进行评估时，时间序列和横截面回归之间的差异。

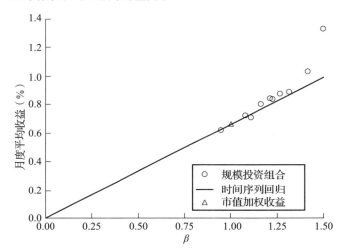

图 15.1　CRSP 规模投资组合的平均超额收益与 β，1926—1998 年

注：这条线给出了时间序列回归的预测平均收益，$E(R^e) = \beta E(R^{em})$。

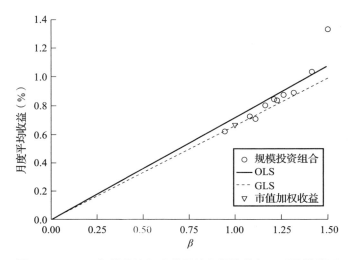

图 15.2　CRSP 规模投资组合的平均超额收益与 β 以及横截面回归的拟合，1926—1998 年

图 15.1 显示了时间序列回归。时间序列回归从因子的均值估计因子风险溢价,忽略了其他资产中的任何信息,即 $\hat{\lambda} = E_T(R^{em})$。因此,时间序列回归通过精确地拟合市场收益和无风险利率两个点来绘制资产的预期收益-β 线,市场和无风险利率在每个样本中的估计定价误差为零。(最右端的投资组合是最小的企业投资组合,它们的正定价误差是小企业异常,这个数据集是 CAPM 的第一个严重失败。第 20 章会提到实质性问题。)

在这种情况下,因为因子是一个收益,所以时间序列回归是 ML 估计。正如在 12.2 节中所看到的,当我们写下 $R^e = a + \beta f_t + \varepsilon_t$ 和独立于 f 的 ε 时,ML 收益的样本已经包括了因子的相同样本,以及额外的噪声。因此,测试资产收益的样本只会表明因子均值的因子的样本。其次,ML 因子风险溢价等于因子的均值,因此在试图匹配数据时,不用考虑这两个值不同的可能性。

图 15.2 中的 OLS 横截面数量回归通过最小化所有资产的定价误差的平方来绘制预期收益-β 线。如果这样做可以减少其他资产的定价误差,那么它就允许市场收益存在一定的定价误差。因此,OLS 横截面回归给出了市场收益的一些定价误差,以降低其他投资组合的定价误差。

当因子不是收益时,ML 限定了一个横截面回归。ML 在估计因子的均值时仍然忽略了因子数据以外的任何内容,即 $\widehat{E(f)} = E^T(f_t)$。然而,现在允许 ML 使用一个不同的参数来计算因子风险溢价,这个参数拟合 β 的通过横截面回归求出的平均收益。然而,ML 是一个 GLS 横截面回归,而不是一个 OLS 横截面回归。图 15.2 中的 GLS 横截面回归结果几乎与它直接通过原点和市场收益的时间序列回归结果完全相同,其忽略了所有其他的定价误差。

GLS 横截面回归

$$\hat{\lambda} = (\beta'\Sigma^{-1}\beta)^{-1}\beta'\Sigma^{-1}E_T(R^e)$$

通过残差协方差矩阵 Σ 的逆加权各投资组合。正如在 12.2 节中看到的,如果将市场收益作为测试资产,它显然没有残差,即 $R_t^{em} = 0 + 1 \times R_t^{em} + 0$,因此 GLS 估计在拟合市场线时特别关注于此。如果测试资产跨越因子,即测试资产的线性组合等同于因子并且没有残差,也会发生同样的情况。规模投资组合几乎跨越了市场收益,因此在这种情况下,GLS 横截面回归与时间序列回归是不可区分的。

如果在 OLS 横截面回归中允许存在自由常数，从而允许无风险利率存在定价误差，那么从图 15.2 中可以看出，允许存在无风险利率和市场收益的定价误差，会使 OLS 横截面回归线与规模投资组合拟合地更好。然而，OLS 回归中超额收益的自由截距对截距定价误差没有任何影响。最好的方法是将无风险利率作为测试资产，或者直接以收益而不是超额收益进行，或者将 $E(R^e)=0$，$\beta=0$ 添加到横截面回归中。GLS 横截面回归中国库券利率没有残差，因此直线将会穿过原点，就像它对市场收益所做的那样。

GMM/DF 第一阶段和第二阶段

图 15.3 说明了具有相同数据的 GMM/DF 估计。横轴是收益与因子而不是 β 的二阶矩，我们不会从点的位置知道它。（使用 13.2 节中的公式计算估计值。）第一阶段估计是二阶矩平均收益的 OLS 横截面回归。它最小化了定价误差的平方和，因此产生的定价误差几乎完全等于 β 收益的 OLS 横截面回归。第二阶段估计最小化了由谱密度矩阵加权的定价误差。谱密度矩阵与残差协方差矩阵不同，因此第二阶段 GMM 不像 GLS 横截面回归那样通过市场投资组合实现。事实上，对于第二阶段的估计，该线的斜率略高。

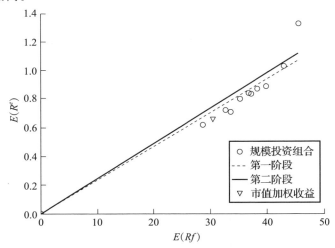

图 15.3　基于 GMM/DF 估计的 10 个 CRSP 规模投资组合的平均超额收益与预测值，1926—1988 年

注：模型预计 $E(R^e)=bE(R^eR^{em})$。第二阶段 b 估计使用了 0 期滞后的谱密度估计。

（即使回归模型为真，且因子和残差为独立同分布的正态分布，折现因子公式的谱密度矩阵也不会简化为残差协方差矩阵。特别是，当市场是测试资产时，GLS 横截面回归会将所有注意力集中在市场投资组合上，但第二阶段 GMM/DF 没有这样做。参数 b 通过 $b=\lambda/E(R^{em2})$ 与 λ 相关。尽管考虑到市场收益和回归模型 $R_t^{ei}=\beta_iR_t^{em}+\varepsilon_t^i$，其他资产仍有助于确定参数 b，但无助于确定市场收益的均值。）

总的来说，这些数据并不表明有任何强有力的理由倾向于在这个标准模型和数据集中采用第一和第二阶段 GMM/DF、时间序列、OLS 或 GLS 横截面回归。结果受方法选择的影响。特别是，小企业规模在很大程度上受到市场线的影响。但图表和分析并没有强烈地表明，除了寻找自己想要的答案之外，任何方法都比其他带有目的的方法好。

参数估计、标准误差和检验

表 15.1 给出了由图 15.1 和图 15.2 所示的 CAPM 规模投资组合检验中的时间序列、横截面和 GMM/DF 方法得出的参数估计和标准误差。估计的主要参数是图中直线的斜率、预期收益-β 模型中风险的市场价格 λ 以及随机折现因子模型中平均收益与二阶矩 b 之间的关系。表 15.1 的要点在于，GMM/DF 估计和标准误差与传统估计和标准误差非常相似。

表 15.1　参数估计和标准误差

	β 模型 λ			GMM/DF b		
	时间序列	横截面		第一阶段	第二阶段	
		OLS	GLS		估计值	标准误差
估计值	*0.66*	*0.71*	*0.66*	*2.35*		
独立同分布	0.18(3.67)	0.20(3.55)	0.18(3.67)			
0 lags	0.18(3.67)	0.19(3.74)	0.18(3.67)	0.63(3.73)	*2.46*	0.61(4.03)
3 lags，NW	0.20(3.30)	0.21(3.38)	0.20(3.30)	0.69(3.41)	*2.39*	0.64(3.73)
24 lags	0.16(4.13)	0.16(4.44)	0.16(4.13)	1.00(2.35)	*2.15*	0.69(3.12)

注：估计值用斜体表示，标准误差用罗马字体表示，t 统计量在括号中。时间序列估计是平均市场收益率，以每月百分比表示。横截面估计是 $E(R^e)=\beta\lambda$ 中的斜率系数 λ。GMM 估计是 $E(R^e)=E(R^ef)$ 中的参数 b。1926—1998 年的 CRSP 月度数据。"Lags"给出了谱密度矩阵的滞后期数。"NW"表示在谱密度矩阵中使用了 Newey-West 加权。

这些行比较了计算谱密度矩阵的各种方法的结果。标有"独立且相同分布"的行不存在独立于右侧变量的序列相关和回归误差，并且与基于

ML 的公式相同。0 期滞后估计允许的条件的异方差，但不允许残差的时间序列相关。Newey-West 估计的 3 期滞后是对短阶自相关的合理修正。24 期滞后的谱密度矩阵用来说明如果使用错误的谱密度矩阵，估计会如何出错。

如图 15.2 所示，β 模型的 OLS 横截面估计值 0.71 略高于平均市场收益 0.66，以便更好地拟合所有资产。GLS 横截面估计与市场平均收益几乎完全相同，GLS 标准误差与时间序列标准误差几乎完全相同。

b 估计值与风险溢价估计值不可直接比较，但可以很容易转换它们的单位。将标准化 $a=1$ 的折现因子模型应用于市场收益本身

$$b = \frac{E(R^{em})}{E(R^{em2})}$$

当 $E(R^{em})=0.66\%$，$\sigma(R^{em})=5.47\%$ 时，可以得到 $100 \times b = 100(0.66)/(0.66^2+5.47^2)=2.17$。表 15.1 中的条目接近这个量级。为了更好地拟合规模投资组合，大多数数值都稍大一些，OLS 横截面回归也是如此。各种方法的 t 统计量相当接近。

第二阶段 GMM/DF 估计（以及标准误差）取决于使用哪个谱密度加权矩阵作为加权矩阵。对于所有的敏感的谱密度估计，结果都非常相似。24 期滞后谱密度矩阵开始产生异常估计。这种谱密度估计将导致下面的许多问题。

表 15.2 展现了检验定价误差是否联合起来具有显著性的 χ^2 和 F 统计量。尽管个别定价误差和协方差矩阵不相同，OLS 和 GLS 横截面回归以及第一阶段和第二阶段 GMM/DF 检验给出了完全相同的 χ^2 统计量。所以不单独给出它们的值。表 15.2 的要点是，GMM/DF 方法给出的结果与横截面回归的结果几乎完全相同。

表 15.2　所有定价误差联合等于 0 的 χ^2 检验

	时间序列		横截面		GMM/DF	
	$\chi^2_{(10)}$	% p 值	$\chi^2_{(9)}$	% p 值	$\chi^2_{(9)}$	% p 值
独立同分布	8.5	58	8.5	49		
GRS F	0.8	59				
0 lags	10.5	40	10.6	31	10.5	31
3 lags NW	11.0	36	11.1	27	11.1	27
24 lags	−432	−100	7.6	57	7.7	57

对于时间序列回归，GRS F 检验给出的拒绝概率与渐近 χ^2 检验几乎完全相同。显然，在有限样本中有效统计数据的优点在这个数据集中并不重要。在没有独立同分布假设的情况下，时间序列下的 χ^2 检验更为保守，p 值为 30%～40%，而不是近 60%。不过，这一差异并不大。一个例外是在谱密度矩阵中使用 24 期滞后且没有加权的 χ^2 检验。这个矩阵在这个样本中并不是正定的，对于 χ^2 统计量来说是灾难性的结果。

（有些令人惊讶的是，CAPM 没有被拒绝。这是因为小企业效应在样本的后半部分消失了。本书将在第 20 章进一步讨论这个事实，具体见图 20.14。）

纵观表中各行，每种方法下的 χ^2 统计量几乎完全相同。横截面回归和 GMM/DF 估计具有较低的自由度（市场溢价是从横截面而不是从市场收益估计的），因此显示略大的拒绝概率。对于给定的谱密度估计方法，横截面回归和 GMM/DF 方法给出了几乎完全相同的 χ^2 值和拒绝概率。24 期滞后谱密度矩阵与往常一样是错误的。在这种情况下，时间序列检验比横截面或 GMM/DF 检验更容易发生错误。因为结果不是正定的，所以样本定价误差产生了无意义的 $\hat{a}'\mathrm{cov}(\hat{a})^{-1}\hat{a}$ 的负值。

15.2 蒙特卡罗法和自助法

时间序列回归估计的参数分布与 GMM/DF 估计的参数分布非常相似。

时间序列回归检验和 GMM/DF 检验的 χ^2 检验统计量的 size 和 power 几乎相同[1]。

一个差的谱密度矩阵可以破坏时间序列或 GMM/DF 的估计和检验。

在数据中具有足够的序列相关性和异方差性，传统的独立同分布公式产生的检验统计量约为正确 size 的 1/2。如果想做典型的回归检验，应该修正分布理论，而不是使用 ML 独立同分布的分布。

---

[1] size 是指错误地拒绝为真的零假设的概率，power 是指正确地拒绝为假的零假设的概率。在给定的假设和统计方法检验中，一般要限制 size 越小越好，同时保证 power 越大越好。——译者注

计量经济学不仅仅涉及关于敏感点的估计，还包括这些估计的抽样变异，以及标准误差公式是否正确地捕获了抽样变异。各种标准误差和检验统计公式如何捕捉估计值的真实抽样分布？为了回答这个问题，本节使用了两次蒙特卡罗法和两次自助法。在 CAPM 为真的零假设下使用这两种方法来研究 size，并在 CAPM 为假的备择假设下使用这两种方法来研究 power。

蒙特卡罗实验遵循标准的 ML 假设，即收益和因子是独立正态分布的，因子和残差是独立且不相关的。使用价值加权收益的样本均值和方差，可以从独立同分布的正态分布生成市场收益的人工样本。然后，利用样本残差协方差矩阵 Σ，通过 $R_t^{ei}=0+\beta_i R_t^{em}+\varepsilon_{it}$，在零假设下生成 size 为十分位数的收益，得出独立同分布正态残差 ε_{it} 和样本回归系数 β_i。为了在备择假设下生成数据，添加了样本 α_i。我们加入了 5 000 个人工样本，尝试了 876 个月的长样本与上面分析的 CRSP 样本相匹配，还抽取了一个 240 个月或 20 年的短样本，这个样本的时间跨度应该与人们敢于尝试检验因子模型的时间一样短。

自助法可以检查非正态性、自相关、异方差以及因子和残差的非独立性是否与该数据集中的抽样分布有关。我们使用了分组自助法，用替换的方法对三个月的数据进行分组重抽样，以保持数据中的短期自相关和持续的异方差。为了引入 CAPM，在时间序列回归中求出市场收益和残差，然后用 $R_t^{ei}=0+\beta_i R_t^{em}+\varepsilon_{it}$ 计算出十分位数投资组合收益的数据。为了研究备择假设，将所有数据重新分成三组。当然，实际数据可能会显示自助法未显示的条件信息，例如，基于额外变量（如股息/价格比率、滞后的平方收益率或隐含波动率）的可预测性和条件异方差。

在每个人工样本中第一阶段 GMM/DF 和 OLS 横截面回归几乎相同，因为在每个人工样本中 GLS 横截面回归几乎与时间序列回归相同。因此，重要的问题是将时间序列回归（它是收益和因子为独立同分布的正态分布的 ML）与第一和第二阶段 GMM/DF 程序进行比较。出于这个原因和为了节省空间，不在蒙特卡罗法和自助法进行横截面回归。

χ^2 检验

表 15.3 给出了在零假设是 CAPM 为真的条件下所有定价误差为零的 χ^2 检验，表 15.4 给出了在零假设是 CAPM 为假的条件下的 χ^2 检验。每个表列出了在 5 000 个数据集中，χ^2 检验在指定的水平上拒绝原假设的百

分比。这些表的中心要点是 GMM/DF 检验的执行方式几乎与时间序列检验完全相同。将 GMM/DF 条目与其对应的时间序列条目进行比较，它们几乎完全相同。无论是时间序列相对于横截面的小效率优势，还是 β 和二阶矩之间的差异，似乎都不会对抽样分布产生任何影响。

表 15.3　size

	蒙特卡罗法				分组自助法				
	时间序列		GMM/DF			时间序列		GMM/DF		
样本规模:	240	876	240	876		240	876	240	876	
水平(%):	5	5　1	5	5　1		5	5　1	5	5　1	
独立同分布	7.5	6.0　1.1				6.0	2.8　0.6			
0 lags	7.7	6.1　1.1	7.5	6.3　1.0		7.7	4.3　1.0	6.6	3.7　0.9	
3 lags, NW	10.7	6.5　1.4	9.7	6.6　1.3		10.5	5.4　1.3	9.5	5.3　1.3	
24 lags	25	39　32	25	41　31		23	38　31	24	41　32	

注：在所有定价误差为零的零假设下，χ^2 统计量的拒绝概率。

表 15.4　power

	蒙特卡罗法				分组自助法				
	时间序列		GMM/DF			时间序列		GMM/DF		
样本规模:	240	876	240	876		240	876	240	876	
水平(%):	5	5　1	5	5　1		5	5　1	5	5　1	
独立同分布	17	48　26				11	40　18			
0 lags	17	48　26	17	50　27		15	54　28	14	55　29	
3 lags, NW	22	49　27	21	51　29		18	57　31	17	59　33	
24 lags	29	60　53	29	66　57		29	63　56	29	68　60	

注：在 CAPM 是错误的，并且十分位投资组合的真实均值等于样本均值的零假设下，χ^2 统计量的拒绝概率。

从表 15.3 中时间序列检验的蒙特卡罗评估开始。独立同分布和 0 期滞后分布在长样本中产生了几乎准确的拒绝概率，在短样本中产生了稍微过大（7.5%）的拒绝概率。之后，GMM 分布有一定的修正作用。这对敏感的 3 期滞后检验有一个很小但很明显的影响：在零假设下，这个检验经常会被拒绝。当然，这对于短样本来说更糟，但是纵观各行，时间序列和折现因子检验在每种情况下几乎都是相同的。考虑到谱密度估计，各方法下的方差几乎为零。24 期滞后的未加权谱密度是常见的错误，经常被拒绝。它在许多样本中是奇异的。在长样本中，该分布的 1% 尾数出现在 χ^2 值为 440 处，而不是 $\chi^2_{(10)}$ 分布的 23.2 处！

　　表格右半部分的长样本分组自助法显示，即使在这个简单的设置中，独立同分布正态假设也会产生误导。传统的独立同分布 χ^2 检验几乎有一半的正确 size，即它拒绝 5% 置信区间的概率是 2.8% 拒绝 1% 置信区间的概率是 0.6%。去掉收益和因子是独立的假设，从独立同分布到 0 期滞后会导致一半的 size 失真，而添加合理的自相关修正则会导致其余的部分失真。在每一行中，时间序列和 GMM/DF 方法再次产生了几乎完全相同的结果。24 期滞后谱密度矩阵通常是错误的。

　　表 15.4 显示了备择假设下的拒绝概率。该表最显著的特点是，对于每一种谱密度估计技术的选择，GMM/DF 检验给出的拒绝概率几乎与时间序列检验完全相同。当存在差异时，GMM/DF 检验拒绝的频率略高一些。24 期滞后检验最常被拒绝，但这并不奇怪，因为它们在原假设下几乎同样经常被拒绝。

参数估计与标准误差

　　表 15.5 给出了 λ 和 b 估计的抽样变异。标记为 $\sigma(\hat{\lambda})$，$\sigma(\hat{b})$ 的行和列以斜体字显示了 5 000 个人工样本中估计的 λ 或 b 的变化。其余的行和列给出了样本标准误差的均值。定价误差的存在对估计 b 或 λ 及其标准误差的影响很小，所以只在 CAPM 为真的情况下给出结果。这些参数不具有直接可比性——b 参数包括因子的方差和均值，$E_T(R^{em})$ 平均市场收益的自然 GMM 估计，因为它是因子风险溢价的时间序列估计。尽管如此，了解和比较这两种方法在估计其中心参数方面的表现还是很有趣的。

表 15.5　蒙特卡罗法和自助法评估参数 b 和 λ 的抽样变异

	蒙特卡罗法			分组自助法		
		GMM/DF			GMM/DF	
时间序列	第一阶段	第二阶段		时间序列	第一阶段	第二阶段
		$\sigma(\hat{b})$	$E(\text{s.e.})$			$\sigma(\hat{b})$	标准误差
$T = 876$：						
$\sigma(\hat{\lambda})$，$\sigma(\hat{b})$　0.19	0.64			0.20	0.69	
独立同分布　0.18				0.18		

续表

	蒙特卡罗法				分组自助法			
	时间 序列	GMM/DF			时间 序列	GMM/DF		
		第一 阶段	第二阶段			第一 阶段	第二阶段	
			$\sigma(\hat{b})$	$E(\text{s.e.})$			$\sigma(\hat{b})$	标准误差
0 lags	0.18	0.65	*0.61*	0.60	0.18	0.63	*0.67*	0.60
3 lags NW	0.18	0.65	*0.62*	0.59	0.19	0.67	*0.67*	0.62
24 lags	0.18	0.62	*130*	0.27	0.19	0.66	*1 724*	0.24
$T=240$:								
$\sigma(\hat{\lambda})$, $\sigma(\hat{b})$	*0.35*	*1.25*			*0.37*	*1.40*		
独立同分布	0.35				0.35			
0 lags	0.35	1.23	*1.24*	1.14	0.35	1.24	*1.45*	1.15
3 lags NW	0.35	1.22	*1.26*	1.11	0.36	1.31	*1.48*	1.14
24 lags	0.29	1.04	*191*	0.69	0.31	1.15	*893*	0.75

注：假设 CAPM 是有效的，使用蒙特卡罗法从随机正态分布的总样本中分 876 次抽取 5 000 个样本。分组自助法则将总样本分为 3 组，从每组中重复抽样。标有 $\sigma(\hat{\lambda})$ 的行和标有 $\sigma(\hat{b})$ 的列使用斜体展现 λ 和 b 的估计结果。时间序列、第一阶段估计和标准误差三列结果均从罗马字体呈现，其代表了基于 5 000 个样本的参数估计平均标准误差。

该表的核心信息是 GMM/DF 估计几乎与时间序列的 β 模型估计完全一样，渐近标准误差公式几乎完全捕获了估计的抽样变异。第二阶段的 GMM/DF 估计效率稍高一些，但代价是标准误差稍有误导。

从长样本和第一列开始。所有的标准误差公式都给出了的基本相同和正确的时间序列估计结果。估计样本均值不是什么高深的科学。除了通常麻烦的 24 期滞后未加权估计，第二列中的第一阶段 GMM/DF 估计也是如此。

第三列和第四列的第二阶段 GMM/DF 估计采用逆谱密度矩阵加权，因此估计值取决于谱密度估计的选择。敏感谱密度估计（不是 24 期滞后）产生的第二阶段估计值变化小于第一阶段估计值 $0.61 \sim 0.62$，而不是 0.64。第二阶段 GMM 是更有效的，这意味着它产生的估计有更小的抽样变异。然而，该表显示效率提升很小。因此，如果更人们喜欢第一阶段 OLS 估计，那么不会损失太多效率。敏感谱密度估计会产生第二阶段标准误差，其几乎准确地捕获了估计参数的抽样变异。

24 期滞后未加权估计会产生巨大的变量估计和人为的小标准误差。使用差的甚至奇异的谱密度估计似乎对标准误差计算有次要影响，但使用其逆矩阵作为加权矩阵可能对估计有显著影响。

使用表 15.5 右侧的分组自助法，由于市场收益的轻微自相关，时间序列估计的波动性稍大。独立同分布和 0 期滞后公式不能捕捉到这种效应，但允许自相关的 GMM 标准误差抓住这种效应。然而，这是一个非常小的效应，因为在市场收益中几乎没有自相关。由于较小的公司投资组合偏离了正态的独立同分布假设，这种效应在第一阶段 GMM/DF 估计中更为明显。实际方差为 0.69，但忽略自相关的标准误差仅产生了 0.63。修正自相关的标准误差几乎是精确的。在第二阶段 GMM/DF 中，敏感谱密度估计再次产生了比第一阶段更为有效的估计，其方差为 0.67 而不是 0.69。不过，这样做的代价是渐近标准误差不太可靠。

在较短的样本中，我们发现时间序列列中平均市场收益的标准误差都非常准确，除了通常的 24 期滞后情况。在 GMM/DF 情况下，我们看到 b 估计的实际抽样变异在第二阶段不再小。在这个"小"样本中，第二阶段估计的效率并不高。此外，虽然第一阶段标准误差仍然相当准确，但第二级标准误差大大低估了参数估计的真实抽样变异。它们代表了在小样本中不存在的期望效率。即使在这种简单的设置中，第一阶段 GMM 显然是估计中心参数的更好选择，因此对于检查单个定价误差及其跨资产的模式来说也是如此。

第16章

选择哪种方法

GMM/DF 方法的缺点是在传统的线性因子模型（即正态分布收益等）中没有效率或简便性的提高。在这些模型中，回归方法的效率或简便性是很难超越的。GMM/DF 方法的优点是它能够透明地处理非线性或其他复杂的模型，特别是包括条件信息，并且它允许我们通过保持对在计量经济学上有意义的问题的关注来规避模型错误设定或简化以及数据问题。

另一种选择通常是某种形式的 ML。因为必须为数据的联合分布写下一个完整的统计模型，所以在大多数情况下，这更为困难。仅仅是评估更不用说最大化，似然函数往往是具有挑战性的。整个系列的论文都是关于特定情况下的计量经济学问题的，例如，如何使短期利率的单变量连续时间模型的似然函数最大化。

实证资产定价面临这两种哲学之间的持久张力。这种选择本质上涉及统计效率、经济和统计模型的错误设定的影响以及结果的清晰度和经济可解释性之间的权衡。在某些情况下，用一些效率增益换取更简单的过程或更容易解释的矩的稳健性是更好的；OLS 可以比 GLS 更好。核心原因是设定错误：统计和经济模型充其量只是数量上的相似。在其他情况下，我们可能真的需要挤出数据中的最后一滴水，依靠直觉在统计上是非常低效的，ML 方法更合适。

遗憾的是，环境是复杂的，而且情况都不同。没有统计理论的普遍定理或普遍适用的蒙特卡罗证据。从本质上讲，设定错误抵制定量建模——

如果知道如何建模，它们就不会存在。因此，我们只能回顾过去的经验教训。

本章的其余部分收集了一些在资产定价模型实证评估的背景下，关于 ML 和非正态 GMM 方法选择的想法，这些想法侧重于在经济上有意义而不是统计上有用的矩。

16.1 "ML" 与 "GMM"

争议通常被认为是在最大似然和 GMM 之间的选择。这是提出这个问题的一种糟糕的方式。ML 是 GMM 的一个特例；它表示在明确定义的意义上统计上最优的特定矩的选择。这都是 GMM，问题在于矩的选择。选择是在辅助统计模型选择的矩（即使在经济上完全不可预测）和为其经济或数据摘要解释选择的矩（即使在统计上没有效率）之间进行的。

而且，没有所谓的 "GMM 估计"。GMM 是一种灵活的工具；可以使用任何你想使用的 a_T 矩阵和 g_T 矩。ML 和 GMM 都是深思熟虑的研究人员可以用来学习关于给定资产定价模型的数据的工具，而不是像指南针一样给出精确的方向，根据表面含义去做就能得出真相。如果根据表面含义且不加考虑地去做，ML 和 GMM 都可能导致可怕的结果。

当然，不必将 GMM 与模型的折现因子表达式和 ML 与期望收益-β 表达式配对。许多研究将模型的折现因子表达式与 ML 配对，还有许多研究使用 GMM 评估预期收益-β 模型，正如在第 12 章中所做的那样，以调整非独立同分布残差的回归标准误差。

16.2 ML 经常被忽略

正如我们所看到的，ML 加上正态独立同分布扰动的假设，会产生易于解释的时间序列或横截面回归，以及接近模型经济内容的实证程序。然而，资产收益不是正态分布的，也不是独立同分布的。它们的尾部数据比正态分布更宽，它们是异方差的（高波动率和低波动率），也是自相关的，并且可以从各种变量中预测。如果要认真考虑 ML 基本原理及其对效率的追求，就应该对收益的这些特征进行建模。结果将是一个不同的似然函数，它的分数将限定不同的矩条件，而不是熟悉和直观的时间序列或横截面回归。

有趣的是，很少有实证工作者会这样做。（例外情况往往是那些主要观点是说明经济计量技术而不是实证发现的论文。）当 ML 表示易于解释的回归时，它似乎是好的；当它暗示了其他东西时，人们还是会使用回归。

例如，ML 规定估计 β 不带常数。但 β 的估计几乎都带常数。即使这些因子是收益，研究人员也经常进行横截面回归而不是时间序列回归。ML 指定了一个 GLS 横截面回归，但许多实证工作者使用 OLS 横截面回归，放弃 GLS 加权矩阵。真正的 ML 公式需要在 β、协方差矩阵和横截面回归之间进行迭代。经验应用中通常使用这些量的不受限制的估计。当然，尽管收益不是独立同分布正态的，任何回归检验也都会继续运行。首先是进行回归分析，然后进行最大似然形式化。如果不得不假设收益具有伽马分布来证明回归的合理性，那么我们应在 ML 后面做出那个"假设"，而不是正态独立同分布假设！

研究人员不能真的相信他们的零假设，无论是从统计还是从经济的角度来说，这是完全正确的。他们需要对合理的模型错误设定进行稳健的估计和检验。他们还需要易于解释的估计和检验，能够在数据中直观地捕捉到清晰的风格化事实，并且与模型的经济概念直接相关。这样的估计是有说服力的，因为读者可以看到它们是稳健的。[①] 为了追求这些目标，在经济和统计模型是正确的零假设条件下，研究人员似乎愿意牺牲一些效率。

ML 不一定产生稳健或易于解释的估计。它不是为了这样做而设计的。ML 的优点在于它提供了有效的估计；它利用统计和经济模型中的每一点信息来寻求效率。如果模型是正确的，它就会做"正确的"有效的事情。它不一定对"近似"模型做"合理的"事情。

16.3 OLS 与 GLS 横截面回归

这一论点具体化的一个方面是在 OLS 和 GLS 横截面回归之间的选

[①] 遵循这一思路，人们可能想采用比 OLS 更稳健的估计策略，因为 OLS 赋予异常值很大的权重。例如，Knez & Ready（1997）声称，规模和价值效应关键取决于几个异常值。

择，或者等效地在第一阶段和第二阶段 GMM 之间的选择。

第 15 章可能会导致一种错误的印象，即选择并不重要。在简单的环境中，这在某种程度上是正确的，但在更复杂的环境中则不然。例如，Fama and French（1997）在一个关于行业投资组合的三因子模型的时间序列检验中报告了 β 和定价误差之间的重要相关性。这种相关性在 OLS 横截面估计中不可能发生，因为横截面估计将右侧变量（β）和误差项（定价误差）之间的横截面相关性设置为零。另一个例子是，在基于宏观经济数据的因子定价模型中，第一阶段估计似乎更有效。图 2.4 显示了基于消费的模型的第一阶段估计。第二阶段估计会产生更大的个别定价误差，因为这样做可以降低谱密度矩阵所要求的具有强多空头寸的投资组合的定价误差。同样的情况也发生在 Cochrane（1996）的基于投资的因子定价模型以及 Lettau and Ludvigson（2001a）的基于规模消费的模型中。早在 Fama and MacBeth（1973）中，作者就更倾向于使用 OLS 横截面回归，不使用 GLS 加权。

当协方差矩阵和谱密度矩阵收敛到它们的总体值时，GLS 和第二阶段 GMM 得到了它们的渐近有效性。GLS 和第二阶段 GMM 使用这些矩阵来寻找度量良好的投资组合：GLS 的残差方差很小，GMM 的折现收益方差很小。风险在于，这些数量在有限样本中估计得很差，样本最小方差投资组合与总体最小方差投资组合关系不大。这本身不应该给一个为所有投资组合定价的完美模型带来太多的问题。但是一个不完美的模型，如果它能很好地为一组基本的投资组合定价，那么它在定价这些投资组合奇怪的线性组合时可能会做得很差，尤其是那些涉及强大的多头和空头头寸的组合，即在给定交易、保证金和卖空限制条件下，真正超出报酬空间的头寸。因此，风险在于虚假样本最小方差投资组合与模型的设定误差之间的相互作用。

有趣的是，Kandel and Stambaugh（1995）和 Roll and Ross（1995）认为 GLS 横截面回归也是模型错误设定的结果。他们首先观察到，只要存在任何设定误差（定价误差不完全为零），只要市场替代变量不完全在均值-方差边界上，那么就有投资组合在预期收益与 β 的图中产生任意好的和任意坏的拟合。原因是即使完美的模型也会在样本中留下定价误差，这在样本中总是成立的。

很容易看出基本论点。以一个投资组合为例，做多正 α 证券，做空负 α 证券，它将有一个非常大的 α！更确切地说，如果原始证券紧随

$$E(R^e) = \alpha + \lambda\beta$$

然后考虑由非奇异矩阵 A 组成的原始证券投资组合。得到

$$E(AR^e) = A\alpha + \lambda A\beta$$

通过选择 A，可以使所有投资组合都有相同的 β，所以 $A\beta=$ 常数，然后它们将有一个 α 利差。我们会看到一个图，所有的投资组合都有相同的 β，但平均收益是上下分布的。相反，你可以选择 A，使预期收益-β 图看起来和你想的那样好。

在这种情况下，GLS 有一个重要特征：GLS 横截面回归独立于这种投资组合的重新包装。如果将一组收益 R^e 转换为 A^{Re}，则 OLS 横截面回归将从

$$\hat{\lambda} = (\beta'\beta)^{-1}\beta' E(R^e)$$

转换为：

$$\hat{\lambda} = (\beta'A'A\beta)^{-1}\beta'A'AE(R^e)$$

这确实取决于重新组合 A。然而，A^{Re} 的残差协方差矩阵是 $A\Sigma A'$，因此 GLS 回归

$$\hat{\lambda} = (\beta'\Sigma^{-1}\beta)^{-1}\beta'\Sigma^{-1} E(R^e)$$

不受影响，只要 A 是满秩，因此不会丢弃信息

$$\hat{\lambda} = (\beta'A'(A\Sigma A')^{-1}A\beta)^{-1}\beta'A'(A'\Sigma A)^{-1}AE(R^e)$$
$$= (\beta'\Sigma^{-1}\beta)^{-1}\beta'\Sigma^{-1} E(R^e)$$

在 GMM 估计中，谱密度矩阵和第二阶段估计都具有这一特性。这些并不是不变的投资组合唯一一加权矩阵选择。例如，Hansen and Jagannathan（1997）提出的收益二阶矩矩阵也具有相同的性质。

这是一个事实，但它并不表明 OLS 选择了一组特别好或特别差的投资组合。也许你不认为 GLS 对投资组合的选择是有用的。在这种情况下，可以使用 OLS 精确地将注意力集中在一组特定的经济上有意义的投资组合上。

这个选择在很大程度上取决于你想让你的检验完成什么。如果想证明模型是错误的，那么 GLS 可以帮助你专注于最有信息量的投资组合，以证明模型是错误的。这正是一个有效的检验应该做的。然而，许多模型是错误的，但仍然相当好。在对一组有意义的投资组合进行定价时，该模型

做得很好,那么抛弃这一信息是令人遗憾的。明智的折中办法似乎是报告 OLS 对"有意义的"投资组合的估计,同时也报告显示模型被拒绝的 GLS 检验统计数据。事实上,这是典型的事实集合。

16.4 为稳健性牺牲效率的额外示例

以下是一些额外的例子,在这种情况下,为了模型错误设定的稳健性而牺牲一些明显的效率是明智的。

低频时间序列模型。在估计 AR(1) $y_t = \rho y_{t-1} + \varepsilon_t$ 等时间序列模型时,ML 方法使提前一步预测误差方差 $E(\varepsilon_t^2)$ 最小化。但任何时间序列模型都只是一个近似,研究者的目标可能不是提前一步进行预测。例如,为了理解长期债券的收益率,我们会对短期利率的长期行为感兴趣。在估计股票收益的长期单变量均值回归的大小时,我们只想知道自相关系数或移动平均系数之和。写下 $p_t = a(1)\varepsilon_t$ 时,我们想知道 $a(1)$ 的值。(将在 19.1 节研究此应用。)产生最小的提前一步预测误差方差的近似模型可能与最匹配序列长期行为的模型有很大不同。(Cochrane(1988)在长期 GDP 预测的背景下对这一点进行了更详细的分析。)

Lucas 的货币需求估计。Lucas(1988)就是一个很好的例子。Lucas 对估计货币需求的收入弹性很感兴趣。随着时间和商业周期的推移,货币和收入呈上升趋势,但也有一些看起来像噪声的高频波动。如果对对数形成的公式进行回归

$$m_t = a + by_t + \varepsilon_t$$

可以得到一个关于 $b=1$ 的合理的系数,但是误差项是强序列相关的。按照标准建议,大多数研究人员运行 GLS,相当于对数据进行一阶差分

$$m_t - m_{t-1} = b(y_t - y_{t-1}) + \eta_t$$

这个误差项通过了它的 Durbin-Watson 统计,但是 b 估计值要低得多,这在经济上没有多大意义,更糟糕的是它不稳定,这在很大程度上取决于时间周期和数据定义。Lucas 意识到对差异的回归将数据中的大部分信息都剔除了,而这些信息是趋势性的,并且集中在高频噪声上。因此,修正了误差项相关的标准误差的不同水平的"低效的"回归,是正确的。当然,GLS 和 ML 并不知道数据中有任何"噪声",这就是为什么它们扔

掉了婴儿，却留了洗澡水。同样，ML 利用零假设来提高效率，无法知道什么是"合理的"或"直观的"。

随机奇点和校准。利率期限结构模型（将在第 18 章中研究这些模型）和宏观经济学中的实际商业周期模型给出了鲜明的例子。这些模型是随机奇异的。它们从几个冲击中产生了许多时间序列的预测，因此模型预测存在没有误差项的时间序列组合。即使这些模型有着丰富而有趣的含义，ML 也会抓住这个经济上无趣的奇点，拒绝估计参数，并且拒绝任何这种形式的模型。

这种情况的最简单的例子是线性二次永久收入模型与收入的 AR(1) 规范配对。模型是

$$y_t = \rho y_{t-1} + \varepsilon_t$$

$$C_t - C_{t-1} = (E_t - E_{t-1})(1-\beta)\sum_{j=0}^{\infty}\beta^j y_{t+j} = \frac{(1-\beta)}{(1-\beta\rho)}\varepsilon_t$$

这个模型为消费和收入（以及资产价格）的联合过程产生了各种重要的、经济上有意义的预测。消费大致应该是随机游走的，应该只对永久性的收入变化做出反应；投资应该比收入更不稳定，收入应该比消费更不稳定。然而，由于只有一个冲击和两个系列，因此所采用的模型从表面来看预测了消费和收入之间的确定性关系；它预测

$$c_t - c_{t-1} = \frac{r\beta}{1-\beta\rho}(y_t - \rho y_{t-1})$$

ML 会注意到这是模型在统计上最有信息量的预测。没有误差项！在任何实际数据集中，没有参数 r，β，ρ 的配置会使这个限制成立，即数据点对数据点。观测一个数据集 $\{c_t, y_t\}$ 的概率恰好为零，任何一组参数的对数似然函数为 $-\infty$。ML 表明模型失效了。

利率期限结构的常用模型也是如此。它们规定，任何时刻的收益率都是几个状态变量的确定性函数。这些模型可以捕捉到期限结构的许多重要的定性行为，包括上涨、下跌和驼峰形状，以及期限结构中有关未来收益率变动和收益率波动的信息。它们对衍生品定价非常有用。但在实际收益率数据中，并非所有期限的收益率都是 K 收益率的精确函数。N 收益率的实际数据总是需要 N 个冲击。同样，ML 方法报告了任意参数集的 $-\infty$ 对数似然函数。

16.5 解决模型错误设定

ML 原理为模型的错误设定提供了一个答案：指定正确的模型，然后进行 ML。如果回归误差是相关的，则建模并估计协方差矩阵，然后进行 GLS。如果你担心定价因子、卖空成本或其他交易成本中的替代变量误差，则不应依赖极端多空头寸的模型预测；如果你担心消费数据的时间聚集或错误测量、非正态或非独立同分布收益、时变 β 和因子风险溢价，以及其他的定价因子等，则不要谈论它们，把它们写下来，然后再进行 ML。

紧随这一趋势，研究人员在实际商业周期模型（Sargent（1989）是一个典型的例子）和仿射收益模型中添加了"测量误差"，以打破随机奇点（在 19.6 节对这种情况进行了更多的讨论）。当然，问题是假设的测量误差结构现在驱动着 ML 关注的矩。而认真地建模和估计测量误差会使我们远离模型中经济上让人感兴趣的部分。（测量误差增大模型通常会指定合理的矩，但会假设测量误差的特殊过程，如独立同分布误差。为什么不在一开始就明确指出那些合理的矩呢？）

更普遍的是，作者往往不遵循这个建议，部分原因是它最终是不可行的。经济学必须研究定量的"寓言"，而不是完全特定的模型。如果我们能够写下完全特定的模型，定量地描述所有可能的经济和统计模型以及设定误差，那就太好了，但是实际上不可能。

明智地使用 GMM 框架，允许我们评估错误设定的模型。它使我们能够将统计工作集中在"有意义的"预测上，而忽略了世界与"无趣的"简化不匹配的事实。例如，ML 只让你选择 OLS（其标准错误是错误的）或GLS（你可能不相信小样本或可能关注数据中无意义的部分）。GMM 允许你保留 OLS 估计，但可以纠正非独立同分布的标准误差。更一般地说，GMM 允许指定一组经济上有趣的矩，或者一组你认为对经济模型或统计模型的错误指定是可靠的矩，无须明确说明导致这些矩"最佳"甚至"有意义"和"稳健"的模型错误设定的根源是什么。它允许你接受某些统计假设下较低的"效率"，以换取这种稳健性。

同时，GMM 框架允许灵活地将统计模型的错误设定合并到分布理论中。例如，已知收益不是正态独立同分布，你可能希望无论如何都使用时间序列回归技术。这一估计不是不一致的，但 ML 公式在这个假设下得出的标准误差是不一致的。GMM 提供了一种灵活的方法，至少可以为时间序列回归系数的统计模型错误设定推导出一组渐近修正。类似地，一个合并的时间序列横截面 OLS 回归是不一致的，但是忽略误差项互相关的标准误差太小了。

实际商业周期模型的"校准"通常只不过是一个 GMM 参数估计，使用经济上合理的矩，如平均产出增长、消费/产出比等，以避免随机奇点，而这将导致 ML 方法失败。（Kydland and Prescott（1982）认为实证微观经济学可以为宏观经济和金融模型提供准确的参数估计的想法已经基本消失了。）校准练习通常不会计算标准误差，也不会在人们将模型预测的二阶矩与数据中的二阶矩进行比较时报告与"评估"阶段相关的任何分布理论。然而，在 Burnside，Eichenbaum and Rebelo（1993）之后，计算这种分布理论很容易，可以评估预测的"二阶矩"与实际矩之间的差异与抽样变异相比是否较大，通过将一阶矩和二阶矩一起列在 g_T 向量中，将参数估计引起的变化包含在同一样本中。

"审慎地使用"是一个重要的限定条件。许多 GMM 估计和检验在选择矩、测试资产和工具变量时缺乏思考。例如，早期的 GMM 论文倾向于随机挑选资产，尤其是工具变量。行业投资组合的平均收益几乎没有变化可以解释它。作者经常把收益和消费增长的滞后项作为检验基于消费的模型的工具变量。然而，考虑到滞后 1～6 期，收益的第 7 个滞后项实际上无法对未来收益做出太多预测，而且经季节调整、事后修正的消费增长中的一阶序列相关在经济上可能是无意义的。最近的研究往往强调一些精心选择的资产和工具变量，这些资产和工具变量能够捕捉到数据的重要和经济上有意义的特征。

16.6　辅助模型

ML 需要一个辅助统计模型。例如，在回归检验的经典 ML 形式化中，我们不得不停止假设收益和因子联合起来是正态独立同分布的。随着辅助统计模型越来越复杂和接近现实情况，人们越来越致力于辅助统计模型的估计。ML 无法知道某些参数（a，b；β，λ，风险规避 γ）比其他如 Σ 和描述时变条件收益矩的参数更重要。

GMM 的一个非常简便的特点是它不需要一个辅助统计模型。例如，在研究 GMM 时，我们可以直接从 $p = E(mx)$ 推导到矩条件、估计和分布理论。这是一个重要的节省研究人员和读者的时间、精力和注意力的模型。

16.7 有限样本分布

许多作者说他们更喜欢回归检验和 GRS 统计量，因为它有一个有限样本分布理论，而且他们不相信 GMM 渐近分布理论的有限样本性能。

这个论点没有什么说服力。有限样本分布只有在收益确定是正态独立同分布，且因子被完美测量时才成立。由于这些假设不成立，所以忽略非独立同分布收益的有限样本分布比修正非独立同分布收益的渐近分布更好并不明显。

在经典的独立同分布收益设置中，所有方法给出的答案基本相同。问题是各种方法如何在更复杂的设置中应用，尤其是存在条件信息且没有解析的有限样本分布的情况下。

此外，一旦选择了估算方法，你将如何从数据中生成数字；或者你将使用哪个矩来寻找它的有限样本分布，给定一个辅助统计模型就很容易做到了。只需运用蒙特卡罗法或自助法。因为它提供了有限样本分布的解析公式（在错误的假设下），所以选择一种估计方法应该成为过去。有限样本分布的解析公式对于比较估计方法和讨论估计量的统计性质是有用的，但对于经验主义者的主要任务来说，它们不是必需的。

16.8 渐近分布的有限样本质量以及"非参数"估计

一些研究（Ferson and Foerster，1994；Hansen，Heaton and Yaron，1996）发现了 GMM 渐近分布理论与有限样本分布理论近似的情况。当人们要求对自相关或异方差进行"非参数"修正，当矩的数目与样本量相比很大时，或者如果用于 GMM 的矩效率很低时（Fuhrer，Moore and Schuh，1995），放入大量预测能力较差的工具变量，就可能发生这种情况。

ML 分布与 GMM 是一样的，条件是矩的选择，但是 ML 的典型实现也使用参数时间序列模型来简化分布理论中的项的估计，并推导出似然函数。

如果 GMM 分布理论的"非参数"估计在有限样本中表现不佳，而参数 ML 分布效果良好，则没有理由不使用参数时间序列模型来估计 GMM 分布中的项。例如，不需要从大量的自相关函数中计算 $\sum_{j=-\infty}^{\infty} E(u_t u_{t-j})$，而是可以对 $u_t = \rho u_{t-1} + \varepsilon_t$ 进行建模，估计 ρ，然后计算 $\sigma^2(u) \sum_{j=-\infty}^{\infty} \rho^j = \sigma^2(u)(1+\rho)/(1-\rho)$。11.7 节更详细地讨论了这个想法。

16.9 ML 的说明

在经典的设置中，相对于 GMM，ML 在定价误差上的效率增益很小。然而，一些研究发现，ML 所提出的基于统计动机的矩的选择具有重要的效率优势。

例如，Jacquier，Polson and Rossi（1994）研究了具有随机波动性的时间序列模型的估计。模型的形式为：

$$
\begin{aligned}
dS_t/S_t &= \mu\, dt + V_t\, dZ_{1t} \\
dV_t &= \mu_V(V_t)\, dt + \sigma(V_t)\, dZ_{2t}
\end{aligned}
\tag{16.1}
$$

S 可以被观察到，但 V 不可以。显而易见且易于解释的矩包括收益平方的自相关，或收益绝对值的自相关。然而，Jacquier，Polson and Rossi（1994）发现，所得到的估计结果远不如 ML 分数的结果有效。

当然，这项研究假设模型（16.1）确实是正确的。考虑到其他的一些数据生成机制，不可预测的分数或可解释的矩在给出式（16.1）的近似模型方面是否确实表现得更好，有待讨论。

即使在典型的 OLS 与 GLS 的情况下，一个异方差的误差协方差矩阵也意味着 OLS 会花费所有的精力来拟合不重要的数据点。在这种情况下，GMM（OLS）的"审慎的"应用至少需要对单位进行一些转换，以使 OLS 不会非常低效。

16.10　统计基本原理

有说服力的实证工作的历史，改变了人们对数据中事实的理解，以及经济模型对这些事实的理解，其看起来与计量经济学教材中宣扬的统计理论有很大不同。

尽管有正式的统计数据被拒绝，多年来 CAPM 仍然被讲授、相信和使用。只有在多因子模型中提供了其他一致的观点时，它才会被搁置。多因子模型也被拒绝了！似乎"需要用模型才能打败模型"，而不是拒绝。

即使在评估一个特定的模型时，大多数有意义的计算都来自对特定替代方案的研究，而不是对整体定价误差的检验。最初的 CAPM 检验集中在横截面回归中的截距是否高于或低于无风险利率，以及个体方差是否进入了横截面回归。当发现诸如规模和账面/市场比率等特征确实进入横截面回归时，CAPM 就失去作用了，而不是在一般定价误差检验被拒绝时。

有影响力的实证工作讲述了一个故事。如果人们不能清晰地看到数据中驱动结果的程式化事实，那么最有效的程序似乎也无法说服人们。如果对一个模型进行检验的重点是解释有意义的投资组合的平均收益的横截面的能力，那么最终它会比关注模型解释第二个投资组合的第五个矩的能力的检验更有说服力，即使 ML 发现后一个矩在统计上所含的信息量更丰富。

Fama and French（1988b，1993）是实证工作很好的例子，其改变了许多人的想法，在这种情况下，长期收益确实是可预测的，我们需要一个多因子模型而不是 CAPM 来理解平均收益的横截面。这些论文在统计学上并不惊人：长期可预测性处于统计显著性的边缘，多因子模型在 GRS 检验中被拒绝。但这些论文清楚地表明了数据中哪些程式化和强有力的事实推动了结果，以及为什么这些事实在经济上是合理的。例如，1993 年的论文侧重于平均收益和 β 表格。这些表格显示了平均收益的巨大变化，这与市场 β 的变化不相匹配，但与新因子的 β 变化相匹配。在统计理论中没有这样的一个表，但是对于定价误差检验，它比 χ^2 值表更有说服力。另一方面，我想不出有哪一种情况是运用一种巧妙的统计模型，可以从一个数据集中榨出最后一点效率，将 t 统计量从 1.5 改为 2.5，这在很大程度上改变了人们思考问题的方式。

统计检验是我们在评价理论时提出的众多问题之一，但通常不是最重要的问题。这不是一个哲学或规范的陈述；它是对专业从理论到理论的过程的积极或实证的描述。想想人们在面对理论和相关的实证研究时会问的问题。他们通常从认真思考理论本身开始。经济模型或解释的核心部分是什么？内部是否一致？这些假设有意义吗？那么，当进行实证研究时，数据是如何产生的？数据定义是否合理？数据中的概念是不是模型中概念的合适替代？（这个问题在统计学理论中的探讨空间很少！）对于不可避免的简化，模型预测是否有效？结果取决于幂效用还是另一种功能形式？如果添加一点测量误差，或者如果替代变量具有信息优势，会发生什么？识别假设是什么？为什么 y 在左边，x 在右边，而不是相反？它们有意义吗？为了得到好的结果，作者在函数形式、数据定义、替代变量和无数其他规范问题上做了多少努力？最后，房间后面的人可能会举手问："如果数据是由一次又一次地抽取独立同分布正态随机变量生成的，你多久能得出这么大或更大的数字？"这是对结果总体可信度的一个有意义且重要的检查。但这不一定是第一次检查，当然也不一定是最后一次和决定性的检查。许多模型在经济上是有意义的，但在统计上是不可接受的。有强大的统计数据，但许多没有清晰地讲出一个故事的模型很快就会被遗忘。

经典的假设检验理论，即它的贝叶斯选择，或者科学哲学中潜在的假设检验观点，都是对一般科学，特别是经济学从一个理论到另一个理论的糟糕描述。这可能也是件好事。鉴于数据的非实验性质，许多研究人员在研究相同数据时不可避免地存在钓鱼偏见，以及不可避免的事实，即理论是定量的寓言，而不是对数据生成方式的字面描述，专业人员对新理论的处理方式很有意义。经典统计学要求在设定模型之前没有人查看过数据。然而，已经运行的回归比 CRSP 数据库中的数据点还要多。贝叶斯计量经济学原则上可以吸收以前研究者的信息，但它从未以这种方式应用，即每次研究都是从一个"不具信息性的"先验开始的。统计理论在我们已知是正确的且效用很强的模型与我们估计的参数之间做出了明显的区分。但这种区分是不正确的，我们对函数形式的不确定和对参数的不确定是一样的。分布理论试图提出一个无人知晓的问题：如果我们把时间倒回 1947 年，并将战后时期重演 1 000 次，那么在这些另类历史中，有多少标准普尔 500 指数的平均收益率会大于 9%？事实上，一个统计学家在只观察了一段历史的情况下，竟然能够声称对这样一个问题给出任意答案，这是相当令人惊奇的。

这些段落并不包含原创思想，它们反映了更广泛的科学哲学的变化。50 年前，占统治地位的科学哲学关注的是科学家提供了可拒绝的假设。这一观点贯穿于 Popper（1959）、经典统计决策理论，以及 Friedman（1953）等哲学著作。然而，这种方法包含一个重要的不一致性。虽然研究人员应该让数据来决定，但是方法论的作者并没有关注实际理论是如何演变的。这就像 Friedman 的"实证方法论"那样，而不是"经济学的积极方法"。为什么方法论应该是规范的，是哲学思辨的结果，而不像其他的经验学科？在一本非常著名的书中，Kuhn（1970）回顾了科学革命的历史，发现实际过程与正式方法论几乎没有关系。McCloskey（1983，1998）更进一步研究了经济学的"修辞"：说服人们改变对经济理论看法的论据。不用说，最大的 t 统计量没有赢！

Kuhn，尤其是 McCloskey 的思想在金融界和经济界并不流行。确切地说，尽管他们很好地描述了人们是如何工作的，但在描述人们如何谈论自己的工作上并不受欢迎。该领域的大多数人坚持规范的、拒绝假设的方法论观点。但我们不必认为它们必会受欢迎。经济学和金融学的思想在模型中的代理人中并不流行。有多少股市投资者知道什么是随机游走或 CAPM，更不用说相信这些模型有一定道理了？为什么在科学思想如何演化的模型中的代理人应该对模型有一个直观的理解？"好像"理性也适用于我们。

撇开哲学争论不谈，一个希望自己的想法既令人信服又正确的研究者，最好研究一下过去的想法是如何说服人们的，而不仅仅是研究一个统计决策理论家关于如何说服人们的想法。Kuhn 和 McCloskey 在经济学上都做到了这一点，他们的研究历史值得学习。最后，统计特性可能不是选择统计方法的好方法。

16.11　总　结

底线很简单：进行第一阶段或简单的 GMM 估计，而不是显式 ML 估计和检验。许多人（遗憾的是，许多期刊的评论员）似乎认为，只有完全的 ML 估计和检验是可以接受的。本节篇幅很长，一是为了消除这种印象；二是为了证明至少在许多具有实际重要性的情况下，一个简单的侧重于经济上可解释的矩的第一阶段 GMM 方法，可以充分有效、稳健地对模型错误进行建模，并且最终更具说服力。

第3部分

债券和期权

我们用密切相关的技术来评估债券和期权。如你所料，我在折现因子的相关章节展示了这两个应用程序。债券和期权的定价采用了出人意料的简单折现因子。

　　到目前为止，我们关注的是收益，它将定价问题简化为了单期问题。债券和期权迫使我们开始考虑将单期或瞬时表达式联系起来，以预测长期证券的价格。采取这一步是非常重要的，我预计我们将看到更多的股票多期分析，研究价格和报酬流而不是收益。这一步而不是折现因子解释了一些债券和期权定价模型的数学复杂性。

　　从瞬时或收益表达式到价格有两种标准方法。首先，我们可以把折现因子联系在一起。从单期的折现因子 $m_{t,t+1}$ 开始，我们可以找到一个长期折现因子 $m_{t,t+j}=m_{t,t+1}m_{t+1,t+2}\cdots m_{t+j-1,t+j}$，其可以为 j 期报酬定价。从满足瞬时定价公式 $0=E_t[\mathrm{d}(\Lambda P)]$ 的折现因子增量 $\mathrm{d}\Lambda$ 出发，通过求解其随机微分方程，可以得到通过 $P_t=E_t[\Lambda_{t+j}/\Lambda_t x_{t+j}]$ 为 j 期报酬定价的 Λ_{t+j} 显著性水平。其次，我们可以把价格链在一起。从 $p_{T-1}=E_{T-1}(m_{T-1,T}x_T)$ 开始，可以得到 $p_{T-2}=E_{T-2}(m_{T-2,T-1}p_{T-1})$，依次类推。从概念上讲，这与链接收益 $R_{t,t+j}=R_{t,t+1}R_{t+1,t+2}\cdots R_{t+j-1,t+j}$ 相同。从 $0=E_t[\mathrm{d}(\Lambda P)]$ 开始，我们可以找到价格的一个微分方程，然后求解回来。我们将采用两种方法求解利率和期权定价模型。

第 **17** 章

期权定价

期权是一套非常有趣和有用的工具。在考虑它们的价值时，我们将采用一种非常相对的定价方法。我们的目标是基于其他证券的价值，特别是期权所依据的股票的价格和利率，找出期权的价值。

17.1 背 景

定义和收益

> 看涨期权赋予你在指定的到期日以指定的行权价格购买股票的权利。
>
> 看涨期权收益为 $C_T = \max(S_T - X, 0)$。
>
> 期权投资组合被称为策略。跨式组合（straddle）是指在相同的行权价格下的看跌期权和看涨期权，是对波动率的押注。
>
> 期权允许你买卖收益分布的任何一部分。

在研究期权价格之前，需要了解期权收益。

看涨期权赋予你在到期日（T）当日（或之前）以指定行权价格（X）购买股票（或其他"基础"资产）的权利，而不是义务。欧式期权只能在到期日行权。美式期权可以在到期日前任何时候行权。看跌期权赋予你在到期日（或之前）以指定行权价格出售股票的权利。用标准符号表示，

$$C = C_t = 今日买入价$$
$$C_T = 买入收益 = 到期价值(T)$$
$$S = S_t = 今日股票价格$$
$$S_T = 到期股票价格$$
$$X = 行权价格$$

现在我们的目标是找到价格 C。一般的框架是（当然是）$C = E(mx)$，其中 x 表示期权的收益。期权的收益和到期时的价值是一样的。如果股票价格高于行权价格，那么期权价值相当于这两者之间的差额。如果股票价格跌破了行权价格，它将毫无意义。因此，期权收益是

$$看涨期权收益 = \begin{cases} S_T - X, & S_T \geq X \\ 0, & S_T \leq X \end{cases}$$
$$C_T = \max(S_T - X, 0)$$

看跌期权的运作方式正好相反：当股票价格跌破行权价格时，它就会增值，因为高价出售股票的权利越来越有价值，

$$看跌期权收益 = P_T = \max(X - S_T, 0)$$

跟踪期权最简单的方法是将期权的价值作为股票价格的函数。图 17.1 显示了买入看涨期权和看跌期权的收益，还显示了相应的空头头寸的收益，这些头寸称为看涨期权和看跌期权。最容易犯的错误之一就是混淆收益和利润，即到期价值减去购买期权的成本。图中画了利润线，即收益－成本，来强调这个差异。

期权的有趣特征

你马上就可以看到期权的一些有趣的特点。看涨期权可以给你一个巨大的正 β。典型的平价期权（行权价格＝当前股价）的 β 约为 10，这意味着该期权是相当于借入 10 美元投资 11 美元的股票。然而，你的损失仅限于期权的成本，这是预先支付的。期权显然对交易非常有用。想象一下，以如此高的利润率买进股票有多困难，如果赌输了，要确保人们付出代价又有多么困难。期权解决了这个问题。难怪主动期权交易仅在第一批股票开始交易一两年后就开始了。

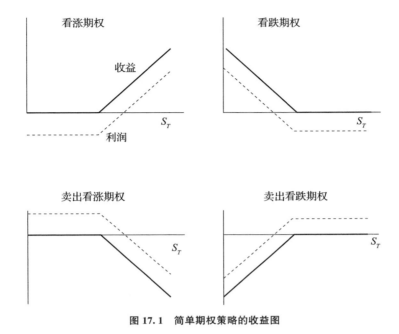

图 17.1　简单期权策略的收益图

　　巨大的 β 也意味着期权对对冲非常有用。如果你有一个大的非流动性投资组合，就可以用期权以非常低的成本抵消风险。

　　最后，期权允许你用有趣有时是危险的方式来塑造收益的分布。例如，如果你买了一个 40% 的价外看跌期权和一只股票，那么你就为你的股票投资组合购买了"灾难保险"。你切断了收益分布的左尾，以总体分布的均值这一较小的代价。

　　另一方面，通过卖出价外看跌期权，可以年复一年地赚取一笔小额费用，只是偶尔会经历一次巨大的损失。你有很大的概率获得一项小的收益和很小的概率承受巨大的损失。你在为市场提供灾难保险，它的工作原理很像地震保险。

　　这种策略的收益分布是非正态的，因此很难对其性质进行统计评估。这种策略对一个只通过其已实现收益的统计数据进行评估的投资组合经理很有吸引力。如果除了投资于某个指数之外，他还买入了大量的价外期权，那么在 1～5 年内击败指数的可能性非常大。如果灾难真的发生了，他损失了 10 亿美元左右，那么你能做的最坏的事情就是解雇他。（他的雇佣合同是一个看涨期权。）这就是为什么投资组合管理合同不是纯粹的统计数据，而且记录了什么样的投资可以做和不能做。

策略

看跌期权和看涨期权的投资组合称为策略，并具有一些有趣的特性。图 17.2 显示了跨式组合的收益，即以相同的行权价格组合看跌期权和看涨期权。如果股票上涨或下跌，这种策略会产生收益。如果股票价格不变，就会赔钱。因此，跨式组合是对波动率的押注。当然，其他人都明白这一点，他们会抬高看跌期权和看涨期权的价格，直到买卖双方只获得一个均衡的收益率。因此，如果你认为股票的波动率比其他人想象的要高，就可以投资于一个跨式组合。期权允许有效市场和随机游走在股票的二阶和更高阶矩，以及它们的整体方向上运行！你还可以很快看到波动率将是期权价格的一个中心参数。波动性越大，看跌期权和看涨期权的价格就越高。

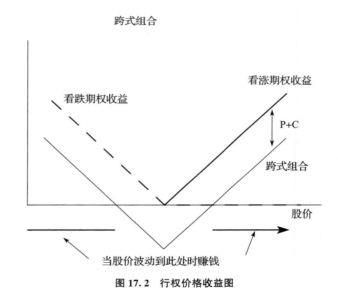

图 17.2　行权价格收益图

更一般地，通过组合各种行权价格的期权，你可以买卖收益分布的任何一部分。一套完整的期权（包含每个行权价格的看涨期权）相当于完全市场，也就是说，它允许你以任何方式形成取决于最终股价的收益，可以形成 $f(S_T)$ 形式的任何收益。

价格：单期分析

> 本节利用了存在折现因子的一价定律和存在正折现因子的无套利定律来刻画期权价格。结果表明：
>
> （1）买卖权平价：$P = C - S + X/R^f$。
>
> （2）套利边界，最好的总结如图 17.4 所示。
>
> （3）对于没有支付股息的股票，不应提前行使美式看涨期权。
>
> 套利边界是一个线性规划，这个程序可以用来在更复杂的情况下找到它们，在这种情况下，巧妙地识别套利投资组合可能失败。

我们有一组有意义的收益。现在我们能对它们的价格，即到期前的价值说些什么呢？显然，$p = E(mx)$ 一如既往。我们已经了解了 x，现在就必须考虑 m。

我们可以从一价定律和无套利的内容开始，或者等价地说，从存在某个折现因子或正折现因子开始。在期权的例子中，这两个原则可以告诉你很多关于期权价格的信息。

买卖权平价

一价定律，或者说存在某个折现因子来为股票、债券和看涨期权定价，这使得我们可以根据股票、债券和看涨期权的价格来推断看跌期权的价值。考虑以下两种策略：（1）持有看涨期权，卖出看跌期权，行权价格相同。（2）持有股票，承诺支付行权价格 X。这两种策略的收益是相同的，如图 17.3 所示。

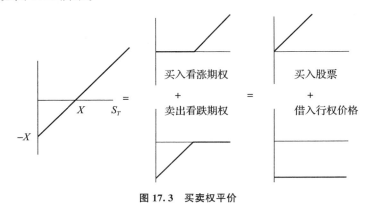

图 17.3　买卖权平价

等价地，与收益相关的公式为：

$$P_T = C_T - S_T + X$$

因此，只要一价定律成立，左右两侧的价格就必须相等。对任意 m，两侧都应用 $E(m \cdot)$

$$P = C - S + X/R^f$$

（S_T 的价格为 S。收益 X 的价格为 X/R^f。）

套利边界

如果加上无套利，或者等价地加上折现因子必须为正的限制，就可以在不需要知道看跌价格的情况下推导出看涨期权价格的边界。在这种情况下，最容易巧妙地注意到套利投资组合的情况，即投资组合 A 主导投资组合 B。然后，直接从无套利的定义或从 $A > B$，$m > 0 \Rightarrow E(mA) > E(mB)$ 中，推断出 A 的价格必须大于 B 的价格。套利投资组合是：

（1）$C_T > 0 \Rightarrow C > 0$。看涨期权的收益是正的，因此看涨期权的价格肯定是正的。

（2）$C_T \geqslant S_T - X \Rightarrow C \geqslant S - X/R^f$。看涨期权收益比股票收益，即行权价格要高，所以看涨期权的价格大于股票价格减去行权价格的现值。

（3）$C_T \leqslant S_T \Rightarrow C \leqslant S$。看涨期权的收益比股票收益更差（因为你必须支付行权价格）。因此，看涨期权价格低于股票价格。

图 17.4 总结了看涨期权价值的套利边界。我们已经限制了期权价格的范围。然而，套利边界太大，没有太多的实际用途。显然，我们需要了解更多关于折现因子的信息，而不是纯粹套利或 $m > 0$ 所允许的。我们可以退回到经济模型，例如，使用 CAPM 或其他显式折现因子模型。期权定价很有名，我们不必这么做。相反，如果开放动态交易，要求折现因子在每个到期日对股票和债券定价，那么我们可以精确地确定折现因子，从而确定期权价值。

折现因子与套利边界

由于两个原因，这种套利边界的表述令人不安。首先，你可能会担心自己不够聪明，无法在更复杂的情况下主导投资组合。其次，你可能会担心，在这种情况下，并没有想出所有的套利投资组合。也许还有另一个隐藏在那里，它将缩小令人不安的庞大边界。这种表述让我们迫切需要一种建设性的技术来寻找在一般情况下保证有效的套利边界，并找到最严格的

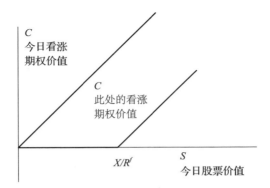

图 17.4　看涨期权的套利边界

套利边界。

　　我们想知道 $C_t = E(m_{t,T} x_T^c)$，其中 $x_T^c = \max(S_T - X, 0)$ 表示看涨期权的收益，想利用观察到的股票和债券价格中的信息来了解期权价格，还希望施加无套利限制。我们可以通过以下公式以及相应的最小化来捕获此搜索：

$$\max_m C_t = E_t(m x_T^c) \quad \text{s.t.} \quad m > 0$$
$$S_t = E_t(m S_T) \tag{17.1}$$
$$1 = E_t(m R^f)$$

第一个约束实现了无套利。第二和第三个约束是利用股票和债券价格中的信息来了解期权价格。

　　用状态符号写出式（17.1）：

$$\max_{\{m(s)\}} C_t = \sum_s \pi(s) m(s) x_T^c(s) \quad \text{s.t.} \quad m(s) > 0$$
$$S_t = \sum_s \pi(s) m(s) S_T(s)$$
$$1 = \sum_s \pi(s) m(s) R^f$$

这是一个线性规划——线性目标和线性约束。在不知道答案的情况下，我们可以通过求解这个线性规划计算套利边界（Ritchken，1985）。我不知道你如何检验对于每一个投资组合 A，其收益大于 B，即 A 的价格大于 B 的价格。折现因子法允许你构造套利边界。

提前行权

通过应用无套利，我们可以很快证明，不应该对到期日前没有支付股息的股票行使美式看涨期权。因为这样一个简单的原则会导致结果最初并不明显，所以这是一个很好的例子。按表操作：

收益	$C_T = \max(S_T - X, 0)$	$\geqslant S_T - X$
价格	C	$\geqslant S - X/R^f$
$R^f > 1$	C	$\geqslant S - X$

$S - X$ 是你现在行权所得的收益。看涨期权的价值大于这个价值，因为你可以推迟支付行权价格，而且提前行权会导致失去期权价值。买卖权平价让我们专注于看涨期权；这个事实让我们专注于欧式看涨期权。

17.2 布莱克-斯科尔斯公式

> 为股票和债券写一个流程，然后使用 Λ^* 来为期权定价。布莱克-斯科尔斯公式（17.7）得出了结果。你可以通过取期望值 $C_0 = E_0(\Lambda_T / \Lambda_0 x_T^C)$ 求出有限期折现因子 Λ_T / Λ_0 并求出看涨期权价格，或者求出看涨期权价格的微分方程并反向求解。

同样，我们现在的目标是基于标的股票和债券的价值，尽可能多地了解期权的价值。单期分析只导致了套利边界，此时我们必须开始考虑折现因子模型。现在允许中间交易，这意味着我们真正考虑的应是动态多期资产定价。

布莱克-斯科尔斯公式的标准方法是明确构建投资组合：在每个日期，巧妙地构建一个股票和债券的投资组合，复制期权的瞬时收益；我们推断期权的价格必须等于复制投资组合的价格。相反，我采用折现因子法。一价定律和折现因子的存在是一样的。因此，与其构建一价定律复制投资组合，不如在每个日期构造一个折现因子来为股票和债券进行定价，并使用该折现因子为期权定价。折现因子法表明，用折现因子来进行处理，其结果与其他方法一样，在计算上也同样容易。

这个例子展示了连续时间模型的一些有趣之处和复杂性。尽管在各个时点的即时分析遵循单独的计算，但是从时间线的串联来看是联合的而非琐碎的。

看涨期权的收益是

$$C_T = \max(S_T - X, 0)$$

式中，X 表示执行价格 X，S_T 表示到期日 T 的股票价格。标的股票服从

$$\frac{\mathrm{d}S}{S} = \mu \mathrm{d}t + \sigma \mathrm{d}z$$

还有一种支付实际利率为 $r\mathrm{d}t$ 的货币市场证券。

我们需要折现因子来为股票和债券定价。这些折现因子的形式都为 $m = x^* w$，$E(xw) = 0$。在连续时间内，这些折现因子的形式都是

$$\frac{\mathrm{d}\Lambda}{\Lambda} = -r\mathrm{d}t - \frac{(\mu - r)}{\sigma}\mathrm{d}z - \sigma_w \mathrm{d}w; \quad E(\mathrm{d}w\mathrm{d}z) = 0$$

（可以检查这组折现因子是否确实能为股票以及利率定价，或者快速回顾 4.3 节。）

现在用这个折现因子来为看涨期权定价，并证明布莱克-斯科尔斯公式的结果。重要的是，通过选择 $\sigma_w \mathrm{d}w$ 来选择折现因子对最终的期权价格没有影响。为股票和利率定价的每一个折现因子都为期权价格提供了相同的价值。因此，期权的定价仅使用一价定律。

有两种方法可以用来确定看涨期权的价值：一是向前求解折现因子，然后使用 $C = E(mx^c)$；二是刻画价格路径并从到期日向后求解。

方法一：使用折现因子定价

使用折现因子直接为期权定价：

$$C_0 = E_0\left\{\frac{\Lambda_T}{\Lambda_0}\max(S_T - X, 0)\right\} = \int \frac{\Lambda_T}{\Lambda_0}\max(S_T - X, 0)\mathrm{d}f(\Lambda_T, S_T)$$

式中，Λ_T 和 S_T 服从

$$\frac{\mathrm{d}S}{S} = \mu \mathrm{d}t + \sigma \mathrm{d}z$$

$$\frac{\mathrm{d}\Lambda}{\Lambda} = -r\mathrm{d}t - \frac{(\mu - r)}{\sigma}\mathrm{d}z - \sigma_w \mathrm{d}w \tag{17.2}$$

通过将 $\sigma_w \mathrm{d}w$ 设为零来简化代数，这并不重要。因为 S 不依赖于 $\mathrm{d}w$，C_T 只依赖于 S_T，所以 C 只依赖于 S，$\mathrm{d}w$ 对结果没有影响。如果这还不够好，问题中会要求包括 $\mathrm{d}w$，跟踪其他步骤，并验证结果实际上并不依赖

于 dw。

"求解"一个随机微分方程,如式(17.2)意味着使用日期为 0 时的信息,找出随机变量 S_T 和 Λ_T 的分布。这就是我们用微分方程做的。例如,求解 $x_{t+1}=\rho x_t+\varepsilon_{t+1}$,并将正态的 ε 代入 $x_T=\rho^T x_0+\sum\limits_{j=1}^{T}\rho^{T-j}\varepsilon_j$,则可以将 x_T 表示为一个正态分布的随机变量,其均值为 $\rho^T x_0$,方差为 $\sum\limits_{j=1}^{T}\rho^{2(T-j)}$。在连续时间的情况下,使用这种方法也可以解决一些非线性的规范问题。dz 的积分给了我们带来冲击,正如 dt 积分给了我们时间的确定性函数一样。

我们可以找到式(17.2)的解析表达式。从随机微分方程开始

$$\frac{dY}{Y}=\mu_Y dt+\sigma_Y dz \tag{17.3}$$

写成

$$d\ln Y=\frac{dY}{Y}-\frac{1}{2}\frac{1}{Y^2}dY^2=\left(\mu_Y-\frac{1}{2}\sigma_Y^2\right)dt+\sigma_Y dZ$$

从 0 积分到 T,式(17.3)为:

$$\int_0^T d\ln Y=\left(\mu_Y-\frac{1}{2}\sigma_Y^2\right)\int_0^T dt+\sigma_Y\int_0^T dZ_t$$
$$\ln Y_T=\ln Y_0+\left(\mu_Y-\frac{\sigma_Y^2}{2}\right)T+\sigma_Y(z_T-z_0) \tag{17.4}$$

z_T-z_0 是一个正态分布的随机变量,均值为零,方差为 T。因此,$\ln Y$ 为条件正态分布,均值为 $\ln Y_0+(\mu_Y-\sigma_y^2/2)T$,方差为 $\sigma_Y^2 T$。

将式(17.4)中的方法应用于式(17.2),可以得到

$$\ln S_T=\ln S_0+\left(\mu-\frac{\sigma^2}{2}\right)T+\sigma\sqrt{T}\varepsilon$$
$$\ln\Lambda_T=\ln\Lambda_0-\left(r+\frac{1}{2}\left(\frac{\mu-r}{\sigma}\right)^2\right)T-\frac{\mu-r}{\sigma}\sqrt{T}\varepsilon \tag{17.5}$$

式中,随机变量 ε 是标准正态函数。

$$\varepsilon=\frac{z_T-z_0}{\sqrt{T}}\sim\mathcal{N}(0,1)$$

在确定股票和折现因子的联合分布后,通过对期望值进行相应的积分

来评估看涨期权的价值。

$$
\begin{aligned}
C_0 &= \int_{S_T = X}^{\infty} \frac{\Lambda_T}{\Lambda_0} (S_T - X) \mathrm{d}f(\Lambda_T, S_T) \\
&= \int_{S_T = X}^{\infty} \frac{\Lambda_T(\varepsilon)}{\Lambda_0} (S_T(\varepsilon) - X) \mathrm{d}f(\varepsilon)
\end{aligned}
\tag{17.6}
$$

我们知道右侧股票价格 S_T 和折现因子 T 的联合分布，所以有计算这个积分所需的所有信息。这个例子有足够的结构，可以找到一个分析公式。一般情况下，你可能不得不求助于数值方法。在最基本的层次上，可以向前模拟 Λ，S 过程，然后通过对许多这样的模拟求和来获得积分。

进行积分

首先把式（17.6）分解成两项：

$$
C_0 = \int_{S_T = X}^{\infty} \frac{\Lambda_T(\varepsilon)}{\Lambda_0} S_T(\varepsilon) \mathrm{d}f(\varepsilon) - \int_{S_T = X}^{\infty} \frac{\Lambda_T(\varepsilon)}{\Lambda_0} X \mathrm{d}f(\varepsilon)
$$

式中，S_T 和 T 都是 ε 的指数函数。正态分布也是 ε 的指数函数。因此，可以像接近对数正态分布的期望值一样逼近这个积分；将 ε 中的两个指数合并为一项，并将结果表示为正态分布的积分。代入式（17.5）计算 S_T，Λ_T，并简化 ε 的指数。

$$
\begin{aligned}
C_0 &= \int_{S_T = X}^{\infty} \mathrm{e}^{-\left(r + \frac{1}{2}\left(\frac{\mu - r}{\sigma}\right)^2\right) T - \frac{\mu - r}{\sigma}\sqrt{T}\varepsilon} S_0 \mathrm{e}^{\left(\mu - \frac{1}{2}\sigma^2\right) T + \sigma\sqrt{T}\varepsilon} f(\varepsilon) \mathrm{d}\varepsilon \\
&\quad - X \int_{S_T = X}^{\infty} \mathrm{e}^{-\left(r + \frac{1}{2}\left(\frac{\mu - r}{\sigma}\right)^2\right) T - \frac{\mu - r}{\sigma}\sqrt{T}\varepsilon} f(\varepsilon) \mathrm{d}\varepsilon \\
&= S_0 \int_{S_T = X}^{\infty} \mathrm{e}^{\left[\mu - r - \frac{1}{2}\left(\sigma^2 + \left(\frac{\mu - r}{\sigma}\right)^2\right)\right] T + \left(\sigma - \frac{\mu - r}{\sigma}\right)\sqrt{T}\varepsilon} f(\varepsilon) \mathrm{d}\varepsilon \\
&\quad - X \int_{S_T = X}^{\infty} \mathrm{e}^{-\left(r + \frac{1}{2}\left(\frac{\mu - r}{\sigma}\right)^2\right) T - \frac{\mu - r}{\sigma}\sqrt{T}\varepsilon} f(\varepsilon) \mathrm{d}\varepsilon
\end{aligned}
$$

现在添加 $f(\varepsilon)$ 的正态分布公式

$$
f(\varepsilon) = \frac{1}{\sqrt{2\pi}} \mathrm{e}^{-(1/2)\varepsilon^2}
$$

结果是

$$
C_0 = \frac{1}{\sqrt{2\pi}} S_0 \int_{S_T = X}^{\infty} \mathrm{e}^{\left[\mu - r - \frac{1}{2}\left(\sigma^2 + \left(\frac{\mu - r}{\sigma}\right)^2\right)\right] T + \left(\sigma - \frac{\mu - r}{\sigma}\right)\sqrt{T}\varepsilon - \frac{1}{2}\varepsilon^2} \mathrm{d}\varepsilon
$$

$$- \frac{1}{\sqrt{2\pi}} X \int_{S_T=X}^{\infty} e^{-\left[r+\frac{1}{2}\left(\frac{\mu-r}{\sigma}\right)^2\right]T-\frac{\mu-r}{\sigma}\sqrt{T}\varepsilon-\frac{1}{2}\varepsilon^2} \, d\varepsilon$$

$$= \frac{1}{\sqrt{2\pi}} S_0 \int_{S_T=X}^{\infty} e^{-\frac{1}{2}\left[\varepsilon-\left(\sigma-\frac{\mu-r}{\sigma}\right)\sqrt{T}\right]^2} \, d\varepsilon$$

$$- \frac{1}{\sqrt{2\pi}} X e^{-rT} \int_{S_T=X}^{\infty} e^{-\frac{1}{2}\left(\varepsilon+\frac{\mu-r}{\sigma}\sqrt{T}\right)^2} \, d\varepsilon$$

请注意，这些积分具有非零均值的正态分布形式。依据 ε，下边界 $S_T=X$ 为：

$$\ln X = \ln S_T = \ln S_0 + \left(\mu - \frac{\sigma^2}{2}\right)T + \sigma\sqrt{T}\varepsilon,$$

$$\varepsilon = \frac{\ln X - \ln S_0 - (\mu - \sigma^2/2)T}{\sigma\sqrt{T}}$$

最后，用累积正态分布表示定积分

$$\frac{1}{\sqrt{2\pi}} \int_a^{\infty} e^{-(1/2)(\varepsilon-\mu)^2} \, d\varepsilon = \Phi(\mu - a)$$

例如，$\Phi()$ 是正态分布左尾下的面积：

$$C_0 = S_0 \Phi\left[-\frac{\ln X - \ln S_0 - (\mu - \sigma^2/2)T}{\sigma\sqrt{T}} + \left(\sigma - \frac{\mu-r}{\sigma}\right)\sqrt{T}\right]$$

$$- X e^{-rT} \Phi\left[-\frac{\ln X \ln S_0 - (\mu - \sigma^2/2)T}{\sigma\sqrt{T}} - \frac{\mu-\gamma}{\sigma}\sqrt{T}\right]$$

简化后，得到了布莱克-斯科尔斯公式

$$C_0 = S_0 \Phi\left[\frac{\ln(S_0/X) + (r + \sigma^2/2)T}{\sigma\sqrt{T}}\right]$$

$$- X e^{-rT} \Phi\left[\frac{\ln(S_0/X) + (r - \sigma^2/2)T}{\sigma\sqrt{T}}\right] \tag{17.7}$$

方法二：推导布莱克-斯科尔斯微分方程

可以从到期日向后求解价格，而不是先求解折现因子再进行积分。定价模型的瞬时或预期收益公式相当于价格的微分方程。

假设买入价格的解是股票价格和到期时间 $C(S, t)$ 的函数。用伊藤引理求 $C(S, t)$ 的导数。

$$dC = C_t dt + C_S dS + \frac{1}{2} C_{SS} dS^2$$

$$= \left(C_t + C_S S\mu + \frac{1}{2} C_{SS} S^2 \sigma^2 \right) dt + C_S S\sigma dz$$

代入基本资产定价方程

$$0 = E_t(d\Lambda C) = C E_t d\Lambda + \Lambda E_t dC + E_t d\Lambda dC$$

使用 $E_t(d\Lambda/\Lambda) = -r dt$ 并消除 Λdt，得到

$$0 = -rC + C_t + C_S S\mu + \frac{1}{2} C_{SS} S^2 \sigma^2 - S(\mu - r) C_S$$

或者

$$0 = -rC + C_t + SrC_S + \frac{1}{2} C_{SS} S^2 \sigma^2 \tag{17.8}$$

这就是期权价格的布莱克-斯科尔斯微分方程。

我们现在知道了价格函数 $C(S, t)$ 的微分方程，知道这个函数在到期时的值，$C(S_T, T) = \max(S_T - X, 0)$。剩下的任务是求解这个微分方程。从概念和数值上讲，这很简单。将微分方程表示为：

$$-\frac{\partial C(S,t)}{\partial t} = -rC(S,t) + Sr\frac{\partial C(S,t)}{\partial S} + \frac{1}{2}\frac{\partial^2 C(S,t)}{\partial S^2} S^2 \sigma^2$$

在任何时间点，都能知道所有 S 的 $C(S, t)$ 值，例如，可以把它们存储在 S 的网格上，然后对 S 取一阶导数和二阶导数，并在右侧的每个 S 值上形成数量。现在，可以在任意 S 值的情况下，提前找到期权价格。

这个微分方程，用边界条件求解

$$C = \max\{S_T - X, 0\}$$

有一个常见公式（17.7）的解析解。解微分方程的一种标准方法是猜测和检验；通过求导数，可以检验式（17.7）是否满足式（17.8）。布莱克和斯科尔斯用相当复杂的傅立叶变换方法求解微分方程。更合适的 Feynman-Kac 解相当于证明了偏微分方程（17.8）的解可以表示如式（17.6）中已经独立导出的形式的积分。（见 Duffie（1992，p. 87）。）

第18章

没有完美复制的期权定价

18.1　在套利的边缘

迷人的布莱克-斯科尔斯公式衍生出了多种期权定价方法。无套利定价的原则是浅显易懂的，但是它的应用产生了许多微妙和意料之外的定价关系。

然而，在许多实际情况下，在布莱克-斯科尔斯公式中使用的一价定律并不完全成立。如果期权真的是冗余的，它们就不太可能被作为单独的资产进行交易。我们很容易从零息债券推导出远期利率，并且远期利率不单独交易或报价。

我们不能持续交易，试图这样做会导致交易成本过高。举一个实际的例子，在1987年股市崩盘时，几个著名的基金都试图遵循"投资组合保险"策略，在价格下跌的情况下系统性地出售股票，从根本上合并看跌期权。然而，在崩盘期间，它们发现市场萎靡不振，随着价格的暴跌，它们无法出售股票。根据相关的数学知识，我们将此情况称为泊松跳跃（跳跃过程是用泊松分布描述的），即价格的不连续变动。在面对价格的不连续变动时，期权收益并没有完全被股票和债券投资组合对冲，并且期权收益不能如此定价。

随机性的设置产生了相同的结果，如果利率或者股票波动是随机的，则不存在可以让我们完全对冲相应风险的证券，因此一价定律又被打破了。

此外，许多期权都是在没有交易，或者没有持续交易和充足流动性的标的证券基础上定价的。特别是实物期权，如在特殊位置建立一个工厂的期权，并非基于可交易的标的证券，所以布莱克-斯科尔斯背后的定价逻辑并不适用。高管经常被禁止卖空股票以对冲股票期权。

另外，期权定价公式的交易应用似乎存在奇怪的不一致性。假设股票和债券的定价是完全正确和流动的，即可以进行完全对冲。然后，我们寻找定价不正确的期权作为投资机会。如果期权可以被错误定价，为什么股票和债券不能被错误定价呢？交易机会涉及风险，而将其伪装成是套利机会的理论无助于量化这种风险。

在所有的这些情况中，一个不可避免的"基础风险"在期权收益与可能的最佳对冲投资组合之间悄然而生。持有期权需要承担一定的风险，期权的价值取决于该风险的"市场价值"，即风险与适当的折现因子的协方差。

尽管如此，我们不想放弃，不想回到基于消费的模型、因子模型或者其他试图将所有资产定价的"绝对"方法。在确定期权价格时，我们仍愿意考虑许多资产的价格，尤其是用于对冲期权的资产。我们可以形成一个"近似对冲"或者"最接近"核心效益的基础投资组合资产，通过该近似对冲来对冲期权的大部分风险。然后，将期权价值的不确定性降低到只计算残差的价格。此外，由于残差很小，我们也许可以用比绝对模型限制更少的折现因子来说明期权价格。

许多作者只是简单地加上了风险假设的市场价格。这导致了一个问题，结果对于风险假设的市场价格有多敏感？什么是风险市场价格的合理价值？

本章研究"合理的"期权价格边界，这是 Saá-Requejo and Cochrane（2000）在这种情况下都提倡的一种方法。合理交易边界相当于系统地搜索残差"风险市场价格"的所有可能分配，为了找到期权价格的上限和下限将风险市场总价格限制在一个合理的价值范围内，确保没有套利机会。它不等同于用纯粹的夏普比率来为期权定价。

合理交易边界只是一个开始。寻找无套利和绝对定价的合并方法是最令人兴奋的新研究领域之一。本章的结尾部分介绍了一些替代性和附加的方法。

18.2 单期合理交易边界

我们想要为收益 x^c 定价，比如 $x^c = \max(S_T - K, 0)$ 是看涨期权的价格。我们有一个表示基本收益的 N 维向量 x，我们可以观察到它的价格 p，比如股票和债券。合理交易边界通过搜索为基础资产定价且具有限波动性的所有正折现因子来寻找 x^c 的最大和最小值

$$\overline{C} = \max_{(m)} E(mx^c) \quad \text{s.t.} \quad p = E(mx), \quad m \geqslant 0, \quad \sigma^2(m) \leqslant h/R^f$$

(18.1)

相应的最小化收益率的下限是 $\underline{C}$。这是单期离散时间问题。布莱克-斯科尔斯公式难以适用，因为你不能在价格和收益周期之间进行交易。

折现因子的第一个约束条件决定了基础资产价格。我们想要做尽可能多的相对定价，希望把我们知道的价格 x 扩展到价格 x^c，而不用考虑 x 的价格从何而来。第二个约束条件是无套利。没有最后一个约束条件产生了我们在 17.1 节中研究的套利边界。在大多数情况下，套利范围太大，没有太多用处。

最后是对折现因子的一个附加限制条件，是合理交易边界与套利边界的附加内容。这是一个相对较弱的限制。我们可以通过更多有关折现因子的信息去逼近价格边界。特别是如果我们知道折现因子和收益 x^c 的相关性，我们就可以更好地为期权定价！

折现因子的限制通常会影响投资组合。因为 $m > 0$ 意味着以 m 定价的投资组合不存在套利机会。$\sigma^2(m) \leqslant h/R^f$ 意味着以 m 定价的投资组合的夏普比率不可能大于 h。由 $E(mR^e) = 0$ 可以推出 $E(m)E(R^e) = -\rho\sigma(m)$ $\sigma(R^e)$ 和 $|\rho| \leqslant 1$。

折现因子方法的核心优势是我们可以轻松地施加折现因子的波动率约束和正约束，从而融合因子模型和期权定价模型的经验教训。由满足 $m \geqslant 0$ 和 $\sigma(m) \leqslant h/R^f$ 的折现因子产生的价格和收益排除了套利机会和高夏普比率。

我会把这个例子看作无风险利率的情况，所以可以得出 $E(m) = 1/R^f$。在这种情况下，可以更加方便地把波动率约束描述为二阶矩，所以边界式（18.1）变为：

$$\underline{C}=\min_{\{m\}}E(mx^c) \quad \text{s. t.} \quad p=E(mx), \quad E(m^2)\leqslant A^2, \quad m\geqslant 0$$

$$(18.2)$$

式中，$A^2\equiv(1+h^2)/R^{f^2}$。该问题是一个带有两个不等式约束的标准最小化问题。因此，我们通过尝试限制性和非限制性约束的所有组合来找到解决方案，以便于计算。假设波动率约束具有限制性，并且正约束是非常宽松的。这个很容易计算，因为我们会找到解的解析公式。如果得到的折现因子 m 是非负的，则这就是解。如果不是，则假设波动率约束是宽松的，正约束是严格的。这就是经典的套利债券。找出产生套利边界的最小方差折现因子。如果此折现因子满足波动率约束，则这是解。如果没有，则用两个约束限制解决问题。

波动率约束严格，正约束宽松

如果正约束是宽松的，那么问题化简为：

$$\underline{C}=\min_{\{m\}}E(mx^c) \quad \text{s. t.} \quad p=E(mx),E(m^2)\leqslant A^2 \qquad (18.3)$$

我们可以直接解决这个问题，即用拉格朗日乘数在约束条件下选择每个状态下的 m。对于均值-方差边界，利用正交分解是十分简洁的方法，让解更便于使用。

图 18.1 描述了这个想法。$\underline{X}$ 表示基础资产投资组合 x（经典的布莱克-斯科尔斯模型中的一只股票和一只债券的组合）的报酬空间。虽然用直线表示，但 $\underline{X}$ 通常是一个更大的空间。我们都知道 $\underline{X}$ 中包含了所有的价格，但我们希望估值的收益 x^c 不在 $\underline{X}$ 中。

首先将核心收益 x^c 分解为近似对冲 $\hat{x}^c$ 和残差 w，

$$x^c=\hat{x}^c+w$$
$$\hat{x}^c\equiv\text{proj}(x^c|\underline{X})=E(x^cx')E(xx')^{-1}x \qquad (18.4)$$
$$w\equiv x^c-\hat{x}^c$$

我们知道了 $\hat{x}^c$ 的价格。我们想要限制残差 w 的价格，以尽可能多地了解 x^c 的价格。

满足 $p=E(mx)$ 的价格 x 的所有折现因子，都穿过平面 x^*。当我们扫过这些折现因子时，我们为残差 w 生成从 $-\infty$ 到 ∞ 的任何价格，从而产生收益 x^c。所有正折现因子 $m>0$ 都位于 m 平面的交点和正象限即三角形区域。此范围内的折现因子 m 为核心收益，即套利边界产生了有

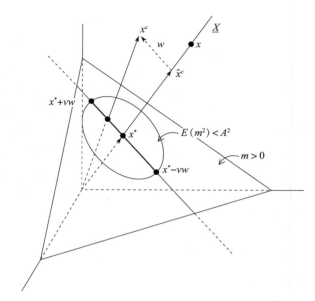

图 18.1　正约束宽松时，构建折现因子以求单期合理交易边界的解

限的价格范围。由于二阶矩定义了图 18.1 中的距离，因此满足波动率约束的一组折现因子 $E(m^2) \leqslant A^2$ 位于原点周围的球体内。图 18.1 中的圆圈显示了该球体与折现因子的交集。这种受限制的折现因子范围将产生残差 w 的有限范围的值，因此产生了对核心收益 x^c 的值的限制范围。在这种情况下，我已经得出正约束是宽松的，因为 $E(m^2) \leqslant A^2$ 圆圈完全位于正象限内。

我们希望在圆圈中找到使残差 w 的价格最小或最大化的折现因子。折现因子 m 在 w 方向上的点越多，它分配给残差的价格 $E(mw)$ 越大。显然，使 w 价格最大或最小的折现因子，在图上是距离 w 最近或最远的点。如果你添加任何与 w 正交的 ε，这会在不改变 w 价格的情况下增大折现因子波动率。

因此，折现因子的下限是

$$\underline{m} = x^* - \underline{v}w \tag{18.5}$$

其中

$$\underline{v} = \sqrt{\frac{A^2 - E(x^{*2})}{E(w^2)}} \tag{18.6}$$

满足波动率约束。边界是

$$\underline{C} = E(\underline{m}x^c) = E(x^* x^c) - \underline{v} E(w^2) \tag{18.7}$$

上限由 $\overline{v} = -\underline{v}$ 给出。

式（18.7）中的第一项是近似对冲投资组合的值，对于任何以基础资产定价的折现因子 m，它可以写成多种形式，包括

$$E(x^* x^c) = E(x^* \hat{x}^c) = E(m\hat{x}) \tag{18.8}$$

（要推导出式（18.8），请记住 $E(xy) = E[x\mathrm{proj}(y\,|\,X)]$。）式（18.7）中的第二项是与折现因子波动率界限一致的残差 w 的最低可能价格：

$$\underline{v} E(w^2) = E(\underline{v}ww) = E[(x^* + \underline{v}w)w] = E(\underline{m}w)$$

为了计算，可以在式（18.7）中代入 x^* 和 w 的定义获得一个明确的解（如果不要求非常完美），公式：

$$\underline{C} = p' E(xx')^{-1} E(xx^c)$$
$$- \sqrt{A^2 - p' E(xx')^{-1} p} \sqrt{E(x^{c2}) - E(x^c x') E(xx')^{-1} E(xx^c)} \tag{18.9}$$

上限 $\overline{C}$ 和正平方根是同一公式。

使用式（18.5），检查每种自然状态下的折现因子是否为正。如果为正，说明这是一个合理的交易边界，正约束是宽松的。如果不是，请继续执行下一步。

如果你更喜欢代数和更正式的论证，那么从注意到满足 $p = E(mx)$ 的任何折现因子都可以分解为以下公式开始

$$m = x^* + vw + \varepsilon$$

式中，$E(x^* w) = E(x^* \varepsilon) = E(w\varepsilon)$。从 w 和 ε 的定义中检查这些性质；这就像 $R = R^* + wR^{e*} + n$。那么我们的最小化问题就是

$$\min_{\{v, \varepsilon\}} E(mx^c) \quad \text{s.t.} \quad E(m^2) \leqslant A^2$$
$$\min_{\{v, \varepsilon\}} E[(x^* + vw + \varepsilon)(\hat{x}^c + w)]$$
$$\text{s.t.} \quad E(x^{*2}) + v^2 E(w^2) + E(\varepsilon^2) \leqslant A^2$$
$$\min_{\{v, \varepsilon\}} E(x^* \hat{x}^c) + vE(w^2) \quad \text{s.t.} \quad E(x^* 2) + vE(w^2) + E(\varepsilon^2) \leqslant A^2$$

结果是 $\varepsilon = 0$ 和 $v = \pm \sqrt{(A^2 - E(x^{*2}))/E(w^2)}$。

双重约束

接下来，我找到了双重约束的边界。虽然这是程序的第三步，但接下来描述的这个案例是最简单的。我们引入拉格朗日乘数，问题是

$$\underline{C} = \min_{\{m>0\}} \max_{\{\lambda, \delta > 0\}} E(mx^c) + \lambda'[E(mx) - p] + \frac{\delta}{2}[E(m^2) - A^2]$$

一阶条件产生了截断线性收益组合的折现因子

$$m = \max\left(-\frac{x^c + \lambda'x}{\delta}, 0\right) = \left[-\frac{x^c + \lambda'x}{\delta}\right]^+ \qquad (18.10)$$

最后一个公式定义了截断的 $[\ ]^+$ 符号。在财务术语中，这是一个行权价格为零的看涨期权。

我们可以通过引入 Kuhn-Tucker 乘数 $\pi(s)v(s)$ 且 $m(s) > 0$ 并且对每种状态下的 m 求偏导得出式（18.10）。

$$\underline{C} = \min_{\{m\}} \sum_s \pi(s)m(s)x^c(s) + \lambda'\left[\sum_s \pi(s)m(s)x(s) - p\right]$$
$$+ \frac{\delta}{2}\left[\sum_s \pi(s)m(s)^2 - A^2\right] + \sum_s \pi(s)v(s)m(s)$$
$$\frac{1}{\pi(s)}\frac{\partial}{\partial s}: x^c(s) + \lambda'x(s) + \delta m(s) + v(s) = 0$$

$$(18.11)$$

如果正约束是宽松的，Kuhn-Tucker 乘数 $v(s)$ 是零。

$$m(s) = -\frac{x^c(s) + \lambda'x(s)}{\delta}$$

如果正约束是严格的，那么 $m(s) = 0$，$v(s)$ 就足以使式（18.11）成立。总之，我们可以得到式（18.10）。

我们可以把式（18.10）代入约束条件，并求出格朗日乘数 λ 的值并对 δ 加强约束。然而，这个过程需要求解 (λ, δ) 的非线性方程组，这通常是一个数值计算困难或不稳定的问题。

Hansen，Heaton and Luttmer（1995）展示了如何将问题重新定义为最大化，这在数值计算上要容易得多。互换最小值和最大值

$$\underline{C} = \max_{(\lambda, \delta > 0)} \min_{(m > 0)} E(mx^c) + \lambda'[E(mx) - p] + \frac{\delta}{2}[E(m^2) - A^2]$$

$$(18.12)$$

内部的最小化产生了相同的一阶条件式（18.10）。将一阶条件代入式（18.12）的外部的最大化并化简，得到

$$\underline{C} = \max_{(\lambda, \delta > 0)} E\left\{ -\frac{\delta}{2}\left[-\frac{x^c + \lambda' x}{\delta} \right]^{+2} \right\} - \lambda' p - \frac{\delta}{2} A^2 \qquad (18.13)$$

你可以在（λ, δ）（方程）上进行数值搜索以找到这个问题的解，用最小值代替最大值并用 $\delta < 0$ 代替 $\delta > 0$ 就可以找到上限。

正约束严格，波动率约束宽松

当波动率约束宽松、正约束严格时，问题简化为

$$\underline{C} = \min_{(m)} E(mx^c) \quad \text{s. t.} \quad p = E(mx), \quad m > 0 \qquad (18.14)$$

这就是套利边界。第 17 章看涨期权边界的表达是一项创造性成果，简单来说，式（18.14）是一个线性规划。

我们还需要检验在套利边界处是否满足折现因子的波动率约束。用 C_t 表示套利边界的下限。最小方差（二阶矩）折现因子产生了套利边界 C_t 的解。

$$E(m^2)_{\min} = \min_{(m)} E(m^2) \quad \text{s. t.} \quad \begin{bmatrix} p \\ C_t \end{bmatrix} = E\left(m \begin{bmatrix} x \\ x^c \end{bmatrix} \right), \quad m > 0$$

使用同样的共轭法，则这个问题等价于

$$E(m^2)_{\min} = \max_{(v, \mu)}\{ -E\{[-(\mu x^c + v' x)]^{+2}\} - 2v'p - 2\mu C_t \}$$

再次，在（v, μ）上进行数值搜索来解决这个问题。如果 $E(m^2)_{\min} \leqslant A$，则 C_t 为合理交易边界的解；如果不是，我们继续前面描述的两个约束都为严格的情况。

无动态对冲的布莱克-斯科尔斯环境的应用

使用这种方法进行的第一个练习就是看看它在布莱克-斯科尔斯环境中是如何应用的。记住，这是没有中间交易的布莱克-斯科尔斯环境中，将结果与套利边界进行比较，而不是与布莱克-斯科尔斯公式进行比较。

图 18.2 摘自 Cochrane and Saá-Requejo（2000）。图中给出了三个月后到期，行权价格 $K=100$ 美元的标准普尔 500 看涨期权合理交易边界的上限和下限。我们使用参数值 $E(R)=13\%$，$\sigma(R)=16\%$ 作为股票指数收益以及使用无风险利率 $R^f=5\%$。折现因子波动率约束是市场夏普比率历史水平的两倍，即 $h=2\times E(R-R^f)/\sigma(R)=1.0$。为了得到公式中所需的期望，我们根据对数正态分布计算积分。

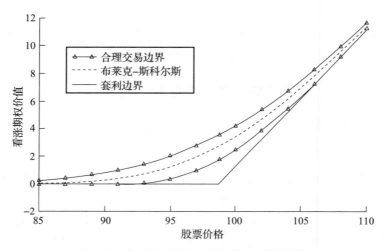

图 18.2　合理交易权值边界是股票价格的函数

注：期权三个月到期，行权价格 $K=100$ 美元。该边界假设在到期前不可交易，而折现因子波动率的边界 $h=1.0$ 是市场夏普比率的两倍。股票是参数校准为一个指数期权的对数正态分布。

　　图中包含了套利边界的下限 $C\geqslant 0$，$C\geqslant K/R^f$。套利边界的上限表明 $C\leqslant S$，但这条 45°线离竖直方向太远了，看不出任何含义。正如在许多实际情况中一样，套利边界如此之宽，以至于它们几乎毫无用处。合理交易边界的上限要比套利边界的上限低得多。例如，如果股票价格为 95 美元，那么低于 2 美元和高于 95 美元的期权价格就被排除了。

　　当股票价格低于 90 美元或者高于 110 美元时，合理交易边界和套利边界的下限是一样的。在这个范围中，正约束是严格的，波动率约束是宽松的。这个范围表明，同时施加波动率约束和正约束是很重要的。合理交易边界不仅仅是对期权加上了低夏普比率。（强调它是因为这一点会引起很多混淆）。仅有波动率约束就意味着价格为负。一个自由的价外看涨期权就像一张彩票：它是一个套利机会，但是它的预期收益/标准差比率很糟糕，因为标准差太大了，单凭夏普比率不能排除这种可能性。

在 90 美元到 110 美元之间，在套利边界的下限合理交易边界得到了改善。它还改进了只施加波动率约束的边界。在这个区域，正约束和波动率约束相结合。这个事实揭示了一个非常有趣的现象：并不是所有的超出了合理交易边界的价值都意味着高的夏普比率或套利机会。这些价值可能是由一个正的但高度不稳定的折现因子产生的，或由另一个波动率较小但有时为负的折现因子产生的，但没有折现因子在非负且涉及波动率约束的同时还产生了价值。

排除这些值是有意义的。如果我们知道一个投资者会投资于一些套利机会或者采用任何大于 h 的夏普比率，那么我们就可以知道他满足这两个约束条件唯一的边际效用。他会找到一个既改进效用，又超过合理交易边界的价值的交易，尽管这些价值可能并不意味着较高的夏普比率、套利机会或任何其他简单的投资组合解释。

正确的做法是交叉折现因子的限制。虽然简单的投资组合解释一直很重要，但随着我们增加折现因子的限制或与进行简单的限制交叉，它们可能会被忽略。

18.3 多期和连续时间

现在，我们来看一个有趣的例子。期权定价完全是动态对冲，即使是不太完美的动态对冲。如果我们只能将它们应用到单期的环境中，那么合理交易边界就没什么用了。

边界是递归的

在动态环境中，使合理交易边界处于易于处理状态的核心事实是边界是递归的。今天的边界可以用明天边界的最低价格来计算，正如今天的期权价格可以用明天期权价格的价值来计算一样。

为了查看边界是递归的，考虑一个两期版本的问题。

$$\underline{C}_0 = \min_{\{m_1, m_2\}} E_0(m_1 m_2 x_2^c)$$

$$\text{s.t.} \quad p_t = E_t(m_{t+1} P_{t+1}), \quad E_t(m_{t+1}^2) \leqslant A_t^2, \quad m_{t+1} > 0, \quad t = 0, 1$$

$$(18.15)$$

这个两期问题等价于一系列单期问题，其中 C_0 问题找到了 C_1 下限的最低价格，

$$\underline{C}_1 = \min_{\{m_2\}} E_1(m_2 x_2^c), \quad \underline{C}_0 = \min_{\{m_1\}} E_0(m_1 \underline{C}_1)$$

其受到式（18.5）的约束。为什么？两期问题 $\min E_0(m_1 E_1(m_2 x^c))$ 的解必须于第 1 期在每种自然状态下最小化 $E_1(m_2 x^c)$。如果没有，则可以不影响约束条件的情况下降低 $E_1(m_2 x^c)$，并降低目标。注意，这个递归属性只在 $m > 0$ 的情况下有效。如果 $m_1 < 0$ 是可能的，我们可能想要在某些自然状态下最大化 $E_1(m_2 x^c)$。

基差风险和实物期权

一般情况下会产生一些复杂的公式，所以一个简单的例子可以帮助我们理解其思想。让我们对事件 V 的欧式看涨期权进行估值，该期权不是交易资产，但与交易资产相关，可以用作近似对冲。这种情况在实物期权和非金融期权以及一些非流动资产的金融期权中都很常见。

最终收益是

$$x_T^c = \max(V_T - K, 0)$$

对交易资产 S 和期权所对应的事件 V 联合演化进行建模，得到期权表达式：

$$\frac{dS}{S} = \mu_S dt + \sigma_S dz$$

$$\frac{dV}{V} = \mu_V dt + \sigma_{Vz} dz + \sigma_{Vw} dw$$

风险 dw 不能由资产 S 对冲，所以风险 dw 的价格（与折现因子的相关性）对于期权的价格至关重要。

我们正在寻找一个折现因子，它的价格为 S 和 r^f，具有瞬时波动率 A，并产生最大或最小的期权价格。因此，它将具有最大限度的载荷 dw。通过与单期式（18.5）进行类比，你可以很快发现折现因子有如下形式：

$$\frac{d\underline{\Lambda}}{\underline{\Lambda}} = \frac{d\Lambda^*}{\Lambda^*} \pm \sqrt{A^2 - h_S^2} \, dw$$

$$\frac{\mathrm{d}\Lambda^*}{\Lambda^*} = -r\,\mathrm{d}t - h_S\,\mathrm{d}z$$

$$h_S = \frac{\mu_S - r}{\sigma_S}$$

式中，$\mathrm{d}\Lambda^*/\Lambda^*$ 类似于 x^*，为股票和债券定价。我们为了充分满足约束条件 $E_t(\mathrm{d}\Lambda^2/\Lambda^2) = A^2$ 增加了一个正交冲击 $\mathrm{d}w$。通过 ± 将会产生一个上限和一个下限。

现在我们有了折现因子，合理交易边界由下面的公式给出：

$$\underline{C}_t = E_t\left[\frac{\Lambda_T}{\underline{\Lambda}_t}\max(V_T - K)\right]$$

式中，S_t，V_t 和 Λ_t 均为常系数微分模型，因此，S_T，V_T 和 Λ_T 是联合对数正态分布。定义期望的双重积分很简单，它的做法与我们在 16.2.1 节中求布莱克-斯科尔斯公式的积分很相似。（如果觉得有困难，可参考 Cochrane and Saá-Requejo（2000）。）

结果是

$$\underline{C} \text{ 或 } \overline{C} = V_0 \mathrm{e}^{\eta T}\phi\left(d + \frac{1}{2}\sigma_V\sqrt{T}\right) - K\mathrm{e}^{-rT}\phi\left(d - \frac{1}{2}\sigma_V\sqrt{T}\right) \quad (18.16)$$

式中，$\phi(\cdot)$ 表示正态分布的左尾并且

$$\sigma_V^2 \equiv E_t\frac{\mathrm{d}V^2}{V^2} = \sigma_{Vz}^2 + \sigma_{Vw}^2$$

$$d \equiv \frac{\ln(V_0/K) + (\eta + r)T}{\sigma_V\sqrt{T}}$$

$$\eta \equiv \left[h_V - h_S\left(\rho - a\sqrt{\frac{A^2}{h_S^2} - 1}\sqrt{1 - \rho^2}\right)\right]\sigma_V$$

$$h_S \equiv \frac{\mu_S - r}{\sigma_S}, \quad h_V \equiv \frac{\mu_V - r}{\sigma_V}$$

$$\rho \equiv \mathrm{corr}\left(\frac{\mathrm{d}V}{V}, \frac{\mathrm{d}S}{S}\right) = \frac{\sigma_{Vz}}{\sigma_V}$$

$$a = \begin{cases} +1, & \text{上限} \\ -1, & \text{下限} \end{cases}$$

这个公式正是添加了 η 的布莱克-斯科尔斯公式。将 μ_V 纳入公式，是因为事件 V 可能与资产 S 的增长率不同。很明显，事件 V 的冲击和资产 S

的冲击的相关系数 ρ 都纳入了公式，并且随着相关系数的减小，边界会扩大。随着波动率约束 A 相对于资产夏普比率 h_s 变得更大，边界也会随之扩大。

风险的市场价格

连续时间定价问题通常是根据"风险的市场价格"而不是折现因子来确定的。这是一项资产在遭受特定冲击时必须获得的瞬时夏普比率。如果一项资产的价格 P 受到了冲击 σdw，则它的预期收益必须为：

$$E_t \frac{dP}{P} - r^f dt = -\sigma E_t \left(\frac{d\Lambda}{\Lambda} dw \right)$$

同时，夏普比率为：

$$\lambda = \frac{E_t(dP/P) - r^f dt}{\sigma} = -E_t \left(\frac{d\Lambda}{\Lambda} dw \right)$$

我已经介绍了风险市场价格的常见符号 λ。因此，解决问题的方法常常是直接对 λ 做出假设，然后从以下公式出发

$$E_t \frac{dP}{P} - r^f dt = \lambda \sigma$$

在这种语言中，股票风险的市场价格是 h_S，可以通过观察股票来衡量，何时可以通过套利来定价并不重要（注意，它不在布莱克-斯科尔斯公式中）。我们的问题归结于选择风险 dw 的市场价格，它不能通过观察交易资产来测量，从而使期权价格最小或最大化，其受风险总价格的约束 $\sqrt{h_S^2 + \lambda^2} \leqslant A$。

连续时间

现在，我用一个更系统的方法来表达连续时间条件下的相同思想。就像上一章的期权定价案例和下一章的期权结构案例一样，我们将得到一个微分特征。为了获得价格，我们要么向前求解折现因子，要么求出价格的微分方程然后反向求解。

基础资产

替换 $E(x)$，$E(xx')$ 等。通过微分构建基础资产的 n_s 维向量的价值过程模型

$$\frac{\mathrm{d}S}{S} = \mu_S(S, V, t)\mathrm{d}t + \sigma_S(S, V, t)\mathrm{d}z, \quad E(\mathrm{d}z\ \mathrm{d}z') = I \quad (18.17)$$

与其将符号复杂化，不如理解如何对向量进行逐元素的除法运算，即 $\mathrm{d}S/S = [\mathrm{d}S_1/S_1\ \mathrm{d}S_2/S_2 \cdots]$，基础资产可能以 $D(S, V, t)\mathrm{d}t$ 的比率支付股息。

V 表示后面附加状态变量的一个 n_V 维向量

$$\mathrm{d}V = \mu_V(S, V, t)\mathrm{d}t + \sigma_{Vz}(S, V, t)\mathrm{d}z + \sigma_{Vw}(S, V, t)\mathrm{d}w$$
$$E(\mathrm{d}w\ \mathrm{d}w') = I, \quad E(\mathrm{d}w\ \mathrm{d}z') = 0 \quad (18.18)$$

这可能包括随机股票波动率或布莱克-斯科尔斯复制失效随机利率的情况。为了保持简单，假设存在无风险利率。

问题

我们想要对以利率 $x^c(S, V, t)\mathrm{d}t$ 支付连续股息，期末支付 $x_T^c(S, V, T)$ 的资产进行评估。现在，我们必须要选择一个折现因子来最小化资产的价值

$$\underline{C}_t = \min_{\{\Lambda_{s, t < s \leqslant T\}}} E_t \int_{s=t}^{T} \frac{\Lambda_s}{\Lambda_t} x_s^c \mathrm{d}s + E_t \left(\frac{\Lambda_T}{\Lambda_t} x_T^c \right) \quad (18.19)$$

其受限制于：（1）折现因子对基础资产 S 进行定价的约束，r 在每一时刻都存在；（2）折现因子的瞬时波动率小于预先设定的值 A^2；（3）折现因子为正 $A_s > 0$，$t \leqslant s \leqslant T$。

单期、微分状态

由于这个问题是递归的，我们可以研究如何让时间倒退一步

$$\underline{C}_t \Lambda_t = \min_{\{\Lambda_s\}} E_t \int_{s=t}^{t+\Delta t} \Lambda_s x_s^c \mathrm{d}s + E_t(\Lambda_{t+\Delta t}\underline{C}_{t+\Delta t})$$

或者，对于较小的时间间隔

$$\underline{C}_t \Lambda_t = \min_{\{\Delta\Lambda\}} E_t \{ x^c \Delta t + (\underline{C}_t + \Delta\underline{C})(\Lambda_t + \Delta\Lambda) \}$$

令 $\Delta t \to 0$，我们可以把目标写成微分形式

$$0 = \frac{x_t^c}{\underline{C}}\mathrm{d}t + \min_{\{\mathrm{d}\Lambda\}} \frac{E_t[\mathrm{d}(\Lambda\underline{C})]}{\Lambda\underline{C}} \quad (18.20)$$

在约束的条件下，我们也可以把式（18.20）写成

$$E_t \frac{dC}{C} + \frac{x_t^c}{C}dt - r^f dt = -\min_{\{d\Lambda\}} E_t\left(\frac{d\Lambda}{\Lambda}\frac{dC}{C}\right) \qquad (18.21)$$

这个条件很明显地告诉我们，通过使每个日期的边界趋势最大化来找到最小的 C 值。你应该认识到式（18.20）和式（18.21）是连续时间的基本定价方程，它们将预期收益与协方差用折现因子联系起来了。

约束条件

现在我们来表示约束条件。与离散时间的情况一样，我们将折现因子正交化为 $m = x^* + \varepsilon$ 的形式，然后解出现了。为基础资产定价的任意折现因子都是这种形式

$$\frac{d\Lambda}{\Lambda} = \frac{d\Lambda^*}{\Lambda^*} - v\,dw \qquad (18.22)$$

其中

$$\frac{d\Lambda^*}{\Lambda^*} \equiv -r\,dt - \widetilde{\mu}_s' \Sigma_s^{-1} \sigma_s\,dz$$

$$\widetilde{\mu}_s \equiv \mu_s + \frac{D}{S} - r, \quad \Sigma_s = \sigma_s \sigma_s'$$

v 是一个 $1 \times n_V$ 的矩阵。我们可以在 dw 上添加一个正交冲击，但是它们对答案没有任何影响。最小化会将这样的冲击设置为 0。

波动率约束为：

$$\frac{1}{dt}E_t \frac{d\Lambda^2}{\Lambda^2} \leqslant A^2$$

因此，使用式（18.22）

$$vv' \leqslant A^2 - \frac{1}{dt}E_t \frac{d\Lambda^{*2}}{\Lambda^{*2}} = A^2 - \widetilde{\mu}_s' \Sigma_s^{-1} \widetilde{\mu}_s \qquad (18.23)$$

通过式（18.22）和式（18.23）表示约束，我们已经把为 Λ 选择一个随机过程的问题简化成在服从一个约束性二次方程 vv' 的条件下，伴随着未知值 dw 的干扰，选择载荷 v 的问题。由于我们选择了微分并排除了跳跃，只要 $\Lambda > 0$，正约束就是宽松的。

风险的市场价格

使用式（18.22），v 是在 dw 冲击下风险的市场价格的向量——任何

资产在冲击为 $\mathrm{d}w$ 时必须提供的预期收益为:

$$-\frac{1}{\mathrm{d}t}E\left(\frac{\mathrm{d}\Lambda}{\Lambda}\mathrm{d}w\right)=v$$

因此,这个问题等价于:在满足总的(平方和)风险的市场价格不超过上限 A^2 的条件下,找出在每个日期下与冲击 $\mathrm{d}w$ 相匹配的风险的市场价格并使核心收益值最小化(最大化)。

现在,我们准备采取通常的步骤。我们可以描述到期后必须求解的期权价格约束的微分方程,或者可以尝试求解折现因子并取其期望。

解决方案:每一时刻的折现因子和边界趋势。

我们可以从描述边界的过程开始,就像式(18.17)中的基础资产一样。因此,如果公式开始变得难以处理要谨记这个逻辑。这一步正是没有正约束的单期边界的瞬时类比。

假设下限 $\underline{C}$ 遵循一个微分过程,然后计算出系数。写成

$$\frac{\mathrm{d}\underline{C}}{\underline{C}}=\mu_{\underline{C}}(S,V,t)\mathrm{d}t+\sigma_{\underline{C}z}(S,V,t)\mathrm{d}z+\sigma_{\underline{C}w}(S,V,t)\mathrm{d}w \qquad (18.24)$$

$\sigma_{\underline{C}z}$ 和 $\sigma_{\underline{C}w}$ 记录了瞬时边界的随机演化——类比 $E(xx^c)$ 等,这些都是单期问题。因此,一个微分或矩到矩的边界一定会用 $\sigma_{\underline{C}z}$ 和 $\sigma_{\underline{C}w}$ 告诉我们 $\mu_{\underline{C}}$ 和 $\mathrm{d}\underline{\Lambda}$。

定理:折现因子的下限 $\underline{\Lambda}_t$ 遵循

$$\frac{\mathrm{d}\underline{\Lambda}}{\underline{\Lambda}}=\frac{\mathrm{d}\Lambda^*}{\Lambda^*}-\underline{v}\mathrm{d}w \qquad (18.25)$$

$\mu_{\underline{C}}$,$\sigma_{\underline{C}z}$ 和 $\sigma_{\underline{C}w}$ 满足限制:

$$\mu_{\underline{C}}+\frac{x^c}{\underline{C}}-r=-\frac{1}{\mathrm{d}t}E_t\left(\frac{\mathrm{d}\Lambda^*}{\Lambda^*}\sigma_{\underline{C}z}\mathrm{d}z\right)+\underline{v}\sigma_{\underline{C}w}' \qquad (18.26)$$

其中

$$\underline{v}=\sqrt{A^2-\frac{1}{\mathrm{d}t}E_t\frac{\mathrm{d}\Lambda^{*2}}{\Lambda^{*2}}}\frac{\sigma_{\underline{C}w}}{\sqrt{\sigma_{\underline{C}w}\sigma_{\underline{C}w}'}} \qquad (18.27)$$

上限过程 $\overline{C}_t$ 和折现因子 $\overline{\Lambda}_t$ 有相同的表达方式 $\overline{v}=-\underline{v}$。

这个定理与图 18.1 具有相同的几何解释。$\mathrm{d}\Lambda^*/\Lambda^*$ 是基础资产冲击的组合,它通过公式变形对基础资产进行定价,类似于 x^*。符号 $\sigma_{\underline{C}w}\mathrm{d}w$

与误差 w 对应，$\sigma_{Cw}\sigma'_{Cw}$ 与 $E(w^2)$ 对应。这个命题看起来有点不同，因为现在我们选择了向量 v，而不是一个数字。我们可以定义一个残差 $\sigma_{Cw}dw$，然后问题就会简化为选择一个数字，即 $d\Lambda$ 在这个残差上的载荷。在这个例子中这样做可能不是很方便，因为 σ_{Cw} 可能会随着时间而改变。如图 18.1 所示，w 的方向可能会随着时间而改变。代数证明就是遵循这个逻辑。

证明：将式（18.22）代入式（18.20），以施加定价约束，问题为：

$$0 = \frac{x^c}{\underline{C}}dt + E_t\left[\frac{d(\Lambda^*\underline{C})}{\Lambda^*\underline{C}}\right] - \min_{\{v\}}vE_t\left(dw\,\frac{d\underline{C}}{\underline{C}}\right)$$

$$\text{s. t.} \quad vv' \leq A^2 - \frac{1}{dt}E_t\left(\frac{d\Lambda^{*2}}{\Lambda^{*2}}\right)$$

利用式（18.24）求上一项的 $d\underline{C}/\underline{C}$，问题是

$$0 = \frac{x^c}{\underline{C}} + \frac{1}{dt}E_t\left[\frac{d(\Lambda^*\underline{C})}{\Lambda^*\underline{C}}\right] - \min_{\{v\}}v\sigma'_{\underline{C}w}$$

$$\text{s. t.} \quad vv' \leq A^2 - \frac{1}{dt}E_t\left(\frac{d\Lambda^{*2}}{\Lambda^{*2}}\right) \tag{18.28}$$

这是一个在 v 中带有二次约束的线性方程。因此，只要 $\sigma_{Cw} \neq 0$，则限制约束条件和最优的 v 就可以通过式（18.27）得出。$\overline{v} = -\underline{v}$ 给出了 $\sigma_{Cw}\sigma'_{Cw} > 0$ 时的最大值。将 v 的最优值代入式（18.28）得到

$$0 = \frac{x^c}{\underline{C}} + \frac{1}{dt}E_t\left[\frac{d(\Lambda^*\underline{C})}{\Lambda^*\underline{C}}\right] - \underline{v}\sigma'_{\underline{C}w}$$

为了清楚地表达 $d\Lambda^*$ 没有载荷 dw 的事实，则中间项写为：

$$\frac{1}{dt}E_t\left[\frac{d(\Lambda^*\underline{C})}{\Lambda^*\underline{C}}\right] = \mu_{\underline{C}} - r + \frac{1}{dt}E_t\left(\frac{d\Lambda^*}{\Lambda^*}\sigma_{\underline{C}z}dz\right)$$

如果 $\sigma_{Cw} = 0$，那么对于任何一个 v 来说都会得到相同的价格边界。在这种情况下，我们可以取 $v = 0$。

在离散时间情况下，我们可以代入 Λ^* 的定义，以获得显式（虽然不那么直观）最优折现因子的表达式和由此产生的下限

$$\frac{d\underline{\Lambda}}{\underline{\Lambda}} = -r\,dt + \tilde{\mu}'_S\Sigma_S^{-1}\sigma_S\,dz - \sqrt{A^2 - \tilde{\mu}'_S\Sigma_S^{-1}\tilde{\mu}_S}\,\frac{\sigma_{Cw}}{\sqrt{\sigma_{Cw}\sigma'_{Cw}}}dw \tag{18.29}$$

$$\mu_{\underline{C}} + \frac{x^c}{\underline{C}} - r = \widetilde{\mu}'_S \Sigma_S^{-1} \sigma_S \sigma_{\underline{C}z} + \sqrt{A^2 - \widetilde{\mu}'_S \Sigma_S^{-1} \widetilde{\mu}_S} \sqrt{\sigma_{\underline{C}w} \sigma'_{\underline{C}w}} \qquad (18.30)$$

偏微分方程

现在我们准备应用标准方法，找到一个偏微分方程，然后倒着求解，以求出任意时刻的价值。该方法与布莱克-斯科尔斯公式一样：猜测一个解 $\underline{C}(S，V，t)$。使用伊藤引理推导出 $\underline{C}(S，V，t)$ 对于 $\mu_{\underline{C}}$ 和 $\sigma_{\underline{C}z}$ 的偏导数 $\sigma_{\underline{C}w}$，再把这些表达式代入限制条件式（18.30）中。表达式看起来很复杂，但是用数值计算很简单。就像布莱克-斯科尔斯偏微分方程一样，它用对状态变量的导数来表示时间导数 $\partial \underline{C}/\partial t$，因此可以用它来求最终状态。

定理：下限 $\underline{C}(S，V，t)$ 是偏微分方程的解

$$x^c - r\underline{C} + \frac{\partial \underline{C}}{\partial t} + \frac{1}{2} \sum_{i,j} \frac{\partial^2 \underline{C}}{\partial S_i \partial S_j} S_i S_j \sigma_{S_i} \sigma'_{S_j}$$
$$+ \frac{1}{2} \sum_{i,j} \frac{\partial^2 \underline{C}}{\partial V_i \partial V_j} (\sigma_{V_{z_i}} \sigma'_{V_{z_j}} + \sigma_{V_{w_i}} \sigma'_{V_{w_j}}) + \sum_{i,j} \frac{\partial^2 \underline{C}}{\partial S_i \partial V_j} S_i \sigma_{S_i} \sigma_{V_{z_j}}$$
$$= \left(\frac{D}{S} - r\right)'(S\underline{C}_S) + (\widetilde{\mu}'_S \Sigma_S^{-1} \sigma_S \sigma'_{Vz} - \mu'_V)\underline{C}_V$$
$$+ \sqrt{A^2 - \widetilde{\mu}'_S \Sigma_S^{-1} \widetilde{\mu}_S} \sqrt{\underline{C}'_V \sigma_{Vw} \sigma'_{Vw} \underline{C}_V}$$

受限于核心资产收益 x^c_T 所提供的边界条件。$\underline{C}_V$ 表示典型元素 $\partial \underline{C}/\partial V_i$ 的向量，$(S\underline{C}_S)$ 表示典型元素 $S_i \partial \underline{C}/\partial S_i$ 的向量。在平方根前用一代替＋，得到满足上限的偏微分方程。

折现因子

通常，$\underline{\Lambda}$ 的过程式（18.25）或式（18.29）取决于参数 $\sigma_{\underline{C}w}$。因此，如果没有解出上面的偏微分方程，我们就不会知道如何将 $d\underline{\Lambda}$ 的载荷分散到无法观测到的多个风险来源 dw 上。同样，我们也不知道如何将风险的总市场价格最优地分摊到 dw 的各个元素上。因此，在一般情况下，我们不会使用积分方法，即通过求折现因子的正态分布来求其边界

$$\underline{C}_t = E_t \int_{s=t}^{T} \frac{\Lambda_s}{\underline{\Lambda}_t} x^c_s ds + E_t \left(\frac{\Lambda_T}{\underline{\Lambda}_t} x^c_T\right)$$

然而，如果只有一个冲击 dw，那么我们就不必担心 $d\underline{\Lambda}$ 的载荷是如何跨

越多个风险来源的。v 可以简单地由波动率约束来确定。在这种特殊的情况下，dw 和 σ_{Cw} 是标量，因此式（18.25）可以进行简化。

定理：在特殊情况下，只有一个额外的噪声 dw 驱动 V 过程，我们可以从下面的式子中直接找到折现因子 $\underline{\Lambda}$ 的下限：

$$\frac{d\Lambda}{\Lambda} = -r\,dt - \widetilde{\mu}'_S \Sigma_S^{-1} \sigma_S\,dz - \sqrt{A^2 - \widetilde{\mu}'_S \Sigma_S^{-1} \widetilde{\mu}_S}\,dw \qquad (18.31)$$

在上一节中，我使用这个特性解决了非交易的潜在情况。在某些应用中，$d\Lambda$ 在多种冲击 dw 下的载荷随时间变化可能是恒定的。在这种情况下，我们可以再次构造折现因子，并通过（可能是数值）积分来求解边界，从而避免偏微分方程的求解。

18.4 扩展、其他方法和参考文献

合理交易边界的想法可以追溯到很久以前。Ross（1976a）通过假设任何投资组合的夏普比率都不可能超过市场夏普比率的两倍，从而限制了 APT 的残差，我在第 9.4 章中使用了同样的概念，即折现因子波动率必须产生一个近似 APT 的稳健值。合理交易边界同样适用于期权定价。然而，合理交易边界也施加了正的折现因子，这个约束在期权定价的过程中很重要。如期权定价文献所述，我们还研究了将折现因子链接在一起的动态模型。

单期的合理交易边界与 Hansen-Jagannathan（1991）边界是对偶的，即 Hansen 和 Jagannathan 研究了对给定资产正确定价的正折现因子的最小方差。合理交易边界交换了期权定价公式的位置和折现因子的方差。因此，求解这个边界的方法，正是 Hansen-Jagannathan 在这个单期设置中所使用的方法。

折现因子波动率没有什么神奇之处。这类问题需要较弱但可靠的折现因子限制，产生易于处理和有效的严格边界。文献中还提出了其他几个类似的限制。

（1）Levy（1985）和 Constantinides（1998）假设折现因子随状态变量单调递减；边际效用应该随着财富的增加而减少。

（2）在最糟糕的情况下，合理交易边界允许边际效用增长与基础资产

和重点资产投资组合完全相关。在许多情况下，我们可以放心地对这种相关性施加比 $-1 \leqslant \rho \leqslant 1$ 更严苛的限制，以获得更严格的边界。

（3）Bernardo and Ledoit（2000）利用 $a \geqslant m \geqslant b$ 约束来强化无套利约束 $\infty \geqslant m > 0$。他们表示，这一限制有一个很好的投资组合解释：$a < m < b$ 对应有限的损益率，就像 $\sigma(m)/E(m)$ 对应有限的夏普比率一样。把 $[R^e]^+ = \max(R^e, 0)$ 和 $[R^e]^- = -\min(-R^e, 0)$ 定义为超额收益 R^e 的损益。然后

$$\max_{\{R^e \in \underline{R}^e\}} \frac{[R^e]^+}{[R^e]^-} = \min_{\{m; 0 = E(mR^e)\}} \frac{\sup(m)}{\inf(m)} \qquad (18.32)$$

（最大值和最小值忽略了 0 测度）这与

$$\max_{\{R^e \in \underline{R}^e\}} \frac{|E(R^e)|}{\sigma(R^e)} = \min_{\{m; 0 = E(mR^e)\}} \frac{\sigma(m)}{E(m)}$$

相似。在最高范数 L^1 而不是二阶矩范数 L^2 中，暗含了一个有趣的资产定价理论重述。

由于 $m \geqslant a$，所以在一个单周期模型中，由该约束产生的看涨期权价格严格大于由 $m = 0$ 产生的套利下限。在这种情况下，损益边界可以改进合理交易边界。

（4）Bernardo 和 Ledoit 还提出了 $a \geqslant m/y \geqslant b$，其中 y 是一个显式折现因子模型，如基于消费的模型或 CAPM，作为这种特定模型"弱影响"的一种方式。

这些替代项并不是竞争对手。我们应该对给定问题添加适当和有用的所有折现因子限制。

在我看来，这种做法是折现因子方法与投资组合方法相对立的一个强有力的证明。折现因子的正约束和波动率约束的组合，导致了一个比无套利和有限夏普比率相交的更严苛的边界。在双重约束下，我不知道一些价格集合的简单投资组合是怎样被合理交易边界排除在外的。当我们增加损益限制、单调性限制等时，情况也是如此。

在连续时间条件下，期权定价和期限结构问题越来越突出地表现为对非交易冲击"风险的市场价格"的假设。合理交易边界在这种情况下十分形式化；它们选择了每一时刻的风险市场价值，以使期权价格最小化或最大化，但其约束条件是，与其他交易机会的夏普比率相比，风险的总市场价格低于合理价值。它本不必如此形式化。许多期权定价和期限结构模型

的实证实施都具有让人难以置信的市场风险价格的规模和时间变化。对于许多实际情况来说，仅仅对应风险索取的市场价格并尝试一系列合理的价值可能就足够了。

连续时间的处理还没有扩展到是跳跃过程而不是扩散过程的重要情况。对于跳跃过程，正约束和波动率约束都将变得严苛。

第**19**章

利率期限结构

期限结构模型特别简单，因为债券价格只是折现因子的期望值。在公式中，$t+j$ 时到期的零息债券在 t 时的价格为 $P_t^{(j)} = E_t(m_{t,t+j})$。因此，一旦你为一个单期的折现因子 $m_{t,t+1}$ 指定了一个时间序列过程，原则上，你可以通过将折现因子连接在一起来找到所有债券的价格，并得出 $P_t^{(j)} = E_t(m_{t,t+1} m_{t+1,t+2} \cdots m_{t+j-1,t+j})$。与期权定价模型一样，这种连接很难做到，期限结构模型中的许多分析机制都集中在这个技术问题上。与期权定价模型一样，有两种等价的方法可以进行连接：求出折现因子，然后求积分，或者求出价格的偏微分方程，然后从到期日开始逆向求解。

19.1 定义和符号

简单介绍债券、收益率、持有期收益、远期利率和掉期。

$p_t^{(N)} = t$ 时的 N 期零息债券的对数价格

$y^{(N)} = -\dfrac{1}{N} p^{(N)} =$ 收益率取对数

$\mathrm{hpr}_{t+1}^{(N)} = p_{t+1}^{(N-1)} - p_t^{(N)} =$ 持有期收益取对数

$\mathrm{hpr} = \dfrac{\mathrm{d}P(N,t)}{P} - \dfrac{1}{P} \dfrac{\partial P(N,t)}{\partial N} \mathrm{d}t =$ 瞬时收益

$f_t^{(N \to N+1)} = p_t^{(N)} - p_t^{(N+1)} =$ 远期利率

$f(N,t) = -\dfrac{1}{P} \dfrac{\partial P(N,t)}{\partial N} =$ 瞬时远期利率

债券

最简单的固定收益工具是零息债券。零息债券是一种承诺，即承诺在特定日期支付 1 美元（名义债券）或 1 单位消费品（实际债券）。我用带括号的上标来表示到期时间：$P_t^{(3)}$ 是 3 年期零息债券的价格。当不需要时，我将不写下标 t。

我用小写符号表示对数 $p_t^{(N)} = \ln P_t^{(N)}$。对数价格有一个很好的解释：如果 1 年期零息债券的价格是 0.95 美元，即每 1 美元的面值是 95 美分，对数价格是 $\ln(0.95) = -0.051$。这意味着该债券以 5% 的折价出售。对数也给出了连续复利率。如果我们令 $e^{rN} = 1/P^{(N)}$，那么连续复利率就是 $rN = -\ln P(N)$。

息票债券在实际中很常见。例如，面值为 100 美元的 10 年期息票债券，每年支付 5 美元，第 10 年支付 100 美元。（息票债券通常每半年或更频繁地发行一次。）我们将息票债券视为零息债券的投资组合来定价。

收益率

债券收益率是假设的、固定的、已知的年利率。债券在没有违约的条件下，其可以用来证明债券报价合理。它不是债券的回报率。根据这个定义，零息债券的收益率是满足以下公式的数字 $Y^{(N)}$。

$$P^{(N)} = \frac{1}{\left[Y^{(N)}\right]^N}$$

因此

$$Y^{(N)} = \frac{1}{\left[P^{(N)}\right]^{1/N}}, \quad y^{(N)} = -\frac{1}{N}p^{(N)}$$

后一种表达式很好地将收益率和价格联系了起来。如果 4 年期债券的价格有 20% 的跌价（或者 -0.20），那就是每年有 5% 的跌价，或 5% 的收益率。现金流量用 Y 表示，故所有 Y 的收益率都满足

$$P = \sum_{j=1}^{N} \frac{CF_j}{Y^j}$$

一般来说，给定现金流量和价格，你需要寻找满足这个公式的 Y 值。只要

所有的现金流量都是正的,这就很容易做到。

正如你所看到的,收益率只是衡量报价的一种简单方式。在使用收益率时我们不做任何假设。我们不假设实际利率是已知或不变的,不假设实际的债券是无违约的。可能违约的债券比不太可能违约的债券价格更低,收益率更高。这只意味着如果债券碰巧没有违约,收益率会更高。

持有期收益

如果你买了一只 N 期的债券,然后卖掉(它现在是 $N-1$ 期债券),你将会获得的收益是

$$\text{HPR}_{t+1}^{(N)} = \frac{\text{卖出价格}}{\text{支付价格}} = \frac{P_{t+1}^{(N-1)}}{P_t^{(N)}} \tag{19.1}$$

或者,当然

$$\text{hpr}_{t+1}^{(N)} = p_{t+1}^{(N-1)} - p_t^{(N)}$$

我们将这个收益的日期(从 t 到 $t+1$)确定为 $t+1$,是因为这是求出其值的时间。如果这令人困惑,花点时间把收益写成 $\text{HPR}_{t \to t+1}$,你就会明白了!

在连续时间下,我们可以很容易地找到固定到期日债券 $P(T, t)$ 的瞬时持有期收益

$$\text{hpr} = \frac{P(T, t+\Delta) - P(T, t)}{P(T, t)}$$

然后,取极限

$$\text{hpr} = \frac{\mathrm{d}P(T, t)}{P}$$

然而,更好的方法是寻找一个确定债券期限而不是确定日期的债券定价函数 $P(N, t)$。正如在式(19.1)中,我们必须考虑这样一个事实,即你出售的债券比你购买的债券的期限短:

$$\text{hpr} = \frac{P(N-\Delta, t+\Delta) - P(N, t)}{P(N, t)}$$

$$= \frac{P(N-\Delta, t+\Delta) - P(N, t+\Delta) + P(N, t+\Delta) - P(N, t)}{P(N, t)}$$

然后,取极限

$$\text{hpr} = \frac{dP(N,t)}{P} - \frac{1}{P}\frac{\partial P(N,t)}{\partial N}dt \tag{19.2}$$

远期利率

远期利率的定义是，你今天可以签约从 N 期开始借入或借出钱，然后在 $N+1$ 期偿还的利率。

你可以从一系列零息债券中合成一个远期合约，这样远期利率就可以从零息债券的价格中推导出来。以下是我的解释。假设你买了一只 N 期零息债券，同时卖出 $x(N+1)$ 期零息债券。让我们跟踪一下你在每个日期的现金流量：

	买入 N 期零息债券	卖出 $x(N+1)$ 期零息债券	净现金流量
今天 0 期：	$-P^{(N)}$	$+xP^{(N+1)}$	$xP^{(N+1)}-P^{(N)}$
N 期：	1		1
$N+1$ 期：		$-x$	$-x$

选择 x 使得当前的现金流量为 0：

$$x = \frac{P^{(N)}}{P(N+1)}$$

你今天要么支付要么什么都得不到，你可以在 N 期得到 1 美元，在 $N+1$ 期支付 $P^{(N)}/P^{(N+1)}$。你合成了一份今天签署的合同，贷款期限为 N 到 $N+1$——这就是远期利率！因此

$$F_t^{(N\to N+1)} = \text{从 } N \text{ 到 } N+1 \text{ 期 } t \text{ 的远期利率} = \frac{P_t^{(N)}}{P_t^{(N+1)}}$$

当然

$$f_t^{(N\to N+1)} = p_t^{(N)} - p_t^{(N+1)} \tag{19.3}$$

人们有时根据初始日期 $f_t^{(N)}$ 确定远期利率，有时根据结束日期 $f_t^{(N+1)}$ 确定远期利率。当我想要明确到期日时，就会使用箭头符号。

远期利率有一个优点：你总是可以用远期利率来表示债券价格的现值。

$$p_t^{(N)} = p_t^{(N)} - p_t^{(N-1)} + p_t^{(N-1)} - p_t^{(N-2)} - \cdots - p_t^{(2)} - p_t^{(1)} + p_t^{(1)}$$
$$= -f_t^{(N-1\to N)} - f_t^{(N-2\to N-1)} - \cdots - f_t^{(1\to 2)} - y_t^{(1)}$$

$y_t^{(1)} = f_t^{(0 \to 1)}$。所以

$$p_t^{(N)} = -\sum_{j=0}^{N-1} f_t^{(j \to j+1)}$$

$$P_t^{(N)} = \Big(\prod_{j=0}^{N-1} F_t^{(j \to j+1)}\Big)^{-1}$$

直观地说，今天的价格一定等于你今天确定的收益现值。

在连续时间条件下，我们可以定义瞬时远期利率

$$f(N,t) = -\frac{1}{P}\frac{\partial P(N,t)}{\partial N} = -\frac{\partial p(N_t)}{\partial N} \tag{19.4}$$

远期利率具有同样的性质，你可以用远期利率将今天的价格表示为折现值。

$$p(N,t) = -\int_{x=0}^{N} f(x,t)\mathrm{d}x$$

$$P(N,t) = \mathrm{e}^{-\int_{x=0}^{N} f(x,t)\mathrm{d}x}$$

式（19.3）和式（19.4）将远期利率表示为价格对期限曲线的导数。由于收益率与价格相关，我们可以直接将远期利率与收益率曲线联系起来。收益率的微分定义为 $y(N,t) = -p(N,t)/N$。

$$\frac{\partial y(N,t)}{\partial N} = \frac{1}{N^2}p(N,t) - \frac{1}{N}\frac{\partial p(N,t)}{\partial N} = -\frac{1}{N}y(N,t) + \frac{1}{N}f(N,t)$$

因此

$$f(N,t) = y(N,t) + N\frac{\partial y(N,t)}{\partial N}$$

在离散情况下，式（19.3）意味着

$$f_t^{(N \to N+1)} = -Ny_t^{(N)} + (N+1)y_t^{(N+1)} = y_t^{(N+1)} + N(y_t^{(N+1)} - y_t^{(N)})$$

如果收益率曲线上升，则远期利率高于收益率曲线，反之亦然。

掉期和期权

掉期交易是一种日益流行的固定收益工具，最简单的例子是固定换浮动。甲方可能发行了一只 10 年期固定息票债券，乙方可能发行了 10 年期浮动利率债券，即承诺支付当前 1 年期利率债券。（例如，如果当前利率

为 5%，浮动利率发行人将会为每 100 美元的面值支付 5 美元的利息。长期的浮动利率债券可视为时间延长的短期债务。）他们可能对这些选择不满意。例如，固定利率支付人可能不希望承担利率风险，即如果利率下降，其承诺支付的现值将上升。浮动利率发行人可能希望承担这种利率风险，赌利率将上升，或对冲其他承诺。如果他们对这些选择不满意，双方可进行掉期交易。固定利率的发行人偿还浮动利率的息票，浮动利率的发行人偿还固定利率的息票。显然，真正易手的只有固定利率和浮动利率之间的差额。

掉期交易比掉期债券安全得多。如果一方违约，另一方可以退出合同，损失中间利率变化造成的差价，但不会损失本金。由于这个原因，再加上它们与企业通常想要对冲的现金流模式相匹配，掉期交易已经成为管理利率风险非常流行的工具。外汇掉期也很流行：甲方可以用美元换乙方的日元。很明显，你不需要发行基础债券就可以签订掉期合约，即只需在每个时期支付或收取浮动利率与固定利率之间的差额。

纯浮动利率债券的价值总是正好为 1。固定利率债券的价值各不相同。掉期交易的建立使得最初没有货币易手，固定利率是经过校准的，从而固定支付的现值正好是 1。因此，"掉期率"类似息票债券的收益率。

许多固定收益证券包含期权，固定收益证券的显式期权也广受投资者好评。最简单的例子是看涨期权。发行人有权以特定价格回购债券。通常情况下，如果利率大幅下降，他会这么做，使得没有这种期权的债券更有价值。房屋抵押贷款包含一个有趣的提前还款期权：如果利率下降，房主可以按面值偿还贷款，并再融资。掉期期权也存在，你可以购买在未来某个日期签订掉期合约的权利。所有这些证券的定价是期限结构建模的任务之一。

19.2　收益率曲线与预期假说

> 预期假说是关于到期收益率模式的三个等价表述：
>
> （1）N 期收益率是未来单期预期收益率的均值；
>
> （2）远期利率等于预期的未来即期利率；
>
> （3）所有到期债券的预期持有期收益相等。
>
> 预期假说并不完全等同于风险中性，因为它忽略了把对数标准化时产生的 $1/2\sigma^2$ 项。

收益率曲线是零息债券收益率随到期日变化的曲线。通常，长期债券收益率高于短期债券收益率，即收益率曲线呈上升趋势。有时短期债券收益率高于长期债券收益率，即反向收益率曲线。收益率曲线有时也会出现驼峰或其他形状。预期假说是理解收益率曲线形状的经典理论。

简而言之，我们要考虑收益率的变化——下一时期的期望值和条件方差。这显然是投资组合理论、对冲、衍生品定价和经济解释的核心要素。

我们可以用三种数学上等价的形式来表述预期假说：

（1）N 期收益率是未来单期预期收益率的均值。

$$y_t^{(N)} = \frac{1}{N} E_t (y_t^{(1)} + y_{t+1}^{(1)} + y_{t+2}^{(1)} + \cdots + y_{t+N-1}^{(1)})（＋风险溢价）\quad (19.5)$$

（2）远期利率等于预期的未来即期利率。

$$f_t^{(N \to N+1)} = E_t (y_{t+N}^{(1)})（＋风险溢价）\quad\quad\quad\quad (19.6)$$

（3）所有到期债券的预期持有期收益相等。

$$E_t (\mathrm{hpr}_{t+1}^{(N)}) = y_t^{(1)}（＋风险溢价）\quad\quad\quad\quad (19.7)$$

（式（19.5）至式（19.7）的风险溢价是相关的，但不是完全相同的。）

你可以看到预期假说是如何解释收益率曲线的形状的。如果收益率曲线是向上倾斜的，即长期债券收益率高于短期债券收益率，预期假说预期短期利率会在未来上升。

你可以把预期假说看作对经典误解的一个回应。如果长期收益率是 10%，而短期收益率是 5%，一个投资新手可能会认为长期债券是更好的投资。预期假说表明，这可能是不正确的。如果短期利率预计将在未来上升，这意味着你将以非常高的利率（如 20%）对短期债券进行展期，从而获得与长期债券相同的较高的长期收益。相反，当未来短期利率上升时，长期债券价格下降。此时，长期债券第一年的收益率只有 5%。

你可以从第三种表述中看到，预期假说与风险中性大致相同。如果我们认为预期收益水平在不同期限内是相等的，那就相当于风险中性。预期假说表明预期的对数收益在不同期限内是相等的。这与风险中性非常接近，但又不是一回事。如果收益是对数正态分布，那么预期收益 $E(R) = e^{E(r)+(1/2)\sigma^2(r)}$。如果平均收益约为 10% 或 0.1，而收益的标准差约为 0.1，那么 $\frac{1}{2}\sigma^2$ 大约是 0.005，这是非常小的，但不为零。我们可以很容易地在预期假说的第三种表述中明确风险中性是什么，此时，$\frac{1}{2}\sigma^2$ 项将会出现，但这并不意味着另外两种也可以。

第三种形式是明确直观的：风险中性投资者将调整组合，直到所有证券的预期单期收益相等。从 t 到 $t+1$ 获益的任意两种方式都必须提供相同的预期收益。第二种形式采用了相同的思路，即固定远期合约，而不是等待和按即期利率借贷。风险中性投资者会买入一种或另一种合约，直到预期收益相同。从 $t+N$ 到 $t+N+1$ 获益的任意两种方式都必须有相同的预期收益。

第一种形式反映了从 t 到 N 获益的两种方式。你可以买一只 N 期债券，或者续期 N 年的单期债券。风险中性投资者会选择其中一种策略，直到 N 期的预期收益相同为止。

这三种形式在数学上是等价的。如果从 t 到 $t+1$ 的每一种投资方式都有相同的预期收益，那么从 $t+1$ 到 $t+2$ 的每一种投资方式也必须有相同的预期收益，把这些联系起来，从 t 到 $t+2$ 的所有的投资方式都必须有相同的预期收益。

例如，让我们用远期利率＝未来即期利率代表收益率曲线。那么

$$f_t^{(N-1\to N)}=E_t(y_{t+N-1}^{(1)})$$

把这些加起来除以 N

$$f_t^{(0\to1)}+f_t^{(1\to2)}+\cdots+f_t^{(N-2\to N-1)}+f_t^{(N-1\to N)}$$
$$=E_t(y_t^{(1)}+y_{t+1}^{(1)}+y_{t+2}^{(1)}+\cdots+y_{t+N-1}^{(1)})$$

公式的右侧就是我们要寻找的。左侧是远期利率的定义，并且 $P^{(0)}=1$，所以 $p^{(0)}=0$。

$$f_t^{(0\to1)}+f_t^{(1\to2)}+\cdots+f_t^{(N-2\to N-1)}+f_t^{(N-1\to N)}$$
$$=(p_t^{(0)}-p_t^{(1)})+(p_t^{(1)}-p_t^{(2)})+\cdots+(p_t^{(N-1)}-p_t^{(N)})$$
$$=-p_t^{(N)}=Ny_t^{(N)}$$

从式（19.5）到式（19.7）这三种形式都是基于相似的论据，因此都是等价的。

添加一个恒定的风险溢价，仍然将得到的模型称为预期假说是很常见的，为了提醒大家这一思想，我在括号中备注了风险溢价。这三种表述都暗含着非常大的风险。远期利率是已知的，而未来的即期利率是未知的。

长期债券收益比短期债券收益波动更大。与购买长期实际债券相比，将短期实际债券展期是一项风险更高的长期投资。如果实际利率是固定的，而且债券是名义债券，那么反过来也成立：短期实际利率可以适应通货膨胀，因此，与长期名义债券相比，将短期名义债券展期是一种更安全的长期实际投资。这些风险如果与折现因子均发生变化，就会产生预期收益溢价，我们的理论应该反映这一事实。

当然，如果代入一个任意的、随时间变化的风险溢价，那么这个模型就是重复的。因此，增加了风险溢价预期假说的全部内容就是对风险溢价的限制。我们将看到，根据经验固定风险溢价模型做得并不好。期限结构模型的要点之一是量化风险溢价的规模和随时间的变动。

19.3　期限结构模型——离散时间的介绍

期限结构模型指定了短期利率和其他潜在状态变量的演变，以及在任何给定时间内各种期限债券的价格作为短期利率和其他状态变量的函数。我研究了一个基于短期利率和预期假说的 AR(1) 的简单例子，它给出了收益率曲线的几何形式。建立期限结构模型的一个好方法是写下得出折现因子的过程，然后用折现因子的条件均值对债券进行定价。这个程序排除了套利的存在。我给出了一个非常简单的 AR(1) 模型的对数折现因子的例子，它也会产生几何收益率曲线。

对期限结构进行建模的一个自然起点是对收益率进行统计建模。你可以在滞后收益率水平上对收益率的变化进行回归分析，得出收益率变化的均值和波动率模型。你可能会从收益变化的因子分析开始，并将收益率的协方差矩阵表示为几个描述其共同变动的大因子。这种方法的问题在于，你可以很容易地得到一个收益率的统计表示，这意味着存在套利机会，并且你不希望将这种统计特征用于收益率的经济理解、投资组合的形成或衍生品定价。例如，一个统计分析通常建议第一个因子应该是一个水平因子，其中所有的收益率一起上下移动。事实证明，这一假设违反了套利原则：长期收益率必须收敛于一个常数。[1]

---

[1]　更准确地说，如果长期远期利率存在，就绝不能下降。Dybvig, Ingersoll and Ross (1996) 推导出了更一般的表述。

如何在没有套利的情况下对收益率进行建模？一个明显的解决方案是使用折现因子存在定理：为一个正的折现因子编写一个统计模型，并找到债券价格作为该折现因子的期望。这种模型将是无套利的。相反，收益率的任何无套利分布都可以被某个正折现因子捕获，因此这种方法具有一般性。

基于预期假说的期限结构模型

我们可以使用预期假说来给出期限结构模型的最简单的例子。这不是从一个折现因子开始的，因此可能存在套利机会。它很快地解释了我们所说的期限结构模型。

假设单期收益率遵循 AR(1)

$$y_{t+1}^{(1)} - \delta = \rho(y_t^{(1)} - \delta) + \varepsilon_{t+1}$$

现在，我们可以使用预期假说（19.5）来计算所有期限债券的收益率作为今天单期收益率的函数

$$
\begin{aligned}
y_t^{(2)} &= \frac{1}{2} E_t [y_t^{(1)} + y_{t+1}^{(1)}] \\
&= \frac{1}{2} [y_t^{(1)} + \delta + \rho(y_t^{(1)} - \delta)] \\
&= \delta + \frac{1+\rho}{2}(y_t^{(1)} - \delta)
\end{aligned}
$$

继续

$$y_t^{(N)} - \delta = \frac{1}{N} \frac{1-\rho^N}{1-\rho}(y_t^{(1)} - \delta) \tag{19.8}$$

你可以看到一些问题会在整个期限结构模型中反复出现。第一，模型（19.8）可以描述不同时期不同的收益率曲线形状。如果短期利率低于其均值，那么就会出现一条平缓向上倾斜的收益率曲线。长期债券收益率更高，因为短期利率预计将在未来上升。如果短期利率高于其均值，我们就会得到平滑的反向收益率曲线。这个特殊的模型不能产生我们有时在期限结构中看到的驼峰或其他有趣的形状。第二，该模型预测没有期限结构的平均斜率：$E(y_t^{(N)}) = E(y_t^{(1)}) = \delta$。实际上，平均期限结构似乎略有上升，更复杂的模型将重现这一特征。第三，在该模型中，所有债券收益率都一起变动。如果我们将收益率叠加在一个 VAR 表达式

中，它将是

$$y_{t+1}^{(1)} - \delta = \rho(y_t^{(1)} - \delta) + \varepsilon_{t+1}$$

$$y_{t+1}^{(2)} - \delta = \rho(y_t^{(2)} - \delta) + \frac{1+\rho}{2}\varepsilon_{t+1}$$

$$\vdots$$

$$y_{t+1}^{(N)} - \delta = \rho(y_t^{(N)} - \delta) + \frac{1}{N}\frac{1-\rho^N}{1-\rho}\varepsilon_{t+1}$$

（如果你想要任何一个收益率都包含相同的信息，则可以把右侧的变量写成 $y_t^{(1)}$ 的形式。）误差项都是一样的。我们可以在短期利率过程中加入更多的因子来改善这一预测，但大多数易于处理的期限结构模型维持的因子比债券少，因此一些完美的因子结构是期限结构模型的常见预测。第四，该模型存在一个问题，在 AR(1) 之后的短期利率可能为负数。由于人们总是可以持有现金，名义短期利率永远不会为负，因此我们想从一个短期利率过程开始，这个过程没有该特征。第五，该模型不存在条件异方差，收益率变化的条件方差总是相同的。期限结构数据显示了高波动率和低波动率的时间，而高收益和高收益利差的时间似乎跟踪了波动率的变化。建立条件波动率模型对期限结构期权的价值评估至关重要。

有了这个简单的模型，你可以看到一些明显的一般化的方向。首先，我们需要比 AR(1) 更复杂的驱动过程。例如，在条件预期中，驼峰形状的短期利率将导致产生驼峰形状的收益率曲线。如果有多个状态变量驱动短期利率，那么我们将有多个因子驱动收益率曲线，这也将产生更有趣的形状。我们也希望这一过程可以在所有自然状态下保持短期汇率为正。其次，我们要在风险的市场价格上增加一些风险溢价。这将使我们得到的平均收益率曲线不单调，时变风险溢价似乎是收益率数据的一部分。我们还要检查市场价格是否合理，特别是没有套利机会。

收益率曲线的研究是这样的：设定一个短期利率过程和风险溢价，然后得出长期债券的价格。诀窍在于，设定足够复杂的假设使其变得有趣，同时保持我们求解模型的能力。

最简单的离散时间模型

我能想到的最简单的重要模型是让折现因子的对数跟随一个正态分布

冲击的 AR(1)。我把 AR(1) 写成对数而不是指数是为了确保折现因子为正，从而避免套利。有些对数折现因子为负，所以我定义无条件均值 $E(\ln m) = -\delta$。

$$(\ln m_{t+1} + \delta) = \rho(\ln m_t + \delta) + \varepsilon_{t+1}$$

反过来，你可以把这个折现因子模型看作一个基于消费的、带有正态误差的幂效用函数模型。

$$m_{t+1} = e^{-\delta} \left(\frac{C_{t+1}}{C_t} \right)^{\gamma}$$

$$c_{t+1} - c_t = \rho(c_t - c_{t-1}) + \varepsilon_{t+1}$$

期限结构的文献只是刚刚才开始探讨实证成功的折现因子过程是否可以以这种方式将实证过程与宏观经济事件联系起来。

从这个折现因子，我们可以得到债券的价格和收益率。这很简单，因为 AR(1) 的条件均值和方差很容易得到。（我采用的策略是向前求解折现因子，而不是向后求解价格。）我们需要

$$y_t^{(1)} = -p_t^{(1)} = -\ln E_t(e^{\ln m_{t+1}})$$

$$y_t^{(2)} = -\frac{1}{2} p_t^{(2)} = -\frac{1}{2} \ln E_t(e^{\ln m_{t+1} + \ln m_{t+2}})$$

等等。向前迭代 AR(1)

$$(\ln m_{t+2} + \delta) = \rho^2(\ln m_t + \delta) + \rho\varepsilon_{t+1} + \varepsilon_{t+2}$$

$$(\ln m_{t+3} + \delta) = \rho^3(\ln m_t + \delta) + \rho^2\varepsilon_{t+1} + \rho\varepsilon_{t+2} + \varepsilon_{t+3}$$

所以

$$(\ln m_{t+1} + \delta) + (\ln m_{t+2} + \delta)$$
$$= (\rho + \rho^2)(\ln m_t + \delta) + (1 + \rho)\varepsilon_{t+1} + \varepsilon_{t+2}$$

与此类似

$$(\ln m_{t+1} + \delta) + (\ln m_{t+2} + \delta) + (\ln m_{t+3} + \delta)$$
$$= (\rho + \rho^2 + \rho^3)(\ln m_t + \delta) + (1 + \rho + \rho^2)\varepsilon_{t+1} + (1 + \rho)\varepsilon_{t+2} + \varepsilon_{t+3}$$

利用对数正态 $E(e^x) = e^{E(x) + \frac{1}{2}\sigma_x^2}$ 的规则，我们最终可得

$$y_t^{(1)} = \delta - \rho(\ln m_t + \delta) - \frac{1}{2}\sigma_\varepsilon^2$$

$$y_t^{(2)} = \delta - \frac{(\rho + \rho^2)}{2}(\ln m_t + \delta) - \frac{1 + (1 + \rho)^2}{4}\sigma_\varepsilon^2$$

$$y_t^{(3)} = \delta - \frac{(\rho + \rho^2 + \rho^3)}{3}(\ln m_t + \delta) - \frac{1 + (1 + \rho)^2 + (1 + \rho + \rho^2)^2}{6}\sigma_\varepsilon^2$$

注意，所有收益率都是单个状态变量 $\ln m_t + \delta$ 的线性函数。因此，我们可以代入折现因子，将任意期限债券的收益率表示为单一期限债券收益率的函数。我们可以选择哪一个是任意的，但是习惯上用最短的利率作为状态变量。当 $E(y^{(1)}) = \delta - \frac{1}{2}\sigma_\varepsilon^2$ 时，我们的期限结构模型为：

$$y_t^{(1)} - E(y^{(1)}) = \rho[y_{t-1}^{(1)} - E(y^{(1)})] - \rho\varepsilon_t$$

$$y_t^{(2)} = \delta + \frac{1 + \rho}{2}[y_t^{(1)} - E(y^{(1)})] - \frac{1 + (1 + \rho)^2}{4}\sigma_\varepsilon^2$$

$$y_t^{(3)} = \delta + \frac{1 + \rho + \rho^2}{3}[y_t^{(1)} - E(y^{(1)})] \qquad (19.9)$$

$$- \frac{1 + (1 + \rho)^2 + (1 + \rho + \rho^2)^2}{6}\sigma_\varepsilon^2$$

$$y_t^{(N)} = \delta + \frac{1 - \rho^N}{N(1 - \rho)}[y_t^{(1)} - E(y^{(1)})] - \frac{\sigma_\varepsilon^2}{2N}\sum_{j=1}^{N}\left(\sum_{k=1}^{j}\rho^{k-1}\right)^2$$

在这种情况下，期限结构模型通常被写成短期利率的改进方程（通常与其他因子或其他收益率一起确定这些因子），然后将长期利率写成短期利率或其他因子的函数。

这仍然不是一个现实的期限结构模型。在数据中，由 $\{E[y_t^{(N)}]\}$ 和 N 构成的平均收益率曲线是略微向上倾斜的。这个模型的平均收益率曲线略向下倾斜是因为 σ_ε^2 项的积累。影响不是很大，因为 $\rho = 0.9$ 和 $\sigma_\varepsilon = 0.02$，所以 $E(y_t^{(2)}) = E(y_t^{(1)}) - 0.02\%$ 和 $E(y_t^{(3)}) = E(y_t^{(1)}) - 0.06\%$。然而，它并没有向上倾斜。更重要的是，这个模型只产生平滑向上倾斜或向下倾斜的期限结构。例如，$\rho = 0.9$，前三个条件乘以式（19.9）中的 1 年期利率分别为 0.86，0.81，0.78。利用这些系数，二、三、四期债券与一期债券的走势完全一致。

当然，求解是设定更复杂的折现率，从而产生更有趣的期限结构的过程。

19.4　连续时间期限结构模型

基本步骤：

（1）为折现因子编写一个时间序列模型，通常采用以下形式

$$\frac{\mathrm{d}\Lambda}{\Lambda} = -r\,\mathrm{d}t - \sigma_\Lambda(\cdot)\mathrm{d}z$$

$$\mathrm{d}r = \mu_r(\cdot)\mathrm{d}t + \sigma_r(\cdot)\mathrm{d}z$$

（2）将折现因子模型向前求解并取期望，求出债券价格

$$p_t^{(N)} = E_t\left(\frac{\Lambda_{t+N}}{\Lambda_t}\right)$$

（3）或者，从基本的定价方程 $0 = E[\mathrm{d}(\Lambda P)]$，我们可以找到一个微分方程，价格必须遵循

$$\frac{\partial P}{\partial r}\mu_r + \frac{1}{2}\frac{\partial^2 P}{\partial r^2}\sigma_r^2 - \frac{\partial P}{\partial N} - rP = \frac{\partial P}{\partial r}\sigma_r\sigma_\Lambda$$

你可以从 $P_N^{(0)} = 1$ 求解上式。

本节将折现因子方法与风险市场价格定价方法以及套利定价方法进行了比较。

　　在连续时间条件下，期限结构模型通常更方便。和往常一样，我首先确定折现因子过程，然后找到债券价格。一种广泛流行的期限结构模型是基于以下形式的折现因子过程

$$\frac{\mathrm{d}\Lambda}{\Lambda} = -r\,\mathrm{d}t - \sigma_\Lambda'(\cdot)\mathrm{d}z$$

$$\mathrm{d}r = \mu_r(\cdot)\mathrm{d}t + \sigma_r'(\cdot)\mathrm{d}z \tag{19.10}$$

该模型类似于离散时间模型

$$m_{t+1} = x_t + \delta\varepsilon_{t+1}$$

$$x_{t+1} = \rho x_t + \delta_{t+1}$$

这是一种简便的表示方法，而不是广义的自回归过程，因为状态变量 x

代表了平均折现因子。

初始变量 r 是折现因子趋势的状态变量。但是，你很快就可以看到，它将成为短期利率的一部分，因为 $E_t(\mathrm{d}\Lambda/\Lambda) = -r_t^f \mathrm{d}t$。（·）提醒你，这些项是状态变量的函数，其演化也必须规范化。我们还可以写下 $\sigma_{\Lambda t}$，μ_{rt}，σ_{rt} 来提醒自己，这些量随着时间变化。

期限结构模型在规范功能的形式上（μ_r，σ_r，σ_{Λ}）有所不同。我们将研究三个著名的例子：Vasicek 模型、Cox-Ingersoll-Ross（CIR）模型，以及一般仿射规范。前两个是

$$\text{Vasicek：}\qquad \frac{\mathrm{d}\Lambda}{\Lambda} = -r\,\mathrm{d}t - \sigma_{\Lambda}\,\mathrm{d}z$$
$$\mathrm{d}r = \phi(\bar{r} - r)\,\mathrm{d}t + \sigma_r\,\mathrm{d}z \tag{19.11}$$

$$\text{CIR：}\qquad \frac{\mathrm{d}\Lambda}{\Lambda} = -r\,\mathrm{d}t - \sigma_{\Lambda}\sqrt{r}\,\mathrm{d}z$$
$$\mathrm{d}r = \phi(\bar{r} - r)\,\mathrm{d}t + \sigma_r\sqrt{r}\,\mathrm{d}z \tag{19.12}$$

Vasicek 模型与我们在上一节中研究的 AR(1) 非常相似。CIR 模型在波动率中加入了平方根项。这一研究抓住了一个事实，即利率越高越不稳定。从另一个角度看，它可以防止利率水平降到零下。（我们需要 $\sigma_r \leqslant 2\phi\bar{r}$ 来保证开平方根的顺利进行。）

在指定了折现因子之后，很容易就可以求得债券价格。此时

$$P_t^{(N)} = E_t\left(\frac{\Lambda_{t+N}}{\Lambda t}\right)$$

我们可以向前求解折现因子，然后取期望。我们还可以使用瞬时定价条件 $0 = E(\mathrm{d}(\Lambda P))$ 寻找价格的偏微分方程并向后求解。

这两种方法都很自然地适用于期限结构衍生品的定价，即债券的看涨期权、利率下限或上限，以及掉期交易的互换等。我们只需要把利率或利率状态变量的结果 x^C 放到期望中

$$P_t^{(N)} = E_t\int_{s=t}^{\infty} \frac{\Lambda_s}{\Lambda_t} x^C(s)\,\mathrm{d}s$$

另外，这类期权的价格也将是驱动期限结构状态变量的函数，因此我们可以通过使用期权收益而不是将其作为边界条件来逆向求解债券定价的微分方程。

预期方法

与布莱克-斯科尔斯期权定价模型一样，我们可以向前求解折现因子，然后取其期望。使用以下条件，我们可以写出式（19.10）的解。[①]

$$\frac{\Lambda_T}{\Lambda_0} = e^{-\int_{s=0}^{T}(r_s + \frac{1}{2}\sigma_{\Lambda s}^2)ds - \int_{s=0}^{T}\sigma_{\Lambda s}dz_s}$$

因此

$$P_0^{(T)} = E_0\left(e^{-\int_{s=0}^{T}(r_s + \frac{1}{2}\sigma_{\Lambda s}^2)ds - \int_{s=0}^{T}\sigma_{\Lambda s}dz_s}\right) \tag{19.13}$$

比如，在无风险经济中 $\sigma_\Lambda = 0$，我们可以得到连续时间现值公式

$$p_0^{(T)} = e^{-\int_{s=0}^{T}r_s\,ds}$$

当利率 r 不变时

$$P_0^{(T)} = e^{-rT}$$

更有趣的是，向前求解 Λ 方程，并用期望来进行分析并不是那么简单。从概念和数值上讲，这都很简单。只需模拟式（19.10）前进求解几千次，然后取均值。

微分方程法

回想一下，价格为 S 且无股息的有价证券的基本定价方程是

$$E_t\left(\frac{dS}{S}\right) - r\,dt = -E_t\left(\frac{dS}{S}\frac{d\Lambda}{\Lambda}\right) \tag{19.14}$$

左侧是预期超额收益。正如我们猜测期权价格 $C(S, t)$ 并使用式（19.14）推导看涨期权价格的微分方程一样，我们将猜测债券价格 $P(N, t)$ 并使用该方程推导出债券定价的微分方程。

如果我们指定债券的到期日为 T，$P(T, T)$，我们可以直接应用式（19.14）。然而，更好的方法是寻找一个债券定价函数 (N, t) 来确

---

① 如果这个难以理解，首先写下

$$d\ln\Lambda = \frac{d\Lambda}{\Lambda} - \frac{1}{2}\frac{d\Lambda^2}{\Lambda^2} = -\left(r + \frac{1}{2}\sigma_\Lambda^2\right)dt - \sigma_\Lambda dt$$

然后公式两侧从 0 到 T 进行积分。

定期限而不是日期。式（19.2）给出了这种情况下的持有期收益，它增加了一个额外的项来修正出售的债券比购买的债券时间短这一问题。

$$收益 = \frac{\mathrm{d}P(N,t)}{P} - \frac{1}{P}\frac{\partial P(N,t)}{\partial N}\mathrm{d}t$$

因此，给定到期时间 $P(N, t)$ 债券定价的基本方程为：

$$E_t\left(\frac{\mathrm{d}P}{P}\right) - \left(\frac{1}{P}\frac{\partial P(N,t)}{\partial N} + r\right)\mathrm{d}t = -E_t\left(\frac{\mathrm{d}P}{P}\frac{\mathrm{d}\Lambda}{\Lambda}\right) \tag{19.15}$$

现在，我们可以求出债券定价的微分方程，就像我们用期权价格来推导布莱克-斯科尔斯公式一样。假设所有的时间依赖性都是通过状态变量 r 得到的，所以 $P(N, r)$。使用伊藤引理

$$\mathrm{d}P = \left(\frac{\partial P}{\partial r}\mu_r + \frac{1}{2}\frac{\partial^2 P}{\partial r^2}\sigma_r^2\right)\mathrm{d}t + \frac{\partial P}{\partial r}\sigma_r\mathrm{d}z$$

代入式（19.15）并消去 $\mathrm{d}t$，我们得到了债券定价的基本微分方程

$$\frac{\partial P}{\partial r}\mu_r + \frac{1}{2}\frac{\partial^2 P}{\partial r^2}\sigma_r^2 - \frac{\partial P}{\partial N} - rP = \frac{\partial P}{\partial r}\sigma_r\sigma_\Lambda \tag{19.16}$$

所有你要做的就是确定函数 $\mu_r(\cdot)$，$\sigma_r(\cdot)$，$\sigma_\Lambda(\cdot)$，并求解微分方程。

风险的市场价格和风险中性动态方法

债券定价微分方程（19.16）是不含折现因子的常规推导。

第一个传统的方法是写出短期利率过程 $\mathrm{d}r = \mu_r(\cdot)\mathrm{d}t + \sigma_r(\cdot)\mathrm{d}z$，然后表明任何资产的收益冲击 $\sigma_r\mathrm{d}z$ 必须提供 $\lambda(\cdot)$ 的夏普比率。然后有

$$\frac{\partial P}{\partial r}\mu_r + \frac{1}{2}\frac{\partial^2 P}{\partial r^2}\sigma_r^2 - \frac{\partial P}{\partial N} - rP = \frac{\partial P}{\partial r}\sigma_r\lambda$$

在 $\lambda = \sigma_\Lambda$ 的条件下，这当然是式（19.16）（如果折现因子和冲击不是完全相关，则有 $\lambda = \sigma_\Lambda\rho$。）不同的作者用不同的方式描述市场风险价格这个词。Cox，Ingersoll and Ross(1985，p.398) 提醒大家不要直接将公式的右侧 $\partial P/\partial r\psi(\cdot)$ 进行建模；这样的指标可能在 $\sigma_r = 0$ 时产生正的预期收益，因此导致产生无限大的夏普比率或套利机会。通过将预期收益作为收益冲击和折现因子冲击的协方差，我们自然会避免这种错误以及其他引入套利机会的微妙方式，但是你没有意识到你已经这样做了。

第二个传统方法是对利率和折现因子使用一种替代方程

$$\frac{\mathrm{d}\Lambda}{\Lambda} = -r\mathrm{d}t$$

$$\mathrm{d}r = (\mu_r - \sigma_r\lambda)\mathrm{d}t + \sigma_r\mathrm{d}z \tag{19.17}$$

如果我们使用这个替代方程，可以得到

$$\frac{\partial P}{\partial r}(\mu_r - \sigma_r\lambda) + \frac{1}{2}\frac{\partial P}{\partial r^2}\sigma_r^2 - \frac{\partial P}{\partial N} - rP = 0$$

这其实是一回事。这是一种风险中性的概率方法，因为式（19.17）中的趋势项并不是你在数据中估计的真实趋势，而且折现因子是非随机的。由于式（19.17）给出了相同的价格，我们可以通过积分找到并表示债券价格

$$P_t^{(N)} = E_t^* \left[e^{-\int_{s=0}^{T} r_s\,\mathrm{d}s} \right]$$

式中，E^* 表示相对于式（19.17）中定义的风险中性过程的期望，而不是式（19.10）中定义的真实概率。

当我们从折现因子推导模型时，单个折现因子包含两条信息。折现因子的趋势或条件均值会给出短期利率，而折现因子冲击与资产收益冲击的协方差会产生预期收益或风险市场价格。我发现写折现因子模型是有用的，它使期限结构与资产定价的其他部分保持联系，并提醒风险市场价格从何而来，以及它们的合理价值。当然，这种美是因人而异的，无论你用怎样的方法，结果都是一样的。

因子比债券少的事实意味着，一旦债券价格和因子一样多，你就可以通过无套利理论推导出所有的其他因子，使其看起来像期权定价。一些期限结构模型的推导遵循这种方法，从而建立了套利投资组合。

求解债券定价微分方程

现在我们要求解满足边界条件为 $P(N=0, r)=1$ 的偏微分方程（19.16）。求解这个方程在概念上和数值上都很简单。表达式（19.16）用

$$\frac{\partial P}{\partial N} = \frac{\partial P}{\partial r}(\mu_r - \sigma_r\sigma_\Lambda) + \frac{1}{2}\frac{\partial^2 P}{\partial r^2}\sigma_r^2 - rP$$

我们可以从 $N=0$ 开始，$P(0, r)=1$。对于固定的 N，我们可以通过计

算右侧的导数使 N 更大。第一步是

$$P(\Delta N, r) = P(0, r) + \frac{\partial P}{\partial N} \Delta N = 1 - r\Delta N$$

第二步，$\partial P / \partial r = \Delta N$，$\partial^2 P / \partial r^2 = 0$，所以

$$P(2\Delta N, r) = P(\Delta N, r) + \frac{\partial P(\Delta N, r)}{\partial N} \Delta N$$

$$= 1 - 2r\Delta N + [r^2 - (\mu_r - \sigma_r \sigma_\Lambda)]\Delta N^2$$

现在派生变量 μ_r 和 σ_r 的导数将会分别随着 r 被代入公式，并且之后的运算由计算机运行。（在实践中，用这种方法求解对数解会比较好。）解析解只存在于特殊情况下，这是我们接下来要研究的。

19.5　三种线性期限结构模型

> 我解决了 Vasicek 模型、Cox-Ingersoll-Ross（CIR）模型以及仿射模型。每个模型都给出了对数债券价格和收益率的线性函数，例如
>
> $$\ln P(N, r) = A(N) - B(N)r$$

正如我们所看到的，期限结构模型在原理上和数值上都很简单：确定一个折现因子过程并找到它的条件期望，或者求解到期后的债券价格偏微分方程。实际上，计算是困难的。接下来，我将介绍三个关于期限结构模型的著名案例，这些案例有助于我们进行快速分析或求解。

求解或近似求解很重要，因为我们还没有找到对期限结构进行逆向求解的好方法。我们知道如何从折现因子开始，然后求出债券价格。我们不知道如何从债券价格的特征入手，对其进行建模，构建一个合适的折现因子。因此，在评估期限结构模型时，我们将不得不做大量的从假定折现因子模型到债券价格的远期计算，并且快速地进行这些计算是很重要的。

借助 PDE 的 Vasicek 模型

Vasicek（1977）模型是一个特例，它可以得出一个相当简单的解析

解。这种方法与 CIR 模型和仿射模型中更复杂的解析解是一样的，但是代数计算更简单，所以这是一个很好的起点。

Vasicek 模型的折现因子过程是

$$\frac{\mathrm{d}\Lambda}{\Lambda} = -r\mathrm{d}t - \sigma_\Lambda \mathrm{d}z$$

$$\mathrm{d}r = \phi(\bar{r} - r)\mathrm{d}t + \sigma_r \mathrm{d}z$$

将此过程应用于基本债券微分方程（19.16），我们可以得到

$$\frac{\partial P}{\partial r}\phi(\bar{r} - r) + \frac{1}{2}\frac{\partial^2 P}{\mathrm{d}r^2}\sigma_r^2 - \frac{\partial P}{\partial N} - rp = \frac{\partial P}{\partial r}\sigma_r \sigma_\Lambda \tag{19.18}$$

我将用通常不能令人满意的非构造技术来解这个方程，即猜测答案的函数形式，并证明它是正确的。我假设对数收益率和对数价格是短期利率的线性函数

$$p(N, r) = \mathrm{e}^{\Lambda(N) - B(N)r} \tag{19.19}$$

求出式（19.18）中要求的偏导数，看看能否找到 $A(N)$ 和 $B(N)$ 使式（19.18）成立。结果是一组关于 $A(N)$ 和 $B(N)$ 的常微分方程，它们的形式特别简单，可以通过积分求解。我们可以在满足 $P(0, r) = 1$ 的边界条件下求解。结果是

$$B(N) = \frac{1}{\phi}(1 - \mathrm{e}^{-\phi N}) \tag{19.20}$$

$$A(N) = \left(\frac{1}{2}\frac{\sigma_r^2}{\phi^2} + \frac{\sigma_r \sigma_\Lambda}{\phi} - \bar{r}\right)(N - B(N)) - \frac{\sigma_r^2}{4\phi}B(N)^2 \tag{19.21}$$

式（19.19）的指数形式意味着对数价格和对数收益率是利率的线性函数。

$$P(N, r) = A(N) - B(N)r$$

$$y(N, r) = -\frac{A(N)}{N} + \frac{B(N)}{N}r$$

求解 PED 细节：如果满足边界条件 $P(0, r) = 1$，则

$$A(0) - B(0)r = 0$$

因为这对于每一个 r 都成立，所以我们需要

$$A(0) = 0, \quad B(0) = 0$$

基于对式（19.19）的假设，在式（19.18）中出现的导数是

$$\frac{1}{P}\frac{\partial P}{\partial r} = -B(N)$$

$$\frac{1}{P}\frac{\partial^2 P}{\partial r^2} = B(N)^2$$

$$\frac{1}{P}\frac{\partial P}{\partial N} = A'(N) - B'(N)r$$

将这些导数代入式（19.18）

$$-B(N)\phi(\bar{r}-r) + \frac{1}{2}B(N)^2\sigma_r^2 - A'(N) + B'(N)r - r$$

$$= -B(N)\sigma_r\sigma_\Lambda$$

这个方程对每一个 r 都成立，所以乘积 r 的项和常数项必须均为 0：

$$A'(N) = \frac{1}{2}B(N)^2\sigma_r^2 - (\phi\bar{r} - \sigma_r\sigma_\Lambda)B(N) \tag{19.22}$$

$$B'(N) = 1 - B(N)\phi$$

我们可以通过简单的积分来解这对常微分方程。第二个是

$$\frac{\mathrm{d}B}{\mathrm{d}N} = 1 - \phi B$$

$$\int\frac{\mathrm{d}B}{1-\phi B} = \mathrm{d}N$$

$$-\frac{1}{\phi}\ln(1-\phi B) = N$$

因此

$$B(N) = \frac{1}{\phi}(1 - e^{-\phi N}) \tag{19.23}$$

注意，$B(0) = 0$，所以积分中不需要常数。

我们对式（19.22）中的第一个方程进行简单积分，然后选择一个常数令 $A(0) = 0$。因此有

$$A'(N) = \frac{1}{2}B(N)^2\sigma_r^2 - (\phi\bar{r} - \sigma_r\sigma_\Lambda)B(N)$$

$$A(N) = \frac{\sigma_r^2}{2}\int B(N)^2\mathrm{d}N - (\phi\bar{r} - \sigma_r\sigma_\Lambda)\int B(N)\mathrm{d}N + C$$

$$A(N)=\frac{\sigma_r^2}{2\phi^2}\int(1-2e^{-\phi N}+e^{-2\phi N})\mathrm{d}N-\left(\bar{r}-\frac{\sigma_r\sigma_\Lambda}{\phi}\right)\int(1-e^{-\phi N})\mathrm{d}N+C$$

$$A(N)=\frac{\sigma_r^2}{2\phi^2}\left(N+\frac{2e^{-\phi N}}{\phi}-\frac{e^{-2\phi N}}{2\phi}\right)-\left(\bar{r}-\frac{\sigma_r\sigma_\Lambda}{\phi}\right)\left(N+\frac{e^{-\phi N}}{\phi}\right)+C$$

我们选择积分常数让 $A(0)=0$。你可以明确地这样做，或直接通过从 $e^{-\phi N}$ 项中减去 1 得出结果。

$$A(N)=\frac{\sigma_r^2}{2\phi^2}\left(N+\frac{2(e^{-\phi N}-1)}{\phi}-\frac{(e^{-2\phi N}-1)}{2\phi}\right)$$
$$-\left(\bar{r}-\frac{\sigma_r\sigma_\Lambda}{\phi}\right)\left(N+\frac{(e^{-\phi N}-1)}{\phi}\right)$$

现在我们打算让它更美观一些，我的目标是式（19.21）中的形式。

$$B(N)^2=\frac{1}{\phi^2}(1-2e^{-\phi N}+e^{-2\phi N})$$

$$\phi B(N)^2=2\frac{1-e^{-\phi N}}{\phi}+\frac{e^{-2\phi N}-1}{\phi}$$

$$\phi B(N)^2-2B(N)=\frac{e^{-2\phi N}-1}{\phi}$$

所以

$$A(N)=\frac{\sigma_r^2}{2\phi^2}\left(N-2B(N)-\frac{\phi}{2}B(N)^2+B(N)\right)$$
$$-\left(\bar{r}-\frac{\sigma_r\sigma_\Lambda}{\phi}\right)(N-B(N))$$

$$A(N)=-\frac{\sigma_r^2}{4\phi}B(N)^2-\left(\bar{r}-\frac{\sigma_r\sigma_\Lambda}{\phi}-\frac{\sigma_r^2}{2\phi^2}\right)(N-B(N))$$

我们做到了！

借助期望的 Vasicek 模型

如果我们提前解出折现率并取一个期望呢？Vasicek 模型非常简单，我们可以采用这种方法，得到相同的解析解。同样的方法也适用于其他模型，但代数运算越来越难。

模型是

$$\frac{\mathrm{d}\Lambda}{\Lambda} = -r\mathrm{d}t - \sigma_\Lambda \mathrm{d}z \tag{19.24}$$

$$\mathrm{d}r = \phi(\bar{r} - r)\mathrm{d}t + \sigma_r \mathrm{d}z \tag{19.25}$$

债券价格是

$$P_0^{(N)} = E_0\left(\frac{\Lambda_N}{\Lambda_0}\right) \tag{19.26}$$

我用 0 和 N 而不是 t 和 $t+N$ 来表示。

为了求出式（19.26）中的期望，我们必须向前求解式（19.24）和式（19.25）。步骤很简单，尽管代数有点令人生畏。首先，我们向前求解 r，然后向前求解 Λ。$\ln\Lambda_t$ 被证明是条件正态的，所以式（19.26）中的期望是对数正态的期望。依赖于 r_0 的组合项是 $B(N)$ 项，常数项是 $A(N)$ 项，我们得到了与式（19.20）和式（19.21）相同的解。

利率就是 AR(1)。通过对离散时间 AR(1) 的类比，可以猜出它的解是

$$r_t = \int_{s=0}^{t} \mathrm{e}^{-\phi(t-s)}\sigma_r \mathrm{d}z_s + \mathrm{e}^{-\phi t} r_0 + (1 - \mathrm{e}^{-\phi t})\bar{r} \tag{19.27}$$

为了推导出这个解，$\tilde{r}$ 定义如下：

$$\tilde{r}_t = \mathrm{e}^{\phi t}(r_t - \bar{r})$$

$$\mathrm{d}\tilde{r}_t = \phi\tilde{r}_t \mathrm{d}t + \mathrm{e}^{\phi t}\mathrm{d}r_t$$

$$\mathrm{d}\tilde{r}_t = \phi\tilde{r}_t \mathrm{d}t + \mathrm{e}^{\phi t}\phi(\bar{r} - r)\mathrm{d}t + \mathrm{e}^{\phi t}\sigma_r \mathrm{d}z_t$$

$$\mathrm{d}\tilde{r}_t = \phi\tilde{r}_t \mathrm{d}t - \mathrm{e}^{\phi t}\phi \mathrm{e}^{-\phi t}\tilde{r}_t \mathrm{d}t + \mathrm{e}^{\phi t}\sigma_r \mathrm{d}z_t$$

$$\mathrm{d}\tilde{r}_t = \mathrm{e}^{\phi t}\sigma_r \mathrm{d}z_t$$

这个方程很容易求解。

$$\tilde{r}_t - \tilde{r}_0 = \sigma_r \int_{s=0}^{t} \mathrm{e}^{\phi s}\mathrm{d}z_s$$

$$\mathrm{e}^{\phi t}(r_t - \bar{r}) - (r_0 - \bar{r}) = \sigma_r \int_{s=0}^{t} \mathrm{e}^{\phi s}\mathrm{d}z_s$$

$$r_t - \bar{r} = \mathrm{e}^{-\phi t}(r_0 - \bar{r}) + \sigma_r \int_{s=0}^{t} \mathrm{e}^{-\phi(t-s)}\mathrm{d}z_s$$

我们可以得到式（19.27）。

现在，我们向前求解折现因子。它虽然不完美，但很简单。

$$\mathrm{d}\ln\Lambda_t = \frac{\mathrm{d}\Lambda}{\Lambda} - \frac{1}{2}\frac{\mathrm{d}\Lambda^2}{\Lambda^2} = -(r_t + \frac{1}{2}\sigma_\Lambda^2)\mathrm{d}t - \sigma_\Lambda \mathrm{d}z_t$$

$$\ln \Lambda_t - \ln \Lambda_0 = -\int_{s=0}^t \left(r_s + \frac{1}{2}\sigma_\Lambda^2\right) ds - \sigma_\Lambda \int_{s=0}^t dz_s$$

代入利率求解式（19.27）

$$\ln \Lambda_t - \ln \Lambda_0 = -\int_{s=0}^t \left[\left(\int_{u=0}^s e^{-\phi(s-u)}\sigma_r dz_u\right) + e^{-\phi s}(r_0 - \bar{r}) \right.$$
$$\left. + \bar{r} + \frac{1}{2}\sigma_\Lambda^2 \right] ds - \sigma_\Lambda \int_{s=0}^t dz_s$$

交换第一个积分的顺序，计算简单的 ds 积分，然后重新排列

$$= -\sigma_\Lambda \int_{s=0}^t dz_s - \sigma_r \int_{u=0}^t \left[\int_{s=u}^t e^{-\phi(s-u)} ds\right] dz_u$$
$$- \left[\left(\bar{r} + \frac{1}{2}\sigma_\Lambda^2\right) t + (r_0 - \bar{r})\int_{s=0}^t e^{-\phi s} ds\right]$$

化简

$$= -\int_{u=0}^t \left[\sigma_\Lambda + \frac{\sigma_r}{\phi}(1 - e^{-\phi(t-u)})\right] dz_u$$
$$- \left(\bar{r} + \frac{1}{2}\sigma_\Lambda^2\right) t - (r_0 - \bar{r})\frac{1 - e^{-\phi t}}{\phi} \tag{19.28}$$

第一个积分包含时间 u 乘以 dz_u 的确定性函数。这就产生了一个正态分布的随机变量，它就是独立向量 dz_u 的加权和：

$$\int_{u=0}^t f(u) dz_u \sim N\left(0, \int_{u=0}^t f^2(u) du\right)$$

因此，$\ln \Lambda_t - \ln \Lambda_0$ 是正态分布的，其均值由式（19.28）中的第二项和方差给出

$$\mathrm{var}_0(\ln \Lambda_t - \ln \Lambda_0)$$
$$= \int_{u=0}^t \left[\sigma_\Lambda + \frac{\sigma_r}{\phi}(1 - e^{-\phi(t-u)})\right]^2 du \tag{19.29}$$
$$= \int_{u=0}^t \left[\left(\sigma_\Lambda + \frac{\sigma_r}{\phi}\right)^2 - 2\frac{\sigma_r}{\phi}\left(\sigma_\Lambda + \frac{\sigma_r}{\phi}\right)e^{-\phi(t-u)} + \frac{\sigma_r^2}{\phi^2}e^{-2\phi(t-u)}\right] du$$
$$= \left(\sigma_\Lambda + \frac{\sigma_r}{\phi}\right)^2 t - 2\frac{\sigma_r}{\phi^2}\left(\sigma_\Lambda + \frac{\sigma_r}{\phi}\right)(1 - e^{-\phi t}) + \frac{\sigma_r^2}{2\phi^3}(1 - e^{-2\phi t})$$

因为我们有 Λ_N 的分布，所以就可以求期望了：

$$\ln P(N, 0) = \ln E_0(e^{\ln \Lambda_N - \ln \Lambda_0}) = E_0(\ln \Lambda_N - \ln \Lambda_0)$$

$$+\frac{1}{2}\sigma_0^2(\ln\Lambda_N-\ln\Lambda_0)$$

代入均值（19.28）和方差（19.29）

$$\ln P_0^{(N)}=-\left[\left(\bar{r}+\frac{1}{2}\sigma_\Lambda^2\right)N+(r_0-\bar{r})\frac{1-\mathrm{e}^{-\phi N}}{\phi}\right] \tag{19.30}$$

$$+\frac{1}{2}\left(\frac{\sigma_r}{\phi}+\sigma_\Lambda\right)^2 N-\frac{\sigma_r}{\phi^2}\left(\frac{\sigma_r}{\phi}+\sigma_\Lambda\right)(1-\mathrm{e}^{-\phi N})$$

$$+\frac{\sigma_r^2}{4\phi^3}(1-\mathrm{e}^{-2\phi N}) \tag{19.31}$$

剩下的就是把它变得美观。为了将它与之前的结果进行比较，我们需要将它表示为 $\ln P(N, r_0)=A(N)-B(N)r_0$。式（19.30）中 r_0 的系数与我们在偏微分方程中得到的表达式一样，即

$$B(N)=\frac{1-\mathrm{e}^{-\phi N}}{\phi} \tag{19.32}$$

为了简化常数项，回忆一下式（19.32）的含义

$$\frac{1-\mathrm{e}^{-2\phi N}}{\phi}=-\phi B(N)^2+2B(N)$$

因此，式（19.30）中的常数项（不乘以 r_0 的项）是

$$A(N)=-\left[\left(\bar{r}+\frac{1}{2}\sigma_\Lambda^2\right)N-\bar{r}\frac{1-\mathrm{e}^{-\phi N}}{\phi}\right]+\frac{1}{2}\left(\frac{\sigma_r}{\phi}+\sigma_\Lambda\right)^2 N$$

$$-\frac{\sigma_r}{\phi^2}\left(\frac{\sigma_r}{\phi}+\sigma_\Lambda\right)(1-\mathrm{e}^{-\phi N})+\frac{\sigma_r^2}{4\phi^3}(1-\mathrm{e}^{-2\phi N})$$

$$=-\left[\left(\bar{r}+\frac{1}{2}\sigma_\Lambda^2\right)N-\bar{r}B(N)\right]+\frac{1}{2}\left(\frac{\sigma_r}{\phi}+\sigma_\Lambda\right)^2 N$$

$$-\frac{\sigma_r}{\phi}\left(\frac{\sigma_r}{\phi}+\sigma_\Lambda\right)B(N)-\frac{\sigma_r^2}{4\phi^2}(\phi B(N)^2-2B(N))$$

$$=\left(\frac{1}{2}\frac{\sigma_r^2}{\phi^2}+\sigma_\Lambda\frac{\sigma_r}{\phi}-\bar{r}\right)(N-B(N))-\frac{\sigma_r^2}{4\phi^2}\phi B(N)^2$$

这与我们从偏微分方程中得到的表达式是一样的。

这种整合通常在风险中性度量下表示。如果我们写一个风险中性的过程

$$\frac{\mathrm{d}\Lambda}{\Lambda}=-r\mathrm{d}t$$

$$\mathrm{d}r=[\phi(\bar{r}-r)-\sigma_r\sigma_\Lambda]\mathrm{d}t+\sigma_r\mathrm{d}z$$

那么债券价格是

$$P_0^{(N)}=E\mathrm{e}^{-\int_{s=0}^N r_s\mathrm{d}s}$$

当然，结果是一样的。

Cox-Ingersoll-Ross 模型

对于 Cox-Ingersoll-Ross（1985）模型

$$\frac{\mathrm{d}\Lambda}{\Lambda}=-r\mathrm{d}t-\sigma_\Lambda\sqrt{r}\,\mathrm{d}z$$

$$\mathrm{d}r=\phi(\bar{r}-r)\mathrm{d}t+\sigma_r\sqrt{r}\,\mathrm{d}z$$

微分方程（19.16）变成

$$\frac{\partial P}{\partial r}\phi(\bar{r}-r)+\frac{1}{2}\frac{\partial^2 P}{\partial r^2}\sigma_r^2 r-\frac{\partial P}{\partial N}-rp=\frac{\partial P}{\partial r}\sigma_r\sigma_\Lambda r \tag{19.33}$$

再次假设，对数价格是短期利率的线性函数

$$P(N,r)=\mathrm{e}^{A(N)-B(N)r} \tag{19.34}$$

将式（19.34）的导数代入式（19.33）

$$-B(N)\phi(\bar{r}-r)+\frac{1}{2}B(N)^2\sigma_r^2 r-A'(N)+B'(N)r-r$$

$$=-B(N)\sigma_r\sigma_\Lambda r$$

同样，常数项和 r 项的系数必须均为零

$$B'(N)=1-\frac{1}{2}\sigma_r^2 B(N)^2-(\sigma_r\sigma_\Lambda+\phi)B(N) \tag{19.35}$$

$$A'(N)=-B(N)\phi\bar{r}$$

常微分方程（19.35）与 Vasicek 模型的式（19.22）非常相似。现在方差项乘以 r，所以 $B(N)$ 微分方程有额外的 $B(N)$ 项。我们仍然可以解这两个微分方程，尽管代数有点复杂。结果是

$$B(N)=\frac{2(e^{\gamma N}-1)}{(\gamma+\phi+\sigma_r\sigma_\Lambda)(e^{\gamma N}-1)+2\gamma}$$

$$A(N)=\frac{\phi\bar{r}}{\sigma_r^2}\left(2\ln\left(\frac{2\gamma}{\psi(e^{\gamma N}-1)+2\gamma}\right)+\psi N\right)$$

其中

$$\gamma=\sqrt{(\phi+\sigma_r\sigma_\Lambda)^2+2\sigma_r^2}$$
$$\psi=\phi+\sigma_\Lambda\sigma_r+\gamma$$

CIR 模型也可以通过期望求解。实际上，这就是 Cox，Ingersoll and Ross（1985）的方法。他们的财富边际价值 J_w 和折现因子是一样的。然而，利率在 Vasicek 模型中是一个简单的条件正态，利率现在有一个非中心的 χ^2 分布，所以求积分有些混乱。

多因子仿射模型

Vasicek 模型和 CIR 模型是仿射期限结构模型的特例（Duffie and Kan，1996；Dai and Singleton，2000）。这些模型考虑了多个因子，这意味着所有债券收益率并不仅仅是短期利率的函数。仿射模型保持了对数债券价格是状态变量的线性函数的形式。这意味着我们可以把 K 个债券收益率本身作为状态变量，这些收益率会揭示所有隐藏状态变量的利率。短期利率及其波动率可以用滞后的短期利率来预测，也可以用滞后的长期利率或利率差来预测。我的观点和表示方法与 Daiand and Singleton（2000）类似，但与之前一样，我添加了折现因子。

下面是仿射模型的步骤：

$$dy=\phi(\bar{y}-y)dt+\Sigma dw \tag{19.36}$$
$$r=\delta_0+\delta'y \tag{19.37}$$
$$\frac{d\Lambda}{\Lambda}=-rdt-b_\Lambda'dw \tag{19.38}$$
$$dw_i=\sqrt{\alpha_i+\beta_i'y}\,dz_i,\quad E(dz_idz_j)=0 \tag{19.39}$$

式（19.36）描述了状态变量的演化过程。最后，收益率是状态变量的线性函数，所以我们可以把状态变量看成收益率。因此，我用字母 y 来表示状态变量的 K 维向量。ϕ 是 $K\times K$ 矩阵，$\bar{y}$ 是一个 K 维向量，Σ 是一个 $K\times K$ 矩阵。式（19.37）将折现因子或短期利率的均值描述为状态变量的线性函数。式（19.38）为折现因子。b_Λ 是一个 K 维向量，描述了折现因子对冲击 K 的反应。越多的 Λ 对冲击产生反应，那么风险的市场价格越高。式（19.39）描述了冲击 $\mathrm{d}w$。如果 $\alpha_i = 0$ 和 Vasicek 型高斯方程中的 $\beta_i = 0$，那么函数形式就嵌套了 CIR 平方根类型模型。你不能任意选择 α_i 和 β_i，必须确保对于所有的 y 值 $\alpha_i + \beta'_i y > 0$ 均成立。Duffie and Kan（1996）以及 Dai and Singleton（2000）描述了这个可接受标准。

我们在仿射模型中发现，债券价格遵循与 Vasicek 模型和 CIR 模型完全相同的步骤。假设价格是描述变量 y 的线性函数：

$$P(N, y) = e^{A(N) - B(N)'y}$$

我们将伊藤引理应用于这个猜想，并代入基本债券定价方程（19.15）。可以得到 $A(N)$ 和 $B(N)$ 必须满足的常微分方程，

$$\frac{\partial B(N)}{\partial N} = -\phi' B(N) - \sum_i \left([\Sigma' B(N)]_i b_{\Lambda i} + \frac{1}{2} [\Sigma' B(N)]_i^2 \right) \beta_i + \delta \tag{19.40}$$

$$\frac{\partial A(N)}{\partial N} = \sum_i \left([\Sigma' B(N)]_i b_{\Lambda i} + \frac{1}{2} [\Sigma' B(N)]_i^2 \right) \alpha_i - B(N)' \phi \bar{y} - \delta_0 \tag{19.41}$$

我使用符号 $[x]_i$ 来表示向量 x 的第 i 个元素。与 CIR 模型和 Vasicek 模型一样，这些是常微分方程，可以通过从 $A(0) = 0$，$B(0) = 0$ 开始积分来求解。虽然它们并不总是有解析解，但它们求解数值解很快——比解偏微分方程快得多。

求导

为了推导式（19.41）和式（19.40），我们从基本债券定价方程（19.15）开始，再重复一遍

$$E_t \left(\frac{\mathrm{d}P}{P} \right) - \left(\frac{1}{P} \frac{\partial P}{\partial N} + r \right) \mathrm{d}t = -E_t \left(\frac{\mathrm{d}p}{P} \frac{\mathrm{d}\Lambda}{\Lambda} \right) \tag{19.42}$$

我们需要求 $\mathrm{d}P/P$，利用伊藤引理

$$\frac{\mathrm{d}P}{P} = \frac{1}{P} \frac{\partial P'}{\partial y} \mathrm{d}y + \frac{1}{2} \frac{1}{P} \mathrm{d}y' \frac{\partial^2 P}{\partial y \partial y'} \mathrm{d}y$$

偏导结果是

$$\frac{1}{P}\frac{\partial P}{\partial y} = -B(N)$$

$$\frac{1}{P}\frac{\partial^2 P}{\partial y \partial y'} = B(N)B'(N)$$

$$\frac{1}{P}\frac{\partial P}{\partial N} = \frac{\partial A(N)}{\partial N} - \frac{\partial B(N)'}{\partial N}y$$

因此，式（19.42）中的第一项为：

$$E_t\left(\frac{\mathrm{d}P}{P}\right) = -B(N)'\phi(\overline{y}-y)\mathrm{d}t + \frac{1}{2}E_t(\mathrm{d}w'\Sigma'B(N)B'(N)\Sigma\mathrm{d}w)$$

$E_t(\mathrm{d}w_i\mathrm{d}w_j) = 0$，这使得我们可以简化最后一项。如果 $w_1 w_2 = 0$，则

$$(w'bb'w) = \begin{bmatrix} w_1 & w_2 \end{bmatrix}\begin{bmatrix} b_1 b_1 & b_1 b_2 \\ b_2 b_1 & b_2 b_2 \end{bmatrix}\begin{bmatrix} w_1 \\ w_2 \end{bmatrix}$$

$$= b_1^2 w_1^2 + b_2^2 w_2^2 = \Sigma b_i^2 w_i^2$$

把同样的代数方法应用到我们的例子中[①]，

$$E_t(\mathrm{d}w'\Sigma'B(N)B'(N)\Sigma\mathrm{d}w) = \sum_i [\Sigma'B(N)]_i^2 \mathrm{d}w_i^2$$

$$= \sum_i [\Sigma'B(N)]_i^2(\alpha_i + \beta_i'y)\mathrm{d}t$$

用 $[x]_i$ 表示 K 维向量第 i 个元素 x，因此，我们有

$$E_t\left(\frac{\mathrm{d}P}{P}\right) = -B(N)'\phi(\overline{y}-y)\mathrm{d}t + \frac{1}{2}\sum_i [\Sigma'B(N)]_i^2(\alpha_i + \beta_i'y)\mathrm{d}t$$

$$(19.43)$$

式（19.42）右侧是

$$-E_t\left(\frac{\mathrm{d}P}{P}\frac{\mathrm{d}\Lambda}{\Lambda}\right) = -B(N)'\Sigma\mathrm{d}w\mathrm{d}w'b_\Lambda$$

$\mathrm{d}w\mathrm{d}w'$ 是具有元素 $(\alpha_i + \beta_i'y)$ 的对角矩阵，因此

---

① 我们可以用 $Tr(AB) = Tr(BA)$ 来表示方阵，而且最后一项标量写成

$$E(\mathrm{d}w'\Sigma'B(N)B'(N)\Sigma\mathrm{d}w) = Tr[E(\mathrm{d}w'\Sigma'B(N)B'(N)\Sigma\mathrm{d}w)]$$

$$= Tr[E(B'(N)\Sigma\mathrm{d}w\mathrm{d}w'\Sigma'B(N))]$$

$$= Tr(B'(N)\Sigma E(\mathrm{d}w\mathrm{d}w')\Sigma'B(N))$$

$$= \sum_i [\Sigma'B(N)]_i^2 E(\mathrm{d}w_i^2)$$

$$-E_t\left(\frac{\mathrm{d}P}{P}\frac{\mathrm{d}\Lambda}{\Lambda}\right)=-\sum_i[\Sigma'B(N)]_i b_{Ni}(\alpha_i+\beta_i'y) \tag{19.44}$$

现在，用更简单的中心项 $\partial P\,\partial N$ 把式（19.43）和式（19.44）代入式（19.42）中，我们得到

$$-B(N)'\phi(\overline{y}-y)+\frac{1}{2}\sum_i[\Sigma'B(N)]_i^2(\alpha_i+\beta_i'y)$$

$$-\left(\frac{\partial A(N)}{\partial N}-\frac{\partial B(N)'}{\partial N}y+\delta_0+\delta'y\right)=-\sum_i[\Sigma'B(N)]_i b_{Ni}(\alpha_i+\beta_i'y)$$

同样，常数项和每个 y_i 都必须是零。常数项：

$$-B(N)'\phi\overline{y}+\frac{1}{2}\sum_i[\Sigma'B(N)]_i^2\alpha_i-\frac{\partial A(N)}{\partial N}-\delta_0$$

$$=-\sum_i[\Sigma'B(N)]_i b_{Ni}\alpha_i$$

$$\frac{\partial A(N)}{\partial N}=\sum_i\left([\Sigma'B(N)]_i b_{Ni}+\frac{1}{2}[\Sigma'B(N)]_i^2\right)\alpha_i-B(N)'\phi\overline{y}-\delta_0$$

将公式两侧乘以 y 得到

$$B(N)'\phi y+\frac{1}{2}\sum_i[\Sigma'B(N)]_i^2\beta_i'y+\frac{\partial B(N)'}{\partial N}y-\delta'y$$

$$=-\sum_i[\Sigma'B(N)]_i b_{Ni}\beta_i'y$$

转置并求解

$$\frac{\partial B(N)}{\partial N}=-\phi'B(N)-\sum_i\left([\Sigma'B(N)]_i b_{Ni}+\frac{1}{2}[\Sigma'B(N)]_i^2\right)\beta_i+\delta$$

19.6 参考文献和评析

选择离散时间和连续时间确实很方便。Campbell，Lo and MacKinlay（1997）给出了离散时间的一种处理方式，表明即使在离散时间的双参数平方根模型中，债券价格也是状态变量的线性函数。Backus，Foresi and Telmer（1998）对离散时间下的债券定价模型进行了很好的研究。

模型不必是仿射的。Constantinides（1992）是一个很好的离散时间模型，其折现因子由状态变量 AR(1) 的平方值推导出来。它给出了债券价

格的封闭解。债券价格不是状态变量的线性函数，它是以封闭形式而不是债券价格函数的线性形式存在，这使得仿射模型如此有吸引力。正如我们在数据中看到的那样，Constantinides 的模型考虑了长期溢价的两种迹象。

到目前为止，大多数期限结构文献都强调风险中性概率，很少提及风险趋势与市场价格之间的区别。对于期权定价来说，这并不是一个严重的缺陷，因为对波动率进行建模要比对漂移率进行建模重要得多。当模型被用来绘制平滑的到期收益率曲线时，这也不是一个大缺点。然而，这使得模型不适用于债券投资组合分析和其他用途。许多模型表明风险或条件夏普比率的市场价格高且随时间变化。Backus，Backus，Mozumdar and Wu（1997），Duffee（1999），Duarte（2000），Dai and Singleton（2002）开始了标准化期限结构模型的重要任务，这些模型与期限结构模型中预期收益的实证事实相吻合。特别是他们试图符合 Fama-Bliss（1987）和 Campbell and Shiller（1991）回归公式，该公式将预期收益与期限结构的斜率联系了起来（见第 2 章），同时保持了仿射模型的可处理性。Cochrane and Piazzesi（2003）扩展了 Fama-Bliss 的回归，发现债券收益的可预测性显著提高，并展示了如何逆向设计一个仿射模型，以纳入所有可预测性模式。

金融领域使用的期限结构模型相当于利率对滞后利率的回归。宏观经济学家还对各种各样的变量进行了利率回归，包括滞后利率，还有滞后的通货膨胀率、产出率、失业率、汇率等。他们通常把这些公式解释为美联储制定短期利率的政策规则，作为宏观经济条件的函数。这种解释在泰勒规则文献（Taylor，1999）和 VAR 文献中尤为明显，见 Christiano，Eichenbaum and Evans（1999）和 Cochrane（1994b）的调查。然而，似乎有人漏掉了公式右侧的重要变量。Cochrane and Piazzesi（2002）利用长期收益率将货币政策冲击从高频数据中分离出来，发现这种变化对估计的响应有重要影响。

当我们使用短期利率作为唯一的状态变量时，对金融模型的批判是尖锐的。多因子模型更为微妙。如果任何一个变量预测了未来的利率，那么它就变成了一个状态变量，并且应该由债券收益率来反映。因此，作为利率预测者，债券收益率应该完全剔除所有其他宏观经济状态变量。但是它们没有，这是一个有趣的观察。

此外，还有大量的文献从纯统计的角度研究收益率，如 Gallant and Tauchen（1997），以及研究联邦基金市场高频行为的文献，如 Hamilton（1996）。

显然，这三种文献需要整合。Balduzzi，Bertola and Foresi（1996）考虑了基于联邦基金目标的模型，Piazzesi（即将出版）将联邦基金利率高频波动的详细说明整合到了期限结构模型中。Cochrane and Piazzesi（2002）在货币 VAR 中使用了利率。

这里所研究的模型都是基于具有相当缓慢移动的状态变量的扩散。这些模型产生的提前一天的密度几乎与正态分布完全相同。事实上，正如 Das（2002）和 Johannes（2000）所指出的那样，提前一天的密度的尾比正态分布预测的要厚。这种行为可以通过快速移动的状态变量来建模。然而，将这种行为看作由跳跃过程生成的会更加合理，Johannes 很好地拟合了跳跃-微分组合的收益率。该方法可以显著改变期限结构模型的定价和套期保值特征。

本章所有的期限结构模型都将许多债券收益率描述为几个状态变量的函数。这是对数据的合理估计。几乎所有收益率的方差都可以用几个因子来描述，通常是水平、斜率和驼峰因子。Knez，Litterman and Scheinkman（1994）以及 Litterman and Scheinkman（1991）通过标准的最大似然分析得出了这一观点，但你可以通过对数收益率的简单特征值分解看出这一点（见表 19.1）。

表 19.1

σ	期限					
	1	2	3	4	5	
6.36	0.45	0.45	0.45	0.44	0.44	"水平"
0.61	−0.75	−0.21	0.12	0.36	0.50	"斜率"
0.10	0.47	−0.62	−0.41	0.11	0.46	"曲率"
0.08	0.10	−0.49	0.39	0.55	−0.55	
0.07	0.07	−0.36	0.68	−0.60	0.21	

注：1952—1997 年零息债券收益率协方差矩阵的特征值分解。第一列表示特征值的平方根。标记为 1～5 的 5 列是零息债券 1～5 年期零息债券收益率对应的特征向量。把协方差矩阵分解为 $\sum = QAQ'$；σ^2 表示 Λ 矩阵中的对角线，矩阵中的剩余部分与 Q 相同。通过以上分解，我们可以说债券收益率由 $y = QA^{1/2}\varepsilon$，$E(\varepsilon\varepsilon') = I$ 产生，因此 Q 对冲击 ε 产生了载荷。

因子模型不仅很好地描述了收益率的方差，而且当前收益率中关于未来收益率的信息，即预期收益率的变化和收益率的条件波动也可以通过一个水平或一些利差很好地捕捉到。

这是一个很好的近似，但它只是一个估计。实际债券价格并不完全遵循任何平滑的收益率曲线，并且实际债券收益率的协方差矩阵没有一个精确的 K 因子，即剩下的特征值不为零。因此，你不能直接用最大似然估计期限结构模型，要么必须用 GMM 来估计模型，迫使这个估计忽略随机奇点，要么必须加上令人不快的测量误差。

和往常一样，近似值的重要性取决于如何使用模型。如果从字面上理解这个模型，那么债券的价格偏离一个基点就是套利机会。事实上，这充其量是一个不错的夏普比率，但 K 因子模型不会告诉你它有多好，即它不能量化使用该模型进行交易的风险。从 K 因子模型中计算出的对冲策略可能对小偏差也很敏感。

一种解决方案是在每个时点选择不同的参数（Ho and Lee，1986）。这种方法对于衍生品定价是有用的，但显然不是一个令人满意的解决方案。Kennedy（1994）、Santa Clara and Sornette（2001）的模型中，整个收益率曲线都是一个状态变量，这是对该问题的另一个有趣回应，并可能提供对数据的现实描述。

利率风险的市场价格反映了实际利率变动的市场价格和通货膨胀的市场价格或任何与通货膨胀有关的实际因子，并解释了投资者对通货膨胀的恐惧。通货膨胀和实际利率在利率变动中的相对贡献，对于确定债券持有人所面临风险的性质非常重要。例如，如果实际利率是固定的，而名义利率会随着通货膨胀变化，那么短期债券就是最安全的长期实际投资。如果通货膨胀是固定的，而名义利率随实际利率而变化，那么长期债券是最安全的长期投资。这些数据似乎表明，在 20 世纪 70—90 年代，利率制度发生了变化：在 20 世纪 70 年代，大多数利率变动都是由通货膨胀引起的，而现在的情况似乎正好相反。尽管有这些不一的想法，但几乎没有实证研究有效地将利率风险溢价分为实际溢价和通货膨胀溢价两部分。Buraschi and Jiltsov（1999）是在这个方向上的一个努力，但是还有很多工作要做。

实证调查

第四部分调查了一些正在改变我们对风险和风险溢价性质理论认识的实证问题。

这部分在很大程度上借鉴了 Cochrane（1997，1999a）以及 Cochrane and Hansen（1992）之前的两个评论。Fama（1970，1991）的有效市场评论是对大量基础实证文献的经典和详细的评论，其关注横截面问题。Campbell（1999，2000）和 Kocherlakota（1996）是对股权溢价文献的良好调查。

第**20**章

时间序列和横截面的预期收益

第一次金融革命开启了现代领域。这场革命在 20 世纪 70 年代初达到顶峰，确立了 CAPM、随机游走、有效市场和基于投资组合的世界观。这一观点的支柱是：

（1）CAPM 是度量风险的好方法，因此很好地解释了为什么一些股票、投资组合、策略或基金（一般来说是资产）比其他资产获得了更高的平均收益。

（2）收益是不可预测的。特别是：

1）股票收益几乎不可预测。价格接近随机游走，预期收益随时间变化不大。试图从过去的价格和成交量来预测未来收益的技术分析几乎毫无用处。任何明显的可预测性要么是一种统计假象，它将很快从样本中消失，要么是在交易成本之后无法被利用。股票收益的不可预测性是显而易见的，但其影响远非如此。（Malkiel（1990）是一篇经典、通俗易懂的导论。）它也被广泛忽视，因此是大量交易活动浪费的源头。

2）债券收益几乎不可预测。这是期限结构的预期模型。如果长期债券收益率高于短期债券收益率（收益率曲线向上倾斜），这并不意味着预期长期债券收益率高于短期债券收益率。相反，它意味着短期利率预期将在未来上升，因此无论何时，短期或长期债券的收益都大致相同。

3）外汇押注是不可预测的。如果一个国家的利率高于美国同类风险债券的利率，那么该国的货币就会贬值。在将投资转换回美元后，你期望持有的国外或国内债券会获得相同的收益。

4）股票市场的波动率随时间变化不大。不但收益是不可预测的，而且分布基本相同。

（3）一旦修正了风险（β），职业经理人的表现就无法可靠地超越简单指数和被动投资组合。尽管在给定年份，有些股票的表现好于大盘，有些则更差，其结果看起来非常像是运气的好坏。在一年内表现出色的经理人，在下一年的表现也不太可能超过平均水平。积极管理型基金的平均表现比市场指数差约 1%。基金交易越活跃，投资者的收益就越低。

总之，这些观点反映了一个指导原则，即资产市场大致上是信息有效的（Fama，1970，1991）。这种说法意味着市场价格已经包含基本价值的大部分信息。信息有效反过来又源于竞争。交易资产价值信息的业务竞争极其激烈，因此不可能像其他成熟且竞争激烈的行业那样迅速获得利润。获得巨额收益的唯一途径是承担额外的风险。

这些陈述不属于教条主义。相反，它们总结了 25 年来广泛细致的实证研究的结果。然而，它们中的每一个都被新一代的实证研究广泛地修订了。现在看来：

（1）有些资产、投资组合、基金和策略的平均收益无法用其市场 β 来解释。多因子模型主导了对平均收益的实证描述、绩效归因和解释。

（2）收益是可预测的。特别是：

1）包括股息/价格比率和期限溢价在内的变量实际上可以预测大量股票的收益变化。这种现象会在商业周期和更长远的时期内发生。每天、每周和每月的股票收益仍然近乎不可预测，而预测此类交易成本的技术系统仍然近乎无用。

2）债券收益是可预测的。虽然预期模型长期运行良好，但陡峭向上倾斜的收益率曲线意味着，长期债券在下一年的预期收益高于短期债券。

3）外汇收益是可以预测的。如果你在一个利率高于美国的国家购买债券，那么预期将会获得更大的收益，即使在兑换回美元之后也是如此。

4）事实上，股票市场的波动率会随着时间变化。二阶条件矩和一阶条件矩一样随时间变化。均值和方差似乎并不同步，因此条件夏普比率随时间变化。

（3）一些基金的表现似乎优于简单指数的表现，即使在控制了风险和市场 β 之后也是如此。基金收益略可预测：过去盈利的基金在未来的表现似乎更好，而过去亏损的基金在未来的表现似乎比平均水平更差。在一段时间内，这似乎表明在主动管理中有一些持久的技能。然而，我们现在看到，多因子模型解释了大多数基金的持久性：基金是通过遵循相当机械的风格获得持久的收益，而不是通过选择股票的持久技能（Carhart，1997）。

同样，这些观点总结了大量的实证研究。人们对许多结果的能力和解释都进行了激烈的争论。

这种对事实的新看法不必推翻这样的观点，即市场竞争是合理的，因此也具有合理的效率。它确实极大地增强了我们对持有风险收益的认识，也让我们对风险溢价的理解提出了挑战。在 20 世纪 70 年代早期，资产定价理论预测了预期收益随时间变化的可能性甚至是概率，协方差超过市场 β 对于理解预期收益的横截面变化是重要的。又过了 15～20 年，我们才看到这些期待已久的理论可能性在数据中有多么重要。

20.1 时间序列的可预测性

本节首先研究大型市场指数随时间变化的预期收益模式，然后研究不同股票的预期收益模式。

长期股票收益回归

> 股息/价格比率预测股票的超额收益。回归系数和 R^2 随预测期限的延长而升高。这是由于预测变量具有持久性。

表 20.1 中左侧的回归给出了一个关于市场收益可预测性的简单例子，改进了 Fama and French（1988b）。相对于股息的"低"价格预示着更高的后续收益。1 年期的 R^2 为 0.15 并不是特别引人注目。但是，在越来越长的期限内，越来越大的收益变化是可以预测的。在 5 年的时间内，60％的股票收益变化是可以从价格/股息比率中提前预测的。

表 20.1　超额收益百分比（价值加权纽约证券交易所国债利率）和实际股息增长率对百分比市值加权股息/价格比率的 OLS 回归

期限 k（年）	$R_{t \to t+k} = a + b(D_t/P_t)$			$D_{t+k}/D_t = a + b(D_t/P_t)$		
	b	$\sigma(b)$	R^2	b	$\sigma(b)$	R^2
1	5.3	(2.0)	0.15	2.0	(1.1)	0.06
2	10	(3.1)	0.23	2.5	(2.1)	0.06

续表

期限 k （年）	$R_{t \to t+k} = a + b(D_t/P_t)$			$D_{t+k}/D_t = a + b(D_t/P_t)$		
	b	$\sigma(b)$	R^2	b	$\sigma(b)$	R^2
3	15	(4.0)	0.37	2.4	(2.1)	0.06
5	33	(5.8)	0.60	4.7	(2.4)	0.12

注：$R_{t \to t+k}$ 表示 k 年的收益。括号内的标准误差用 GMM 对异方差和序列相关进行修正。样本期间为 1947—1996 年。

人们可以不用股息作为价格的除数。然而，用任何合理的除数，如盈利、账面价值和过去价格的移动平均线构成的比率都同样有效。

其他许多变量可以预测超额收益，包括长期和短期债券之间的期限利差、违约利差、国债利率（Fama and French，1989）和盈利/股息比率（Lamont，1998）。宏观变量也可以预测股票收益，包括投资/资本比率（Cochrane，1991）和消费/财富比率（Lettau and Ludvigson，2001）。

这些变量大多相互关联，并与商业周期相关或可以预测商业周期。这一事实表明了 Fama and French（1989）强调的一种自然解释：预期收益随商业周期的变化而变化；在经济衰退的谷底，让人们持有股票需要更高的风险溢价。当预期收益上升时，价格就会下降。我们看到的是低价格，随之而来的是市场预期和要求的高收益。（回归不一定是公式右侧为成因，左侧为结果。我们可以利用与公式右侧的误差不相关的变量进行回归，这里就属于这种情况，因为这里的误差是一个预测误差，就像是利用天气预报对实际天气进行回归。）

表 20.2 改编自 Lettau and Ludvigson（2001b），其比较了几个变量。在一年内，消费/财富比率和非趋势国库券利率都预测了收益率，R^2 分别为 0.18 和 0.10。在一年内，这些变量比股息/价格比率和股息/盈利比率更重要，它们的存在将股息比率系数降低了一半。然而，d/p 和 d/e 比率比国库券利率和消费/财富比率的变动要慢。它们跟踪了十年又十年的变化以及商业周期的变化。这意味着它们的重要性是随着期限延长而出现的。到六年以后，投资者对收益的预测能力又主要来自股息比率，现在轮到它们降低 cay（消费/财富比率）和国债的回归系数了。cay 和 d/e 变量受 20 世纪 90 年代末的影响不大，而这段时间大幅降低了我们对股息收益率的预测能力。

表 20.2　长期收益预测

期限（年）	cay	$d-p$	$d-e$	$rrel$	R^2
1	6.7				0.18
1		0.14	0.08		0.04
1				−4.5	0.10
1	5.4	0.07	−0.05	−3.8	0.23
6	12.4				0.16
6		0.95	0.68		0.39
6				−5.10	0.03
6	5.9	0.89	0.65	1.36	0.42

注：收益变量是记录标准普尔综合指数的对数超额收益。cay 是 Lettau 和 Ludvigson 中的消费/财富比率。$d-p$ 是对数股息收益率，$d-e$ 是对数盈利收益率。$rrel$ 是一种非趋势短期利率。样本期间为 1952 年 4 月至 1998 年 3 月。

资料来源：Lettau and Ludvigson（2001b，Table 6）。

本节强调，超额收益是可以预测的。我们必须将其理解为风险收益的时变，而不是利率的时变。人们自然会对价格变动做出无风险解释，例如，当前的股市繁荣是由于"婴儿潮"一代的生命周期储蓄。像这样的因子不涉及风险，其预测利率的变动幅度应该与股票收益的变动幅度一样。

持续的 d/p；长期并不是一个独立的现象

不同期限的结果并不是相互独立的，而是对一种潜在现象的反映。如果日收益可以通过一个缓慢变化的变量进行细微的预测，那么这种可预测性就会在长期积累起来。例如，你可以预测芝加哥的气温在春季每天将上升 1/3 度。这一预测几乎无法解释气温的日常变化，但能追踪 1—7 月气温的上升趋势。因此，R^2 随着期限的延长而上升。

因此，驱动可预测性收益的一个核心事实是，股息/价格比率是非常持久的。图 20.1 绘制了股息/价格比率，你可以直接看到它的移动非常缓慢。下面，我估计在年度数据中 AR(1) 系数约为 0.9。

为了更精确地了解不同期限的结果是如何联系在一起的，以及它们是如何从 d/p 比率的持续中产生的，假设我们用预测变量 x 来预测收益。

$$r_{t+1} = bx_t + \varepsilon_{t+1} \tag{20.1}$$

$$x_{t+1} = \rho x_t + \delta_{t+1} \tag{20.2}$$

（很明显，你可以在回归中去掉均值变量或者加入常数。）式（20.1）中 b 和 R^2 的值比较小且式（20.2）中的系数 ρ 比较大，说明长期回归有一个比较大的回归系数和 R^2。意识到这一点，我们有

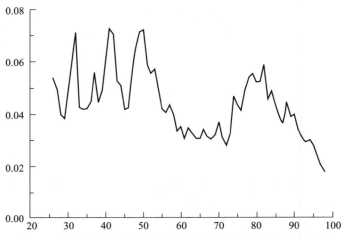

图 20.1 股息/价格比率 (价值加权的纽约证券交易所的价格比率)

$$r_{t+1} + r_{t+2} = b(1+\rho)x_t + b\delta_{t+1} + \varepsilon_{t+1} + \varepsilon_{t+2}$$
$$r_{t+1} + r_{t+2} + r_{t+3} = b(1+\rho+\rho^2)x_t + b\rho\delta_{t+1} + b\delta_{t+2}$$
$$+ \varepsilon_{t+1} + \varepsilon_{t+2} + \varepsilon_{t+3}$$

你可以看到，当 ρ 接近 1 时，系数随着期限的延长而增加，一开始几乎是线性的，然后以递减的速度增加。R^2 计算虽然有点麻烦，但也随着期限的延长而上升。

长期回归系数的分子为

$$E[(r_{t+1} + r_{t+2} + \cdots + r_{t+k})x_t] \qquad (20.3)$$

式中，符号表示离均值的偏差。对于固定的 r 和 x，$E(r_{t+j}x_t) = E(r_{t+1}x_{t-j})$，所以上述公式等价于

$$E[r_{t+1}(x_t + x_{t-1} + x_{t-2} + \cdots)] \qquad (20.4)$$

对多期滞后的价格/股息比率的 1 年期收益回归系数的分子。当然，如果你对价格/股息比率的滞后收益进行多重回归，就很快会发现超过第一个滞后项的大多数滞后项对预测都没有帮助。（这个说法在 AR(1) 的例子中是完全正确的。）

这一观察再次表明，一年和多年的可预测性是同一枚硬币的两面。它还表明，在纯粹的统计基础上，1 年期收益率预测和多年期收益率预测之间不会有太大的差异（由于重叠的原因，修正了多年期收益预测的误差项的序列相关性）。Hodrick（1992）通过进行蒙特卡罗实验得出了这个结

论，比较了式（20.3）、式（20.4）和 $E(r_{t+1}x_t)$ 的矩。此外，Jegadeesh（1991）通过式（20.3）和式（20.4）之间的等价性使用 1 个月的收益和工具变量的移动平均来测试长期可预测性。因此，直接或隐含的多年回归分析，主要用于说明可预测性对经济的重大影响，而不是作为一种巧妙的统计工具增强能力和让我们能够区分以前模糊的假设。

价格/股息比率的缓慢变动意味着，从纯粹的统计角度来看预测性收益是一个悬而未决的问题。我们真正知道的是（见图 20.1），在 20 世纪 50 年代，相对于股息和盈利的低价格早于 20 世纪 60 年代早期的繁荣市场；20 世纪 60 年代中期的高价格/股息比率，早于 20 世纪 70 年代的低收益；20 世纪 70 年代中期的低价格比率引领了当前的繁荣。我们确实有三个战后的数据点：预期收益每一代变化一次。此外，20 世纪 90 年代后半期，股价和价格/股息比率（或任何其他比率）出现了空前的上涨。这一增长已将战后收益预测回归系数降低了一半。另一方面，如果再出现一次崩盘，或者仅仅是十年的低收益，经济就会衰退。追溯到 17 世纪的数据也显示了同样的模式，但我们常常不愿意从几百年前的数据中做出推论。

波动

只有当它们预测到未来的收益，预测到未来的股息增长，或者如果存在泡沫——如果价格/股息比率是非平稳的，并且预计会爆炸式增长，价格/股息比率才会完全变化。在这些数据中，大多数价格/股息比率的变化是不同的预期收益导致的。因此，相对于固定折现率现值模型而言，"过度波动"与可预测的长期收益是完全相同的。

我还推导出了非常有用的价格/股息和收益线性化。忽略常数（意味着）

$$p_t - d_t = E_t \sum_{j=1}^{\infty} \rho^{j-1}(\Delta d_{t+j} - r_{t+j})$$

$$r_t - E_{t-1}r_t = (E_t - E_{t-1})\left[\sum_{j=0}^{\infty} \rho^j \Delta d_{t+j} - \sum_{j=1}^{\infty} \rho^j r_{t+j}\right]$$

$$r_{t+1} = \Delta d_{t+1} - \rho(d_{t+1} - p_{t+1}) + (d_t - p_t)$$

从 Shiller（1981）和 LeRoy and Porter（1981）开始的波动率检验文献（Cochrane，1991c)试图提出一个完全不同的观点。可预测性似乎只是一个次要问题。股市令人震惊的是它的异常波动。在一个典型的交易日，美国的股票市值变动 1 个百分点，而股价变动 2 个或 3 个百分点的情况并不少见。在一个典型的年份，它会变化 16 个百分点，而 30 个百分点的变化并不罕见。更糟糕的是，大多数波动似乎没有伴随任何关于未来收益和折现率的重要消息。美国 30% 的资本存量在一年内消失了，没有人注意到吗？当然，这一观察直接表明，如果不考虑可预测性，则市场是无效的，即价格与资本价值不对应。

然而，事实证明，过度波动与收益的可预测性是完全一样的。我们所讲的任何价格过高或过低的故事都必然意味着，随着价格反弹至正确水平，随后的收益将过低或过高。

当股价相对于股息（或盈利、现金流、账面价值或其他因子）处于高位时，三种情况中有一个是正确的：（1）投资者预期未来股息会上升。（2）投资者预期未来收益较低。未来现金流的折现率低于通常水平，导致价格上涨。（3）投资者预期物价会永远上涨，即使股息没有增长，也要给予足够的收益。这种说法不是一种理论，而是一种恒等式：如果价格/股息比率很高，要么股息必须上升，价格必须下跌，要么价格/股息比率必须呈爆炸式增长。悬而未决的问题是，哪种选择适合我们的股票市场？现在的价格高，是因为投资者预期未来的盈利、股息等会上升，还是因为他们预期未来的收益会很低，或者因为他们预期价格会永远上涨呢？

从历史上看，我们发现几乎所有的价格/股息比率的变化都反映了不同的预期超额收益。

准确的现值恒等式

为了证明这一点，我们需要将当前价格与未来的股息和收益联系起来。从恒等式开始

$$1 = R_{t+1}^{-1} R_{t+1} = R_{t+1}^{-1} \frac{P_{t+1} + D_{t+1}}{P_t} \tag{20.5}$$

因此

$$\frac{P_1}{D_t} = R_{t+1}^{-1} \left(1 + \frac{P_{t+1}}{D_{t+1}} \right) \frac{D_{t+1}}{D_t}$$

我们可以向前迭代这个恒等式并取条件期望来获得下列恒等式

$$\frac{P_t}{D_t} = E_t \sum_{j=1}^{\infty} \left(\prod_{k=1}^{j} R_{t+k}^{-1} \Delta D_{t+k} \right) \tag{20.6}$$

式中，$\Delta D_t \equiv D_t / D_{t-1}$。我们可以向前迭代式（20.5）到

$$P_t = \sum_{j=1}^{\infty} \Big(\prod_{k=1}^{j} R_{t+k}^{-1} \Big) D_{t+j}$$

但价格不是平稳的，因此我们无法求出价格与时间序列均值的方差。早期波动率检验的争议主要集中在平稳性问题上。式（20.6）还要求一个限制性条件，即价格/股息比率的增长速度不能快于收益的增长速度，$\lim\limits_{j \to \infty} E_t \Big(\prod_{k=1}^{j} R_{t+k}^{-1} \Big) P_{t+j} / D_{t+j}$。

由式（20.6）可知，机械地看，高价格必然来自未来高股息增长或低未来收益。

近似恒等式

式（20.6）的非线性使得它很难处理，这意味着我们不能使用简单的时间序列工具，可以直接用泰勒展开式线性化式（20.6）。（Cochrane（1991a）采用了这种方法。）Campbell and Shiller（1988a）在迭代之前近似了单期收益恒等式，这在代数上更简单。从最明显的开始

$$1 = R_{t+1}^{-1} R_{t+1} = R_{t+1}^{-1} \frac{P_{t+1} + D_{t+1}}{P_t}$$

两边乘以 P_t / D_t，然后整理结果

$$\frac{P_t}{D_t} = R_{t+1}^{-1} \Big(1 + \frac{P_{t+1}}{D_{t+1}} \Big) \frac{D_{t+1}}{D_t}$$

取对数，并用小写字母表示大写字母的对数

$$p_t - d_t = -r_{t+1} + \Delta d_{t+1} + \ln(1 + e^{p_{t+1} - d_{t+1}})$$

对上一项进行泰勒展开得到 $P/D = e^{p-d}$

$$
\begin{aligned}
p_t - d_t &= -r_{t+1} + \Delta d_{t+1} + \ln\Big(1 + \frac{P}{D}\Big) \\
&\quad + \frac{P/D}{1 + P/D}\big[p_{t+1} - d_{t+1} - (p - d)\big] \\
&= -r_{t+1} + \Delta d_{t+1} + k + \rho(p_{t+1} - d_{t+1})
\end{aligned}
\tag{20.7}
$$

其中

$$k = \ln\Big(1 + \frac{P}{D}\Big) - \rho(p - d)$$

因为平均股息收益率约为 4%，平均价格/股息比率约为 25，所以 ρ 是一个非常接近 1 的数字。用 $\rho=0.96$ 进行计算

$$\rho=\frac{P/D}{1+P/D}=\frac{1}{1+D/P}\approx 1-D/P=0.96$$

在没有常数 k 的情况下，方程也可以应用于检验均值或其他任何点的偏差。

现在，向前迭代很简单，并且可以得到近似的恒等式

$$p_t-d_t=\text{const.}+\sum_{j=1}^{\infty}\rho^{j-1}(\Delta d_{t+j}-r_{t+j}) \tag{20.8}$$

（再一次，我们需要满足一个条件，p_t-d_t 的增长速度不比 ρ^{-t} 快，$\lim_{j\to\infty}\rho^{j}(p_{t+j}-d_{t+j})=0$。）

由于式（20.8）事后成立，我们可以取条件期望，并将价格/股息比率与事前股息增长和收益预测联系起来。

$$p_t-d_t=\text{const.}+E_t\sum_{j=1}^{\infty}\rho^{j-1}(\Delta d_{t+j}-r_{t+j}) \tag{20.9}$$

现在我们很容易看到，高价格/股息比率之后必然是高股息增长率 Δd，或者低收益 r，它是哪一种？

价格/股息比率的方差分解

为了解决这个问题，式（20.8）意味着

$$\text{var}(p_t-d_t)=\text{cov}\Big(p_t-d_t,\sum_{j=1}^{\infty}\rho^{j-1}\Delta d_{t+j}\Big)$$
$$-\text{cov}\Big(p_t-d_t,\sum_{j=1}^{\infty}\rho^{j-1}r_{t+j}\Big) \tag{20.10}$$

换句话说，价格/股息比率只有在预测股息增长变化或预测收益变化时才会变化。（从式（20.8）推出式（20.10），两边乘以 $(p_t-d_t)-E(p_t-d_t)$，然后取期望值。）注意式（20.10）右侧的两项都是指数加权长期回归系数的分子。

这是一个强大的等式。乍一看，这似乎是一个合理的近似，收益是不可预测的（即随机游走假设），且股息增长也是不可预测的。但是在这种情况下，价格/股息比率必须是一个常数。因此，价格/股息比率变化的事实意味着，股息增长或收益必须是可预测的，即不是独立同分布的。

简单来说，表 20.1 包括了长期的股息/价格比率的增长回归，以匹配收益回归。股息增长情况下的系数小得多，标准通常是从 0 到 1，并且 R^2 很小。更糟糕的是，表 20.1 中的符号是错误的。在某种程度上，高价格/股息比率预示着股息的任何变化，它似乎预示着股息的小幅下降！

在看过式（20.10）后，我们很渴望得到估计值。表 20.3 展示了一些摘自 Cochrane（1991a）的数据。从表 20.1 中可以看出，表 20.3 显示过去几乎所有价格/股息比率的变化都来自收益预测的变化。

表 20.3　价值加权的纽约证券交易所价格/股息比率的方差分解

	股息	收益
真实值	−34	138
标准误差	10	32
名义值	30	85
标准误差	41	19

注：表格中是价格/股息比率的方差的百分比和收益预测，$100 \times \text{cov}\left(p_t - d_t, \sum_{j=1}^{15} \rho^{j-1} \Delta d_{t+j} \right) \Big/ \text{var}(p_t - d_t)$，并且与收益相似。

式（20.10）中分解的元素不必在 0 到 100% 之间。例如，−34，138 的发生是因为高价格似乎预示着较低的实际股息增长率（尽管这个数字在统计上并不显著）。因此，它们必须并且确实能预测较低的收益，收益必须占价格/股息比率变化的 100% 以上。

这一观察结果增加了人们对价格/股息比率预测收益的信任程度。价格/股息比率预测收益的统计证据是薄弱的，许多收益预测变量在检验之后被否决了，因此选择偏差是预测回归的一大问题。但价格/股息比率（或价格/盈利比率、市场/账面比率等）有一个特殊的地位，因为它必须预测一些东西。相信价格/股息比率是平稳且变化的，但不能预测收益，你必须相信价格/股息比率确实能预测股息。鉴于这一选择和表 20.1，预测收益似乎是一个更可靠的结论。

然而，令人不安的事实是，几乎所有价格/股息比率的变动都是预期超额收益变动引起的。如果高价格能反映对未来更大现金流的预期，那该有多好。但是，情况似乎并非如此。如果不是，那么高价格反映出低利率就好了。然而，情况似乎也并非如此。高价格反映低风险溢价和较低的预期超额收益。

Campbell 收益分解

Campbell（1991）对非预期收益进行了类似的分解

$$r_t - E_{t-1}r_t = (E_t - E_{t-1})\Big(\sum_{j=0}^{\infty} \rho^j \Delta d_{t+j} - \sum_{j=1}^{\infty} \rho^j r_{t+j} \Big) \qquad (20.11)$$

对收益的正面冲击必须来自对股息增长预测的正面冲击，或者来自对收益预测的负面冲击。

由于一个对于 t 时的正面冲击会直接作为收益的一种结果（初始求和从 $j=0$ 开始），因此，Campbell 发现一些收益变化是由于当前的股息。然而，大部分的指数收益波动来自对未来收益的冲击，即折现率。

为了推导式（20.11），从近似恒等式（20.8）开始，将它向后移动一个周期

$$p_{t-1} - d_{t-1} = \text{const.} + \sum_{j=0}^{\infty} \rho^j (\Delta d_{t+j} - r_{t+j})$$

现在来看看两边的变化

$$0 = (E_t - E_{t-1}) \sum_{j=0}^{\infty} \rho^j (\Delta d_{t+j} - r_{t+j})$$

把 r_t 移到左边，可以得到式（20.11）。

横截面

到目前为止，我们关注的是指数。我们可以将同样的分析应用于公司。是什么导致了不同公司之间的价格/股息比率，或更好的账面/市场比率（因为股息可以为零）的变化？Vuolteenaho（1999）将同样的分析方法应用于个股数据，发现各公司账面/市场比率的差异中，有一半反映了对未来现金流的预期。大部分预期现金流的变化是特殊的，而预期收益的变化是普遍的，这就是为什么账面/市场比率指数会发生变化，就像股息/价格比率指数的变化一样，几乎都是由于预期超额收益的变化。

泡沫

在推导精确的和线性化的现值恒等式时，我假设了一个额外的条件，即价格/股息比率不会爆炸式增长。如果没有这个条件，同时取两侧的期望值，则恒等式是

$$\frac{P_t}{D_t} = E_t \sum_{j=1}^{\infty} \Big(\prod_{k=1}^{j} R_{t+k}^{-1} \Delta D_{t+k} \Big) + \lim_{j \to \infty} E_t \Big(\prod_{k=1}^{j} R_{t+k}^{-1} \Delta D_{t+k} \Big) \frac{P_{t+j}}{D_{t+j}}$$

(20.12)

线性化的恒等式是

$$p_t - d_t = \text{const.} + E_t \sum_{j=1}^{\infty} \rho^{j-1} (\Delta d_{t+j} - r_{t+j})$$
$$+ E_t \lim_{j \to \infty} \rho^j (p_{t+j} - d_{t+j})$$

(20.13)

可以看到，如果价格/股息比率是平稳的，甚至是有界的，那么式（20.12）和式（20.13）的右侧极限是零。要使这些条件不为零，价格/股息比率必须呈爆炸性增长，而且增长速度要快于 R 或 ρ^{-1}。特别是在线性化形式（20.13）中可以看到固定的 r，Δd 意味着如果最后一项是零，则 $p-d$ 是固定的，如果最后一项不是零，则 $p-d$ 不是固定的。因此，你可能想要排除这些条件，只是基于这样的观点，即价格/股息比率不会也不想以这种方式激增。你也可以援引经济理论来排除它们。在无限存续代理人或利他关联世代均衡中，最后一项必须为零。如果财富爆炸式增长，优化长寿代理人将消耗更多。从技术上讲，这个极限条件是最优选择的一阶条件，就像各期间的一阶条件一样。最后期限的存在也为完全市场提供了套利机会，因为你可以做空包含最后期限价格的证券，然后单独购买股息，并立即获得差价。

另一方面，一些经济学理论允许限制条件——世代重叠模型，它们捕捉"理性泡沫"的有趣可能性，许多观察者认为他们在市场中看到了这种可能性，这引发了大量研究争议。

一个投资者持有一种具有理性泡沫的证券，不是为了股息，而是期望其他人在未来会为这只证券付出更多。从 17 世纪的荷兰郁金香泡沫到美国千禧年的网络泡沫，这似乎捕捉了一些投资者的心理（Garber，2000），为什么还会有人在 2000 年早期，在价格/盈利比率为 217、市值是通用汽车的 10 倍时，购买思科系统？

然而，"理性泡沫"对这一已有几个世纪的历史说法施加了一些约束，因为它坚持认为，预期将来购买证券的人也会做出同样的计算。他肯定预期价格还会进一步上涨，递归下去，理性泡沫中的价格肯定会永远上涨。在庞氏骗局中，每个人都知道游戏总有一天会结束，因此不可能理性地开始。

认为价格将永远以高于要求的收益率增长的预期并不意味着样本路径也是如此。以泡沫过程为例

$$p_{t+1}=\begin{cases} \gamma R P_t, & \text{prob}=\dfrac{P_t R-1}{\gamma P_t R-1} \\ 1, & \text{prob}=\dfrac{P_t R(\gamma-1)}{\gamma P_t R-1} \end{cases}$$

图 20.2 绘制了 $\gamma=1.2$ 时该过程的实现情况。这个过程会产生一个预期收益 R，虚线绘制出了第一时间的期望值。它的价格是正的，但从不支付股息。它在一段时间内以较高的收益 γR 不断增长，然后回到起始值。尽管几乎所有的样本路径都不是这样，但预期的价格总是增长的。

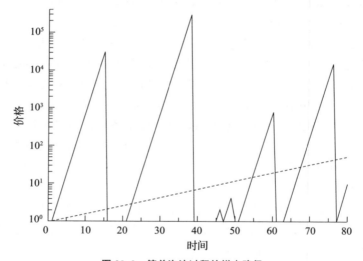

图 20.2　简单泡沫过程的样本路径

注：实线是实际价格。虚线是价格在时间为 0 时的期望值，即 $p_0 R^t$。

无穷大是一段很长的时间。真的很难相信价格会永远上涨。太阳系会在某个时刻终结；只要看看地球的地质和进化史就会发现，我们的物种灭绝的时间要比它早得多。因此，泡沫中的无穷大必须在相当长的一段时间内都是可分割的。但随后泡沫的"理性"部分破灭了，它必然依赖于有人会替你收拾烂摊子的预期，即在没有预期股息或价格进一步上涨的情况下购买证券。（通常的现值公式中永久的部分并不令人担忧，因为 99.99% 的价值来自最初几百年的股息。）

从经验来看，泡沫似乎并不是历史上价格/股息比率变动的原因。首

先，价格/股息比率看起来确实稳定。（Craine（1993）对此结论进行了单位根检验。）即使统计检验不是决定性的，正如对缓慢移动的序列或图 20.2 所描绘的序列所预期的那样，也很难相信价格/股息比率会出现爆炸式增长，而不是回到 4 个世纪以来 20～25 的平均水平。其次，表 20.3 显示，收益和股息可预测性条件是加起来等于 100％的价格/股息比率的方差。在泡沫中，我们预期价格变化与预期收益或股息的变化不匹配，如图 20.2 所示。

注意，"泡沫"这个词被广泛地用于表示不同寻常的东西。一些人认为是指所有价格的大幅波动；一些人则认为，价格的大幅波动确实与较低或可能为负的预期超额收益相关（我认为这就是 Shiller（2000）所考虑的），而不是违反了终极条件，但这些预期收益在某种程度上与经济的其他部分相脱节。

理解可预测性的简单模型

为了统一各种可预测性和收益的观测，为了表示收益、价格增长、股息增长、股息/价格比率，我构建了一个简单的 VAR 表达式。一开始，预期收益变化缓慢，并且股息难以预测。

这一规范意味着股息/价格比率揭示了预期收益。

这一规范意味着收益的可预测性。相信可预测性较低的收益，你必须相信股息增长确实是可预测的，或者股息/价格比率对于股票收益的解释能力具有持久性影响。

这一规范表明，预期收益微小但持续的变化会导致价格发生巨大变化。

我们已经分析出了长期预测现象的两个重要特征：股息/价格比率是高度持久的，股息增长基本上是不可预测的。从这两个事实开始，一个简单的 VAR 表达式可以将许多可预测性和波动性现象联系在一起。

首先确定一个渐变的状态变量 x_t，它促使预期收益和不可预测的股息增长。

$$x_t = bx_{t-1} + \delta_t \tag{20.14}$$

$$r_{t+1} = x_t + \varepsilon_{rt+1} \tag{20.15}$$

$$\Delta d_{t+1} = \varepsilon_{dt+1} \tag{20.16}$$

所有变量通过取对数减小差距。（第 19 章的期限结构模型就是这种形式。）

在这一规范中，使用线性化的现值恒等式和收益，我们可以推导出价格、收益、股息和股息/价格比率（忽略常数）的 VAR 表达式。

$$(d_{t+1}-p_{t+1})=b(d_t-p_t)+\frac{\delta_{t+1}}{1-\rho b} \tag{20.17}$$

$$r_{t+1}=(1-\rho b)(d_t-p_t)+\left(\varepsilon_{dt+1}-\frac{\rho}{1-\rho b}\delta_{t+1}\right) \tag{20.18}$$

$$\Delta p_{t+1}=(1-b)(d_t-p_t)+\left(\varepsilon_{dt+1}-\frac{1}{1-\rho b}\delta_{t+1}\right) \tag{20.19}$$

$$\Delta d_{t+1}=\varepsilon_{dt+1} \tag{20.20}$$

我推导出了这些公式，查看数据来得到参数值，然后使用这个系统来融合可预测性。

股息/价格比率：使用近似的现值恒等式（20.9），我们可以得到股息/价格比率

$$d_t-p_t=E_t\sum_{j=1}^{\infty}\rho^{j-1}(E_t r_{t+j}-E_t\Delta d_{t+j})=\frac{x_t}{1-\rho b} \tag{20.21}$$

式（20.21）准确地说明了股息/价格比率，揭示了预期收益 x_t。显然，股息/价格比率与预期收益 x_t 正好成比例的特征并不能泛化。如果股息增长也是可预测的，那么股息/价格比率是股息增长和收益预测的组合。实际的收益预测通常可以从整理股息/价格比率中受益，以专注于隐含的收益预测。

收益：既然我们知道股息/价格比率和股息的走势，就能知道收益的走势。使用收益线性化（这等价于式（20.7））

$$R_{t+1}=\left(1+\frac{p_{t+1}}{D_{t+1}}\right)\frac{D_{t+1}}{D_t}\bigg/\frac{P_t}{D_t}$$

$$r_{t+1}=\rho(p_{t+1}-d_{t+1})+(d_{t+1}-d_t)-(p_t-d_t) \tag{20.22}$$

现在，代入式（20.17）和式（20.16），得到式（20.18）。

价格：写成

$$p_{t+1}-p_t=-(d_{t+1}-p_{t+1})+(d_t-p_t)+(d_{t+1}-d_t) \tag{20.23}$$

代入式（20.17）和式（20.16），得到式（20.19）。

参数

我们可以从 $-d/p$ VAR 的简化形式中获取收益参数（任何两个公式

都包含该系统的所有信息）。表 20.4 列出了一些估计值。

表 20.4　使用年度 CRSP 数据的对数超额收益和对数股息/价格比率回归的估计

样本期间	a	$a, D/P$	b	$\sigma(\varepsilon_r)$	$\sigma(\varepsilon_{dp})$	$\rho(\varepsilon_r, \varepsilon_{dp})$
1927—1998	0.16	4.7	0.92	19.2	15.2	−0.72
1948—1998	0.14	4.0	0.97	15.0	12.6	−0.71
1927—1992	0.28	6.7	0.82	19.0	15.0	−0.69
1948—1992	0.27	6.2	0.87	14.5	12.4	−0.67

注：r 是对数价值加权收益和对数国债利率之间的差值。这是对以下系统的估计

$$r_{t+1} = a(d_t - p_t) + \varepsilon_{rt+1}$$
$$d_{t+1} - p_{t+1} = b(d_t - p_t) + \varepsilon_{dpt+1}$$

以及

$$r_{t+1} = (a, D/P)\frac{D_t}{P_t} + \varepsilon_{t+1}$$

我报告了更直观的实际 d/p 比率的收益系数，记作 $a, D/P$，以及 $\log d/p$ 比率的系数，记作 a，这是我们转换的一个更有用的规范。D_t/P_t 的相关系数为 5 表示 $(D_t/P_t)/(D/P)$ 的系数为 $5 \times D/P \approx 0.25$。

可以看到，参数在一定程度上取决于样本。特别是，尽管股息收益率很低，但 20 世纪 90 年代末的巨大收益使战后的收益预测系数降低了一半，整体样本估计降低了约 1/3。d/p 比率的急剧下降也导致了 d/p 比率的明显持续，估计值在 1948—1998 年的样本中上升到 0.97。（面对数据中明显的变化趋势，自回归估计了接近统一的根。）

考虑到这些估计，以及下面列出的关注事项，使用参数进行计算

$$\begin{aligned} b &= 0.9 \\ \rho &= 0.96 \\ \sigma(\varepsilon_r) &= 15 \\ \sigma(\varepsilon_{dp}) &= 12.5 \\ \rho(\varepsilon_r, \varepsilon_{dp}) &= -0.7 \end{aligned} \tag{20.24}$$

从这些参数中，我们可以找到式（20.14）至式（20.16）的底层参数。我在下面对每一种方法进行注释，因为它们会有用处。从式（20.17）

$$\sigma(\delta) = \sigma(\varepsilon_{dp})(1 - \rho b) = 1.7 \tag{20.25}$$

从式（20.18）

$$\begin{aligned} \sigma(\varepsilon_d) &= \sigma(\varepsilon_r + \rho\varepsilon_{dp}) \\ &= \sqrt{\sigma^2(\varepsilon_r) + \rho^2\sigma^2(\varepsilon_{dp}) + 2\rho\sigma(\varepsilon_r, \varepsilon_{dp})} = 10.82 \end{aligned}$$

$$\sigma(\varepsilon_d,\varepsilon_{dp})=\sigma(\varepsilon_r,\varepsilon_{dp})+\rho\sigma^2(\varepsilon_{dp})$$

因此

$$\rho(\varepsilon_d,\varepsilon_{dp})=\frac{\rho(\varepsilon_r,\varepsilon_{dp})\sigma(\varepsilon_r)+\rho\sigma(\varepsilon_{dp})}{\sigma(\varepsilon_d)}=0.139 \qquad (20.26)$$

现在我们准备使用式（20.17）至式（20.20）来整合可预测性问题。

收益预测系数的大小

估计的收益可预测性有意义吗？考虑到统计数据的不确定性，其他事实是否会引导我们提高或降低可预测性？

表 20.1 中股息/价格比率的年超额收益约为 5，而表 20.4 中的估计根据样本的不同从 4~6 不等。这些数值大得惊人。例如，一个独立的投资者可能认为股息收益率与收益是一对一变动，如果他们支付更多的股息，就会得到更多的钱。这个逻辑意味着系数是 1。我们认为高股息收益率意味着在预期未来股息降低的情况下，目前价格较低，而预期收益不变。这个逻辑意味着系数是 0。现在我们认识到了预期收益可能随时间变化，但预期收益的变动幅度比股息收益率还大，这有意义吗？

收益的可预测性来源于股息是不可预测的，股息/价格比率很高但不完全持续。我们可以从式（20.18）和式（20.19）计算价格系数和股息/价格比率的收益中看到这一点。我们推导出

$$r_{t+1}=(1-\rho b)(d_t-p_t)+\varepsilon_{rt+1}$$
$$\Delta p_{t+1}=(1-b)(d_t-p_t)+\varepsilon_{pt+1}$$

将单位变换为对 D/P 的回归，应乘以 25

$$r_{t+1}=\frac{1-\rho b}{D/P}\frac{D_t}{P_t}+\varepsilon_{rt+1}$$

假设 d/p 比率不恒定，$b=0$。此时，收益和价格增长对应的系数为 1（使用对数计算），或 25（使用非对数计算）。如果 D/P 比率比平均水平高出 1 个百分点，我们就必须对价格的上涨做出足够的预测，以使 D/P 比率在一年内恢复到平均水平。不过，平均的 D/P 比率约为 4%，因此价格和收益必须上升 25%，才能使 D/P 比率改变 1 个百分点。$d(D/P)=-D/Pd(P)/P$。

假设 d/p 比率是完全恒定的，即为基于 $b=1$ 的随机游走。此时，收益系数为 $1-\rho=0.04$，若使用非对数计算约为 1.0（25×0.04），价格系

数为 0。如果 d/p 比率比平均水平高出 1 个百分点，并且预计将保持在这个水平，而股息是不可预测的，那么价格也不应该被认为会发生变化。收益率要高出 1 个百分点，你也可以得到更高的股息。因此，天真的投资者会期望股息收益率会随着预期收益逐次变动，他们不仅含蓄地假设股息是不可预测的（事实证明这是真的），还认为 d/p 比率会永远保持不变。

一个持久性参数 $b = 0.90$ 意味着以下公式的价格和收益回归系数

$$1 - b = 0.10$$
$$1 - \rho b = 1 - 0.96 \times 0.90 = 0.14 \qquad (20.27)$$

在 D/P 上大约为 2.5 和 3.4。如果股息收益率高出 1 个百分点，一年后有望达到 0.9 个百分点，那么股价必然会在一年后上升 $P/D \times 0.1 = 2.5$ 个百分点。收益中包含了额外的股息和预期的价格变化。从根本上说，这就是不可预测的股息增长和持续的 D/P 所暗示的关系，即预期收益与股息收益率的关系不只是一对一的。

现在，转向核心问题：收益的可预期性中有多少是可信的？式 (20.27) 的计算略低于表 20.1 和表 20.4 中的大多数估计，表中表明 D/P 的系数为 4～6。在样本中，较高的股价似乎预示着较低的股息增长率。这是一个错误的信号，是很难令人相信的。为了在没有这种反常股息增长可预测的情况下相信收益的可预测性，我们必须降低持久性系数。例如，持久性系数 $b = 0.8$ 意味着 D/P 上的收益系数 $(1 - \rho b) = (1 - 0.96 \times 0.8) = 0.23$ 或 $0.23 \times 25 = 5.75$。然而，考虑到图 20.1 中所示的 D/P 的缓慢变化，以及自回归估计具有向下倾斜的事实，很难相信 D/P 比率真的能更快地恢复到这一水平。相信 $b = 0.9$ 似乎更明智，因此收益可预测性实际上约为 0.14，在 D/P 上约为 3.4。这个值等于 1948—1998 年样本的估计值，虽然明显低于一些早期的样本。

从另一个角度看，统计上的不确定性、近期股票在低股息收益率的情况下上涨，以及风险偏好不随时间变化的投资者从那些引人注意的投资组合中获取的时变收益，都让人考虑更低的收益可预测性。从这些计算中我们可以看出，只有两种方法可以帮助理解较低收益的可预测性。你必须相信，高价格确实预示着更高的股息增长，或者你必须相信股息/价格比率比 $b = 0.9$ 更持久。

更持久的 d/p 是一条艰难的路径，因为 D/P 比率已经在缓慢变化。它们在一个年代之后基本会改变符号；20 世纪 50 年代的高点，60 年代的低点，70 年代中期的高点，此后一直在下降（见图 20.1）。这能成为 D/P 交易异常快速的一个证明吗？作为一个定量的例子，假设年数据中 D/P 比率的 AR(1) 系数为 0.96。这意味着 $\ln 0.5/\ln 0.96$ 的半衰期为 17 年。在这种情况下，价格系数是

$$\frac{1-b}{D/P}=\frac{1-0.96}{0.04}=1$$

因此，收益系数是

$$\frac{1-\rho b}{D/P}=\frac{1-0.96^2}{0.04}\approx 2$$

d/p 比率上升 1 个百分点，意味着下一年价格必须上涨 1 个百分点，因此收益率必须高出约 2 个百分点。因此，预期收益与股息收益率的二比一变动，似乎是可预测收益的下限。

另一种选择是相信股息增长确实是可以预测的。新经济的拥护者认为，价格确实是由于股息增长的上涨消息而上涨的，尽管过去价格并没有预测股息增长。如果这是真的，那就太好了。然而，你必须面对这样一个事实，即过去市场上的每一次 D/P 变化，并不都伴随着不寻常的股息增长。你必须相信，我们的数据来自一个不好的样本。

持久性、价格波动性和预期收益

从股息/价格比率公式（20.17）中，我们可以找到股息/价格比率的波动性，并将其与预期收益的波动性和持久性联系起来：

$$\sigma(d_t-p_t)=\frac{1}{1-\rho b}\sigma(x_t)$$

式中，$b=0.9$，$1/(1-\rho b)=1/(1-0.96\times 0.9)=7.4$。因此，预期收益的持续性意味着一个小的预期收益变动会转化为一个大的价格波动。在 $b=0.9$ 的情况下，预期收益变化 1 个百分点，对应价格上涨 7.4%。

Gordon 增长模型是一种经典且更简单的方法。在股息增长 g 和收益 r 不变的情况下，现值恒等式就变成了

$$P=\frac{D}{r-g}$$

价格/股息比率为 25，意味着 $r-g=0.04$。那么，预期收益 1 个百分点的永久性变化就会转化为价格 25 个百分点的变化！这是一种夸大，因为预

期收益并不是那么持久的，但它可以让你清楚地看到这一点。

这一点还表明，如果预期收益的变化是持续的，那么小市场预期收益的不完善可以转化为市场价格的不完善。我们知道市场不可能是完全有效的（Grossman and Stiglitz，1980）。如果它们是完全有效的，那么就不会有交易员使它们有效。特别是在卖空或套利受到市场流动性限制的情况下，类似资产的价格可能会有很大差异，而这些资产的预期收益却几乎相同。例如，封闭式基金之谜（Thompson，1978）指出，一揽子证券的价格相对于单只证券的价格有很大的折扣。即使我们承认这是一种反常现象，它在预期收益方面也只是一个小差异。这种价差会持续很长一段时间。我们不能做空封闭式基金来购买证券，并将这个空头头寸保持数年。

均值回归

> 我介绍了长期收益回归和方差比，表明它们是相关的：每一个都得到一系列很小的负收益自相关。不过，我指出，均值回归和夏普比率随水平上升的直接证据并不充分。

长期回归和方差比

关于股市具有长期可预测性的第一个重要证据，不是来自 d/p 比率的回归，而是来自观察收益长期单变量属性的方法。Fama and French（1988a）对过去的长期收益进行了长期收益回归

$$r_{t\to t+k}=a+b_k r_{t-k\to t}+\varepsilon_{t+k} \tag{20.28}$$

基本上是将 20 世纪 60 年代的经典自相关检验更新为长期数据。他们发现了显著为负的 b 系数：一系列良好的过去收益预示着糟糕的未来收益。

Poterba and Summers（1988）考虑了相关的方差比统计量。如果股票收益是独立同分布的，那么长期收益的方差应该随着时间的推移而增大。

$$\begin{aligned}\text{var}(r_{t\to t+k})&=\text{var}(r_{t+1}+r_{t+2}+\cdots+r_{t+k})\\&=k\,\text{var}(r_{t+1})\end{aligned} \tag{20.29}$$

他们计算了方差比统计量

$$v_k=\frac{1}{k}\frac{\text{var}(r_{t\to t+k})}{\text{var}(r_{t+1})}$$

发现方差比小于 1。看起来，对于那些能够承受市场起起落落的长期投资者来说，股票确实更安全。这是华尔街普遍的建议，长期以来一直为学者所诟病。

这两个统计数据密切相关，并揭示了相同的基本事实：股票收益具有一系列小的负自相关。为了理解这个关系，方差比统计量为：

$$v_k = \frac{1}{k}\,\frac{\mathrm{var}(\Sigma_{j=1}^k r_{t+j})}{\mathrm{var}(r_{t+1})} = \sum_{j=-k}^k \frac{|k-j|}{k}\rho_j$$

$$= 1 + 2\sum_{j=1}^k \frac{|k-j|}{k}\rho_j \tag{20.30}$$

在式（20.28）中写下回归系数

$$b_k = \frac{1}{\mathrm{var}(r_{t\to t+k})}\mathrm{cov}\Big(\sum_{j=1}^k r_{t+j}, \sum_{j=1}^k r_{t-j+1}\Big)$$

$$= \frac{k\,\mathrm{var}(r_{t+1})}{\mathrm{var}(r_{t\to t+k})}\sum_{j=-k}^k \frac{|k-j|}{k}\rho_{k+j} = \frac{1}{v_k}\sum_{j=-k}^k \frac{|k-j|}{k}\rho_{k+j}$$

这两种统计数据都基于自相关的帐篷形的总和，如图 20.3 所示。如果有许多小的负自相关，在冲击后缓慢地带来收益，这些自相关可能是不显著的。它们的总和在经济上和统计上显著，然而，这两个统计数据将通过自相关的总和揭示这一事实。长期回归权重强调自相关函数的中间部分，所以 k 年的长期回归可以与更长的方差比进行比较。

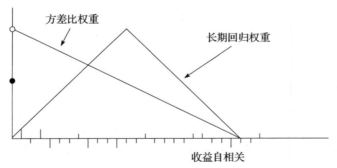

图 20.3　自相关的长期回归和方差比权重

脉冲响应函数和均值回归

我们认为有许多负的高阶自相关会在冲击后使价格回落，所以很自然地通过价格对冲击的脉冲响应函数来描述均值回归。如果经过一次冲击，价格有望上升，我们就有了动量。如果在一次冲击之后，价格预计将略有回升，我们就会看到均值回归。

为了更精确地思考这个特性，首先把收益写成它们自身冲击的移动均值。从过去的收益回归开始

$$a(L)r_t = \varepsilon_t \qquad (20.31)$$

你可以在以下公式中找到 θ_j

$$r_t = \sum_{j=0}^{\infty} \theta_j \varepsilon_{t-j} = \theta(L)\varepsilon_t = a(L)^{-1}\varepsilon_t$$

（简单来说，就是向前模拟式（20.31）。）θ_j 是移动平均表达式或者脉冲响应函数，它们告诉你在一次冲击之后所有未来预期收益的变化。p_t 代表累积收益，或 1 美元投资的对数值，$p_t - p_{t-1} = r_t$。然后部分和 $\sum_{j=1}^{k} \theta_j$ 会告诉我们单变量冲击 ε_t 对投资财富 P_{t+k} 的影响。总和 $\sum_{j=1}^{\infty} \theta_j = \theta(1)$ 能测量一次冲击的长期影响。令 $\theta_0 = 1$ 将移动平均表示的规模标准化。

对于均值回归，一个自然的测量方法就是判断一个冲击的长期影响比它的瞬时影响更大还是更小，或者 $\theta(1)$ 是大于 1，等于 1，还是小于 1。

这种测量也与自相关、长期回归和方差比密切相关

$$\lim_{k \to \infty} v_k = 1 + 2\sum_{j=1}^{\infty} \rho_j = \frac{\theta(1)^2}{\sum_{j=0}^{\infty} \theta_j^2} \qquad (20.32)$$

如果收益是独立同分布的，方差比在所有情况下都是 1；所有的自相关系数都是 0，所有第一个以后的 θ 都是 0，因此 $\theta(1)=1$，$\sum \theta_j^2 = 1$。一系列小的负自相关意味着方差比小于 1，则 $\sum_{j=0}^{\infty} \theta_j < 1$，因此对价格的长期影响低于对均值回归的影响。

只需把 $k \to \infty$ 代入式（20.30）就可以得到式（20.32）的右侧部分。对于第二个等号后的公式，你可以在两个表达式中识别出 r 在频率为 0 处的谱密度。$\sum \theta_j^2$ 项的出现是由于方差比是由序列的方差衡量的，而长期响应是由冲击响应衡量的，换句话说是受到冲击影响的序列的方差衡量的。在极端情况下，方差比有可能小于 1，但 $\theta(1) > 1$，反之亦然。

数字

表 20.5 给出了长期收益回归和长期收益方差的估计。长期回归确实

展现了一些有趣的均值回归，特别是在 2～4 年的范围内。然而，第 7 年就会出现逆转，第 10 年就消失了。方差比确实显示了长期稳定。第 10 年，方差比为 $(16.3/19.8)^2 = 0.68$。

表 20.5　对数条件下的均值回归（1926—1996 年）

	期限 k（年）					
	1	2	3	5	7	10
$\sigma(r_k)/\sqrt{k}$	19.8	20.6	19.7	18.2	16.5	16.3
β_k	0.08	−0.15	−0.22	−0.04	0.24	0.08
夏普比率/$\sqrt{k}$	0.31	0.30	0.30	0.31	0.36	0.39

注：γ 表示对数价值加权的纽约证券交易所收益与对数国债收益之差。$\sigma(r_k) = \sigma(r_{t \to t+k})$ 是长期收益的方差。β_k 是在 $r_{t \to t+k} = \alpha + \beta_k r_{t-k \to t} + \varepsilon_{t+k}$ 情况下的长期回归系数。夏普比率是 $E(r_{t \to t+k})/\sigma(r_{t \to t+k})$。

表 20.5 的最后一行计算了夏普比率，以评估从长期来看购买股票是否真的更安全。对数平均收益均随期限线性增长，无论收益自相关与否——$E(r_1 + r_2) = 2E(r)$。如果方差也随期限线性增长，就像非自相关收益一样，那么夏普比率随期限的平方根增长。如果方差的增长比期限慢，那么夏普比率的增长比期限的平方根快。这是股票从长期来看是否（无条件地）更安全的根本问题。表 20.5 包括长期夏普比率，你可以看到它们确实增长了。

如果你认为表 20.5 的证明相当薄弱，特别是与显著的股息/价格回归相比，也不会受到责备。正因如此，目前有关可预测性的大多数证据都集中在 p/d 比率等其他变量上。

此外，表 20.6 显示，从对数收益到正常收益的变化，虽然对长期回归有小的影响，但破坏了较高夏普比率在长期内的所有证据。表 20.7 显示了战后时期的相同结果。一些长期回归系数是负的且显著的，但有同样大的正系数，且没有明确的模式。方差比是水平的或随期限上升，夏普比率是水平的或随期限下降。

表 20.6　使用总收益的均值回归（1926—1996 年）

	期限 k（年）					
	1	2	3	5	7	10
$\sigma(r_k)/\sqrt{k}$	20.6	22.3	22.5	24.9	28.9	39.5
β_k	0.02	−0.21	−0.22	−0.03	0.22	−0.63
夏普比率/$\sqrt{k}$	0.41	0.41	0.41	0.40	0.40	0.38

注：r 为总（非对数）长期价值加权纽约证券交易所收益与总国债收益之差。

表 20.7　战后数据的均值回归

	期限 k（年）					
1947—1996 年对数值	1	2	3	5	7	10
$\sigma(r_k)/\sqrt{k}$	15.6	14.9	13.0	13.9	15.0	15.6
β_k	−0.10	−0.29*	0.30*	0.30	0.17	−0.18
夏普比率$/\sqrt{k}$	0.44	0.46	0.51	0.46	0.41	0.36
1947—1996 年正常值	1	2	3	5	7	10
$\sigma(r_k)/\sqrt{k}$	17.1	17.9	16.8	21.9	29.3	39.8
β_k	−0.13	−0.33*	0.30	0.25	0.13	−0.25
夏普比率$/\sqrt{k}$	0.50	0.51	0.55	0.48	0.41	0.37

　　总而言之，指数收益均值回归的直接证据似乎相当薄弱。接下来，我会考虑间接证据，即其他估算技术所隐含的这些统计值，是否仍然表明均值回归。（Fama and French，1988a）检验的个股收益的均值回归稍微强一些，导致在 20.2 节中描述的更强的横截面反转效应。）

均值回归与预测

> 　　我用小的均值回归来调和 d/p 比率大的可预测性。我计算了简单的 VAR 隐含的单变量收益，发现其均值回归极小。
>
> 　　我证明了如果股息冲击与预期收益冲击不相关，则必然存在某种均值回归。如果在样本中排除股息和预期收益冲击之间小的正相关，可以得到一个略高的单变量均值回归估计。
>
> 　　我将收益和 d/p 冲击之间的强负相关性与预期收益和股息增长冲击之间的基本零相关性联系起来。

　　股息/价格比率等变量能够强劲地预测收益，但似乎没有证据表明股票收益的均值回归，这是可能的吗？要回答这个问题，我们必须把 d/p 回归和均值回归统计数据联系起来。

　　预测变量股息/价格比率与均值回归相关，但并不意味着一定与均值回归相关。（Campbell（1991）强调了这一点。）均值回归，是关于收益序列的单变量性质，基于 $\{r_t,\ r_{t-1},\ r_{t-2},\ \cdots\}$ 预测 r_{t+j}。可预测性是关于多元性质的，r_{t+j} 的预测基于 $\{x_t, x_{t-1}, x_{t-2}, \cdots\}$ 以及 $\{r_t, r_{t-1}, r_{t-2}, \cdots\}$。变量 $\{x_{t-j}\}$ 可以预测 r_{t+1}，而 $\{r_{t-j}\}$ 不能预测 r_{t+1}。举一个简单的例子，假设收益满足独立同分布，但是你要到第二天才能看到。你可以用 $x_t = r_{t+1}$ 很好地预测收益，但滞后的收益根本无法预测收益。

为了检验 d/p 预测和均值回归之间的关系，继续从缓慢移动的预期收益和不可预测的股息增长之间建立 VAR 表达式，由此得到式（20.14）至式（20.20）。我们希望找到这个 VAR 所隐含的单变量收益过程：如果你从系统中获取无限数据，并对滞后收益进行收益回归，会发生什么？答案如下所示

$$r_t = \frac{1-\gamma L}{1-bL} \nu_t \tag{20.33}$$

这就是那种可以显示出缓慢的均值回归或动量的过程。移动平均表达式为：

$$
\begin{aligned}
r_t = {} & \nu_t - (\gamma - b)\nu_{t-1} - b(\gamma - b)\nu_{t-2} \\
& - b^2(\gamma - b)\nu_{t-3} - b^3(\gamma - b)\nu_{t-4} - \cdots
\end{aligned}
\tag{20.34}
$$

因此，如果 $\gamma > b$，一个正的收益冲击会引发一系列小的负收益，累积起来会把价值拉回起点。如果 $\gamma < b$，一个正的收益冲击会引发一系列的小的正收益，这给最初的价值增长增加了动量。

VAR 对 γ 的预测是多少？是否存在一个关于 VAR 的合理公式能够生成一个实质性的预测但几乎不产生均值回归？下面推导出的一般公式能够得到 γ 的解

$$
\begin{aligned}
\frac{1+\gamma^2}{\gamma} &= \frac{(1+b^2)\sigma^2(\varepsilon_d) + (1+\rho^2)\sigma^2(\varepsilon_{dp}) - 2(\rho+b)\sigma(\varepsilon_d, \varepsilon_{dp})}{b\sigma^2(\varepsilon_d) + \rho\sigma^2(\varepsilon_{dp}) - (1+\rho b)\sigma(\varepsilon_d, \varepsilon_{dp})} \\
&= 2q
\end{aligned}
\tag{20.35}
$$

因此

$$\gamma = q - \sqrt{q^2 - 1}$$

案例 1：不可预测性

如果这个系统中的收益是不可预测的，即 $\sigma(\delta) = 0$，那么，$\sigma(\varepsilon_{dp}) = 0$，所以式（20.35）简化为：

$$\frac{1+\gamma^2}{\gamma}=\frac{1+b^2}{b}$$

$\gamma=b$，因此式（20.33）的收益不是自相关的。客观地说，没有可预测性就意味着没有均值回归。

案例 2：恒定的股息增长

接下来，假设股息增长是恒定的，$\sigma(\varepsilon_d)=0$ 和预期收益的变化是事后收益发生变化的唯一原因。式（20.35）可以迅速化简为：

$$\frac{1+\gamma^2}{\gamma}=\frac{1+\rho^2}{\rho}$$

因此，$\gamma=\rho$。

这些参数意味着大量的均值回归。式（20.34）中的（$\gamma-b$）是 $0.96-0.90=0.06$，因此每年 j 冲击后的收益是原始冲击的 $6\times b^j$。累积的影响是，该值最终为 $(1-\gamma)/(1-b)=(1-0.96)/(1-0.9)=0.4$ 或仅为原始冲击的 40%。

案例 3：股息增长与预期收益冲击无关

单纯的预期收益的变化当然是不现实的，股息是变化的。如果我们加入与预期收益冲击 $\sigma(\varepsilon_{dp},\varepsilon_d)=0$ 不相关的股息增长，则式（20.35）变为：

$$\frac{1+\gamma^2}{\gamma}=\frac{1+b^2}{b}\theta+\frac{1+\rho^2}{\rho}(1-\theta)=2q \tag{20.36}$$

$$\theta=\frac{b\sigma^2(\varepsilon_d)}{b\sigma^2(\varepsilon_d)+\rho\sigma^2(\varepsilon_{dp})}$$

在这种情况下，$b<\gamma<\rho$。将会有一些收益的均值回归——这个模型不能反映 $\gamma\leqslant b$ 的情况。然而，收益的均值回归将低于恒定的股息增长，因为股息增长模糊了事后收益中关于时变预期收益的信息。低多少取决于参数。

使用参数（20.24），式（20.36）意味着

$$\gamma=q-\sqrt{q^2-1}=0.928$$

因此，基准 VAR 在股息增长和预期收益冲击之间没有相关性，从而产生了一个单变量收益过程，这是轻微的均值回归边缘不相关。对冲击的长期

响应是

$$\frac{1-\gamma}{1-b}=\frac{1-0.928}{1-0.9}=0.72$$

这比 0.4 的均值回归要少得多，但仍比我们在表 20.5 至表 20.7 等直接估计中看到的均值回归要多一些。

这个案例是一个值得强调的重要基线。如果预期收益正相关，则实现的收益负自相关。如果（不变的）预期股息以更高的利率折现，则今天的价格就会下跌。可以通过看到式（20.22）收益或者线性化

$$r_{t+1}=\Delta d_{t+1}-\rho(d_{t+1}-p_{t+1})+(d_t-p_t) \tag{20.37}$$

$d-p$ 比率与预期收益成正比。因此，公式右侧第二项表明对预期收益的一个与股息增长不相关的正冲击，会降低实际收益。再深入一些，看看收益创新恒等式（20.11）

$$r_t-E_{t-1}r_t=(E_t-E_{t-1})\Big[\sum_{j=0}^{\infty}\rho^j\Delta d_{t+j}-\sum_{j=1}^{\infty}\rho^j r_{t+j}\Big] \tag{20.38}$$

如果预期收益 $(E_t-E_{t-1})\sum_{j=1}^{\infty}\rho^j r_{t+j}$ 增加，没有关于当前或未来股息的并发消息，则 $r_t-E_{t-1}r_t$ 会减少。

这就是对收益-股息/价格 VAR 的一个奇怪特征进行点评的要点：事后收益冲击与股息/价格比率冲击之间具有负相关关系。所有的估计都在－0.7 左右。乍一看，VAR 残差之间如此强的相关性似乎有些奇怪。再看一眼，就会觉得这是意料之中的。从式（20.37）中可以看到，一个正的创新与股息价格比率将对应一个负收益的创新，除非有一个惊人的股息相关性阻碍。更深入一些，可以在式（20.38）中看到这一点。从数量上看，在式（20.18）中，收益冲击与股息增长冲击和预期收益冲击相关。

$$\varepsilon_r=\varepsilon_d-\frac{\rho}{1-\rho b}\delta=\varepsilon_d-\rho\varepsilon_{dp}$$

因此，潜在股息增长与预期收益冲击之间的相关性为零，即收益冲击与预期收益冲击之间的协方差为负

$$\sigma(\varepsilon_r,\delta)=-\frac{\rho}{1-\rho b}\sigma^2(\delta)$$

在没有股息增长冲击的情况下，这种相关性是完美的－1。在参数 $\sigma(\varepsilon_{dp})=$

12.5，$\sigma(\varepsilon_r) = 15$ 的情况下，可以得到

$$\rho(\varepsilon_r, \delta) = \rho(\varepsilon_r, \varepsilon_{dp}) = -\frac{\rho}{1 - \rho b} \frac{\sigma(\delta)}{\sigma(\varepsilon)}$$

$$= -\rho \frac{\sigma(\varepsilon_{dp})}{\sigma(\varepsilon)} = -0.96 \times \frac{12.5}{15} = -0.8$$

在式（20.26）的结果中，股息增长与预期收益冲击之间的 0.1 正相关关系是略低的 -0.7 说明了收益与 d/p 冲击的相关性。

收益冲击和预期收益冲击之间存在很强的负相关性，这是由于股息增长冲击和预期收益冲击之间具有弱相关性，这对于发现尽管收益具有可预测性，但它们并不是特别相关至关重要。考虑一下，如果相关性 $\rho(\varepsilon_r, \varepsilon_{dp}) = \rho(\varepsilon_r, \delta)$ 为 0 会发生什么。预期收益 x_t 缓慢移动。如果它现在处于高位，那么它已经处于高位一段时间，而且过去可能有一系列不错的收益。它也将在一段时间内保持在高位，导致未来一段时期具有高收益。这是"动量"，正收益自相关，均值回归的反义词。

案例 4：股息增长冲击与预期收益冲击正相关

正如我们所看到的，预期收益和股息增长冲击之间不存在相关性的 VAR 不能提供不相关的收益或正的动量相关模式。在最好的情况下，不稳定的股息增长可能掩盖潜在的负相关模式。然而，从式（20.37）或式（20.38）中可以看到，加上股息增长冲击与预期收益冲击呈正相关的条件，我们可以得到不相关或正相关的收益。

表 20.4 和式（20.24）的估计表明，股息增长与预期收益冲击之间存在微弱的正相关关系，式（20.26）中 $\rho_{\varepsilon_d \delta} = 0.14$。如果我们使用式（20.35）中的估计，可以得到

$$\gamma = 0.923, \quad \frac{1-\gamma}{1-b} = 0.77$$

γ 非常接近 $b = 0.9$，而小均值回归更接近表 20.5 至表 20.7 中的直接估计。

回想一下表 20.1 所示的点估计，高的 d/p 比率会略微提高错误信号的股息收益率。以上点估计意味着对 d/p 比率和预期收益的冲击与对预期股息增长的冲击正相关。如果将这样的冲击推广到 VAR，并且丰富规范的要求，允许额外的滞后项和变量，那么 VAR 将会使点估计有轻微但非常小的均值回归。（参见 Cochrane（1994a）。）估计的单变量过程有轻微的均值回归，脉冲响应最终上升到其初始值的 0.8 倍左右，与直

接估计没有区别。

我们能在这个系统中产生不可预测的收益吗？要做到这一点，必须增强预期收益冲击与股息增长之间的相关关系。把式（20.35）代入（$1+b^2$）/b，解出 $\rho(\varepsilon_d, \varepsilon_{dp})$，得到

$$\rho(\varepsilon_d, \varepsilon_{dp}) = \frac{(1-\rho b)(\rho - b)}{(1-b)^2(\rho + b)} \frac{\sigma(\varepsilon_{dp})}{\sigma(\varepsilon_d)} = 0.51$$

这是可能的，但可能性不大。在我看来，股息增长与预期收益冲击之间的任何正相关性都是可疑的。如果有什么不同，就是在经济不景气时风险或风险厌恶情绪上升，我们应该会看到预期收益受到正冲击，而当前或未来股息增长受到负冲击。同样，如果我们允许股息/价格比率来预测股息增长，高股息/价格比率应该能预测更低的股息。

综上所述，我认为将股息可预测性定为零，股息增长与预期收益冲击之间的相关性为零是合理的。这一规范意味着收益的可预测性实际上比它们在一些样本中看起来要低。正如我们所看到的，$b=0.9$ 且没有股息的可预测性意味着 D/P 的收益系数实际上是 3.4，而不是 5 或 6。这一规范意味着预期收益实际上占价格/股息比率方差的 100%，而不是 130%。然而，这也意味着单变量均值回归比它在我们的样本中看起来稍微强一些。

本节是从多元系统隐含的均值回归比直接估计显示的要大得多的可能性开始的。相反，我们最终调和了强烈的可预测性和轻微的均值回归。

如何找到单变量收益表达式

本节总结了如何推导式（20.33）的一个技术方法。为了找到隐含的单变量表达式，我们必须从 VAR 开始，找到一个其中的 $a(L)$ 是可逆的表达式

$$r_{t+1} = a(L)\nu_t \tag{20.39}$$

Wold 分解定理告诉我们有一个唯一的移动可逆移动平均表达式，其中 ν_t 是超前一步的预测误差冲击，即回归模型 $a(L)r_{t+1} = \nu_{t+1}$ 的误差。因此，如果找到任何可逆移动平均表达式，就能知道你是正确的。我们不能通过简单地操作从式（20.14）开始的系统来做到这一点，因为它们是用多元冲击、回归中包含 x 的误差来表示的。

时间序列有三种基本的表达式：它的 Wold 移动平均表达式，它的自相关函数，以及它的谱密度。要找到单变量表达式（20.39），可以从

式（20.14）计算自相关 $E(r_t r_{t-j})$，然后试着找出产生这种自相关模式的过程，或者计算谱密度，试着找出有这种谱密度的过程。

在我们的简单设置中，可以将收益-$(d-p)$ VAR 表达式（20.17）至式（20.18）写成

$$r_{t+1}=(1-\rho b)(d_t-p_t)+(\varepsilon_{dt+1}-\rho\varepsilon_{dpt+1})$$
$$(d_{t+1}-p_{t+1})=b(d_t-p_t)+\varepsilon_{dpt+1}$$

然后，将收益写为：

$$r_{t+1}=\frac{(1-\rho b)}{1-bL}\varepsilon_{dpt}+(\varepsilon_{dt+1}-\rho\varepsilon_{dpt+1})$$
$$(1-bL)r_{t+1}=(1-\rho b)\varepsilon_{dpt}+(\varepsilon_{dt+1}-\rho\varepsilon_{dpt+1})-b(\varepsilon_{dt}-\rho\varepsilon_{dpt})$$

因此

$$(1-bL)r_{t+1}=(\varepsilon_{dt+1}-\rho\varepsilon_{dpt+1})+(\varepsilon_{dpt}-b\varepsilon_{dt}) \tag{20.40}$$

可以看到 r_t 必须遵循 ARMA(1，1)，其中一个根等于 b，另一个根有待确定。定义 $y_t=(1-bL)r_t$，因此 $y_t=(1-\gamma L)\nu_t$。那么式（20.40）中 y 的自协方差为：

$$E(y_{t+1}^2)=(1+b^2)\sigma^2(\varepsilon_d)+(1+\rho^2)\sigma^2(\varepsilon_{dp})-2(\rho+b)\sigma(\varepsilon_d,\varepsilon_{dp})$$
$$E(y_{t+1}y_t)=-b\sigma^2(\varepsilon_d)-\rho\sigma^2(\varepsilon_{dp})+(1+\rho b)\sigma(\varepsilon_d,\varepsilon_{dp})$$

而 $y_t=(1-\gamma L)\nu_t$ 表示

$$E(y_{t+1}^2)=(1+\gamma^2)\sigma_\nu^2$$
$$E(y_{t+1}y_t)=-\gamma\sigma_\nu^2$$

因此，我们可以从条件中找到 γ

$$\frac{1+\gamma^2}{\gamma}=\frac{(1+b^2)\sigma^2(\varepsilon_d)+(1+\rho^2)\sigma^2(\varepsilon_{dp})-2(\rho+b)\sigma(\varepsilon_d,\varepsilon_{dp})}{b\sigma^2(\varepsilon_d)+\rho\sigma^2(\varepsilon_{dp})-(1+\rho b)\sigma(\varepsilon_d,\varepsilon_{dp})}$$
$$=2q$$

解（根小于 1）是

$$\gamma=q-\sqrt{q^2-1}$$

对于更一般的过程，例如，从估计的 VAR 进行计算，最好通过谱密度来处理这个问题。使用这种方法可以直接构建单变量表达式，而无须依赖思考。如果写成 $y_t=[r_t, x_t]'$，则 VAR 是 $y_t=A(L)\eta_t$。$S_r(z)$ 收益的

谱密度由 $S_y(z)=A(z)E(\eta\eta')A(z^{-1})'$ 给出，此时 $z=e^{-i\omega}$。与自相关一样，无论是来自单变量还是多变量表达式，谱密度是相同的对象。可以通过（数值上）对收益的谱密度进行反傅立叶变换来发现自相关性。为了从谱密度中找到单变量、可逆的移动平均表达式，必须分解谱密度 $S_\pi(z)=a(z)a(z^{-1})$，其中 $a(z)$ 是一个在单位圆外的多项式的根，$a(z)=(1-\gamma_1 z)(1-\gamma_2 z)\cdots\gamma_i<1$。由于 $a(L)$ 是可逆的，$r_t=a(L)\varepsilon_t, \sigma_\varepsilon^2=1$ 是收益过程的单变量表达式。

自相关和谱密度直接说明：一系列小的负自相关或谱密度在频率为零附近的下降对应均值回归；正自相关或谱密度在频率为零时高于其他地方对应的动量。

多元均值回归

> 我计算了对多元变量而不是单变量冲击的响应。在多变量系统中，可以将预期收益冲击和股息增长冲击分离。价格对预期收益冲击的响应是完全平稳的。

留给我们的是一些令人不安的事实：高价格/股息比率预示着低收益，但过去的高收益似乎并不预示随后的低收益。当然，在某种意义上，高价格必然会导致随后的收益下降。

结论必须包括股息（或盈利、账面价值，或类似的价格除数）。价格上涨而股息没有变化会导致随后的收益降低，伴随股息上升而来的价格上涨并不会导致随后的收益下降。一个高收益结合了股息信息和价格/股息信息，因此模糊了较低的预期收益信息。在时间序列概念更重要的情况下，我们不应仅关注对单变量冲击的响应，即基于滞后收益的一个未预期的收益，还应关注对多变量冲击的响应，即基于滞后收益和股息的一个未预期的收益。

这在简单 VAR 中很容易做到。我们可以提前模拟式（20.17）至式（20.20），并追踪股息增长冲击和预期收益（d/p 比率）冲击的响应。图 20.4 和图 20.5 显示了这种计算的结果。（Cochrane（1994a）提出使用无限制 VAR 进行相应计算，结果非常相似。）

从图 20.4 开始。负预期收益冲击立即推高了价格和 $p-d$ 比率。我们可以在数据中把这种冲击识别为没有与股息同步变动的收益冲击。然后

$p-d$ 比率恢复到了它的均值。股息是不可预测的，因此它们对预期的收益冲击没有展现立即或最终的响应。价格显示了股息水平的长期和完全的回归。这种冲击看起来就像负收益率对债券的冲击：这样一来，债券的价格就会上升，尽管预期收益更低，但最终债券的到期价值还是相同的。

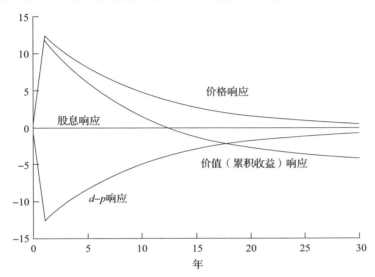

图 20.4　对简单 VAR 中一个标准差（1.7%）的负预期收益冲击的响应

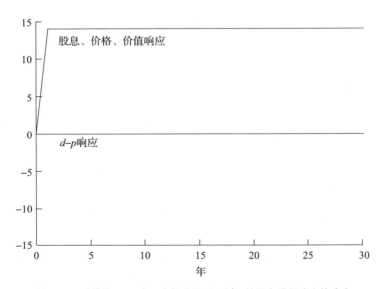

图 20.5　对简单 VAR 中一个标准差（14%）的股息增长冲击的响应

累积收益的"均值回归"甚至比价格还要高。如果不考虑价格，股息就会变小（更小的 $d-p$），因为收益偏离均值的幅度大于价格增长的幅度。累积收益最终会低于以前的预期价值。将这个价值响应与我们在上面计算的单变量价值响应进行比较，结果是初始响应的 0.8 倍左右。

图 20.5 所示的股息冲击使价格和累积收益立即根据股息按比例上升，因此价格/股息比率不变。预期收益或折现率，即反映在价值线上的任何斜率，不会改变。如果世界是独立同分布的，则这是我们能看到的唯一一种冲击，且股息/价格比率将永远保持不变。

图 20.4 和图 20.5 绘制了对典型的单标准差冲击的响应。因此，你可以看到，实际收益通常是一半的股息冲击、一半的预期收益冲击。这就是为什么单凭收益不能很好地反映预期收益。

总之，我们终于可以看到一些相当戏剧性的均值回归。良好的过去收益本身并不是后续收益降低的可靠信号，因为它们包含大量的股息增长噪声，不包括良好股息的良好收益孤立了预期的收益冲击，这的确预示着随后的低收益。它引起了价格的暂时性变化。

整合和短期与长期波动

> 如果 $d-p$ 和 Δp 是平稳的，那么 Δd 和 Δp 的长期方差一定是相同的，d 和 p 的长期变量一定是完全相关的，d 和 p 在受到任何冲击后一定会在相同的位置结束。因此，可预测性、波动率、单变量和多变量均值回归的模式实际上都源于这些事实，即 $d-p$ 的持续存在和 Δd 的近乎不可预测性。

你可能会认为关于可预测性的事实依赖于 VAR 的确切结构，包括参数估计。事实上，我们对可预测性和均值回归的了解可以归结为几个事实：股息/价格比率，收益和股息增长都是平稳的，股息增长是不可（或者至多是微弱的）预测的，而且股息增长的变化小于收益。

这些事实表明，股息和价格对每次冲击的响应在图 20.4 和图 20.5 中最终是相等的。如果 $d-p$，Δp 以及 Δd 是平稳的，那么 d 和 p 在一次冲击后一定会在同一个位置结束。平稳变量（$d-p$）的响应必须消失。如果股息是不可预测的，那么一定是价格在不影响股息的价格冲击之后做了所有的调整。

平稳的 $d-p$，Δp 和 Δd 也意味着长期 Δp 的方差必须等于长期 Δd 的方差：

$$\lim_{k \to \infty} \frac{1}{k} \mathrm{var}(p_{t+k} - p_t) = \lim_{k \to \infty} \frac{1}{k} \mathrm{var}(d_{t+k} - d_t) \qquad (20.41)$$

且长期价格与股息增长的相关性必须接近 1。这些事实源于一个平稳变量的方差比必须趋近于 0，并且 $d-p$ 是平稳的。直观来看，长期价格增长不可能比长期股息增长的波动率更大，否则长期 $p-d$ 就不会是平稳的。

现在，如果股息增长是不可预测的，那么其长期波动率与短期波动率相同，即其方差比为 1。短期的价格增长比短期的股息增长更不稳定，因此我们得出价格必须是均值回归的结论，它们的方差比必须小于 1。

从数量上看，这一观察结果支持了到目前为止我们发现的单变量均值回归的大小。股息增长的短期和长期标准差约为每年 10%，而收益和价格的标准差约为每年 15%。因此，价格必须有一个大约 $(2/3)^2$ 的长期方差比，或者对 2/3 的单变量冲击的长期响应。

Lettau and Ludvigson（2001b）的研究表明，通过纳入消费数据，我们可以获得更多的重大意义。股票市场价值与消费的比率也应该是平稳的；如果财富激增，人们肯定会消费更多，反之亦然。股息与总消费的比例也应该是平稳的。消费增长似乎在各个层面上都是独立的，而且消费增长非常稳定，每年有 1% 的标准差。例如，Lettau and Ludvigson（2001b）发现，表 20.2 中预测收益的变量，包括 $d-p$ 和消费与财富比率，都无法预测任何时期的消费增长。

这些事实表明，通过消费/股息比率，总股息是可预测的，因此总股息增长的长期波动率一定是消费增长 1% 的波动率，而不是股息增长 10% 的短期波动率。

这些事实也表明，几乎所有 15% 或以上的年度股票市场财富变动都是短暂的，股票市场价值的长期波动率必须不超过 1% 的消费增长波动率。

然而，总市场价值不同于价格，价格不同于累积收益，并且总股息与我们目前为止使用的股息概念（支付给一项投资的被消费的股息）不同，或者与支付一项投资的进行再投资的股息也不同。Lettau 和 Ludvigson 指出，消费/财富比率确实可以预测收益，但迄今为止还没有人总结出这一事实的均值回归影响。

关于平稳的 $d-p$，Δd，Δp，r 含义的描述在 Cochrane（1994b）中

有详细的介绍。它们是 Engle and Granger（1987）提出的协整变量表示定理的特殊情况。像 Δp 这样的差值在像 $p-d$ 这样的比率上的回归称为协整系统的误差修正表示。误差修正回归已经微妙而戏剧性地改变了金融学和宏观经济学中几乎所有的实证工作。本节中绝大多数成功的收益预测回归，包括时间序列回归和横截面回归，都是这样或那样的误差修正回归。企业融资正在用增长率对比率的回归来进行重新设计，宏观经济预测也是如此。例如，消费/GDP 比率是 GDP 增长的有力预测。

债券

> 期限结构的预期模型在平均 4 年甚至更长的期限范围内运行良好。但就 1 年期而言，远期利率比即期利率高出 1 个百分点，似乎完全意味着预期超额收益高出 1 个百分点，而不是未来利率上升 1 个百分点。

传统的期限结构预期模型规定，长期债券收益率等于预期未来短期债券收益率的均值。与 CAPM 和随机游走一样，在整整一代人的时间里，预期模型都是实证金融的主力。与其他观点一样，新一轮研究已经极大地改变了传统观点。

表 20.8 计算了不同期限债券的平均收益率。预期假设似乎做得很好。不同债券期限的平均持有期收益似乎没有很大不同，尽管债券收益的标准差随期限增加。长期债券收益的小幅增长相当于平均水平收益率曲线轻微向上的斜率，这通常被视为一个小的"流动性溢价"。事实上，表 20.8 中的奇怪模式是，债券没有像股票一样高的夏普比率。无论什么因素导致债券收益的波动，它们的风险价格似乎都非常小。

表 20.8　不同期限的零息债券一年持有期的平均连续复利（对数）收益率

期限 N	平均收益 $E(\mathrm{hpr}_{t+1}^{(N)})$	标准误差	标准差 $\sigma(\mathrm{hpr}_{t+1}^{(N)})$
1	5.83	0.42	2.83
2	6.15	0.54	3.65
3	6.40	0.69	4.66
4	6.40	0.85	5.71
5	6.36	0.98	6.58

注：年度数据来源于 CRSP（1959—1997 年）。

表 20.8 同样是预期假说中"辉煌职业生涯"的冰山一角。特别是在严重通货膨胀和汇率不稳定的时期，预期假说做了一项非常好的工作。

然而，人们可以问一个更微妙的问题。也许在某些时候，长期债券可以被预测，并且会表现得更好，而在其他时候，短期债券也会表现得更好。如果时间相等，表 20.8 中的无条件均值将没有固定模式。同样，我们可能想要检查一下，一个异常高的远期利率是否预示着即期利率的异常上升。

表 20.9 更新了 Fama and Bliss（1987）的经典回归检验，得出了这些结论。（Campbell and Shiller（1991）和 Campbell（1995）对收益率差的收益率变化进行回归，也得出了同样的观点。）左侧的面板显示了远期-即期价差收益率变化的回归。预期假说预测系数为 1.0，因为远期利率应该等于预期的未来即期利率。在一年的时间内，我们看到系数接近于零和一个负的调整的 R^2。1 年期的远期利率似乎对一年后的即期利率变化没有任何预测能力。另一方面，四年后，我们看到系数的标准误差在 1.0 以内。因此，预期假说似乎在短期（1 年）内表现不佳，但在较长期和平均水平上要好得多（表 20.8）。

表 20.9　基于远期-即期价差的预测

	收益率变化 $y_{t+N}^{(1)}-y_t^{(1)}$ $=a+b(f_t^{(N\to N+1)}-y_t^{(1)})+\varepsilon_{t+N}$					持有期收益 $\mathrm{hpr}_{(t+1)}^{(N+1)}-y_t^{(1)}$ $=a+b(f_t^{(N\to N+1)}-y_t^{(1)})+\varepsilon_{t+1}$				
N	a	$\sigma(a)$	b	$\sigma(b)$	$\overline{R}^2$	a	$\sigma(a)$	b	$\sigma(b)$	$\overline{R}^2$
1	0.1	0.3	-0.10	0.36	-0.02	-0.1	0.3	1.10	0.36	0.16
2	-0.01	0.4	0.37	0.33	0.005	-0.5	0.5	1.46	0.44	0.19
3	-0.04	0.5	0.41	0.33	0.013	-0.4	0.8	1.30	0.54	0.10
4	-0.3	0.5	0.77	0.31	0.11	-0.5	1.0	1.31	0.63	0.07

注：1953—1997 年年度数据的 OLS 回归。按年百分比计算的收益率和收益。左侧的面板显示的是 1 年期收益率在远期-即期价差上的变化。右侧的面板显示的是远期-即期价差在一个周期内的超额收益。

如果对于 1 年期，预期假说的收益率表述并不成立，那么预期假说中关于预期收益的表述肯定也不成立，假说必须能够对 1 年期债券收益进行预测。为了检验这一事实，表 20.9 右侧的面板用远期-即期价差对长期债券的 1 年期超额收益进行回归。这里，预期假说预测了一个为零的系数：没有任何信号（包括远期-即期价差）能告诉你，对于长期债券和短期债券而言，这是一个绝佳时机。表 20.9 右侧面板中的系数都在 1.0 左右。高远期利率并不意味着一年后利率会更高；它似乎表明，你将会看到有更多的人持有长期债券。（收益率和收益回归的系数是相互关联的。例如，在第一行中，1.10＋(−0.10)＝1.0，这是一个标识。Fama 和 Bliss 称之为互补回归。）

图 20.6 和图 20.7 提供了表 20.9 中结果的图形版本。假设收益率曲线是向上倾斜的，就像上面的面板一样。这意味着什么？天真的投资者可能会认为，这种模式表明长期债券的收益高于短期债券。预期假说否定了这一结论。如果预期假说是真实的，那么在上面的面板中绘制的远期利率与期限之间的关系将一一转化为在下面面板中绘制的预期即期利率与期限之间的关系，就像在"预期模型"这条线中所绘制的那样。未来短期利率的上升应该会降低债券价格，削弱长期债券单周期的优势。短期利率上升将直接提高短期债券的长期优势。

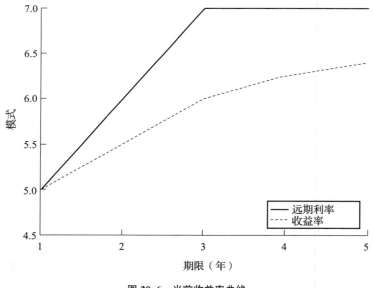

图 20.6　当前收益率曲线

我们可以从表 20.9 左侧的估计值中得出未来即期利率的实际预测值，这些是由图 20.7 中标记的估计线给出的。这一现象的实质是短期利率的阶段性调整。短期利率最终会上升，以满足远期利率的预测，但不会像远期利率预测的那样快。

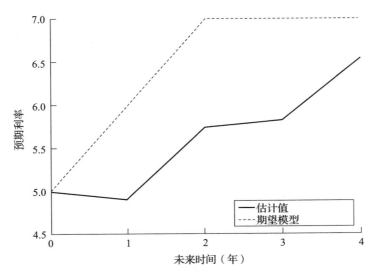

图 20.7　未来 1 年期利率的预测

注：未来 1 年利率的预测虚线是预期假说的预测。实线是由表 20.8 中的估计值构成的。

正如股息增长应该是可预测的，因此收益是不可预测的；短期收益率应该是可预测的，因此收益是不可预测的。事实上，在一年期内，收益率的变化几乎是不可预测的，因此，机械地讲，债券收益也是不可预测的。我们可以从表 20.9 左侧的第一行直接看到这一点，右侧也是这样。如果

$$\text{hpr}_{t+1}^{(N+1)} - y_i^{(1)} = 0 + 1(f_t^{(N \to N+1)} - y_t^{(1)}) + \varepsilon_{t+1} \tag{20.42}$$

写出持有期收益和远期利率的定义

$$p_{t+1}^{(N)} - p_t^{(N+1)} + p_t^{(1)} = 0 + 1(p_t^{(N)} - p_t^{(N+1)} + p_t^{(1)}) + \varepsilon_{t+1}$$
$$p_{t+1}^{(N)} = 0 + 1(p_t^{(N)}) + \varepsilon_{t+1} \tag{20.43}$$
$$y_{t+1}^{(N)} = 0 + 1(y_t^{(N)}) - \varepsilon_{t+1}/N$$

式（20.42）的系数为 1.0，其等于收益率或遵循随机游走的债券价格：收益率的变化是完全不可预测的。

当然，收益率是平稳的，并非完全不可预测。然而，它们移动得很慢。因此，收益率的变化在短期内是不可预测的，但在长期内可预测。这就是为什么表 20.9 右侧的系数是用长期水平线构建的。如果我们从更长期的角度进行持有期收益回归，它们会逐渐接近预期假说的结果。

表 20.9 右侧约为 1.0 的系数意味着，远期利率每增加 1 个百分点，

预期收益就会增加 1 个百分点。把债券收益率和预期收益混为一谈的旧理论似乎也有一些道理，至少在第一年是这样。然而，预期收益与远期利率的一对一变化并不意味着预期收益与收益率利差的一对一变化。远期利率与收益率曲线的走势有关。

$$f_t^{(N \to N+1)} - y_t^{(1)} = p_t^{(N)} - p_t^{(N+1)} - y_t^{(1)}$$
$$= -Ny_t^{(N)} + (N+1)y_t^{(N+1)} - y_t^{(1)}$$
$$= N(y_t^{(N+1)} - y_t^{(N)}) + (y_t^{(N+1)} - y_t^{(1)})$$

因此，远期-即期利差的变化比收益率利差更大，所以基于持有期收益率预测收益率利差的回归系数要大于 1。预期收益率与收益率利差不是一对一对应变动，而是会变动得更多。Campbell（1995）研究发现预测收益率利差时，超额收益的系数从 2 个月期限时的 1 变成了 5 年期限时的 5。

这些事实与股息/价格回归类似。在这种情况下，股息应该是可预测的，因此收益是不可预测的。但股息基本上是不可预测的，并且股息收益率是持续的。这些事实表明，股息收益率的 1 个百分点的变化意味着预期超额收益 3.5 个百分点的变化。

当然，风险是存在的：R^2 都在 0.1～0.2 左右，与 1 年期股息/价格比率回归时的 R^2 大致相同，因此这种策略经常会出错。不过，0.1～0.2并不等于 0，所以这种策略在很大程度上是有效的，因为它背离了预期假说。此外，远期-即期利差是一个缓慢移动的变量，通常在每个商业周期中都有一次逆转迹象。因此，利用 D/P 回归，R^2 将会存在一个边界值，最高达到 30%（Fama and French，1989）。（另外，Cochrane and Piazzesi（2003）将这些回归扩展到了右侧更长期的债券，发现 R^2 高达 44%。）

表 20.9 中用远期-即期利差上的超额收益对收益率的变化进行了回归这一事实非常重要。总体利率水平上下波动很大，但随着时间的推移，波动速度减慢。因此，如果运行 $y_{t+j}^{(N)} = a + bf_t^{(N+1)} + \varepsilon_{t+N}$，就会得到一个大约等于 1.0 的系数 b，以及大得惊人的 R^2，似乎是预期假说的一个惊人的验证。如果用今天的气温对明天的气温进行回归，回归系数将接近 1.0，同时还有一个巨大的 R^2，因为气温在一年中变化很大。但是今天的气温并不是一个有用的气温预测。为了衡量天气预报，我们想知道其能否预测气温的变化。预测的气温减去今天的气温所得到的值，能否很好地预测明天的实际气温与今天气温的差值呢？表 20.9 运行了这个回归。

式（20.43）中的分解提醒我们，在这种回归中存在几个计量经济学陷阱。注意，右侧的三个变量中有两个是相同的。因此，$p_t^{(N+1)}$ 和 $p_t^{(1)}$ 的任何测量误差都会在左右变量中引起一种虚假的共同移动。此外，由于这些变量是三重差分，这种差异可以消除一个共同的信号，并隔离测量误差或噪声。债券数据中存在纯粹的测量误差，我们很少看到完全符合预期期限的纯折现债券。此外，各种流动性和微观结构效应会影响特定债券的收益率，而这些影响方式是典型投资者无法利用的。

作为这种"测量误差"的一个例子，假设所有债券收益率是 5%，但在第 1 期，两期债券价格中存在一个"误差"：它不是 −10，而是 −15。表 20.10 跟踪了这个误差的影响。这意味着第一年的 1 年期远期利率会出现波动，然后持有该债券的第一年到第二年的收益也会出现波动。当误差被纠正时，价格和远期利率的误差会自动转化为随后的收益。当然，如果价格是真实的，这正是我们想要回归告诉我们的事件，即远期利率没有对应未来即期利率发生变化，所以有一个很大的收益；这是一个超出底线的价格，如果可以以这个价格进行交易，你就应该这样做。但回归也会抓住价格的测量误差，并显示出虚假的可预测收益。

表 20.10　收益率测量误差对收益率回归影响的数值例子

t	0	1	2	3
$p_t^{(1)}$	−5	−5	−5	−5
$p_t^{(2)}$	−10	−15	−10	−10
$p_t^{(3)}$	−15	−15	−15	−15
$y_t^{(i)}$, $i \neq 2$	5	5	5	5
$y_t^{(2)}$	5	7.5	5	5
$f^{(1 \to 2)}$	5	10	5	5
$f_t^{(1 \to 2)} - y_t^{(1)}$	0	5	0	0
$\mathrm{hpr}_t^{(2 \to 1)} - y_t^{(1)}$	0	0	5	0

外汇

> 总体而言，预期模型运行良好。然而，如果外国利率比其通常与本国利率的利差高 1 个百分点（相当于远期-即期利差高 1 个百分点），似乎表明预期超额收益超过 1 个百分点以及外汇的进一步升值。

假设德国的利率高于美国，这是否意味着投资德国债券可以赚更多的钱？答案可能是否定的，原因有以下几个。首先，当然是违约风险。尽管对德国政府债券来说它不是大问题，但俄罗斯和其他国家政府过去发生过债券违约，因此可能也会再次发生。其次，也是更重要的一点，即货币贬值的风险。如果德国的利率是10%，美国的利率是5%，而欧元相对于美元在一年内下跌了5%，那么即使德国债券的利率很诱人，你也赚不到更多的钱。由于许多投资者都在进行计算，自然会得出这样的结论：具有类似信用风险的债券在各国之间的利差，应该会显示出对货币贬值的预期。这个逻辑和期限结构中的预期假说完全一样。最初有吸引力的收益率或利差应该由一个抵消事件来满足，这样你在一个国家或另一个国家或一个期限与另一个期限之间，平均来说赚不到更多的钱。与债券一样，预期假说与纯粹的风险中性略有不同，因为是对数的期望不是期望的对数。同样，我们所研究的现象的规模通常掩盖了这种区别。

与期限结构中的预期假说一样，预期贬值观点流行了很多年，仍然构成了对利差和汇率的重要一级理解。例如，1997年货币崩溃前夕，东亚货币的利率非常高，许多银行以5%的美元利率借入大量资金，以20%的本币利率放贷。这种情况会引起人们的怀疑，交易员预计本币将贬值15%，或者本币有更大幅度贬值的小概率。这就是在这个例子中所发生的事情。许多观察者和政策分析人士本应更了解情况，但他们往往将陷入困境的国家的高名义利率归因于收紧货币政策。收紧货币政策会扼杀经济，以保护货币汇率。事实上，一级猜测应该是，如此高的名义利率反映了货币贬值的巨大可能性，即宽松的货币政策和财政政策，以及它们对应的实际利率非常低。

不过，5%的利差是否恰好相当于5%的预期贬值，或者仍有一部分代表持有以该国货币计价债务的高预期收益？此外，对于拥有恒定的高通货膨胀率或者固定汇率大幅波动的高利率国家，预期的贬值占据其高利率的很大部分，如美国和德国，它们的通货膨胀率波动很小，但汇率波动很大，对于这些国家情况又是怎样的呢？

表20.11展示了Hodrick（即将发表）和Engel（1996）所假设的事实。表20.11的第一行显示了在样本期内美元对所示货币的平均升值。美元对德国马克、日元和瑞士法郎下跌，但对英镑升值。第二行给出了平均利差，即外国利率超过美国利率的幅度。根据预期假说，这两个数字应该是相等的——那些货币对美元贬值的国家的利率应该更高。

表 20.11

	德国马克	英镑	日元	瑞士法郎
平均升值	−1.8	3.6	−5.0	−3.0
平均利差	−3.9	2.1	−3.7	−5.9
b，1975—1989 年	−3.1	−2.0	−2.1	−2.6
R^2	0.026	0.033	0.034	0.033
b，1976—1996 年	−0.7	−1.8	−2.4	−1.3

注：第一行是美元对所示货币的平均升值，以百分比计算。第二行是平均利差，即外国利率减去美国利率，用远期溢价来衡量就是 30 天的远期汇率减去即期汇率。第三至第五行给出了利差＝远期溢价的汇率变化回归中的系数和 R^2

$$s_{t+1} - s_t = a + b(f_t - s_t) + \varepsilon_{t+1} = a + b(r_t^f - r_t^d) + \varepsilon_{t+1}$$

式中，s 为即期汇率的对数；f 为远期汇率；r^f 为国外利率；r^d 为国内利率。

资料来源：Hodrick（forthcoming）和 Engel（1996）.

第二行大致显示了正确的模式。长期通货膨胀稳定的国家，利率稳步上升，物价逐步下跌。第一行和第二行的数字并不完全相同，但众所周知，汇率的波动性很大，因此这些均值没有得到很好的衡量。Hodrick 表明，第一行和第二行之间的差异在统计上并不等于零。这一事实与表20.8 的事实完全相似，即预期假说在美国债券的平均收益率上运行良好，并且是预期假说在货币应用实证上成功的冰山一角。

然而，与债券的情况一样，我们也可以询问，暂时加息或降息的次数是否与应该出现的高于或低于平均贬值的次数相符。表 20.11 的第三行和第五行解决了这个问题，更新了 Hansen and Hodrick（1980）和 Fama（1984）的回归检验。这里的数字应该是在每种情况下＋1.0，即额外增加1％的利差应该对应额外的预期贬值 1％。正如你所看到的，我们的模式完全相反：如果国外利率高于通常水平，那么似乎会导致本币进一步升值。混淆各国之间的利率差异与预期收益，忘记贬值，这一古老的谬论似乎也有一定道理。这是一个远期折现谜题，它与股票和债券收益的可预测性一样。当然，它也产生了大量类似的学术著作，以探讨它是否真的存在。如果是这样，为什么？Hodrick（1987）、Engel（1996）和 Lewis（1995）进行了研究。

表 20.11 所示的 R^2 很低。但是，与 D/P 一样，利差是一个缓慢移动的预测变量，因此收益预测 R^2 是随时间变化的。Bekaert and Hodrick（1992）研究认为，R^2 会在 6 个月的时间内上升 30％～40％，然后再次下降。不过，像上述债券策略一样，利用这种可预测性是相当冒险的。

这个谜题并不是说一个人持有利率高于其他国家的债券就能赚更多钱。平均通货膨胀率、通货贬值率和利差应该是一致的。如果你只买高利率的债券，就会承受来自土耳其和巴西的债务，这两个国家的货币正在稳步膨胀和贬值。这个谜题是这样的：持有与美国利率相关且比一般利率高的国家的债券可以获得更多收益。

然而，事实是"通常的"贬值率和"通常的"利差是明确定义的概念，如果不消除基于这些回归交易规则的样本外表现，那么它们随回归而变化的事实则可能会消失。

外汇回归提供了一个特别明确的例子，其中"比索问题"影响了对回归的预测。Lewis（1995）赞扬米尔顿·弗里德曼创造了这个术语来解释为什么在 20 世纪 70 年代早期，墨西哥的利率持续高于美国的利率，尽管美国的利率已经下降超过 10 年。每段时期的轻微贬值都可能导致巨大的利差。你会看到很长一段数据，其中的预期假说似乎没有得到满足，因为在样本中没有发生贬值。比索随后暴跌，这一观点得到了相当大的支持。从那时起，比索问题成为一个通用的术语，用于描述大事件的小概率对实证工作的影响。Rietz（1988）提出了一个比索问题来解释股权溢价，投资者担心再次发生样本中未发生的大萧条。在洛杉矶卖出价外看跌期权和地震保险是类似的策略，它们在样本中的平均收益将受到可能在特别长的样本中看不到的罕见事件的严重影响。

20. 2　横截面：CAPM 和多因子模型

在研究了平均收益如何随时间变化之后，现在我们来研究不同股票或投资组合的平均收益如何变化。

CAPM

> 在一代人的时间里，高平均收益的投资组合的 β 也很高。我用基于规模的投资组合来说明。

CAPM 的第一次检验，如 Lintner（1965b），并没有取得巨大成功。如果把每只股票的平均收益与 β 进行绘图或回归，就会发现其相对比较离散，这条线的斜率太小了，它没有经过任何可信的无风险利率。

Miller and Scholes（1972）检查出了这个问题。用误差对 β 进行检验，结果表明右侧变量的测量误差对回归系数有负向影响。Fama and MacBeth（1973）和 Black，Jensen and Scholes（1972）通过将股票分散到投资组合中来解决这个问题。投资组合 β 是较好的衡量方式，因为投资组合有更小的残差方差。此外，随着业务规模、杠杆率和风险的变化，个股的 β 也会随着时间的推移而变化。随着时间的推移，投资组合 β 可能更加稳定，因此更容易准确地测量。

对于投资组合还有第二个原因。个股的收益如此不稳定，以至于你不能拒绝所有平均收益都相同的假设。当 σ 处于 $40\%\sim80\%$ 时，$\sigma/\sqrt{T}$ 较大。通过与平均收益相关的一些特征（而不是公司名称），将股票分散到投资组合中，可以减小投资组合的方差，从而有可能看到平均收益的延迟。最后，我认为，投资者对投资组合的依赖，在很大程度上是因为他们希望更接近真实投资者的行为，而不是简单地进行统计检验。

Fama and MacBeth（1973）和 Black，Jensen and Scholes（1972）构建了 β 投资组合。他们找到了个股的 β，根据 β 将股票构建成投资组合，然后估算投资组合在下一阶段的 β。规模、账面/市场比率、行业和许多其他特征被用来构建投资组合。

从那时起，检验资产定价模型的工作就一直在一个简单的循环中进行：

（1）找出一个你认为与平均收益相关的特征。根据特征将股票分类成投资组合，并检查投资组合之间的平均收益是否存在差异。注意测量、幸存性偏见、完成偏见，以及所有其他可能破坏整个样本情况的事项。

（2）计算投资组合的 β，并检查 β 是否可以有效解释不同投资组合收益的差异。

（3）如果不能，则存在异常。考虑多重 β。

这是传统的程序，但计量经济学教材敦促你不要这样分组数据。它们建议你用特征作为测量右侧变量的工具。这种工具变量方法能否卓有成效地把我们带回到对单只证券（而非投资组合）的检查，这是一个有趣而尚未探索的想法。

CAPM 在实证研究中获得了惊人的成功。每一个似乎能带来高收益的策略或特征结果都同样具有高 β。人们可能认为带来高平均收益的策略（如持有波动性很大的股票），在 β 不高的情况下，结果不会是高平均收益。

为了让我们对实证研究有一些了解，图 20.8 展示了 CAPM 的典型评估。（第 15 章提出了关于这项评估的一些方法问题；这里，我将重点关注事实）。我研究了 10 个按规模（总市值）排序的纽约证券交易所股票投资组合，以及公司债券和长期政府债券的投资组合。正如纵轴上的价差所示，大股票（低平均收益）和小股票（高平均收益）之间的平均收益有很大的价差，股票和债券之间也有很大的价差。该图描绘了这些平均收益与市场 β 的对比。你可以看到 CAPM 的预测是如何拟合的：具有更高平均收益的投资组合具有更高的 β。特别要注意的是，长期债券和公司债券的平均收益与它们的低 β 一致，尽管它们的标准差几乎和股票一样高。将此图与基于消费的模型的图 2.4 对比，CAPM 拟合得很好。

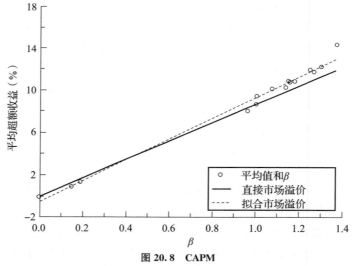

图 20.8　CAPM

注：10 个按大小排序的股票投资组合、政府债券和公司债券的纽约证券交易所价值加权投资组合的平均收益与 β（1947—1996 年）。实线通过精确地拟合市场代理和国债利率（时间序列检验）来绘制 CAPM 预测。虚线通过对显示的数据点进行 OLS 横截面回归拟合得出 CAPM 预测。小公司的投资组合在右上方。最下面和最左边的点是政府债券和国债收益。

实际上，图 20.8 揭示了 CAPM 的第一个重大问题：最小的公司（最右侧的投资组合）的平均收益似乎比它们的 β 高出几个百分点。这就是小公司效应（Banz，1981）。但愿所有失败的经济理论都能如此成功！不典型的是，通过股票投资组合估计的市场线比预测的更陡峭，而 β 的测量误差通常意味着估计的市场线过于平坦。

Fama-French 三因子模型

> 按账面市场分类的投资组合在平均收益上有很大的差异，这与市场 β 无关。Fama 和 French 的三因子模型成功解释了 25 个按规模和账面市场排序的投资组合的平均收益，三因子模型包括市场、小减大（SMB）投资组合和高减低（HML）投资组合。

回过头来看，CAPM 在这么长时间内表现如此良好是令人惊讶的。它所建立的假设是非常程序化和简易化的。资产定价理论至少从 Merton（1971，1973a）开始就认识到了理论的可能性，实际上是概率，即我们需要因子、状态变量或市场投资组合波动之外的定价风险来源，以解释为什么一些投资组合的平均收益高于其他的投资组合。

Fama-French 模型是目前实证研究中最受欢迎的多因子模型之一。Fama and French（1993）提出了这个模型；Fama and French（1996）做了一个出色的总结，并展示了三因子模型在评估超出驱动它规模和价值效应之外的预期收益难题时的表现。

"价值型"股票的市场价值相对于账面价值较小。（账面价值基本上跟随过去的投资支出。账面价值是一个比股息或收益更好的除数，股息或收益可能是负数。）这类股票的平均收益很高。"成长型"股票与价值型股票相反，平均收益较低。由于股价相对于股息、盈利或账面价值较低时，市场收益会较高，因此人们很自然地认为，这些相同的信号可以预测哪些股票将表现良好；"价值效应"是对时间序列中价格比率可预测性的横截面类比。

较高的平均收益与 CAPM 一致，如果这类股票对市场高度敏感，则 β 较高。然而，即使在考虑了市场 β 后，小型股票和价值型股票似乎也拥有异常高的收益。相反，成长型股票的周期性表现似乎要比它们的 CAPM β 糟糕。图 20.9 显示了这个价值规模的难题。它与图 20.8 一样，只是股票根据规模和账面/市场比率而不只是规模来分类。正如你所看到的，最高投资组合的平均超额收益是最低投资组合的 3 倍，而这种变化与市场 β 没有任何关系。

图 20.10 和图 20.11 通过将相同账面/市场类别内不同规模的投资组合和相同规模类别内不同账面/市场的投资组合联系起来，进一步挖掘了问题所在。正如你所看到的，规模变化导致平均收益发生变化，它与市场 β 的变化正相关，就像我们在图 20.9 中看到的那样。账面/市场比率的变

化会导致与市场 β 负相关的平均收益的变化。由于这种价值效应，CAPM
在面对这些投资组合时是一个灾难。（由于规模效应在 1980 年消失了，所
以很有可能仅凭账面/市场效应就能说明几乎所有的情况。）

　　为了解释平均收益的这些模式，Fama 和 French 提出一种多因子模型，
以市场收益、小减大股票的收益（SMB）和高账面/市场比率减去低账面/
市场比率股票的收益（HML）为三个因子。它们表明，25 个规模和账面/
市场投资组合的平均收益的变化可以通过后两个因子的不同载荷（β）来
解释。（所有的投资组合在市场投资组合中的 β 都接近 1。因此，市场 β 解
释了股票和债券之间的平均收益差异，但不能解释股票类别之间的差异。）

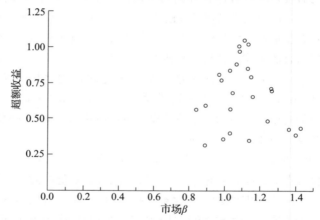

图 20.9　基于规模和账面/市场比率，25 个股票投资组合的平均收益与市场 β 的对比

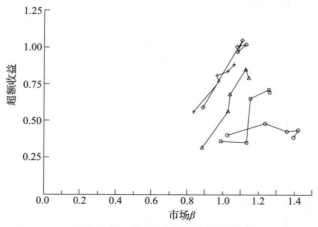

图 20.10　平均超额收益与市场 β

注：将相同账面/市场比率类别内，不同规模的投资组合的数据点依次连接成线。

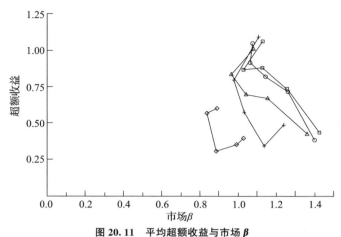

图 20.11 平均超额收益与市场 β

注：将相同规模类别内不同账面/市场比率的投资组合的数据点依次连接成线。

图 20.12 和图 20.13 说明了 Fama 和 French 的结果。纵轴仍然是 25 个规模和账面/市场比率投资组合的平均收益，横轴是 Fama-French 三因子模型的预测值。如果模型是正确的，这些点应该都在 45°线上。与图 20.10 和图 20.11 相比，图 20.12 和图 20.13 中的这些点更接近这一预测。最糟糕的拟合是成长型股票（最低的线，见图 20.12），尽管从小公司到大公司的 β 有很大变化，但平均收益几乎没有变化。

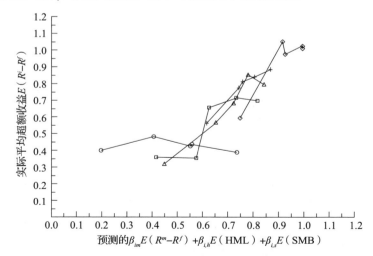

图 20.12 Fama-French 三因子模型的平均超额收益与预测

注：将相同账面/市场比率类别内不同规模的投资组合的数据点依次连接成线。

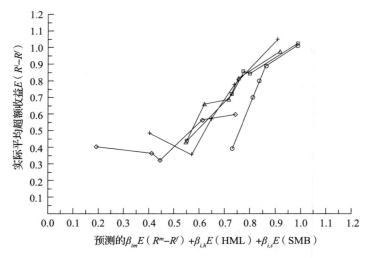

图 20. 13　Fama-French 三因子模型的平均超额收益与预测
注：将相同规模类别内不同账面/市场比率的投资组合的数据点依次连接成线。

规模和价值因子是什么？

Fama-French 因子作为替代或模拟投资组合的宏观经济风险是什么？有迹象表明，某种"困境"或"衰退"因子在起作用。

Fama-French 模型的一个核心部分是，这三个定价因子也解释了 25 个投资组合的很大一部分事后变化——时间序列回归中的 R^2 非常高。从这个意义上说，我们可以把它看作一个恰当的 APT，而不是一个宏观经济因子模型。

尽管因子和检验投资组合基于相同的特征集，但 Fama-French 模型并不是一个赘述。

我们希望了解 HML 和 SMB 投资组合的收益所代表的真实的、宏观经济的、总体的、不可分散的风险。在 HML 和 SMB 投资组合表现糟糕时，即使市场价值没有下跌，投资者为什么也担心持有表现糟糕的股票呢？

Fama and French（1996）指出，典型的价值型公司的股价已经被一连串坏消息压低，现在处于或接近财务困境。在破产边缘买入的股票经常会反弹，这就导致了这种策略的高额收益。这一观察结果为价值溢价提供了一种自然的解释：如果出现信贷紧缩、流动性紧缩、向优质资产转移或类似的金融事件，陷入财务困境的股票将表现得非常糟糕。而这正是人们特别不想听到的瞬间：那个公司的股票已经一文不值了！（我们不能把单个公司的"困境"算作"风险因子"。这种困境是特殊的，可以通过多样化的方式摆脱。只有一般投资者关心的综合事件才能产生风险溢价。）遗憾的是，对这一理论的实证支持很弱，因为 HML 投资组合与总体金融困境的其他衡量指标没有强烈的共变。不过，这仍然是一种可能的、没有经过全面检验的解释，因为在近代历史上，我们很少看到真正的系统性金融压力事件。

Heaton and Lucas（1997b）的研究结果为这个故事增加了价值效应。他们指出，典型的股东是小型私人企业的所有者。当然，这类投资者的收入对各种金融事件非常敏感，这些金融事件会导致小公司和发展不好的价值型公司陷入困境。因此，这样的投资者会要求较高的溢价来持有价值型股票，并可能持有较低溢价的成长型股票。

Lettau and Ludvigson（2001a）（下一节将会讨论）认为，HML 在市场收益和消费方面都有一个时变 β。因此，虽然 HML 与经济衰退指标之间很少存在无条件相关性，但 Lettau 和 Ludvigson 指出，在经济不景气时，HML 对坏消息非常敏感。

Liew and Vassalou（1999）是试图将价值和规模收益与宏观经济事件联系起来的一个证明。他们发现，在许多国家对应的 HML 和 SMB 包含的信息超过了预测 GDP 增长的市场收益。例如，他们研究了回归

$$GDP_{t\to t+1}=a+0.065MKT_{t-1\to t}+0.058HML_{t-1\to t}+\varepsilon_{t+1}$$

式中，$GDP_{t\to t+1}$ 表示下一年的 GDP 增长和 MKT；HML 表示上一年的收益。因此，10％的 HML 收益反映了 GDP 预测上升了 1/2 个百分点。

另一方面，人们可以忽略 Fama 和 French 的动机，将该模型视为 APT。如果 25 个规模和账面/市场投资组合的收益可以被三因子投资组合的收益完美复制（如果时间序列回归中的 R^2 为 100％），那么多因子模型必须保持精确以排除套利机会。事实上 Fama 和 French 时间序列回归中的 R^2 都在 90％～95％的范围内，如果模型不能很好地拟合，那么剩余部分的夏普比率就会很高。同样，假设平均收益和 CAPM 无法解释这些收益，如果价值型和小型股票没有按照 Fama-French 模型描述的那样一起变动，就会有近似套利的机会。

评估这三个因子是否代表真实的宏观经济风险，一种方法是检查多因

子模型是否为附加投资组合定价，特别是不具有高 R^2 的投资组合。Fama and French（1996）在这个方向上扩展了他们的分析，发现 SMB 和 HML 投资组合很好地解释了基于可选价格乘数的策略（P/E，B/M）、基于 5 年销售增长的策略（这特别有趣，因为它是基于价格变量唯一不构成投资组合的策略），以及 5 年收益的逆转趋势。这些策略并非由 CAPM 中的 β 来解释。然而，在 HML 和 SMB 投资组合的时间序列回归中，它们都产生了高 R^2 的投资组合！这既是好消息，也是坏消息。这可能意味着该模型是一个好的 APT：规模和账面/市场特征描述了所有股票价格变化的主要来源。另一方面，这可能意味着这些额外的类别并没有识别股票收益价格变化的其他来源。（尽管 R^2 很大，但 Fama 和 French 发现 HML 和 SMB 不能解释"动量"。稍后会有更多关于动量的解释。）

人们的第一反应可能是，解释按规模排序的投资组合和位于相同基础上按账面/市场比率因子排序的投资组合是一种重复。事实并非如此，例如，假设股票代码在字母排序中靠后的股票平均收益较高。（或许投资者会按字母顺序搜索股票，因此靠后的股票会被"忽略"。）如果 Z 股票的 β 碰巧较高，我们也不必担心这一点。如果不是，即字母表中的字母是一种 CAPM 异常，像账面/市场比率，则它不一定会跟随以字母为基础的股票投资组合一起变动。将 A～L 和 M～Z 的投资组合加到由 26 个字母组成的回归方程的右侧，市场投资组合中的投资组合根本不需要（可能也不需要）增加 R^2。其规模和账面/市场溢价难以衡量，而且近年来似乎已大幅下降。但是，尽管它们跌回 CAPM 值，Fama 和 French 仍发现了一个惊人的巨大股票收益共同变动的来源。

更重要的是，在检验一个模型时，根据与预期收益相关的特征将股票分类到投资组合中是完全正确的。当 Black，Jensen，Scholes，Fama 和 MacBeth 第一次检验 CAPM 时，他们根据 β 将股票分类到投资组合中，因为 β 是将股票分类到平均收益有差异的投资组合中的一个很好的特征。如果你只是随机选择 25 个投资组合，而投资组合在平均收益上没有差异，那么资产定价模型将没有任何东西可供检验。

事实上，尽管 Fama-French 25 很受欢迎，但实际上没有基本的理由根据双向或更大类别的个别特征来分类投资组合。你应该利用手头所有（可信的！）表明高或低平均收益的特征，并根据一维的预期收益来分类股票。

关于规模状况和账面/市场因子的争论仍在继续，但重要的是它确实存在。面对图 20.9 和图 20.11 所示的 CAPM 的巨大失败，人们可能会认为任何合理的资产定价理论的希望都破灭了。现在，我们又回到了原点，检查微小的异常状况，并对理论的改进和解释进行争论。那真是相当了不起的成就！

宏观经济因子

> 劳动收入、工业生产、新闻变量和条件资产定价模型作为多因子模型也都取得了一些成功。

我关注规模和价值因子，是因为它们提供了迄今为止在实证上最成功的多因子模型，因此它们也受到了广泛关注。

一些作者使用宏观经济变量作为因子，直接检验在宏观经济低迷时决定平均收益的股票表现。Jagannathan and Wang（1996）和 Reyfman（1997）使用了劳动收入；Chen，Roll and Ross（1986）在其他变量中使用了工业生产和通货膨胀。Cochrane（1996）采用了投资增长。这些作者都发现平均收益与用这些宏观经济指标计算的 β 是一致的。这些因子从理论上讲更容易解释模型，但没有一个因子能解释投资组合的价值和规模以及（到目前为止，理论上不太可靠）解释规模和价值因子。

Lettau and Ludvigson（2001a）指定了一个宏观经济模型，在解释 25 个 Fama-French 投资组合时，该模型的表现与 Fama-French 因子一样好。他们绘制的实际平均收益与模型预测之间的关系，与图 20.12 和图 20.13 之间的关系一样紧密。他们的模型是

$$m_{t+1} = a + b(\text{cay}_t)\Delta c_{t+1}$$

式中，cay 是衡量消费/财富比率的指标。这是一个在第 8 章中提出的"比例因子模型"。你可以把它看作随时间变化的风险规避。

虽然 Merton（1971，1973a）的理论认为，预测市场收益的变量应该显示为解释平均收益横截面变化的因子，令人吃惊的是很少有论文尝试验证其是否正确，现在我们确实有一些我们认为可以预测市场收益的变量。Campbell（1996）、Ferson and Harvey（1999）是少数例外。

动量和反转

> 根据过去的表现对股票进行分类，你会发现，买入长期输家（即表现较差）股票、卖出长期赢家（即表现良好）股票的投资组合，比相反

> 的情况——个股长期收益均值回归——表现更好。考虑到收益可预测性
> 和均值回归,这种反转效应是有意义的,并且可以用 Fama-French 三因
> 子模型加以解释。不过,买入短期赢家股票、卖出短期输家股票的投资
> 组合也有良好的"动量"。这种效应是个谜。

由于一连串的高收益会带来高价格,那么长时间表现良好(并因此形成高价格)的股票随后表现不佳,而长期表现不佳的股票(价格、市场价值,或市场/账面比率下降到较低水平)后来表现良好也就不足为奇了。表 20.12 取自 Fama and French(1996),表明事实确实如此。(与往常一样,从 DeBont and Thaler(1985)和 Jegadeesh and Titman(1993)开始,这张表格只是这些效应研究的冰山一角。)

表 20.12 反转和动量策略的平均月收益

策略	日期	投资组合形成月份	平均收益,10 - 1(每月%)
反转	6307 - 9312	60 - 13	-0.74
动量	6307 - 9312	12 - 2	+1.31
反转	3101 - 6302	60 - 13	-1.61
动量	3101 - 6302	12 - 2	+0.38

注:每个月,根据投资组合形成月份期间的表现,将所有采用 CRSP 的纽约证券交易所中的公司分配到 10 个投资组合中。例如,60 - 13 表示投资组合的形成是基于从 5 年前(60 个月)到 1 年零 1 个月前(13 个月)的收益。然后购买表现最好的十分位数投资组合,做空表现最差的十分位数投资组合。

资料来源:Fama and French(1996,Table Ⅵ).

反转

下面是"反转"策略。每个月,根据 5 年前到 1 年前的表现,将所有股票分到 10 个投资组合中。然后,买入表现最好的投资组合,做空表现最差的投资组合。表 20.12 的第一行显示,这种策略的月收益[1]达到 -0.74%。过去的长期输家股票会卷土重来,而过去的赢家股票表现糟糕。这是我们在 1.4 节中研究的均值回归的横截面对等物。Fama and French(1988a)已经在分类的股票投资组合中发现了显著负长期收益自相关,因

---

[1] Fama 和 French 没有对这些变量的标准差进行直接的度量。但是,从 β、R^2、市场和因子投资组合的标准差可以推断,标准差大约是市场收益的 1~2 倍,因此这些策略的夏普比率与市场收益的夏普比率具有可比性。

此人们可以预期这种现象。

平均收益的差额应与 β 的差额相对应。Fama 和 French 证实了他们的三因子模型可以解释这些投资组合的收益。过去的失败者有高的 HML β；它们与价值型股票一起变动，因此具有价值型股票溢价。

动量

表 20.12 的第二行追踪动量策略的平均月收益。每个月，根据上一年的表现将所有股票分配到 10 个投资组合中。出乎意料的是，赢家继续赢和输家继续输，因此买入赢家和做空输家，每月会产生 1.31% 的正收益。

每时每刻都有一个被研究最深入的异常，正如我所写的，动量就是那个异常。Fama-French 三因子模型无法解释这一现象。过去的输家股价较低，往往跟随价值型股票走势。因此，该模型预测，它们应该拥有高平均收益，而不是低平均收益。动量股票是一起变动的，价值型股票和小型股票也是如此，所以"动量因子"可以用来"解释"动量投资组合的收益。这显然是非常特别的，（也就是说，一个 APT 因子只能解释与该因子有相同特征的投资组合的收益），但没有人愿意把它作为一个风险因子。

动量因子作为绩效归因因子更令人满意。如果我们根据包括动量在内的因子来管理基金的收益，我们就可以说，一只基金之所以表现出色，是因为它遵循了机械动量策略，而不是因为它的选股能力，我们暂且不考虑为什么动量策略应该起作用。Carhart（1997）就是这样使用的。

动量实际上是看待一个老现象的一种新方式，即每月个股收益的微小而明显的可预测性。预测 0.002 5（1/4%）的月收益，一个很小的回归 R^2 就足以产生表 20.12 中的动量结果。关键在于个股收益率的标准差非常大，一般为 40% 或者年化率更高。正态分布中表现最好的十分位数的平均收益比均值高出 1.76 个标准差[①]，因此获胜的动量投资组合通常在上

---

① 我们正在寻找的是

$$E(r \mid r \geqslant x) = \frac{\int_x^\infty r f(r) \mathrm{d}r}{\int_x^\infty f(r) \mathrm{d}r}$$

式中，x 被定义为前 10% 的分位点

$$\int_x^\infty f(r) \mathrm{d}r = \frac{1}{10}$$

对于正态分布，$x = 1.281\,6\sigma$，$E(r \mid r \geqslant x) = 1.755\sigma$。

一年上涨约 80%，而失败的投资组合则每年下跌约 60%。只有少量的持续投资在乘以如此大的过去收益时，才能获得 1% 的月收益。准确地说，每月个股标准差约为 40%/$\sqrt{12} \approx 12\%$。如果 R^2 是 0.002 5，则可预测部分收益的标准差是 $\sqrt{0.002\,5} \times 12\% = 0.6\%$。因此，预计表现最好的十分位数将会获得高于均值的 1.76×0.6% ≈ 1% 的收益。由于该策略是买入赢家股票、卖空输家股票，0.002 5 的 R^2 意味着动量策略每月应获得 2% 的收益，甚至高于表 20.12 所示的 1.3%。Lewellen（2000）对动量来自收益的弱相互关系提供了一个相关解释。

至少从 Fama（1965）开始，我们就知道月度和更高频率的股票收益具有细微的、统计上显著的可预测性，R^2 在 0.01 范围内变动。然而，这种虽小但在统计上具有显著意义的高频可预测性，尤其是在小股票收益方面，自 20 世纪 60 年代以来，在考虑到交易成本、交易清淡、高卖空成本和其他微观结构问题后，始终无法产生可利用的利润。因此，人们自然会担心，在交易成本之后，动量是否真的可以被利用。

动量确实需要频繁的交易。表 20.12 中的投资组合每月进行调整。年度赢家和输家不会如此频繁地改变，但赢和输的投资组合仍然必须每年至少更换一次。Carhart（1997）计算了交易成本，得出的结论是，在考虑了这些成本后，动量是不可利用的。Moskowitz and Grinblatt（1999）指出，大部分额外收益来自小型、流动性差的股票的空头头寸，这些头寸也有很高的交易成本。他们还发现，很大一部分动量利润来自上一年 11 月的空头头寸，即预计 12 月将出现税损卖盘。这听起来更像是一个微观结构的小故障，而不是一个有关资产市场风险和收益的核心寓言。

表 20.12 已经表明动量效应在早期的数据样本中基本没有出现，而反转效应在样本中甚至更强。Ahn，Boudoukh，Richardson and Whitelaw（2002）表明，国际指数收益的明显动量在期货市场中缺失，这也表明了微观结构的解释。

当然，有可能存在一个小的正自相关，并与某些风险相关。然而，在实际收益中很难产生真正的正自相关。正如我们在 20.2 节中看到的，预期收益的缓慢而持久的变化自然产生了实现收益的负自相关。预期收益更高的消息意味着未来的股息以更高的利率折现，所以今天的价格和收益会下降。推翻这一预测的唯一途径是预期收益冲击与当前或预期未来股息增长的冲击呈正相关。关于这种相关性目前还没有一个令人信服的说法。另一方面，所要求的正相关性非常小，也不是很持久。

20.3　总结和解释

虽然新事实的列表看起来很长，但在每个案例中都出现了类似的模式。价格反映出市场对随后超额收益的预期变化缓慢，因为潜在的抵消事件似乎不活跃或不存在。这些模式表明，承担与市场收益无关的衰退和金融压力风险会有可观的预期收益溢价。

放大镜

这种影响并不是全新的。从 20 世纪 60 年代开始，我们就知道高频收益是可预测的，日收益和月收益的 R^2 在 0.01～0.1 之间。这些效应被忽略了，因为人们似乎对它们无能为力。51/49 的赌注不是很有吸引力，特别是在有任何交易成本的前提下。此外，利用可预测性获得的夏普比率的增加与预测的 R^2 直接相关，所以即使 R^2 很小且可以利用，也不是一个重要的现象。

许多新的事实相当于巧妙的放大镜，是使小事实在经济上变得有意义的方法。对于预测市场收益，我们现在意识到，当预测变量缓慢变动时，R^2 会随着期限的延长而上升。因此，高频率的小 R^2 在 30％～50％的范围内，长期可能意味着真正的大 R^2。同样，我们认识到，如果预期收益变化是持续的，那么微小的预期收益变化合起来就会导致惊人的价格变化。就动量和反转效应而言，将股票和基金分成基于动量的投资组合的能力意味着，微小的可预测性乘以具有巨大过去收益的投资组合，将带来重要的后续收益。

不会叫的狗

在每一种情况下，收益率的明显差异会引起一种抵消性的变动，但似乎并非如此。有些事情应该是可预测的，这样收益就不可预测，而事实并非如此。

市场收益的 d/p 预测受到这样一个事实的驱动：股息应该是可预测的，因此收益是不可预测的。相反，股息增长似乎几乎不可预测。正如我们所看到的，这一事实和 d/p 均值回归的速度意味着所观察到的收益可预测性的大小。

债券的收益率应该是可预测的，而收益是不可预测的，这一事实改变了债券收益的期限结构预测。相反，1 年期债券收益率似乎是不可预测的。这一事实意味着，远期利率会随着预期收益逐次变动，收益率利差每增加 1 个百分点，预期收益会增加 5 个百分点。

汇率应该是可预测的，这样外汇收益就不是可预测的。相反，海外利率上调 1 个百分点，似乎预示着预期收益将上调 1 个多百分点。

价格反映预期收益

如果预期收益上升，价格就会下降，因为未来股息或其他现金流量的折现率更高。因此，一个较低的价格可以揭示市场对高预期或要求的收益的期望。

我们的大多数结果都来自这种效应。低价格/股息比、低价格/收益，低价格/账面价值是市场作为一个整体将获得较高的平均收益的信息。相对于账面价值，较低的市场价值（价格乘以股份）表明证券或投资组合能够获得较高的平均收益。小公司效应源于低价格——其他衡量规模的指标，如员工数量或账面价值本身对收益没有预测能力（Berk，1997）。5 年反转效应是由于 5 年的低收益导致了低价格。高的长期债券收益率意味着长期债券的价格很低，这似乎是长期债券具有良好收益的一个信号。国外利率高意味着国外债券的价格低，这似乎表明国外债券有良好的收益。

对所有这些效应最自然的解释是，预期或要求的收益——个别证券以及整个市场的风险溢价——随着时间的推移缓慢变化。因此，我们可以通过观察价格/股息比率、价格/盈利比率或账面/市场比率来跟踪市场对收益的预期。

宏观经济风险

时间序列和横截面预期收益的基于价格的模式表明，持有与衰退和经济范围内的金融困境相关的风险会有溢价。所有的预测变量都与宏观经济活动有关（Fama and French，1989）。股息/价格比率与违约利差高度相关，在经济不景气时还会上升。利差可以预测债券和股票的收益，也是预测经济衰退最好的方法之一。它在经济衰退的底部急剧上升，在繁荣的顶部则急剧下降。因此，在商业周期的底部，收益预测较高，在繁荣的顶部则较低。价值型和小盘型股票通常会陷入困境。关于经济衰退和困境溢价的正式定量和实证上成功的经济模型仍处于萌芽阶段（我认为 Campbell and Cochrane（1999）是一个良好的开端），但这个想法至少是可信的，理论家已经预测了一代人。

为了使这一点成为现实，具体地思考你必须做什么来利用价值或可预测性策略。你必须在股市底部购买股票或长期债券，也就是股价在经历了漫长而令人沮丧的熊市之后处于低位的时候；处于经济衰退或金融恐慌的底部的时候；长期债券价格和公司债券价格异常低的时候。这时，很少有人有勇气（风险承受能力）或有钱去购买高风险的股票或高风险的长期债券。从股票的角度，而不是时间的角度看问题，你必须投资于有价值的公司，以任何标准来看都赢才可以。这些公司过去多年的收益不佳，多年的销售业绩也很差，处于破产边缘，远离任何热门股票的购买名单。然后，当股票价格相对于股息、盈利等较高时，当收益率曲线平坦或反转时，长期债券价格较高时，你就必须卖出股票和长期债券。你必须卖出那些过去收益良好、销售业绩良好、盈利增长快的成长型股票。

我在这里想要反驳普遍存在的印象，Shiller（2000）最能体现这种印象，即高市盈率肯定是非理性繁荣的信号。或许吧，但这种繁荣出现在史无前例的经济扩张之时，难道只是巧合吗？在这种情况下，普通投资者的风险厌恶情绪肯定比以往任何时候都低，即使风险溢价处于历史低位，他们也愿意持有股票。我不知道答案，但理性的解释肯定不是完全不可能的！我们寻找溢价正是一代理论家认为我们在衰退、信贷紧缩、糟糕的劳动力市场、投资机会集变量等条件下应该做的事情，这难道只是一个巧合吗？

尽管最近有人试图从经济角度解释这个谜题，但对外汇之谜的解释仍然有点遥不可及。（见 Engel（1996）的调查研究；Atkeson, Alvarez, and Kehoe（1999）是另一个例子。）在语言层面上，这种策略会引导你在利率高的国家投资。高利率通常标志着货币不稳定或其他经济问题，因此可能意味着相比投资低利率国家的债券，投资高利率国家的债券可能更容易受到全球金融风险的压力或全球经济衰退的影响，这些投资者通常是获利的那一部分人。

总的来说，金融的新观点意味着一种深刻的改变。我们必须习惯这样一个事实，即大多数收益和价格的变化来自风险溢价的变化，而不是预期现金流量、利率等的变化。定价风险中最有趣的变化来自非市场因素。这些说起来容易，却深刻地改变了我们对世界的看法。

质疑

到目前为止，动量与其他所有结果都不一样。潜在的现象是高频收益的不可预测性。然而，基于价格的现象使这种可预测性变得重要，因为我们注意到，随着一个缓慢变动的预测变量，R^2 建立在期限之上。动量是基于一个快速变化的预测变量——上一年的收益。因此 R^2 随期限下降。相反，动量通过形成极端赢家和输家的投资组合，使高频收益的微小自相关性变得重要，因此，过去巨额收益的小幅延续，会带来当前的巨额收益。所有其他结果都很容易理解为一个缓慢的、与商业周期相关的时变预期收益。这个规范给出了负的自相关性（除非我们在预期收益和股息冲击中加入令人讨厌的正相关），因此无法解释动量。即便是以我所建议的对基于价格的策略的非正式方式，动量收益也尚未与商业周期或财务困境挂钩。因此，它仍然缺乏一个合理的经济解释。对我来说，这增加了一种观点的分量，即它不存在，也不能被利用，或者它代表了一种小的非流动性（出售小的非流动性股票的税收损失），一旦一些交易员理解了这一点，它将很快得到补救。在整个金融史上，总有一种反常现象，而现在就是一种反常的势头。我们将不得不等着看这个问题如何解决。

随着时间的推移，许多异常风险溢价似乎正在下降。小公司效应在 1980 年完全消失；你可以把时间定在第一批小公司效应论文的出版时，或者是小公司共同基金的成立时，这些基金使得普通投资者可以获得多样化的小股票投资组合。为了强调这一点，图 20.14 绘制了自 1979 年以来规模投资组合平均收益与 β 之间的关系。你可以看到，不仅小公司的溢价消失了，β 和预期收益中与规模相关的变化也消失了。

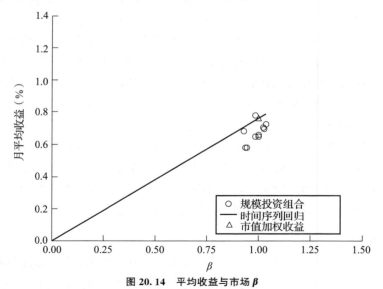

图 20.14 平均收益与市场 β

注：CRSP 规模投资组合减去国债利率，1979—1998 年的月度数据。

尽管 $\sigma/\sqrt{T}$ 留下了很大的误差空间，但价值溢价在 20 世纪 90 年代大约降低了一半，而 1990 年大约是价值效应广泛普及的时期。如表 20.4 所示，过去 5 年的高市场收益已经将股息/价格比率的预期收益可预测性降低了一半。

这些事实具有一个让人不舒服的暗示：至少过去的一些新策略所产生的溢价是由于它们只是被忽视的事实，它们是数据挖掘的人工产品，或者它们幸存下来直到基金创建，让许多投资者持有多样化的投资组合，从而利用它们。

由于难以衡量，人们往往不太重视这些平均收益。然而，它们对于我们解释事实是至关重要的。CAPM 完全符合这一事实，即存在额外的共同变动来源。例如，人们早就知道同一行业的股票走势一致；价值型股票或小型股票一同变动的事实也不一定会引起注意。令人惊讶的是，投资者似乎可以通过持有这些共同变动的额外资源来获得平均收益溢价，然而 CAPM 预测（给定 β）这些共同变动应该不会对投资组合的平均收益产生影响。

第21章

股权溢价之谜和基于消费的模型

正如我们在第 2 章中看到的那样，基于消费的模型的原始规范并不是很成功。不过，从某种意义上说，这是我们拥有的唯一模型。金融经济学的核心任务是找出驱动资产价格和预期收益的真正风险。类似于基于消费的模型（投资者的储蓄和投资组合选择的一阶条件）必须是起点。

自 Mehra and Mehra（1985）以及 Hansen and Jagannathan（1991）的研究以来，金融经济学家并没有设想模型、检验模型并拒绝它们，而是在一定程度上进行逆向研究，对折现因子必须具备的属性进行量化，以解释资产收益数据。除此之外，我们了解到折现因子必须极其不稳定，而不是条件不稳定，无风险利率或条件均值必须相当稳定。现在，这种认识导致了基于消费的模型的一系列更成功的变化。

21.1　股权溢价之谜

基本股权溢价/无风险利率之谜

> 战后美国市场的夏普比率约为 0.5，收益率为 8%，标准差为 16%。基本的 Hansen-Jagannathan 边界
>
> $$\frac{E(R^e)}{\sigma(R^e)} \leqslant \frac{\sigma(m)}{E(m)} \approx \gamma\sigma(\triangle c)$$

> 意味着要达到年度 $\sigma(m) \geqslant 50\%$，需要巨大的风险规避或消费增长波动率。
>
> 平均无风险利率约为 1%，所以 $E(m) \approx 0.99$。对幂效用的高风险规避意味着一个非常高的无风险利率，或者需要一个负的主观折现因子。
>
> 随着时间的推移和国家的不同，利率相当稳定，所以 $E_t(m)$ 变化不大。对幂效用的高风险规避意味着利率非常不稳定。

在第 1 章中，我们推导了基本的 Hansen-Jagannathan（1991）边界。这些是折现因子的特征，为一组给定的资产收益定价。通过处理 $0 = E(mR^e)$，我们发现

$$\frac{\sigma(m)}{E(m)} \geqslant \frac{|E(R^e)|}{\sigma(R^e)} \tag{21.1}$$

在连续时间内或作为离散时间的近似，我们发现时间可分离效用意味着

$$\gamma\sigma(\Delta c) \geqslant \frac{|E(R^e)|}{\sigma(R^e)} \tag{21.2}$$

式中，$\gamma = -cu''/u'$ 为效用函数的局部曲率和幂次情况下的风险规避系数。

股权溢价之谜

战后纽约证券交易所价值加权的平均年收益率比国库券利率高出 8%，标准差约为 16%。因此，年度投资周期内的市场夏普比率 $E(R^e)/\sigma(R^e)$ 约为 0.5。如果有一个恒定的无风险利率

$$E(m) = 1/R^f$$

将确定 $E(m)$。国库券利率风险不是很大，所以 $E(m)$ 与国库券利率平均水平的倒数接近，大约是 $E(m) \approx 0.99$。因此，这些关于股票和债券的均值和方差的基本事实意味着 $\sigma(m) > 0.5$。折现因子的波动率必须在其年度数据水平上为 50% 左右！

人均消费增长的标准差约为每年 1%。使用对数函数，意味着 $\sigma(m) = 0.01 = 1\%$，差了 50 倍。为了匹配股权溢价，我们需要 $\gamma > 50$。这似乎是一种高度的风险规避水平。同样，一个消费增长率为 1%、夏普比率为 0.5 的对数效用投资者应该大幅增加在股市的投资，并为此借债。他应该进行如此多的投资，以至于他的财富和消费增长每年都有 50% 的变化。

相关性之谜

这个边界降低了消费和股票收益完全相关的极端可能性，但在数据中它们并非如此。相关性很难测量，因为它们对数据定义、时间、时间聚合等很敏感。不过，战后美国的数据显示，股票年收益与非耐用品加上服务消费增长之间的相关性不超过 0.2。如果我们也使用这个信息——我们描述所有与市场收益的相关性小于 0.2 的折现因子的均值和标准差，计算就变成

$$\frac{\sigma(m)}{E(m)} \geqslant \frac{1}{|\rho_{m,R^e}|} \frac{|E(R^e)|}{\sigma(R^e)} = \frac{1}{0.2} \times 0.5 = 2.5$$

此时 $\sigma(m) \approx \gamma\sigma(\Delta c)$；我们现在需要的风险规避系数为 250！

这里有一种更经典的方式来表述相关性之谜。记住，$\mathrm{proj}(m\,|\,\underline{X})$ 应该与 m 一样为资产定价。现在，$m = \mathrm{proj}(m\,|\,\underline{X}) + \varepsilon$ 且 $\sigma^2(m) = \sigma^2(\mathrm{proj}(m\,|\,\underline{X}) + \sigma^2(\varepsilon))$。股票溢价之谜的一些早期解决方案，是最终给折现因子增加与资产收益无关的噪声。这一修正提高了折现因子的波动率，满足了约束条件。但是，正如你所看到的，添加 ε 增加了 $\sigma^2(m)$，但对模型的资产定价能力没有任何影响。当添加 ε 时，m 和资产收益之间的相关性就会下降。一个具有相关性的边界，或者将 $\sigma^2(\mathrm{proj}(m\,|\,\underline{X}))$ 而不是 $\sigma^2(m)$ 等价地与边界进行比较，就可以避免这个陷阱。

平均利率和主观折现因子

使用 1~5 左右的风险规避系数已经是一种传统，而不是事实。γ 等于 50~250 有什么问题呢？

低 γ 的最基本证据来自消费增长与利率之间的关系：

$$\frac{1}{R_t^f} = E_t(m_{t+1}) = E_t\left[\beta\left(\frac{C_{t+1}}{C_t}\right)^{-\gamma}\right]$$

或者，在连续时间内

$$r_t^f = \delta + \gamma E_t(\Delta c) - \frac{1}{2}\gamma(\gamma+1)\sigma_t^2(\Delta c) \tag{21.3}$$

实际利率通常很低，约为 1%。然而，在消费增长 1% 的均值和 1% 的标准偏差下，预测的利率增长速度提高至 γ。例如，当 $\gamma = 50$ 和标准的 1% $\delta = 0.01$ 时，我们预测 $r^f = 0.01 + 50 \times 0.01 - \frac{1}{2} \times 50 \times 51 \times 0.01^2 = 0.38$ 或

38％。为了得到一个合理的 1％的实际利率，我们必须使用－37％的主观折现因子。这并不是不可能的——一个经济模型可以很好地被设定，特别是现值可以在负折现因子的情况下收敛（Kocherlakota，1990），但它似乎不是很合理。人们更喜欢早期的效用。

式（21.3）的第二项揭示了另一种可能性。随着风险规避情绪的加剧，这种预防性储蓄项开始抵消第一个跨期替代项。在风险规避的极端值下，即 $\gamma=199$（仍然使用 $E(\Delta c)=0.01$，$\sigma(\Delta c)=0.01$），它们正好抵消，留下 $r^f=\delta$。尽管高 γ 值有一些不同，但离散时间公式也有类似的表现。

利率变化与折现因子的条件均值

然而，也许我们过于教条了。有什么证据可以证明，当 $\gamma=50$ 时，$\delta=-0.38$；或者当 $\gamma=199$ 时，$\delta=0.01$？

实际利率不仅比平均水平低，而且在长期乃至国家之间相对稳定。在式（21.3）中 $\gamma=50$，意味着一个国家或一个消费增长高于正常水平 1 个百分点的繁荣时期的实际利率必须高于正常水平 50 个百分点，消费比正常水平低 1 个百分点的同时，实际利率也应该比正常水平低 50 个百分点——你支付 48％的利率来保存你的钱。我们从未见过这样的事情。

在时间可分离效用函数中，γ 等于 50～250 意味着消费者在本质上不愿意随着时间的推移替代（预期的）消费，因此巨大的利率变化必须迫使他们做出我们确实看到的消费增长的微小变化。这种对跨期替代的厌恶程度太大了。例如，想想你需要多少利率才能说服别人放弃度假。以一个年消费额为 50 000 美元的家庭为例，他们每年度假的花费为 2 500 美元（5％）。不过，如果利率足够高，这家人可能会被说服放弃今年的假期，明年再去度过一个更奢华的假期。所需利率为 $(52\,500/47\,500)^\gamma-1$。对于 $\gamma=250$，利率为 3×10^{11}；对于 $\gamma=50$，我们仍然需要 14 800％的利率。我认为大多数人会为了比上述低很多的利率而屈服，推迟度假！对大多数试图包含产出、投资、消费等动态变化的宏观经济模型来说，跨期替代的合理意愿是核心。

一如既往，我们可以将观察结果表示为折现因子的期望特征。虽然 m_{t+1} 的变化很大，但它的条件均值 $E_t(m_{t+1})=1/R_t^f$ 的变化不大。你可以用两种方式得到方差——条件均值的方差和非预期组合的方差；$var(x)=var[E_t(x)]+var[x-E_t(x)]$。利率稳定的事实意味着 50％或更多的无条件折现因子方差必须来自第二项。

幂函数形式真的不是问题。为了解决股权溢价和这些难题，我们必须引入一些关于边际效用函数不可分离性的其他论点。一个重要的关键是引入某种不可分离性，将跨期替代和风险规避区分开。

变化

> 仅仅提高利率是没有用的，因为所有股票投资组合的夏普比率也很高。
>
> 降低单只股票的风险不是一个显而易见的解决方案。个人消费的波动性不足以满足这个边界，而且与总消费相比股票收益的相关性也较小。
>
> 战后数据中的平均收益可能高估了真实的预期收益；3%～4%的目标并非不合理。

是利率"太低"了吗

大量文献试图解释股权溢价之谜，它们引入了使国债像货币一样的传导摩擦，因此认为短期利率被人为压低了。（Aiyagari and Gertler（1991）就是一个例子。）然而，在金融市场上，历史上夏普比率居高不下。做多小型股票，做空大型股票，或做多价值型（高账面/市场）和做空成长型股票的投资组合，夏普比率也会达到 0.5 或更高。

个人的冲击

也许我们应该放弃代表性行为人假设。个人收入冲击并不是完全保险的，因此个人收入和消费比总消费更具波动性。此外，在大多数样本中，只有一小部分人持有股票。

这种观点面临一场艰难的战斗。基本定价公式适用于每个投资者。个人收入的增长可能比总体更加不稳定，但是个人消费增长每年变化 50%～250% 是不可信的！请记住，这是非耐用品和服务的消费，以及来自耐用品的服务流，而不是耐用品的购买。

此外，个人消费增长与股票收益的相关性可能小于总消费增长，而且它的波动性越大，相关性就越小。举一个简单的例子，将个人消费增长写成等于总消费增长加上一个特定冲击，与经济范围内的变量不相关

$$\Delta c_t^i = \Delta c_t^a + \varepsilon_t^i$$

因此

$$\text{cov}(\Delta c_t^i, r_t) = \text{cov}(\Delta c_t^a + \varepsilon_t^i, r_t) = \text{cov}(\Delta c_t^a, r_t)$$

当我们加入更多的特定变量时，消费增长与任何总体（如股票收益）的相关性都会精确地按比例下降。遵循相关性之谜的逻辑，资产定价的含义完全未受影响。

运气和较低的目标

一个挥之不去的疑问是，美国战后平均股票收益的很大一部分可能代表的是好运，而不是事先的预期收益。

首先，股票收益的标准差如此高，以至于标准误差大得惊人。使用标准公式 $\sigma/\sqrt{T}$，得出 50 年数据平均股票收益的标准误差约为 $16/\sqrt{50} \approx 2.3$。这一事实表明预期收益的两个标准误差置信区间从大约 3% 扩展到了大约 13%！

在实证资产定价中，这是一个普遍存在的、简单但意外未得到充分重视的问题。从 20 年的数据来看，$16/\sqrt{20} = 3.6$，所以我们几乎不能说 8% 的平均收益率比零好。从统计的角度看，像股票 5 年的平均收益率几乎没有意义，因为 $16/\sqrt{5} = 7.2$。（这也是许多基金被要求跟踪相对于基准的误差限制的原因之一。即使收益和基准都非常不稳定，你也可以通过基准来衡量股票的表现。如果 $\sigma(R^i - R^m)$ 很小，那么即使 $\sigma(R^i)$ 和 $\sigma(R^m)$ 很大，$\sigma(R^i - R^m)/\sqrt{T}$ 也可以很小。

然而，大的标准误差可以证明，股权溢价确实高于战后的收益率。其他一些观点认为，过去 50 年 8% 的平均超额收益率中有很大一部分是由于运气，而真正的股权溢价更接近于 3%～4%。

Brown，Goetzmann and Ross（1995）认为美国的数据存在选择偏差。我在美国写这本书以及我从美国收集数据的原因之一是精确性，即美国的股票收益率和增长在过去的 50～100 年非常好。

解决这个问题的一种方法是查看其他示例。第二次世界大战前美国的平均收益率要低得多。根据 Shiller（1989）1871—1940 年的年度数据，标准普尔 500 指数的平均超额收益率仅为 4.1%。然而，Campbell（1999，表 1）研究了 1970—1995 年有股票市场数据的国家，发现平均股权溢价实际上与美国在这一时期相同。同期其他国家的平均超额收益率为 4.6%，而美国的平均超额收益率为 4.4%。

　　另一方面，Campbell 研究的国家和地区包括加拿大、日本、澳大利亚和西欧。这些国家和地区在战后很可能分享了美国的好运。很多国家我们没有数据，通常是因为这些国家的股票收益率非常低。正如 Brown，Goetzmann and Ross（1995）所指出的，回顾伦敦或纽约证券市场的历史对于投资者来说是非常令人欣慰的——股票似乎比债券提供了更大的溢价，市场大崩溃后似乎已经恢复良好。俄罗斯、德国和日本等其他主要市场的历史就没那么令人欣慰了。这些市场都经历过一次或多次重大干扰，使它们无法被纳入长期研究（我的重点）。

　　想想过去 50 年中没有发生的事情。我们没有银行业恐慌，也没有经济萧条；没有内战，也没有宪法危机。如果上述任何一件事情发生了，我们很可能会看到股票价值的灾难性下跌，而我也就不会写关于股权溢价之谜的文章了。

　　一种观点认为股票受到偶尔和高度不正常的世界大战、大萧条等影响，会使抽样的不确定性加大，这意味着任何样本的平均收益率（不包括极端情况下）大于实际的平均收益率，即比索问题（Reitz，1988）。

　　Fama and French（2000）注意到，样本的价格/股息比率在样本期开始时较低，结束时较高。这在很大程度上是运气使然——股息收益率在很长一段时间内保持稳定，无论是在经济繁荣时期还是经济萧条时期都会缓慢变化。使用收益线性化，我们可以很容易理解它们的替代计算

$$r_{t+1} = \Delta d_{t+1} + (d_t - p_t) - \rho(d_{t+1} - p_{t+1})$$

假设股息/价格比率是平稳的，我们可以估计平均收益率为：

$$E(r_{t+1}) = E(\Delta d_{t+1}) + (1-\rho)E(d_t - p_t)$$

右侧的表达式是股票无条件平均收益率为 3.4% 的估计。这与 9% 的样本平均收益率不同，因为战后样本的 d/p 比率大幅下降。

　　这里有一个基本的问题：在 1947 年（或 1871 年，或样本开始的任何时期）的人们清楚这一点吗？在整个时期内，股票的平均收益率将比债券高出 8%，而只受每年 16% 的变化的影响？考虑到这一点，投资者会改变他们的投资组合，还是会一直保持原样，耐心地解释这些平均收益率是通过他们不准备承担的风险换来的？如果人们预计到这些平均收益率，那么我们就面临一个巨大的挑战，那就是解释为什么人们不买更多的股票。这就是股权溢价之谜的基本假设和挑战。但用这种方式表述，答案就不那么明确了。我不认为我在 1947 年就能清楚地看出，美国不会再次陷入衰退

或另一场世界大战，而是会经历人类历史上从未出现过的半个世纪的经济增长和股票收益增长。在 1947 年或 1871 年，8% 的股票收益率似乎是一种极其甚至是非理性的过高预期。（顺便说一下，你可以就价值效应、市场时机选择或我们试图解释的其他谜题提出同样的问题。只有当你有理由相信人们理解平均收益率，并因为风险而回避时，用风险而不是运气来解释这些谜题才有意义。只有在这种情况下，收益溢价才会继续！）

这种考虑减少了（但不能完全解决）股权溢价之谜的困难程度。在消费波动率为 1% 的情况下，即便 3% 的股权溢价也很难理解。如果股权溢价为 3%，夏普比率为 $3/16 \approx 0.2$，那么我们仍然需要 20 的风险规避值，如果包含相关性则为 100。从 20 到 100 比从 50 到 250 好很多，但仍然是一个相当大的挑战。

可预测性和股权溢价

夏普比率随时间而变化，这意味着折现因子的波动必然会随时间而变化。由于消费波动似乎不会随着时间的推移而变化，这就导致风险规避必然会随着时间的推移而变化——这是条件股权溢价之谜。

传统的投资组合计算表明，人们并不是特别厌恶风险。这些计算隐含地假设消费与财富成比例地变化，并具有巨大的财富波动性。

如果股票收益均值回归，则 $E(R^e)/\sigma(R^e)$，因此 $\sigma(m)/E(m)$ 的上升速度比期限的平方根快。消费增长大致是独立同分布的，所以 $\sigma(\Delta c)$ 随着平方根上升。因此，均值回归意味着，对于长期投资者和长期收益而言，股权溢价之谜更糟糕。

我们已经追溯了无条件夏普比率和相对稳定的低利率的影响。股票收益的可预测性对折现因子也有重要的影响。

折现因子-条件股权溢价的异方差之谜

Hansen-Jagannathan 边界的适用当然是有条件的。

$$\frac{E_t(R^e_{t+1})}{\sigma_t(R^e_{t+1})} = -\rho_t(R^e_{t+1}, m_{t+1})\frac{\sigma_t(m_{t+1})}{E_t(m_{t+1})}$$

平均收益是可预测的，收益的标准差随时间而变化。然而，到目前为止，这两个矩是由不同的变量组合，在不同的期限中预测的——d/p、期限溢价等预测了长期的均值；过去的收益平方和隐含波动率预测了短期的方差——并且这些变量都在不同的时间发生变动。因此，左侧的条件夏普比率似乎会随着时间而变化。（Glosten，Jagannathan and Runkle（1993）、French，Schwert and Stambaugh（1987）和 Yan（2000）在条件均值和方差中发现了一些共同变动，但没有发现一个矩的所有变动都与另一个矩的变动相匹配。）

在右侧，条件平均折现因子等于无风险利率，因此随着时间的推移，折现因子必须相对稳定。时变条件相关性是一种可能，但很难解释。因此，收益的可预测性强烈地表明折现因子必须是有条件的异方差——$\sigma_t(m_{t+1})$ 必须随时间而变动。当然，波动率边界上的折现因子，或者折现因子的模拟投资组合必须具有时变的波动率，因为它们都有 $\rho=1$。

在标准时间可分离模型中，$\sigma_t(m_{t+1})=\gamma_t\sigma_t(\Delta c_{t+1})$。因此，我们需要时变的消费风险或时变的曲率；简单来说，这是一种时变的风险规避。数据没有显示太多的证据表明消费增长的条件异方差，这导致人们倾向于关注一个时变的曲率。然而，在这种情况下，高曲率是有帮助的：如果 γ 足够高，一个很小的，或许在统计上难以测量的消费异方差可以产生大量的折现因子异方差。（Kandel and Stambaugh（1990）采用这种方法来解释可预测性。）

CAPM、投资组合和消费

股权溢价之谜的核心在于消费的平稳性。这就是在金融理论发展的早期，它没有被注意到的原因。反过来，消费的平稳性与收益的可预测性密切相关。

在标准的投资组合分析中，毫无疑问，具有正常风险规避水平的人不想持有更多的股票。在通常的一阶条件下，当 $\Lambda=V_W(W)$ 时，我们也可以用财富来表示 Hansen-Jagannathan 边界，类似于式（21.2）

$$\frac{|E(r)-r^f|}{\sigma(r)}\leqslant\frac{-WV_{ww}}{V_w}\sigma(\Delta w) \tag{21.4}$$

$-WW_{ww}/V_w$ 实际上是风险规避的衡量标准，与大多数调查和证据相对应，因为它代表了对财富押注而不是对消费押注的厌恶。

对于持有股票的市场投资组合的投资者来说，$\sigma(\Delta w)$ 是收益率的标准差，约为 16%。当市场夏普比率为 0.5 时，我们找到了风险规避的下限

$$\frac{-WV_{ww}}{V_w}=\frac{0.5}{0.16}\approx3$$

此外，财富和股市之间的相关性也体现在这一计算中，因此没有出现相关性之谜来提高必要的风险规避水平。这是经常被引用的 Friend and Blume（1975）对风险规避水平计算的核心，这一观点的来源之一是，3～5 是风险规避的正常水平，而不是 50 或 250。

其致命的弱点是隐藏的简化假设，即收益随时间的推移是独立的，投资者没有其他收入来源，因此除了财富之外，没有其他变量显示在其边际价值 V_w 中。在这样一个独立同分布的观念中，消费与财富一对一地变动，而且 $\sigma(\Delta c)=\sigma(\Delta w)$。如果你的财富翻倍，而其他一切都没有改变，你的消费就会翻倍。因此，这个计算隐藏了一个基于消费的模型，而该模型有一个与事实截然相反的暗示，即消费增长有 16% 的标准差。

所有这些计算都表明，在一个消费像股票收益一样具有 16% 波动率的模型中，我们不需要用高风险规避来解释股权溢价。因此，股权溢价的核心是消费的平稳性。只看你的财富和投资组合，不会注意到任何异常。

同样，回归 CAPM 或因子模型也不能解决这个问题。CAPM 是专门化的基于消费的模型，而不是一个替代品，因此隐藏了股权溢价之谜。大多数 CAPM 的实现都将市场溢价视为给定的，忽略了模型推导过程中与消费的联系，并将市场溢价作为一个自由参数进行估计。股票溢价之谜的问题是，市场溢价本身是否有意义。

长期股权溢价之谜

年消费比财富平稳得多，这是一个重要的信息。从长期来看，消费必须与财富同步变动，因此消费和财富的波动性必须是相同的。因此，我们知道世界离独立同分布还很远，在理解风险溢价时，可预测性将是一个重要问题。

可预测性意味着均值回归和夏普比率的上升速度比期限的平方根快。因此

$$\frac{E(R^e_{t\to t+k})}{\sigma(R^e_{t\to t+k})}\leqslant\frac{\sigma(m_{t\to t+k})}{E(m_{t\to t+k})}\approx\gamma\sigma(\Delta c_{t\to t+k})$$

如果股票确实是均值回归，那么折现因子波动率的增长速度必须快于期限的平方根。消费增长接近独立同分布，因此消费增长的波动率只会随着期限的平方根而增大。因此，均值回归意味着，从长期投资角度看，股票溢

价的问题甚至更糟。

21.2 新模型

最后，我们想用一个模型来解释高市场夏普比率、在低且相对稳定的利率下股票收益的高水平和高波动性、具有小波动性大致独立同分布的消费增长，以及解释超额收益的可预测性，即今天的高价格对应未来的低超额收益。最终，我们希望该模型也能解释债券和外汇收益的可预测性、股票收益的时变波动和预期收益的横截面变化，除了拟合所有的事实外，人们在模型中没有表现出对财富押注的异常厌恶就更好了。

我首先概述了解决这些难题的大多数模型共有的特性。然后，我重点研究了两个模型：Campbell-Cochrane（1999）的习惯持续性模型和 Constantinides and Duffie（1996）的无保险特殊风险模型。我们在这些模型中揭示的机制适用于一个大类型。Campbell-Cochrane 模型是文献中通过改变代表代理人的偏好来攻击股权溢价的一个代表性模型。Constantinides 和 Duffie 的模型是通过对不确定的特殊风险、市场摩擦和有限参与建模来攻击股权溢价的代表性模型。

新模型的概述

添加状态变量是解决实证难题的自然途径。投资者不应特别害怕持有股票带来的财富或消费效应，而应害怕股票在特定时期或特定自然状态下表现糟糕这一事实。一般来说，大多数解决方案都引入了类似衰退状态变量的东西。这一事实使股票与纯粹的财富押注不同，而且更令人担忧，后者的风险与投资者的经济状况无关。

在 ICAPM 中，我们通过指定一些东西来获得这类模型，因此在价值函数 $V(W, z)$ 中有一个额外的衰退状态变量 z。那么，预期收益就是

$$E(r) - r^f = \frac{-W V_{WW}}{V_W} \mathrm{cov}(\Delta W, r) - \frac{z V_{Wz}}{V_W} \mathrm{cov}(z, r) \tag{21.5}$$

在效用框架中，我们在效用函数 $u(C, z)$ 中添加其他参数，因此

$$E(r) - r^f = \frac{-C u_{CC}}{u_C} \mathrm{cov}(\Delta C, r) - \frac{z u_{Cz}}{u_C} \mathrm{cov}(z, r) \tag{21.6}$$

额外的效用函数参数必须不可分离地代入。如果 $u(C, z) = f(C) + g(z)$，则 $u_{Cz} = 0$。所有效用函数的修改都是这样的——它们添加了额外的事项，比如休闲、随着时间以习惯持久性的形式存在的不可分离性，或者在自然状态中存在的不可分离性。因此，下雨时的消费影响天晴时的边际效用。

关于股权溢价的文献告诉我们，第二项必须涵盖市场溢价的所有内容。由于在第 20 章中调查的横截面研究似乎指出了某种类似衰退因子的东西作为预期收益横截面变化的主要决定因素，而且由于时间序列研究指出了与衰退相关的时变风险溢价，一个令人满意的统一似乎近在咫尺，即 CAPM 对于风险定价中独立同分布的假设也将得到根本性修正。

收益的可预测性暗示了状态变量的自然来源。遗憾的是，这个标志是错误的。当预期的后续收益较低时，股价会上涨，这一事实意味着，股票和债券一样，都是对冲自身机会集受到冲击的好工具。因此，添加可预测性的影响通常会降低预期收益。（这个句子中的"通常"很重要。zV_{wz} 效应的符号依赖于效用函数和环境。例如，对数效用函数就没有风险溢价。）

因此，我们需要一个额外的状态变量，一个足够强大的状态变量来解释股权溢价（因为式（21.5）和式（21.6）中的第一项不能胜任这个工作），一个更强大的状态变量可以克服可预测性的影响。衰退时期是低价格和高预期收益的时期。我们想要一种模型，在其中衰退是糟糕的时期，这样投资者就会担心经济衰退时期股票的收益不好。但对于纯粹的默顿投资者来说，高预期收益是好时期。因此，描述衰退的其他状态变量——高风险规避、低劳动收入、高劳动收入的不确定性、流动性等必须克服高预期收益的好时期，并表明这个时期实际上是糟糕的。

习惯

从价格/股息比率角度来说，收益的可预测性一个自然的解释是，在繁荣时期，当消费和财富增加时，人们的风险规避水平会降低；在衰退时期，当消费和财富减少时，人们的风险规避水平会提高。我们不能把风险规避水平与消费和财富水平联系起来，因为随着时间的推移，财富会增加，而股权溢价并未下降。因此，为了追求这一理念，我们必须设定一个模型，在这个模型中，风险规避水平取决于相对于某种趋势或最近的消费或财富水平。

根据这一观点，Campbell and Cochrane（1999）明确指出，人们会慢慢养成较高或较低消费的习惯。因此，习惯就形成了消费的趋势。这种想法并非难以置信。任何吃过一顿丰盛的披萨晚餐或抽过烟的人都知道，昨天的消费会影响今天消费的感觉。类似的机制是否适用于一般和长期的消费？也许我们已习惯了日常的生活水平，所以在经历了几年的繁荣之后，消费水平的下降会对我们造成伤害，即使在经历了多年的萧条之后，同样的消费水平看起来也很不错。这种想法至少可以解释衰退是一件可怕的事情，即便是衰退之年也可能只是人类历史上第二或第三个好的年份，而不是绝对最好的年份。法律、习俗和社会保险也对消费水平下降和低消费水平提供了保障。

按照 Abel（1990）的方法，我们指定了一种外部的，或"攀比"的习惯形成形式。在这个模型中，这主要是一种技术上的便利，我们认为这对总消费和资产价格的结果没有太大影响。然而，它似乎捕捉到了很多有趣的行为。许多投资者似乎更关心保持领先于他们的同事，而不是关心他们的绝对表现。他们对自己的投资要求较低的跟踪误差，这意味着他们放弃了平均收益机会（如价值），以确保他们的投资在市场上涨时不会落后。我们还认为，这种规范对于协调总体上的强大习惯与微观经济数据可能至关重要。如果得到一笔意外之财，大多数人会很快花掉。这种行为与一种内在习惯相一致，但如果每个人的习惯是由自己的消费所驱动的，那么消费水平就会在获得意外之财后慢慢上升。

模型

我们建立了一个消费增长独立同分布的禀赋经济模型：

$$\Delta c_{t+1} = g + v_{t+1}, \quad v_{t+1} \sim \text{i. i. d. } \mathcal{N}(0, \sigma^2)$$

我们将效用函数 $u(C)$ 替换为 $u(C-X)$，其中 X 表示习惯的水平

$$E \sum_{t=0}^{\infty} \delta^t \frac{(C_t - X_t)^{1-\gamma} - 1}{1-\gamma}$$

习惯应该对消费做出缓慢的响应，比如

$$x_t \approx \lambda \sum_{j=0}^{\infty} \phi^j c_{t-j} \tag{21.7}$$

或者，同样

$$x_t = \phi x_{t-1} + \lambda c_t \tag{21.8}$$

（在本节中，小写字母表示大写字母的对数，即 $c_t = \ln C_t$ 等。）

我们不是让习惯本身遵循 AR(1)，而是让消费与习惯的剩余消费比

率遵循 AR(1)：

$$S_t = \frac{C_t - X_t}{C_t}$$

$$s_{t+1} = (1-\phi)\bar{s} + \phi s_t + \lambda(s_t)(c_{t+1} - c_t - g) \tag{21.9}$$

由于 s 包含 c 和 x，所以这个公式也指定了 x 如何响应 c，并且它在局部上与式（21.7）相同。我们还允许消费在不同的状态下通过指定一个平方根类型的过程而不是简单的 AR(1) 来影响习惯。

$$\lambda(s_t) = \frac{1}{S}\sqrt{1 - 2(s_t - \bar{s})} - 1 \tag{21.10}$$

$$\bar{S} = \sigma\sqrt{\frac{\gamma}{1-\phi}} \tag{21.11}$$

式（21.9）而不是式（21.7）的额外复杂性意味着消费总是超过习惯，因为 $S = e^s > 0$。禀赋经济中的其他习惯模型可以给出低于习惯的消费，从而导致无限或想象的边际效用。

S_t 变成了这个经济体中唯一的状态变量。时变的预期收益、价格/股息比率等都是这个状态变量的函数。

边际效用是

$$u_c(C_t, X_t) = (C_t - X_t)^{-\gamma} = S_t^{-\gamma} C_t^{-\gamma}$$

该模型假设了一个外部习惯，即每个人的习惯是由其他人的消费决定的。这种简化使我们可以忽略当前的消费对未来习惯的影响。

对于边际效用，我们现在有一个折现因子：

$$M_{t+1} \equiv \delta \frac{u_c(C_{t+1}, X_{t+1})}{u_c(C_t, X_t)} = \delta\left(\frac{S_{t+1}}{S_t}\frac{C_{t+1}}{C_t}\right)^{-\gamma}$$

由于我们对于 S 和 C 有一个随机过程，且均为对数正态，我们可以通过评估折现因子的条件均值来评估无风险利率

$$r_t^f = -\ln E_t(M_{t+1}) = -\ln(\delta) + \gamma g - \frac{1}{2}\gamma(1-\phi) \tag{21.12}$$

我们放弃了解析解，并通过在网格上迭代将价格/股息比率作为状态变量的函数来评估：

$$\frac{P_t}{C_t}(s_t) = E_t\left[M_{t+1}\frac{C_{t+1}}{C_t}\left(1 + \frac{P_{t+1}}{C_{t+1}}(s_{t+1})\right)\right]$$

通过价格/股息比率，我们可以计算收益、预期收益等。

股权溢价和可预测性

我们选择参数，模拟 10 万个人工数据点，用人工数据进行标准统计和试验。战后数据中，参数 $g=1.89$，$\sigma=1.50$，$r^f=0.94$。参数 $\phi=0.87$ 匹配价格/股息比率的自相关性，$\gamma=2.00$ 匹配战后的夏普比率。由模型得到 $\delta=0.89$，$\overline{S}=0.057$。

表 21.1 给出了模型预测的均值和标准差。该模型复制了战后的夏普比率，带有 0.94％的无风险利率和合理的主观折现因子 $\delta<1$。当然，我们选择了相关参数来实现这一点，但考虑到股权溢价的讨论，我们能够选择任意参数来实现这些矩已经是一个成就。

表 21.1　模拟数据和历史数据的均值和标准差

统计量	消费类模型	股息类模型	战后数据
$E(R-R)^*/\sigma(R-R)^*$	0.50		0.50
$E(r-r^f)$	6.64	6.52	6.69
$\sigma(r-r^f)$	15.2	20.0	15.7
$\exp[E(p-d)]$	18.3	18.7	24.7
$\sigma(p-d)$	0.27	0.29	0.26

注：按月对模型进行模拟；统计数据是根据人工时间平均数据按年度频率计算的。 * 表示选择模型参数进行复制的统计量。所有的收益都是按年百分比计算的。

一些模型可以复制夏普比率，但不能复制预期收益水平和收益波动率。$E=1\%$ 和 $\sigma=2\%$ 的夏普比率为 0.5。这个模型也预测了正确的水平。该模型还得到了大致正确的价格/股息比率水平。

表 21.2 显示了人工数据如何与价格/股息比率收益的可预测性相匹配，接着进一步说明了该模型是如何与波动率检验结果相匹配。波动率检验结果表明，几乎所有的收益变化都是预期超额收益的变化、价格大幅下跌后较高波动率的杠杆效应以及几个相关现象造成的。

表 21.2　长期收益回归

期限 (年)	消费类模型		战后数据	
	10×系数	R^2	10×系数	R^2
1	−2.0	0.13	−2.6	0.18
2	−3.7	0.23	−4.3	0.27

续表

期限（年）	消费类模型		战后数据	
	10×系数	R^2	10×系数	R^2
3	−5.1	0.32	−5.4	0.37
5	−7.5	0.46	−9.0	0.55
7	−9.4	0.55	−12.1	0.65

它是如何工作的

该模型是如何克服上述所有的股权溢价-无风险利率难题，并同时解释可预测性的？

当消费者有一种习惯时，局部曲率取决于消费超过习惯的程度，以及幂系数 γ。

$$\eta_t \equiv \frac{-C_t u_{cc}(C_t - X_t)}{u_c(C_t - X_t)} = \frac{\gamma}{S_t}$$

随着消费逐渐趋向于习惯，人们越来越不愿意容忍消费的进一步下降；他们变得非常厌恶风险。因此，一个低幂效用系数 γ 仍然意味着一个高的时变曲率。回忆一下夏普比率的基本方程

$$\frac{E_t(r) - r_t^f}{\sigma_t(r)} \approx \eta_t \sigma_t(\Delta c) \operatorname{corr}_t(\Delta c, r)$$

高曲率 η_t 意味着模型可以解释股权溢价，曲率 η_t 随着时间的变化而变化，即消费在经济繁荣时期上升，在衰退时期下降，这意味着模型可以解释时变和反周期（衰退时期高，繁荣时期低）夏普比率，尽管存在固定的消费波动 $\sigma_t(\Delta c)$ 和相关性 $\operatorname{corr}_t(\Delta c, r)$。

到目前为止一切都很好，但我们仅仅知道提高曲率意味着高且时变的利率吗？这个模型通过预防性储蓄避开了利率问题。假设我们正处于一个糟糕的时期，消费水平相对于习惯较低。人们希望为未来更高的消费而借款，而这种力量应该会推高利率。（事实上，许多习惯模型的利率波动很大。）然而，当消费水平较低时，人们对风险的厌恶程度也要高得多。这种考虑促使他们增加储蓄积累资产，以应对未来可能更糟糕的情况。这种预防性的储蓄欲望压低了利率。我们的 $\lambda(s)$ 规范使这两种力量完全抵消，导致了恒定的实际利率。

　　预防性储蓄的动机也使得该模型与不同时间和国家的消费增长变化相一致。将式（21.11）和式（21.12）相加，可以写成

$$r^f = \rho + \gamma g - \frac{1}{2}\left(\frac{\gamma}{S}\right)^2 \sigma^2$$

幂系数 $\gamma = 2$ 控制了消费增长与利率之间的关系，曲率系数 γ/S_t 控制了风险溢价。因此，该习惯模型允许高风险规避和低跨期替代规避，它与消费和利率数据一致。

　　正如所宣传的那样，这个模型从根本上改变了消费者害怕持有股票的原因，从而解释了股权溢价和可预测性。k 期随机折现因子为：

$$M_{t \to t+k} = \delta^k \left(\frac{S_{t+k}}{S_t} \frac{C_{t+k}}{C_t}\right)^{-\gamma}$$

S 冲击的协方差现在驱动平均收益以及 C 冲击的协方差。$S = (C - X)/C$ 是一个衰退指标，在经历了几个季度的消费下降后处于低位，在繁荣时期则处于高位。

　　当 $(C_{t+k}/C_t)^{-\gamma}$ 和 $(S_{t+k}/S_t)^{-\gamma}$ 对称地代入公式，$\gamma = 2$ 时，$(C_{t+k}/C_t)^{-\gamma}$ 的波动率是如此之低，以至于它基本上没有风险溢价。因此，$(S_{t+k}/S_t)^{-\gamma}$ 的变化要大得多，并且几乎可以解释所有的风险溢价，这肯定是正确的。在式（21.5）和式（21.6）的默顿语言中，预期收益中资产的变化是由衰退时资产的协方差变化驱动的，而不是由消费增长时资产的协方差变化驱动的。

　　短期来看，对 S_{t+1} 和 C_{t+1} 的冲击是同时发生的，因此衰退状态变量与消费风险之间的差异很小；可以把 S 看作边际效用中消费风险的放大机制。$dS/\partial C \approx 50$，因此，这种放大产生了所需的折现因子波动性。

　　然而，从长远来看，S_{t+k} 与 C_{t+k} 的条件相关性越来越小。相对于它不远的过去，S_{t+1} 取决于 C_{t+k}，但总体消费水平可能高或低。因此，投资者害怕股票，是因为在偶尔的严重衰退时期，如最近的紧缩时期，股票表现糟糕。从长远来看，这些风险与长期平均消费增长的风险无关。

　　另一种理解该模型工作原理的方法是，在 s 过程中，我们可以将式（21.9）代入，并将边际替代率写成

$$M_{t+1} = \delta \left(\frac{S_{t+1}}{S_t} \frac{C_{t+1}}{C_t}\right)^{-\gamma}$$

$$\ln M_{t+1} = \ln \delta - \gamma(s_{t+1} - s_t) - \gamma(c_{t+1} - c_t)$$

$$
\begin{aligned}
&= \{\ln\delta - \gamma(1-\phi)\overline{s}\} + \{\gamma(1-\phi)s_t + \gamma g\lambda(s_t)\} \\
&\quad - \gamma[\lambda(s_t)+1](c_{t+1}-c_t) \\
&= a + b(s_t) + d(s_t)(c_{t+1}-c_t)
\end{aligned}
$$

至于对数与水平的问题，这是我们在第 8 章中研究过的比例因子模型。它仍然是一个基于消费的模型，但是折现因子对消费的敏感性会随着时间的推移而变化。

长期股权溢价更是一个谜题。大多数衰退状态变量，如 GDP 增长、劳动力和预期收益时变工具（投资机会集的变化），都是平稳的。因此，其增长率的标准差最终会随着期限停止增长。在足够长的时间段里，折现因子的标准差由消费增长项的标准差所主导，我们又回到了股权溢价的问题。

由于这个模型产生了正确符号的可预测性，它产生了一个长期股权溢价之谜。它是如何利用稳态变量 S_t 实现这一壮举的，这一点很微妙。（我们直到倒数第二稿才注意到它！）答案是当 S_t 是稳态的时候，$S_t^{-\gamma}$ 不是。S_t 有一个接近于零的大尾数，所以 $S_{t+k}^{-\gamma}$ 的条件方差无限增长。

稳态变量 S 和非稳态变量 $S^{-\gamma}$ 之间的区别一开始看起来很小，但实际上很重要。任何通过附加的稳态变量来解释长期和短期股权溢价的模型，都必须找到类似的转换，从而使随机折现因子的波动性在长期内保持在高位。

这个模型确实存在高风险规避。效用曲率和价值函数曲率都很高。许多作者要求股权溢价之谜的"解"要表现出低风险规避。这是一个值得称赞的目标，目前还没有模型能够实现。目前没有一个模型能在利率较低且相对稳定、低风险规避以及正确的可预测性（高价格预测低收益，而不是高收益）模式下产生股权溢价，而且消费基本上是随机游走的。Constantinides（1990）和 Boldrin，Christiano and Fisher（2001）是具有较高股权溢价和低风险规避的习惯模型，但它们没有正确把握可预测性模式。Boldrin，Christiano and Fisher（2001）采用高度可变的利率来防止消费被预测。Constantinides（1990）的利率是恒定的，但消费增长是序列相关的，因此消费的增长是为了与财富增长独立同分布。长期股权溢价是通过与事实相反的长期消费波动性来解决的。

异质性行为人和特殊风险

学术界长久以来使用较为标准的（投资者）偏好解释股权溢价问题，

然而却增加了不确定的异质性风险。与偏好文献一样，除股权溢价之外，研究（投资者）偏好的文献也很有趣。我们了解了很多关于谁持有股票、为什么持有以及他们面临的风险。我们面临的挑战是思考新的资产和创造性的方法以利用现有资产来更好地分担风险。

Constantinides and Duffie（1996）提供了一个非常好的简单模型，在这个模型中，特殊风险可以被调整成总消费和资产价格的任何模式。它可以产生股权溢价、可预测性、相对稳定的利率、平稳且不可预测的总消费增长等。此外，它不需要交易成本、借贷限制或其他摩擦，而且个人消费者可以有任何非零的风险规避值。当然，我们仍然需要评估我们为解释资产定价现象而构建的特殊风险过程是否合理，是否与微观经济数据相符。

模型的一个简化版本

我从一个非常简化的 Constantinides-Duffie 模型开始。每个消费者 i 都有幂效用

$$U = E \sum_t e^{-\delta t} C_{it}^{1-\gamma}$$

个人消费增长 C_{it+1} 是由一个独立的、特殊的正态分布（0，1）冲击 η_{it} 决定的

$$\ln\left(\frac{C_{it+t}}{C_{i,t}}\right) = \eta_{it+1} y_{t+1} - \frac{1}{2} y_{t+1}^2 \tag{21.13}$$

式中，y_{t+1} 是消费增长的横截面标准差，由它乘以冲击 η_{it}。y_{t+1} 是在 $t+1$ 时给定的横截面标准差。首先确定总量，然后加入冲击 η_{it+1}。

现在，y_{t+1} 是指定的，所以人们在低市场收益 R_{t+1} 的日期看到了高的消费增长的横截面方差

$$y_{t+1} = \sigma\left[\ln\left(\frac{C_{it+1}}{C_{it}}\right) \Big| R_{t+1}\right] = \sqrt{\frac{2}{\gamma(\gamma+1)}} \sqrt{\delta - \ln R_{t+1}} \tag{21.14}$$

在这种结构下，个人真的愿意消费 $\{C_{it}\}$，而不进一步交易股票。（我们可以称 C_{it} 为收入 I_{it}，证明最优决策规则是去消费收入 $C_{it} = I_{it}$。）最优消费投资组合决策的一阶条件

$$1 = E_t\left[e^{-\delta}\left(\frac{C_{it+1}}{C_{it}}\right)^{-\gamma} R_{t+1}\right]$$

成立。

为了证明这个论断，只需代入 C_{it+1}/C_{it} 并取期望：

$$1 = E_t \exp\left[-\delta - \gamma\eta_{it+1}y_{t+1} + \frac{1}{2}\gamma y_{t+1}^2 + \ln R_{t+1}\right]$$

由于 η 独立于其他任何变量，我们可以使用 $E[f(\eta y)] = E[E(f(\eta y \mid y))]$。现在使用 η 的正态分布（0，1）

$$E(\exp[-\gamma\eta_{it+1}y_{t+1}] \mid y_{t+1}) = \exp\left[\frac{1}{2}\gamma^2 y_{t+1}^2\right]$$

因此，我们有

$$1 = E_t \exp\left[-\delta + \frac{1}{2}\gamma^2 y_{t+1}^2 \; \frac{1}{2}\gamma y_{t+1}^2 + \ln R_{t+1}\right]$$

代入式（21.14）

$$1 = E_t \exp\left[-\delta + \frac{1}{2}\gamma(\gamma+1)\left(\frac{2}{\gamma(\gamma+1)}\right)(\delta - \ln R_{t+1}) + \ln R_{t+1}\right]$$

$$= 1 \, !$$

一般模型

在一般模型中，Constantinides 和 Duffie 定义

$$y_{t+1} = \sqrt{\frac{2}{\gamma(\gamma+1)}}\sqrt{\ln m_{t+1} + \delta + \gamma\ln\frac{C_{t+1}}{C_t}} \tag{21.15}$$

式中，C_t 是总消费；m_t 是一个对考虑的所有资产定价的严格的正折现因子。

$$p_t = E_t[m_{t+1}x_{t+1}] \quad \text{对于所有的 } x_{t+1} \in \underline{X} \tag{21.16}$$

通过从一个可以为大量资产定价的折现因子开始（我使用折现因子 R_{t+1}^{-1} 来为式（21.14）中的单项收益 R_{t+1} 定价），可以构建特殊风险以精确地为大量资产定价。我们可以准确匹配夏普比率、收益可预测性等数据的特征。

然后，让

$$\ln\left(\frac{v_{it+1}}{v_{it}}\right) = \eta_{it+1}y_{t+1} - \frac{1}{2}y_{t+1}^2$$

$$C_{it+1} = v_{it+1}C_{t+1}$$

考虑到总收益和总消费，y_{t+1} 仍然是消费增长的条件标准差。这种变化使得总消费具有不确定性。我们还可以根据消费利率的实际情况来调整特殊风险。

按照与之前完全相同的论证，我们现在可以证明

$$1 = E_t \left[e^{-\delta} \left(\frac{C_{it+1}}{C_{it}} \right)^{-\gamma} R_{t+1} \right]$$

这适用于所有以 m 定价的资产。

一个技术的假设

敏锐的读者会注意到式（21.14）和式（21.15）的平方根项可能是负的。Constantinides 和 Duffie 通过假设在自然状态下折现因子 m 满足

$$\ln m_{t+1} \geqslant - \left(\delta + \gamma \ln \frac{C_{t+1}}{C_t} \right) \tag{21.17}$$

排除了这种可能性。因此，平方根项是正的。

我们有时可以通过在 $m_{t+1} = \max[a + b'x_{t+1}, \ e^{\delta}(C_{t+1}/C_t)^{\gamma}]$ 中选择参数 a，b 来构造折现因子以满足式（21.16）。然而，无论是这个构造还是一个满足式（21.17）的折现因子都不可能存在于任何一组资产中。式（21.17）是人们熟悉的限制 $m_{t+1} \geqslant 0$ 的一种更严格的形式，这相当于在考虑的资产中不存在套利。Bernardo and Ledoit（2000）的研究表明，限制 $m > a$ 等同于对所考虑的资产集可提供的最大损益比率进行限制。因此，该定理实际上并不适用于任何无套利报酬集。

例子 $m = 1/R$ 是一个正的折现因子，对单一资产收益 $1 = E(R^{-1}R)$ 定价，但不一定满足式（21.17）。对于高 R，我们可以得到负的 $\ln 1/R$。这个例子仅在 R 的分布限制为 $R \leqslant e^{\delta}$ 时才适用。

模型是如何产生作用的

正如 Campbell-Cochrane 模型被公然地（而且自豪地）反向设计，以克服（此处是为了说明）具有代表性的消费者模型的已知缺陷一样，Constantinides-Duffie 模型也被反向设计，以克服特殊风险模型的已知缺陷。

如 21.1 节所述，特殊风险的例子面临两个严峻的挑战。首先，基本的定价公式适用于每个人。如果我们有低风险规避水平和幂函数效用，那么消费所需的巨大波动性对任何个人来说都是难以置信的。其次，如果加上与资产收益不相关的特殊风险，那么它对定价含义就没有影响。Constantinides 和 Duffie 的主要贡献是巧妙地解决了第二个问题。

在特殊风险模型中，我们不能像在具有代表性代理人的禀赋经济中那样直接指定个人消费，然后直接求出价格。禀赋经济结构表明，总消费是固定的，价格必须进行调整，以使消费者乐于在给定的总消费流中消费。然而，个人之间总是可以进行消费交易的。资产的全部意义在于，一个人可以向另一个人出售一些消费，以换取在未来一段时间内的一些消费收益。我们必须给个人特殊的收入冲击，然后检查他们是否不想放弃特殊冲击，或者在他们放弃之后找到均衡消费。

早期的特殊风险论文很快就发现，消费者通过交易现有资产集来摆脱特殊风险是多么聪明。Telmer（1993）和 Lucas（1994）发现，如果给人们短暂但没有保险的收入冲击，他们会通过借贷或积累储蓄来应对。就像在经典的永久收入模型中一样，消费只会对利率乘以永久收入的变化做出响应，而在利率足够低的情况下，则完全不会。通过储蓄实现的自我保险消除了额外的收入波动，我们又回到了平稳的个人消费和股票溢价之谜上。

Constantinides 和 Duffie 通过使特殊冲击永久化来解决这个问题。正态的冲击 η_{it} 决定了消费增长。在对微观经济数据进行评估时，这督促我们寻找永久性冲击的来源。

从更深的层次上讲，这就是为什么特殊消费冲击必须与市场不相关。我们可以给个人带来与市场相关的特殊收入冲击。假设 A 在市场繁荣时获得更多收入，B 在市场衰退时获得更多收入，则 A 会做空市场，B 会做多市场，他们会交易掉任何与可用资产收益相关的冲击。我在 21.1 节中指出，这种效应使特殊冲击不太可能用来解释股权溢价之谜。与资产定价无关的冲击，以及与资产收益相关的冲击，很快就会消失。

唯一的出路是利用边际效用的非线性。我们可以给人们提供与收益不相关的收入冲击，这样它们就不能被交易掉。然后我们用一个非线性边际效用函数，将这些冲击转化为与资产收益相关的边际效用冲击，从而影响定价。这就是为什么 Constantinides 和 Duffie 指出，当市场下行时，特殊风险的方差会上升。如果边际效用是线性的，方差的增加对边际效用的平均水平没有影响。因此，Constantinides 和 Duffie 指定了幂效用，并且非线性边际效用和不断变化的条件方差的相互作用产生了股权溢价。

用一个简单的计算显示基本的思想，从使用幂效用的个人 i 开始，因此

$$0 = E\left[\left(\frac{C_{t+1}^{i}}{C_{t}^{i}}\right)^{-\gamma} R_{t+1}^{e}\right]$$

现在对 i 进行求和，$E_N = \dfrac{1}{N} \displaystyle\sum_{i=1}^{N}$

$$0 = E\left[E_N\left(\left(\frac{C_{t+1}^i}{C_t^i} \right)^{-\gamma} \right) R_{t+1}^e \right]$$

如果消费增长的横截面变化是对数正态分布

$$0 = E\left[\left(\mathrm{e}^{-\gamma E_N \Delta c_{t+1}^i + \frac{\gamma^2}{2} \sigma_N^2 \Delta c_{t+1}^i} \right) R_{t+1}^e \right]$$

如你所见，与总消费 $\Delta c_{t+1}^a = E_N \Delta c_{it+1}$ 的代表性代理人相比，经济表现出了更大的风险规避。如果 σ_N 随时间变化，风险规避也会随时间变化，而这种变化会产生风险溢价。

微观经济评价与风险规避

与 Campbell-Cochrane 模型一样，这可能是对股市（和宏观经济）风险的一种新观点，也可能只是对迄今为止令人不安的一类模型的一个巧妙的存在证明。第一个问题是，该模型描绘的微观经济图景是否正确，甚至是否可信。特殊风险足够大吗？当市场下行时，特殊风险真的会上升，并足以解释股权溢价吗？是否存在足够多的永久性特殊冲击？在劳动力市场风险较高时，人们真的会因为股票收益率低而回避股票吗？

这个模型没有改变第一个谜题。为了让幂效用消费者远离股市，它们仍必须拥有具有极大波动性的消费增长，或者高度的风险规避。这个模型的意义在于表明，在均衡状态下消费者如何受困于高消费波动性，这已经是一项艰巨的任务了。

比波动性本身更严重的是，消费增长差异还代表了个人消费和收入分布随时间的分散，因为冲击必须是永久性的，而且是独立的。我们需要 50% 或更大的消费增长波动率来调和夏普比率与风险规避，这意味着消费（和收入）的分配也必须以每年 50% 的速度展开。消费的分配确实是分散的，但没有这么多。

例如，Deaton and Paxson（1994）指出，在一个年龄群体中，对数消费的横截面方差从 20 岁的 0.2 上升到 60 岁的 0.6。这一估计值意味着消费的横截面标准差从 20 岁的 $\sqrt{0.2} = 0.45$ 或 45% 上升到 60 岁的 $\sqrt{0.6} = 0.77$ 或 77%。（77% 表示比均值水平高一个标准差的个体比平均消费者多消费 77%。）我们又回到了每年 1% 的水平。

最后，也是最关键的一点是，关于个人收入的横截面不确定性不仅要大，而且必须在市场走低时更高。毕竟，这一风险因子是 Constantinides-Duffie 模型解释市场溢价的核心元素。图 21.1 显示了在我的 Constantinides-Duffie 模型的简单版本中，消费增长的横截面标准差如何随市场收益和风险规避而变化。如果我们坚持低（γ 等于 1～2）风险规避，消费增长的横截面标准差必然对市场收益水平极其敏感。例如，看一下 $\gamma=2$ 曲线，市场收益率为 5％的年份，消费增长的横截面变化为 10％，而市场 5％的轻微下行与 25％的横截面变化相关，这是否合理？

　　如果我们允许高风险规避而不是大风险驱动股权溢价，那么所有这些实证问题都可以避免。在图 21.1 中，$\gamma=25$ 的曲线看起来是可能的；$\gamma=50$ 的曲线看起来更好。在高风险规避的情况下，我们不需要具体说明高度波动的个人消费增长、收入分配之外的分散或横截面方差对市场收益的显著敏感性。

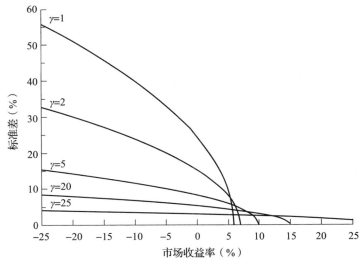

图 21.1　在简单 Constantinides-Duffie 模型中个人消费增长的横截面标准差作为市场收益率的函数

注：结果显示变量 $y_t = \sqrt{\dfrac{2}{\gamma(\gamma+1)}}\sqrt{\ln\dfrac{1}{R_t}+\delta+\gamma\ln\dfrac{C_t}{C_{t-1}}}$，参数值为 $\rho=0.05$，$\ln C_t/C_{t-1}=0.01$。

　　与任何模型一样，高股权溢价必须来自巨大的风险，或巨大的风险规避。与股市具有相关性的劳动力市场风险似乎不足以在没有高风险规避的情况下解释股权溢价。

　　在这个模型中，更大的资产定价事实集还没有被研究。它显然能够产生可预测的收益，但这需要特殊风险的变化模式，而其仍有待确定和评估。如果价值型股票的股价在横截面波动率较高时下跌，则可以产生价值溢价等横截面模式，这也有待研究。

总结

最后，Constantinides-Duffie 模型和 Campbell-Cochrane 模型在核心思想上是非常相似的。第一，这两种模型在对股市风险的描述上都做出了类似的根本性改变。消费者并不太担心糟糕的市场收益会导致财富损失。他们担心财富的损失，是因为它往往出现在衰退时期。在一种情况下，它被定义为劳动力市场特殊风险加剧的时期；而在另一种情况下，它被定义为相对于过去一段时间消费的下降。这种衰退状态变量或风险因子驱动了预期收益的大部分变化。

第二，这两种模型都要求高风险规避。Constantinides 和 Duffie 的证明表明，人们可以虚构一个劳动收入过程，以使任何风险规避系数的股权溢价合理化，我们看到，即使是对实际劳动收入不确定性的似是而非的描述，也需要高风险规避来解释历史上的股权溢价。

第三，这两种模型都提供了长期寻求的证明，即表明在各自的模型类别中股本溢价是可能合理化的。Constantinides 和 Duffie 的案例中存在的证明尤其令人震惊。许多作者（包括我自己）得出的结论是，通过特殊风险产生股权溢价的努力是没有希望的，因为任何会影响资产价格的特殊风险都会被交易掉。

21.3 参考书目

Shiller（1982）的计算首次表明，要解释资产收益的均值和方差，需要较大的风险规避系数或反事实的较大的消费变动性。Mehra and Prescott（1985）将这一事实称为股权溢价之谜。然而，他们在消费增长的双态马尔可夫模型的背景下描述了这些难题，将股票视为消费债权和无风险债券。Weil（1989）强调了股权溢价和无风险利率谜题之间的相互作用。Hansen and Jagannathan（1991）引发了我在这里以简化方式报告的这种计算。Cochrane and Hansen（1992）推导了许多额外的折现因子矩限制，并计算了在每种情况下的边界。Luttmer（1996，1999）研究了交易成本的重要扩展。

Kocherlakota（1996）很好地总结了股权溢价的事实和模型。本章的大部分内容改编自 Cochrane（1997）的一项研究。Campbell（1999，2000）是两项优秀的研究。Ferson（1995）对基于消费的模型变量以及上一章讨论的一些 β 定价模型进行了很好的调查。

我在这里提出的 Campbell-Cochrane 模型只是习惯研究的冰山一角，包括 Constantinides（1990）、Ferson and Constantinides（1991）、Heaton（1995）和 Abel（1990）的杰出贡献。

模型在不同的商品之间也是不可分离的。闲暇是效用函数中的最自然的额外变量。目前尚不清楚更多的闲暇是否可以提高消费的边际效用（如果你整天都在办公室，却不能使用它，为什么要购买一艘船呢），反之亦然（如果你整天都在工作，那么回家之后拥有一个很好的大电视机更加重要）。我们可以让数据来说明这个问题。这种方法的显式版本到目前为止还不是很成功（Eichenbaum，Hansen and Singleton，1988）。另一方面，最近的研究发现，将劳动收入作为一个额外的特别因子，有助于解释股票平均收益的横截面，特别是当它由一个条件变量来衡量时（Jagannathan and Wang，1996；Reyfman，1997；Lettau and Ludvigson，2001a）。

Epstein and Zin（1989）之后的非状态可分离效用函数是本书的主要遗漏之处。标准效用函数中的期望 E 对自然状态进行求和，即

$$U = \text{prob}(雨天) \times u(雨天的消费) + \text{prob}(晴天) \times u(晴天的消费)$$

可分离意味着两种可以分开的不同情况，所以一种状态下消费的边际效用不受另一种状态下消费的影响。但也许阳光下多一点消费的边际效用会受到雨天消费水平的影响。Epstein and Zin（1989）以及 Hansen，Sargent and Tallarini（1999）提出了这种形式的递归效用函数

$$U_t = C_t^{1-y} + \beta f [E_t f^{-1}(U_{t+1})]$$

如果 $f(x) = x$，这个表达式可以简化为幂效用函数。这些效用函数不是状态可分离的。与习惯一样，这些效用函数将风险规避与跨期替代区分开来——可以设置一个系数来证明消费利率事实，也可以设置一个完全独立的系数来证明股权溢价。到目前为止，这种风格的模型在 Epstein and Zin（1989）、Weil（1989）、Kandel and Stambaugh（1991）、Campbell（1996）中不会产生时变风险规避，但修正不应太困难，并可能导致一个与我在这里调查的非常相似的习惯模型。

习惯的持久性是耐用性的反义词。如果你昨天买了一件耐用品，它会降低你今天额外购买商品的边际效用，而购买一件形成习惯的商品则会提高你今天额外购买商品的边际效用。因此，商品的耐用性应该引入形式为 $u(c_t + \theta x_t)$，$x_t = f(c_{t-1}, c_{t-2}, \cdots)$ 的非时间可分离性，而不是习惯持久性形式 $u(c_t - \theta x_t)$。既然商品是耐用的，而且有很多关于耐用品购买的数据，那么在我们的模型中包括耐用性和习惯持久性就更好了。（事实上，非耐用品数据也包含衣物等物品；真正的非耐用消费品在总消费中只占很小的一部分，因此我们可依赖的数据非常少。）

在这样的规范中，我们必须注意时间范围。在足够短的时间内，所有的商品都是耐用的。中午吃披萨会降低 12：05 时吃更多披萨的边际效用。因此，我们常见的连续时间、时间可分离假设确实不能从字面上理解。Hindy and Huang（1992）认为，在连续时间模型中，消费应该是局部可替代的。Heaton（1993）发现，在月度水平上，消费增长显示出负的自相关关系，表明了在不变利率下的持久性，而在长期水平上，消费在考虑了时间累积后几乎是不可预测的。

还有一个必须解决的生产一阶条件，即资产价格与边际转化率之间的关系。这里的标准是投资的 q 理论，它是基于调整成本的。如果股市真的很高涨，你就发行股票并进行新的投资。这个观点的问题是 $f'(K)$ 下降非常缓慢，因此观察到的价格波动意味着巨大的投资波动。q 理论通过增加调整成本来抑制投资波动。q 理论与基于消费的模型在拟合数据方面有同样多的困难。Cochrane（1991d）报告了一项成功的研究：将数据转化为收益时，股票的高收益与投资的高增长相关联。最近的投资文献集中于说明不对称和不可逆的调整成本问题，例如 Abel and Eberly（1996），但尚未应用于资产定价谜题。

一个重要的文献把新的效用函数和生产函数放在一起，以构建完整的显式经济模型，复制资产定价事实。这些努力即使不能提高我们理解动态微观经济、宏观经济、国际和增长事实的能力，至少也应该保持。标准模型是围绕这些事实建立的。Jermann（1998）尝试将习惯持久性消费者置于一个模型中，该模型采用了来自真实商业周期模型中的标准技术 $Y = \theta f(K, L)$。这项技术为跨期转变提供了便利机会，这意味着消费者利用它在很大程度上平滑了消费，破坏了消费对高股权溢价的预测。为了产生股权溢价，Jermann 增加了一种调整成本技术，因为生产方面的文献认为这是必要的。这一修正导致了较高的股权溢价，但也导致了无风险利率的巨大变化。

Boldrin，Christiano and Fisher（2001）也将习惯持久性偏好加入两个部门存在资源分配摩擦的真实商业周期模型中。它们产生的夏普比率约为历史水平的 1/2。他们发现一些数量动态相比于标准模型有所改进。不过，他们仍预计利率会出现大幅波动和消费持续增长。

为了避免利率高度波动的影响，我认为我们需要能够轻松跨越时间而不跨越自然状态的技术，类似于对简易跨期替代的需求，但在偏好上存在高风险规避。另外，Campbell-Cochrane 模型已经产生了稳定利率下的股权溢价，可以解释为一个线性生产函数 $f(K)$。具有这种预防性储蓄动机的模型可能不会受到生产中存在的跨期转变机会的严重影响。

Tallarini（1999）在一个生产的一般均衡模型中使用了类似于 Epstein and Zin（1989）中的非状态可分离偏好。它展示了一个美观的等价结果：一个具有标准偏好的模型和一个具有非状态可分离偏好的模型可以预测相同的数量变量（产出、投资、消费等）的路径，但在资产价格上有显著差异。这个结果提供了一种解释，说明真实的商业周期和增长文献是如何在详细检查数量数据的 25 年中，忽略了所有的偏好修正，导致我们似乎需要解释资产定价数据。这也意味着，资产价格信息对于确定偏好和计算政策试验的福利成本至关重要。最后，它带来了希望，即增加解释资产定价现象所必需的深度修正，不会破坏标准模型在描述数量变动方面的成功。

Constantinides 和 Duffie 的模型源于 Mankiw（1986）的一项计算，即特殊风险会使具有代表性的消费者看起来比个人更倾向于规避风险。在微观经济数据中评估这一模型机制的工作已经开始。Heaton and Lucas（1996）从 PSID 中修正了特殊风险，但他们的模型最多只能解释样本平均股票收益的 1/2，如果他们允许净供应债券以缓解短暂冲击，则解释的力度就更小了。对微观经济消费数据中这些特征的更直接的检验正在进行，例如 Brav，Constantinides and Geczy（1999）、Storesletten，Telmer，and Yaron（1999）以及 Vissing-Jorgenson（1999）。

Keim and Stambaugh（1986）提出了一个模型，其中有较小的时变消费波动和一个高风险规避系数，从而产生了我们需要产生收益可预测性的大的时变折现因子波动。

尽管 Aiyagari and Gertler（1991）的目标是说明股权溢价可能被过低的无风险利率解释，但在明确和解决不确定的风险和交易成本以防人们对其进行交易方面是一篇重要的论文。

第5部分

附 录

附 录

连续时间

本附录是对连续时间随机过程机制的简要介绍，即如何使用 $\mathrm{d}z$ 和 $\mathrm{d}t$。假设读者对离散时间 ARMA 模型比较熟悉，如模型 $x_t = \rho x_{t-1} + \varepsilon_t$，我用连续时间的概念来类比那些模型。

连续时间过程的数学形式有点复杂。例如，基本的随机游走 z_t 不是时间可微的，所以我们需要重新考虑积分和微分的定义来写出易懂的内容，比如 $z_t = \int_{s=0}^{t} \mathrm{d}z_s$。而且，由于 z_t 是一个随机变量，我们不仅要说明随机变量一般的理论基础，还要说明它们在连续时间指标上的演化。然而，通过一些基本的、直观的方法，如 $\mathrm{d}z^2 = \mathrm{d}t$，你可以相当快地使用连续时间过程进行处理，这也是本附录的目的。

A.1 布朗运动

> z_t 和 $\mathrm{d}z_t$ 由 $z_{t+\Delta} - z_t \sim \mathcal{N}(0, \Delta)$ 定义。

扩散模型是连续时间内表示随机变量的一种标准方法。其思想类似于离散时间随机过程。我们从一个简单的序列冲击开始，ε_t 在离散时间中和 $\mathrm{d}z_t$ 在连续时间中。然后在此基础上构建更复杂的模型。

它的基本构建单元是布朗运动，这是离散时间内随机游走的自然推

广。对于随机游走

$$z_t - z_{t-1} = \varepsilon_t$$

方差随时间缩放；$\mathrm{var}(z_{t+2} - z_t) = 2\mathrm{var}(z_{t+1} - z_t)$。因此，用 z_t 表示布朗运动

$$z_{t+\Delta} - z_t \sim \mathcal{N}(0, \Delta) \tag{A.1}$$

我们将正态分布加到随机游走的一般定义中。当在离散时间中 $E(\varepsilon_t \varepsilon_{t-1}) = 0$ 时，非重叠区间对 z 的增量也是独立的。根据离散时间公式，我用 z_t 表示 z 是时间的函数，许多人喜欢使用函数 $z(t)$ 的标准表达式。

我们很自然地想要查看非常小的时间间隔。对于任意小的时间间隔 Δ，我们用 $\mathrm{d}z_t$ 来表示 $z_{t+\Delta} - z_t$，我们有时在讨论时间 t 时会省略下标，相反，z_t 的水平是它的微小差异的和，所以我们可以写出随机积分

$$z_t - z_0 = \int_{s=0}^{t} \mathrm{d}z_s$$

随机游走的方差随时间变化，因此标准差随时间的平方根变化。标准差是在正态分布随机变量中移动的"典型大小"，所以 $z_{t+\Delta} - z_t$ 的"典型大小"在时间间隔为 Δ 时为 $\sqrt{\Delta}$。这个事实意味着 $(z_{t+\Delta} - z_t)/\Delta$ 具有典型大小 $1/\sqrt{\Delta}$，因此虽然 z_t 的样本路径是连续的，但 z_t 是不可微的。

出于这个原因，对符号的使用要谨慎一点。或者对于任意小的 Δ，$\mathrm{d}z$，$\mathrm{d}z_t$，$\mathrm{d}z(t)$ 意味着 $z_{t+\Delta} - z_t$。我们习惯于认为 $\mathrm{d}z$ 是一个函数的导数，但由于布朗运动不是一个关于时间的可微函数，$\mathrm{d}z = (\mathrm{d}z(t)/\mathrm{d}t)\mathrm{d}t$ 没有意义。

从式（A.1）中可以清楚地看出

$$E_t(\mathrm{d}z_t) = 0$$

同样，这个符号一开始让人困惑，即怎么能取一个以日期为 t 的随机变量在 t 时的期望呢？请记住，$\mathrm{d}z_t = z_{t+\Delta} - z_t$ 是前向差分。方差和二阶矩相同，因此写成

$$E_t(\mathrm{d}z_t^2) = \mathrm{d}t$$

结果是不仅 $\mathrm{d}z_t$ 的方差等于 $\mathrm{d}t$，而且

$$\mathrm{d}z_t^2 = \mathrm{d}t$$

用一个简单的方法来理解这一点，因为 $z_{t+\Delta}-z_t$ 是正态的，这意味着 $(z_{t+\Delta}-z_t)^2$ 是 χ^2 的一个随机变量

$$z_{t+\Delta}-z_t \sim \mathcal{N}(0,\Delta) \rightarrow \frac{(z_{t+\Delta}-z_t)^2}{\Delta} \sim \chi_1^2$$

因此

$$E[(z_{t+\Delta}-z_t)^2]=\Delta E(\chi_1^2)=\Delta$$
$$\mathrm{var}[(z_{t+\Delta}-z_t)^2]=\Delta^2 \mathrm{var}(\chi_1^2)=2\Delta^2$$

之前，我们有 $\mathrm{var}(z_{t+\Delta}-z_t) \sim O(\Delta)$，所以 $\sigma(z_{t+\Delta}-z_t) \sim O(\sqrt{\Delta})$。但是现在 $\mathrm{var}[(z_{t+\Delta}-z_t)^2] \sim O(\Delta^2)$，所以 $\sigma[(z_{t+\Delta}-z_t)^2] \sim O(\Delta)$，它在微分时消失了。

A.2　扩散模型

通过增加漂移和扩散项，我得到了更复杂的时间序列过程

$$\mathrm{d}x_t=\mu(\cdot)\mathrm{d}t+\sigma(\cdot)\mathrm{d}z_t$$

我介绍一些常见的例子：

带漂移的随机游走：$\mathrm{d}x_t=\mu\mathrm{d}t+\sigma\mathrm{d}z_t$

AR(1)：$\mathrm{d}x_t=-\phi(x-\mu)\mathrm{d}t+\sigma\mathrm{d}z_t$

平方根过程：$\mathrm{d}x_t=-\phi(x-\mu)\mathrm{d}t+\sigma\sqrt{x_t}\mathrm{d}z_t$

定价过程：$\dfrac{\mathrm{d}p_t}{p_t}=\mu\mathrm{d}t+\sigma\mathrm{d}z_t$

你可以通过在一个小的时间间隔内近似它来模拟扩散过程

$$x_{t+\Delta}-x_t=\mu(\cdot)\Delta t+\sigma(\cdot)\sqrt{\Delta t}\,\varepsilon_{t+\Delta}, \varepsilon_{t+\Delta} \sim \mathcal{N}(0,1)$$

当我们将一些不相关的冲击 ε_t 相加，以形成离散时间的 ARMA 模型时，就建立了一个基于冲击 $\mathrm{d}z_t$ 的扩散模型。接下来，我将依次介绍一些很流行的例子。

带漂移的随机游走。在离散时间中，我们建立了一个带漂移的随机游走模型

$$x_t = \mu + x_{t-1} + \varepsilon_t$$

明显的连续时间的类比是

$$\mathrm{d}x_t = \mu \mathrm{d}t + \sigma \mathrm{d}z_t$$

两边从 0 到 t 积分，我们可以发现这个过程对离散水平的影响

$$x_t = x_0 + \mu t + \sigma(z_t - z_0)$$

或者

$$x_t = x_0 + \mu t + \varepsilon_t, \quad \varepsilon_t \sim \mathcal{N}(0, \sigma^2 t)$$

这是一个带漂移的随机游走。

AR(1)。最简单的离散时间过程是 AR(1)

$$x_t = (1-\rho)\mu + \rho x_{t-1} + \varepsilon_t$$

或者

$$x_t - x_{t-1} = -(1-\rho)(x_{t-1} - \mu) + \varepsilon_t$$

连续时间类比是

$$\mathrm{d}x_t = -\phi(x_t - \mu)\mathrm{d}t + \sigma \mathrm{d}z_t$$

这被称为 Ohrnstein-Uhlenbeck 过程。均值或漂移是

$$E_t(\mathrm{d}x_t) = -\phi(x_t - \mu)\mathrm{d}t$$

这个力把 x 拉回到它的稳态值 μ，但是冲击 $\sigma \mathrm{d}z_t$ 使它发生了移动。

平方根过程。就像它的离散时间对应物一样，连续时间 AR(1) 的范围是整个实数。如果过程总是正的那就好了，这样它就能确定价格或利率。连续时间 AR(1) 的扩展就是这类应用的主力

$$\mathrm{d}x_t = -\phi(x_t - \mu)\mathrm{d}t + \sigma \sqrt{x_t} \mathrm{d}z_t$$

现在，波动性也随着时间而变化

$$E_t(\mathrm{d}x_t^2) = \sigma^2 x_t \mathrm{d}t$$

当 x 趋于 0 时，波动性下降。在 $x=0$ 时，波动性完全关闭，所以 x 向 μ 漂移。

这是一个很好的例子，因为它肯定是非线性的。其离散时间类比

$$x_t = (1-\rho)\mu + \rho x_{t-1} + \sqrt{x_t}\varepsilon_t$$

不是一个标准的 ARMA 模型，所以标准的线性时间序列工具会让我们失败。例如，对于有限的 s，我们不能给出 x_{t+s} 分布的漂亮的公式，但我们可以在连续时间内做到。因此，连续时间公式的一个优点是，它们产生了我们所拥有的有趣的非线性时间序列模型的工具箱，我们对它有封闭形式的解决方案。

定价过程。最常见的价格模型是对带漂移的随机游走的修正。我们希望收益或价格成比例的增长与时间是不相关的。最自然的方法是指定

$$\mathrm{d}p_t = p_t\mu\mathrm{d}t + p_t\sigma\mathrm{d}z_t$$

或者更简单

$$\frac{\mathrm{d}p_t}{p_t} = \mu\mathrm{d}t + \sigma\mathrm{d}z_t$$

更普遍的扩散模型。一个大致的情况应该出现。我们通过改变布朗运动的局部均值和方差来形成更复杂的随机时间序列模型：

$$\mathrm{d}x_t = \mu(x_t)\mathrm{d}t + \sigma(x_t)\mathrm{d}z_t$$

更一般地，我们可以允许漂移 μ 和扩散是其他变量和时间的函数。我们经常写

$$\mathrm{d}x_t = \mu(\cdot)\mathrm{d}t + \sigma(\cdot)\mathrm{d}z_t$$

以提醒自己这种可能的依赖性。这类过程没有什么神秘之处，它们就像是很容易理解的离散时间过程

$$x_{t+\Delta} - x_t = \mu(\cdot)\Delta t + \sigma(\cdot)\sqrt{\Delta t}\varepsilon_{t+\Delta}, \quad \varepsilon_{t+\Delta} \sim \mathcal{N}(0,1) \tag{A.2}$$

事实上，当解析方法失败时，我们可以通过模拟一个好的时间间隔 Δ 的离散化版本（A.2）来弄清楚扩散模型是如何工作的。

扩散模型的局部均值为：

$$E_t(\mathrm{d}x_t) = \mu(\cdot)\mathrm{d}t$$

局部方差是

$$\mathrm{d}x_t^2 = E_t(\mathrm{d}x_t^2) = \sigma^2(\cdot)\mathrm{d}t$$

方差等于二阶矩，因为均值随时间间隔 Δ 线性缩放，所以均值平方随 Δ

缩放，而二阶矩随 Δ 缩放。

　　随机积分。对于许多目的来说，仅仅理解过程的微分表示就足够了。然而，我们经常想要从长期的角度来理解随机变量 x_t。例如，我们可能想知道给定的 t 时的 x_{t+s} 的分布。

　　从概念上讲，我们要做的是把一个扩散模型看作一个随机微分方程并通过时间向前求解得到有限时间随机变量 x_{t+s}。考虑到 μ 和 σ 的具体性，我们可以计算积分

$$x_t - x_0 = \int_0^t \mathrm{d}x_s = \int_0^t \mu(x_s, s, \cdots)\mathrm{d}s + \int_0^t \sigma(x_s, s, \cdots)\mathrm{d}z_s$$

我们已经知道 $z_t = z_0 + \int_0^t \mathrm{d}z_s$ 生成了随机变量 $z_t \sim \mathcal{N}(0, t)$，所以你可以看到这样的表达式是如何生成随机变量 x_t 的。因此，求解随机微分方程的目的是找出 x 在未来某一天的分布，或至少找出该分布的某些特征，如条件均值、方差等。有些作者不喜欢微分描述，总是用随机积分的形式来描述过程。

A.3　伊藤引理

进行二阶泰勒展开，只保留 $\mathrm{d}z$，$\mathrm{d}t$ 和 $\mathrm{d}z^2 = \mathrm{d}t$ 项：

$$\mathrm{d}y = f'(x)\mathrm{d}x + \frac{1}{2}f''(x)\mathrm{d}x^2$$

$$\mathrm{d}y = \left(f'(x)\mu_x + \frac{1}{2}f''(x)\sigma_x^2\right)\mathrm{d}t + f'(x)\sigma_x\mathrm{d}z$$

　　一个变量通常有一个扩散表达式，如

$$\mathrm{d}x_t = \mu_x(\cdot)\mathrm{d}t + \sigma_x(\cdot)\mathrm{d}z_t$$

然后根据旧变量定义一个新变量

$$y_t = f(x_t) \tag{A.3}$$

当然，你想要 y_t 的扩散表达式。伊藤引理告诉你怎样得到它。

　　用二阶泰勒展开式，把 $\mathrm{d}z$ 看成 $\sqrt{\mathrm{d}t}$，因此，当 $\Delta t \to 0$ 时，保持 $\mathrm{d}z$，

$\mathrm{d}t$ 和 $\mathrm{d}z^2 = \mathrm{d}t$，但是 $\mathrm{d}t \times \mathrm{d}z$，$\mathrm{d}t^2$ 和更高阶的项趋于零。

将这些规则应用于式（A.3），从二阶展开式开始

$$\mathrm{d}y = \frac{\mathrm{d}f(x)}{\mathrm{d}x}\mathrm{d}x + \frac{1}{2}\frac{\mathrm{d}^2 f(x)}{\mathrm{d}x^2}\mathrm{d}x^2$$

将第二项展开

$$\mathrm{d}x^2 = (\mu_x \mathrm{d}t + \sigma_x \mathrm{d}z)^2 = \mu_x^2 \mathrm{d}t^2 + \sigma_x^2 \mathrm{d}z^2 + 2\mu_x \sigma_x \mathrm{d}t\,\mathrm{d}z$$

现在应用 $\mathrm{d}t^2 = 0$，$\mathrm{d}z^2 = \mathrm{d}t$ 和 $\mathrm{d}t\,\mathrm{d}z = 0$。因此

$$\mathrm{d}x^2 = \sigma_x^2 \mathrm{d}t$$

代入 $\mathrm{d}x$ 和 $\mathrm{d}x^2$

$$\mathrm{d}y = \frac{\mathrm{d}f(x)}{\mathrm{d}x}(\mu_x \mathrm{d}t + \sigma_x \mathrm{d}z) + \frac{1}{2}\frac{\mathrm{d}^2 f(x)}{\mathrm{d}x^2}\sigma_x^2 \mathrm{d}t$$

$$= \left(\frac{\mathrm{d}f(x)}{\mathrm{d}x}\mu_x + \frac{1}{2}\frac{\mathrm{d}^2 f(x)}{\mathrm{d}x^2}\sigma_x^2\right)\mathrm{d}t + \frac{\mathrm{d}f(x)}{\mathrm{d}x}\sigma_x \mathrm{d}z$$

因此，伊藤引理：

$$\mathrm{d}y = \left(\frac{\mathrm{d}f(x)}{\mathrm{d}x}\mu_x(\bullet) + \frac{1}{2}\frac{\mathrm{d}^2 f(x)}{\mathrm{d}x^2}\sigma_x^2(\bullet)\right)\mathrm{d}t + \frac{\mathrm{d}f(x)}{\mathrm{d}x}\sigma_x(\bullet)\mathrm{d}z$$

公式第二项的漂移令人惊讶。直观地说，这一术语体现了"Jensen 不等式"效应。如果 a 是均值为零的随机变量，$b = f(a)$ 且 $f''(a) > 0$，那么 b 的均值大于 a 的均值。a 的方差越大，函数越凹，b 的均值越大。

参考文献

Abel, Andrew B., 1988, "Stock Prices under Time-Varying Dividend Risk: An Exact Solution in an Infinite-Horizon General Equilibrium Model," *Journal of Monetary Economics* 22, 375–393.

———, 1990, "Asset Prices under Habit Formation and Catching Up with the Joneses," *American Economic Review* 80, 38–42.

———, 1994, "Exact Solutions for Expected Rates of Return under Markov Regime Switching: Implications for the Equity Premium Puzzle," *Journal of Money, Credit, and Banking* 26, 345–361.

———, 1999, "Risk Premia and Term Premia in General Equilibrium," *Journal of Monetary Economics* 43, 3–33.

Abel, Andrew B., and Janice C. Eberly, 1996, "Optimal Investment with Costly Reversibility," *Review of Economic Studies* 63, 581–593.

———, 1999, "The Effects of Irreversibility and Uncertainty on Capital Accumulation," *Journal of Monetary Economics* 44, 339–377.

Ahn, Dong-Hyun, Jacob Boudoukh, Matthew Richardson, and Robert F. Whitelaw, 2002, "Partial Adjustment or Stale Prices? Implications from Stock Index and Futures Return Autocorrelations," *Review of Financial Studies* 15, 655–689.

Aiyagari, S. Rao, and Mark Gertler, 1991, "Asset Returns with Transactions Costs and Uninsured Individual Risk: A Stage III Exercise," *Journal of Monetary Economics* 27, 309–331.

Andrews, Donald W. K., 1991, "Heteroskedasticity and Autocorrelation Consistent Covariance Matrix Estimation," *Econometrica* 59, 817–858.

Atkeson, Andrew, Fernando Alvarez, and Patrick Kehoe, 1999, "Volatile Exchange Rates and the Forward Premium Anomaly: A Segmented Asset Market View," working paper, University of Chicago.

Bachelier, L., 1964, "Theory of Speculation," in P. Cootner (ed.), *The Random Character of Stock Prices*, MIT Press, Cambridge, MA.

Backus, David, Silverio Foresi, A. Mozumdar, and L. Wu, 1997, "Predictable Changes in Yields and Forward Rates," manuscript, New York University.

Backus, David, Silverio Foresi, and Chris Telmer, 1998, "Discrete-Time Models of Bond Pricing," NBER working paper 6736.

Balduzzi, Pierluigi, Giuseppe Bertola, and Silverio Foresi, 1996, "A Model of Target Changes and the Term Structure of Interest Rates," *Journal of Monetary Economics* 39, 223–249.

Banz, Rolf W., 1981, "The Relationship Between Return and Market Value of Common Stocks," *Journal of Financial Economics* 9, 3–18.

Barsky, Robert, and Bradford J. DeLong, 1993, "Why Does the Stock Market Fluctuate?" *Quarterly Journal of Economics* 108, 291–311.

Becker, Connie, Wayne E. Ferson, Michael Schill, and David Myers, 1999, "Conditional Market Timing with Benchmark Investors," *Journal of Financial Economics* 52, 119–148.

Bekaert, Geert, and Robert J. Hodrick, 1992, "Characterizing Predictable Components in Excess Returns on Equity and Foreign Exchange Markets," *Journal of Finance* 47, 467–509.

Berk, Jonathan, 1997, "Does Size Really Matter?" *Financial Analysts Journal,* September/October 1997, 12–18.

Bernardo, Antonio, and Olivier Ledoit, 2000, "Gain, Loss, and Asset Pricing," *Journal of Political Economy* 108, 144–172.

Black, Fischer, Michael Jensen, and Myron Scholes, 1972, "The Capital Asset Pricing Model: Some Empirical Tests," in Michael Jensen (ed.), *Studies in the Theory of Capital Markets*, Praeger, New York.

Black, Fischer, and Myron Scholes, 1973, "The Valuation of Options and Corporate Liabilities," *Journal of Political Economy* 81, 637–654.

Boldrin, Michele, Lawrence Christiano, and Jonas Fisher, 2001, "Habit Persistence, Asset Returns and the Business Cycle," *American Economic Review* 91, 149–166.

Bollerslev, Tim, R. Chou, and K. Kroner, 1992, "ARCH Modeling in Finance: A Review of Theory and Empirical Evidence," *Journal of Econometrics* 52, 5–59.

Boudoukh, Jacob, and Matthew Richardson, 1994, "The Statistics of Long-Horizon Regressions Revisited," *Mathematical Finance* 4, 103–119.

Boudoukh, Jacob, Matthew Richardson, Robert Stanton, and Robert Whitelaw, 1998, "The Stochastic Behavior of Interest Rates: Implications from a Nonlinear, Continuous-time, Multifactor Model," manuscript, University of California at Berkeley.

Brav, Alon, George Constantinides, and Christopher Geczy, 1999, "Asset Pricing with Heterogeneous Consumers and Limited Participation: Empirical Evidence," manuscript, Duke University.

Breeden, Douglas T., 1979, "An Intertemporal Asset Pricing Model with Stochastic Consumption and Investment Opportunities," *Journal of Financial Economics* 7, 265–296.

Breeden, Douglas T., Michael R. Gibbons, and Robert H. Litzenberger, 1989, "Empirical Tests of the Consumption-Oriented CAPM," *Journal of Finance* 44, 231–262.

Brown, David P., and Michael R. Gibbons, 1985, "A Simple Econometric Approach for Utility-Based Asset Pricing Models," *Journal of Finance* 40, 359–381.

Brown, Stephen, William Goetzmann, and Stephen A. Ross, 1995, "Survival," *Journal of Finance* 50, 853–873.

Buraschi, Andrea, and Alexei Jiltsov, 1999, "How Large Is the Inflation Risk Premium in the U.S. Nominal Term Structure?" manuscript, London Business School.

Burnside, Craig, Martin Eichenbaum, and Sergio Rebelo, 1993, "Labor Hoarding and the Business Cycle," *Journal of Political Economy* 101, 245–373.

Campbell, John Y., 1991, "A Variance Decomposition for Stock Returns," *Economic Journal* 101, 157–179.

———, 1995, "Some Lessons from the Yield Curve," *Journal of Economic Perspectives* 9, 129–152.

———, 1996, "Understanding Risk and Return," *Journal of Political Economy* 104, 298–345.

———, 1999, "Asset Prices, Consumption, and the Business Cycle," in John B. Taylor and Michael Woodford (eds.), *Handbook of Macroeconomics*, North-Holland, Amsterdam.

———, 2000, "Asset Pricing at the Millennium," *Journal of Finance* 55, 1515–1567.

Campbell, John Y., and John H. Cochrane, 1999, "By Force of Habit: A Consumption-Based Explanation of Aggregate Stock Market Behavior," *Journal of Political Economy* 107, 205–251.

Campbell, John Y., Andrew W. Lo, and A. Craig MacKinlay, 1997, *The Econometrics of Financial Markets*, Princeton University Press, Princeton, NJ.

Campbell, John Y., and Robert J. Shiller, 1988a, "The Dividend-Price Ratio and Expectations of Future Dividends and Discount Factors," *Review of Financial Studies* 1, 195–227.

———, 1988b, "Stock Prices, Earnings, and Expected Dividends," *Journal of Finance* 43, 661–676.

———, 1991, "Yield Spreads and Interest Rates: A Bird's Eye View," *Review of Economic Studies* 58, 495–514.

Carhart, Mark M., 1997, "On Persistence in Mutual Fund Performance," *Journal of Finance* 52, 57–82.

Chamberlain, Gary, and Michael Rothschild, 1983, "Arbitrage, Factor Structure, and Mean-Variance Analysis on Large Asset Markets," *Econometrica* 51, 1281–1304.

Chen, Nai-Fu, Richard Roll, and Stephen A. Ross, 1986, "Economic Forces and the Stock Market," *Journal of Business* 59, 383–403.

Chen, Zhiwu, and Peter S. Knez, 1995, "Measurement of Market Integration and Arbitrage," *Review of Financial Studies* 8, 287–325.

———, 1996, "Portfolio Performance Measurement: Theory and Applications," *Review of Financial Studies* 9, 511–555.

Christiano, Lawrence, Martin Eichenbaum, and Charles Evans, 1999, "Monetary Policy Shocks: What Have We Learned and to What End?" in John B. Taylor and Michael Woodford (eds.), *Handbook of Macroeconomics*, North Holland, Amsterdam.

Cochrane, John H., 1988, "How Big is the Random Walk in GNP?" *Journal of Political Economy* 96, 893–920.

———, 1991a, "Explaining the Variance of Price-Dividend Ratios," *Review of Financial Studies* 5, 243–280.

———, 1991b, "A Simple Test of Consumption Insurance," *Journal of Political Economy* 99, 957–976.

———, 1991c, "Volatility Tests and Efficient Markets: A Review Essay," *Journal of Monetary Economics* 27, 463–485.

———, 1991d, "Production-Based Asset Pricing and the Link Between Stock Returns and Economic Fluctuations," *Journal of Finance* 46, 207–234.

———, 1994a, "Permanent and Transitory Components of GNP and Stock Prices," *Quarterly Journal of Economics* 109, 241–266.

———, 1994b, "Shocks," *Carnegie-Rochester Conference Series on Public Policy* 41, 295–364.

———, 1996, "A Cross-Sectional Test of an Investment-Based Asset Pricing Model," *Journal of Political Economy* 104, 572–621.

———, 1997, "Where Is the Market Going? Uncertain Facts and Novel Theories," *Economic Perspectives Federal Reserve Bank of Chicago* 21, 6.

———, 1999a, "New Facts in Finance," *Economic Perspectives Federal Reserve Bank of Chicago* 23, 36–58.

———, 1999b, "Portfolio Advice for a Multifactor World," *Economic Perspectives Federal Reserve Bank of Chicago* 23, 59–78.

———, 2000, "A Resurrection of the Stochastic Discount Factor/GMM Methodology," manuscript, University of Chicago.

Cochrane, John H., and Lars Peter Hansen, 1992, "Asset Pricing Explorations for Macroeconomics," in Olivier Blanchard and Stanley Fisher (eds.), *1992 NBER Macroeconomics Annual,* 115–165.

Cochrane, John H., and Monika Piazzesi, 2002, "The Fed and Interest Rates: A High-Frequency Identification," *American Economic Review* 92, 90–95.

———, 2003, "Bond Risk Premia," manuscript, University of Chicago.

Cochrane, John H., and Jesús Saá-Requejo, 2000, "Beyond Arbitrage: Good Deal Asset Price Bounds in Incomplete Markets," *Journal of Political Economy* 108, 79–119.

Cochrane, John H., and Argia M. Sbordone, 1988, "Multivariate Estimates of the Permanent Components in GNP and Stock Prices," *Journal of Economic Dynamics and Control* 12, 255–296.

Constantinides, George M., 1989, "Theory of Valuation: Overview and Recent Developments," in Sudipto Bhattacharya and George M. Constantinides (eds.), *Theory of Valuation,* Rowman & Littlefield, Totowa, NJ.

———, 1990, "Habit Formation: A Resolution of the Equity Premium Puzzle," *Journal of Political Economy* 98, 519–543.

———, 1992, "A Theory of the Nominal Term Structure of Interest Rates," *Review of Financial Studies* 5, 531–52.

————, 1998, "Transactions Costs and the Volatility Implied by Option Prices," manuscript, Graduate School of Business, University of Chicago.

Constantinides, George M., and Darrell Duffie, 1996, "Asset Pricing with Heterogeneous Consumers," *Journal of Political Economy* 104, 219–240.

Constantinides, George M., and Thaleia Zariphopoulou, 1997, "Bounds on Option Prices in an Intertemporal Setting with Proportional Transaction Costs and Multiple Securities," manuscript, Graduate School of Business, University of Chicago.

Cox, John C., and Chi-fu Huang, 1989, "Optimal Consumption and Portfolio Policies When Asset Prices Follow a Diffusion Process," *Journal of Economic Theory* 39, 33–83.

Cox, John C., Jonathan E. Ingersoll, and Stephen A. Ross, 1985, "A Theory of the Term Structure of Interest Rates," *Econometrica* 53, 385–408.

Cox, John C., Stephen A. Ross, and Mark Rubinstein, 1979, "Option Pricing: A Simplified Approach," *Journal of Financial Economics* 7, 229–263.

Cox, John C., and Mark Rubinstein, 1985, *Options Markets*, Prentice-Hall, Englewood Cliffs, NJ.

Craine, Roger, 1993, "Rational Bubbles," *Journal of Economic Dynamics and Control* 17, 829–846.

Dai, Qiang, and Kenneth J. Singleton, 2000, "Specification Analysis of Affine Term Structure Models," *Journal of Finance* 55, 1943–1978.

————, 2002, "Expectation Puzzles, Time-varying Risk Premia, and Dynamic Models of the Term Structure," *Journal of Financial Economics* 63, 414–441.

Daniel, Kent, David Hirshleifer, and Avanidhar Subrahmanyam, 1998, "Investor Psychology and Security Market Under- and Overreactions," *Journal of Finance* 53, 1839–1885.

Das, Sanjiv, 2002, "The Surprise Element: Jumps in Interest Rates," *Journal of Econometrics* 106, 27–65.

Das, Sanjiv, and Silverio Foresi, 1996, "Exact Solutions for Bond and Option Prices with Systematic Jump Risk," *Review of Derivatives Research* 1, 7–24.

Debreu, Gerard, 1959, *The Theory of Value*, Wiley and Sons, New York.

DeBondt, Werner F. M., and Richard H. Thaler, 1985, "Does the Stock Market Overreact?," *Journal of Finance* 40, 793–805.

De Santis, Giorgio, 1993, "Volatility Bounds for Stochastic Discount Factors: Tests and Implications from International Financial Markets," Ph.D. Dissertation, University of Chicago.

Dixit, Avinash, and R. Pindyck, 1994, *Investment under Uncertainty*, Princeton University Press, Princeton, NJ.

Duarte, Jefferson, 2000, "The Relevance of the Price of Risk in Affine Term-Structure Models," manuscript, University of Chicago.

Duffee, Gregory, 1999, "Forecasting Future Interest Rates: Are Affine Models Failures?" manuscript, University of California at Berkeley.

Duffie, J. Darrel, 1992, *Dynamic Asset Pricing Theory*, Princeton University Press, Princeton, NJ.

Duffie, J. Darrel, and Rui Kan, 1996, "A Yield Factor Model of the Term Structure of Interest Rates," *Mathematical Finance* 6, 379–406.

Dybvig, Philip H., and Jonathan E. Ingersoll Jr., 1982, "Mean-Variance Theory in Complete Markets," *Journal of Business* 55, 233–51.

Dybvig, Philip H., J. Ingersoll Jr., and Stephen Ross, 1996, "Long Forward and Zero-Coupon Rates Can Never Fall," *Journal of Business* 69, 1–25.

Dybvig, Philip H., and Stephen Ross, 1985, "Yes, the APT Is Testable," *Journal of Finance* 40, 1173–1188.

Eichenbaum, Martin, Lars Peter Hansen, and Kenneth Singleton, 1988, "A Time-Series Analysis of Representative Agent Models of Consumption and Leisure Choice under Uncertainty," *Quarterly Journal of Economics* 103, 51–78.

Engel, Charles, 1996, "The Forward Discount Anomaly and the Risk Premium: A Survey of Recent Evidence," *Journal of Empirical Finance* 3, 123–192.

Engle, Robert F., and Clive W. J. Granger, 1987, "Cointegration and Error Correction: Representation, Estimation, and Testing," *Econometrica* 55, 251–276.

Epstein, Larry G., and Stanley E. Zin, 1989, "Substitution, Risk Aversion and the Temporal Behavior of Asset Returns," *Journal of Political Economy* 99, 263–286.

Fama, Eugene F., 1965, "The Behavior of Stock Market Prices, *Journal of Business* 38, 34–105.

———, 1970, "Efficient Capital Markets: A Review of Theory and Empirical Work," *Journal of Finance* 25, 383–417.

———, 1984, "Forward and Spot Exchange Rates," *Journal of Monetary Economics* 14, 319–338.

———, 1991, "Efficient Markets II," *Journal of Finance* 46, 1575–1618.

Fama, Eugene F., and Robert R. Bliss, 1987, "The Information in Long-Maturity Forward Rates," *American Economic Review* 77, 680–692.

Fama, Eugene F., and Kenneth R. French, 1988a, "Permanent and Temporary Components of Stock Prices," *Journal of Political Economy* 96, 246–273.

———, 1988b, "Dividend Yields and Expected Stock Returns," *Journal of Financial Economics* 22, 3–27.

———, 1989, "Business Conditions and Expected Returns on Stocks and Bonds," *Journal of Financial Economics* 25, 23–49.

———, 1993, "Common Risk Factors in the Returns on Stocks and Bonds," *Journal of Financial Economics* 33, 3–56.

———, 1995, "Size and Book-to-Market Factors in Earnings and Returns," *Journal of Finance* 50, 131–155.

———, 1996, "Multifactor Explanations of Asset-Pricing Anomalies," *Journal of Finance* 47, 426–465.

———, 1997, "Industry Costs of Equity," *Journal of Financial Economics* 43, 153–193.

———, 2000, "The Equity Premium," working paper, University of Chicago.

Fama, Eugene F., and James D. MacBeth, 1973, "Risk Return and Equilibrium: Empirical Tests," *Journal of Political Economy* 71, 607–636.

Ferson, Wayne E., 1995, "Theory and Empirical Testing of Asset Pricing Models," in R. A. Jarrow, V. Maksimovic, and W. T. Ziemba (eds.), *Handbooks in OR & MS, Volume 9, Finance*, Elsevier Science B.V., Amsterdam.

Ferson, Wayne E., and George Constantinides, 1991, "Habit Persistence and Durability in Aggregate Consumption: Empirical Tests," *Journal of Financial Economics* 29, 199–240.

Ferson, Wayne E., and Stephen R. Foerster, 1994, "Finite Sample Properties of the Generalized Method of Moments in Tests of Conditional Asset Pricing Models," *Journal of Financial Economics* 36, 29–55.

Ferson, Wayne E., and Campbell R. Harvey, 1999, "Conditioning Variables and Cross-section of Stock Returns," *Journal of Finance* 54, 1325–1360.

French, Kenneth, G. William Schwert, and Robert F. Stambaugh, 1987, "Expected Stock Returns and Volatility," *Journal of Financial Economics* 19, 3–30.

Friedman, Milton, 1953, "The Methodology of Positive Economics," in *Essays in Positive Economics*, University of Chicago Press, Chicago, IL.

Friend, I., and M. Blume, 1975, "The Demand for Risky Assets," *American Economic Review* 65, 900–922.

Fuhrer, Jeffrey C., George R. Moore, and Scott D. Schuh, 1995, "Estimating the Linear-Quadratic Inventory Model: Maximum Likelihood versus Generalized Method of Moments," *Journal of Monetary Economics* 35, 115–157.

Gallant, A. Ronald, Lars Peter Hansen, and George Tauchen, 1990, "Using Conditional Moments of Asset Payoffs to Infer the Volatility of Intertemporal Marginal Rates of Substitution," *Journal of Econometrics* 45, 141–179.

Gallant, A. Ronald, and George Tauchen, 1997, "Estimation of Continuous-Time Models for Stock Returns and Interest Rates," *Macroeconomic Dynamics* 1, 135–168.

Garber, Peter M., 2000, *Famous First Bubbles*, MIT Press, Cambridge, MA.

Gibbons, Michael, Stephen A. Ross, and Jay Shanken, 1989, "A Test of the Efficiency of a Given Portfolio," *Econometrica* 57, 1121–1152.

Glosten, Lawrence, Ravi Jagannathan, and David Runkle, 1993, "On the Relation Between the Expected Value and the Volatility of the Nominal Excess Return on Stocks," *Journal of Finance* 48, 1779–1801.

Grinblatt, Mark, and Sheridan Titman, 1985, "Factor Pricing in a Finite Economy," *Journal of Financial Economics* 12, 497–507.

Grossman, Sanford J., and Robert J. Shiller, 1981, "The Determinants of the Variability of Stock Market Prices," *American Economic Review* 71, 222–227.

Grossman, Sanford J., and Joseph E. Stiglitz, 1980, "On the Impossibility of Informationally Efficient Markets," *American Economic Review* 70, 393–408.

Hamilton, James, 1994, *Time Series Analysis*, Princeton University Press, Princeton, NJ.

———, 1996, "The Daily Market for Federal Funds," *Journal of Political Economy* 104, 26–56.

Hansen, Lars Peter, 1982, "Large Sample Properties of Generalized Method of Moments Estimators," *Econometrica* 50, 1029–1054.

———, 1987, "Calculating Asset Prices in Three Example Economies," in T. F. Bewley (ed.), *Advances in Econometrics, Fifth World Congress*, Cambridge University Press.

Hansen, Lars Peter, John Heaton, and Erzo Luttmer, 1995, "Econometric Evaluation of Asset Pricing Models," *The Review of Financial Studies* 8, 237–274.

Hansen, Lars Peter, John Heaton, and Amir Yaron, 1996, "Finite-Sample Properties of Some Alternative GMM Estimators," *Journal of Business and Economic Statistics* 4, 262–280.

Hansen, Lars Peter, and Robert J. Hodrick, 1980, "Forward Exchange Rates as Optimal Predictors of Future Spot Rates: An Econometric Analysis," *Journal of Political Economy* 88, 829–853.

Hansen, Lars Peter, and Ravi Jagannathan, 1991, "Implications of Security Market Data for Models of Dynamic Economies," *Journal of Political Economy* 99, 225–262.

———, 1997, "Assessing Specification Errors in Stochastic Discount Factor Models," *Journal of Finance* 52, 557–590.

Hansen, Lars Peter, and Scott F. Richard, 1987, "The Role of Conditioning Information in Deducing Testable Restrictions Implied by Dynamic Asset Pricing Models," *Econometrica* 55, 587–614.

Hansen, Lars Peter, Thomas J. Sargent, and Thomas D. Tallarini, 1999, "Robust Permanent Income and Pricing," *Review of Economic Studies* 66, 873–907.

Hansen, Lars Peter, and Kenneth J. Singleton, 1982, "Generalized Instrumental Variables Estimation of Nonlinear Rational Expectations Models," *Econometrica* 50, 1269–1288.

———, 1983, "Stochastic Consumption, Risk Aversion, and the Temporal Behavior of Asset Returns," *Journal of Political Economy* 91, 249–268.

———, 1984, "Errata," *Econometrica* 52, 267–268.

Harrison, J. Michael, and David M. Kreps, 1979, "Martingales and Arbitrage in Multiperiod Securities Markets," *Journal of Economic Theory* 20, 381–408.

Hayek, Friedrich A., 1945, "The Use of Knowledge in Society," *American Economic Review* 35, 519–530.

He, Hua, and Neil Pearson, 1992, "Consumption and Portfolio Policies with Incomplete Markets: The Infinite Dimensional Case," *Journal of Economic Theory* 54, 259–305.

Heaton, John C., 1993, "The Interaction Between Time-Nonseparable Preferences and Time Aggregation," *Econometrica* 61, 353–385.

———, 1995, "An Empirical Investigation of Asset Pricing with Temporally Dependent Preference Specifications," *Econometrica* 63, 681–717.

Heaton, John C., and Deborah J. Lucas, 1996, "Evaluating the Effects of Incomplete Markets on Risk-Sharing and Asset Pricing," *Journal of Political Economy* 104, 443–487.

———, 1997a, "Market Frictions, Saving Behavior and Portfolio Choice," *Macroeconomic Dynamics* 1, 76–101.

———, 1997b, "Portfolio Choice and Asset Prices: The Importance of Entrepreneurial Risk," manuscript, Northwestern University.

Hendricks, Darryl, Jayendu Patel, and Richard Zeckhauser, 1993, "Hot Hands in Mutual Funds: Short-Term Persistence of Performance," *Journal of Finance* 48, 93–130.

Hindy, Ayman, and Chi-fu Huang, 1992, "Intertemporal Preferences for Uncertain Consumption: A Continuous-Time Approach," *Econometrica* 60, 781–801.

Ho, Thomas S. Y., and Sang-bin Ho Lee, 1986, "Term Structure Movements and Pricing Interest Rate Contingent Claims," *Journal of Finance* 41, 1011–1029.

Hodrick, Robert, 1987, *The Empirical Evidence on the Efficiency of Forward and Futures Foreign Exchange Markets*, Harwood Academic Publishers, Chur, Switzerland.

———, 1992, "Dividend Yields and Expected Stock Returns: Alternative Procedures for Inference and Measurement," *Review of Financial Studies* 5, 357–386.

———, forthcoming [2006], *International Financial Management*, Prentice-Hall, Englewood Cliffs, NJ.

Jacquier, Eric, Nicholas Polson, and Peter Rossi, 1994, "Bayesian Analysis of Stochastic Volatility Models," *Journal of Business and Economic Statistics* 12, 371–418.

Jagannathan, Ravi, and Zhenyu Wang, 1996, "The Conditional CAPM and the Cross-Section of Expected Returns," *Journal of Finance* 51, 3–53.

———, 2000, "Efficiency of the Stochastic Discount Factor Method for Estimating Risk Premiums," manuscript, Northwestern University.

Jegadeesh, Narasimham, 1991, "Seasonality in Stock Price Mean Reversion: Evidence from the U.S. and U.K.," *Journal of Finance* 46, 1427–1444.

Jegadeesh, Narasimham, and Sheridan Titman, 1993, "Returns to Buying Winners and Selling Losers: Implications for Stock Market Efficiency," *Journal of Finance* 48, 65–91.

Jensen, Michael C., 1969, "The Pricing of Capital Assets and Evaluation of Investment Portfolios," *Journal of Business* 42, 167–247.

Jermann, Urban, 1998, "Asset Pricing in Production Economies," *Journal of Monetary Economics* 4, 257–275.

Johannes, Michael, 2000, "Jumps to Interest Rates: A Nonparametric Approach," manuscript, University of Chicago.

Jorion, Philippe, and William Goetzmann, 1999, "Global Stock Markets in the Twentieth Century," *Journal of Finance* 54, 953–980.

Kandel, Shmuel, and Robert F. Stambaugh, 1990, "Expectations and Volatility of Consumption and Asset Returns," *Review of Financial Studies* 3, 207–232.

———, 1991, "Asset Returns and Intertemporal Preferences," *Journal of Monetary Economics* 27, 39–71

———, 1995, "Portfolio Inefficiency and the Cross-Section of Expected Returns," *Journal of Finance* 50, 157–184.

Kennedy, Peter, 1994, "The Term Structure of Interest Rates as a Gaussian Random Field," *Mathematical Finance* 4, 247–258.

Keim, Donald, and Robert F. Stambaugh, 1986, "Predicting Returns in Stock and Bond Markets," *Journal of Financial Economics* 17, 357–390.

Kleidon, Allan, 1986, "Variance Bounds Tests and Stock Price Valuation Models, *Journal of Political Economy* 94, 953–1001.

Knez, Peter J., Robert Litterman, and José Scheinkman, 1994, "Explorations into Factors Explaining Money Market Returns," *Journal of Finance* 49, 1861–1882.

Knez, Peter J., and Mark J. Ready, 1997, "On the Robustness of Size and Book-to-Market in Cross-sectional Regressions," *Journal of Finance* 52, 1355–1382.

Kocherlakota, Narayana R., 1990, "On the 'Discount' Factor in Growth Economies," *Journal of Monetary Economics* 25, 43–47.

———, 1996, "The Equity Premium: It's Still a Puzzle," *Journal of Economic Literature* 34, 42–71.

Kothari, S. P., Jay Shanken, and Richard G. Sloan, 1995, "Another Look at the Cross-Section of Expected Stock Returns, *Journal of Finance* 50, 185–224.

Kuhn, Thomas, 1970, *The Structure of Scientific Revolutions* (2nd ed.), University of Chicago Press, Chicago, IL.

Kydland, Finn, and Edward C. Prescott, 1982, "Time to Build and Aggregate Fluctuations," *Econometrica* 50, 1345–1370.

Lakonishok, Josef, Andrei Shleifer, and Robert W. Vishny, 1992, "The Structure and Performance of the Money Management Industry," *Brookings Papers on Economic Activity: Microeconomics 1992*, 339–391.

Lamont, Owen, 1998, "Earnings and Expected Returns," *Journal of Finance* 53, 1563–1587.

Ledoit, Olivier, 1995, "Essays on Risk and Return in the Stock Market," Ph.D. dissertation, Massachusetts Institute of Technology.

Leland, Hayne E., 1985, "Option Pricing and Replication with Transactions Costs," *Journal of Finance* 40, 1283–1301.

LeRoy, Stephen F., 1973, Risk Aversion and the Martingale Property of Stock Prices, *International Economic Review* 14, 436-446.

LeRoy, Stephen F., and Richard Porter, 1981, "The Present Value Relation: Tests Based on Variance Bounds," *Econometrica* 49, 555–557.

Lettau, Martin, and Sydney Ludvigson, 2001a, "Resurrecting the (C)CAPM: A Cross-Sectional Test When Risk Premia Are Time-Varying," *Journal of Political Economy* 109, 1238–1287.

———, 2001b, "Consumption, Aggregate Wealth and Expected Stock Returns," *Journal of Finance* 56, 815–849.

Levy, Haim, 1985, "Upper and Lower Bounds of Put and Call Option Value: Stochastic Dominance Approach," *Journal of Finance* 40, 1197–1217.

Lewis, Karen K., 1995, "Puzzles in International Financial Markets," in G. Grossman and K. Rogoff (eds.), *Handbook of International Economics, Volume III*, Elsevier Science B.V, Amsterdam, 1913–1971.

Liew, Jimmy, and Maria Vassalou, 1999, "Can Book-to-Market, Size and Momentum Be Risk Factors That Predict Economic Growth?" working paper, Columbia University.

Lintner, John, 1965a, "The Valuation of Risky Assets and the Selection of Risky Investment in Stock Portfolios and Capital Budgets," *Review of Economics and Statistics* 47, 13–37.

———, 1965b, "Security Prices, Risk and Maximal Gains from Diversification," *Journal of Finance* 20, 587–615.

Litterman, Robert, and José Scheinkman, 1991, "Common Factors Affecting Bond Returns," *Journal of Fixed Income* 1, 51–61.

Lo, Andrew W., and A. Craig MacKinlay, 1988, "Stock Market Prices Do Not Follow Random Walks: Evidence from a Simple Specification Test," *Review of Financial Studies* 1, 41–66.

Longstaff, Francis, 2000, "Arbitrage and the Expectations Hypothesis," *Journal of Finance* 55, 989–994.

Lucas, Deborah J., 1994, "Asset Pricing with Undiversifiable Income Risk and Short-Sales Constraints: Deepening the Equity Premium Puzzle," *Journal of Monetary Economics* 34, 325–341.

Lucas, Robert E., Jr., 1978, "Asset Prices in an Exchange Economy," *Econometrica* 46, 1429–1446.

———, 1987, *Models of Business Cycles*, Blackwell, London and New York.

———, 1988, "Money Demand in the United States: A Quantitative Review," *Carnegie-Rochester Conference Series on Public Policy* 29, 137–167.

Luttmer, Erzo G. J., 1996, "Asset Pricing in Economies with Frictions," *Econometrica* 64, 1439–1467.

———, 1999, "What Level of Fixed Costs Can Reconcile Consumption and Stock Returns?" *Journal of Political Economy* 107, 969–997.

Mace, Barbara, 1991, "Full Insurance in the Presence of Aggregate Uncertainty," *Journal of Political Economy* 99, 928–956.

MacKinlay, A. Craig, 1995, "Multifactor Models Do Not Explain Deviations from the CAPM," *Journal of Financial Economics* 38, 3–28.

MacKinlay, A. Craig, and Matthew P. Richardson, 1991, "Using the Generalized Method of Moments to Test Mean-Variance Efficiency," *Journal of Finance* 46, 511–527.

Malkiel, Burton, 1990, *A Random Walk down Wall Street*, Norton, New York.

Mankiw, N. Gregory, 1986, "The Equity Premium and the Concentration of Aggregate Shocks," *Journal of Financial Economics* 17, 211–219.

Mankiw, N. Gregory, and Stephen Zeldes, 1991, "The Consumption of Stockholders and Non-Stockholders," *Journal of Financial Economics* 29, 97–112.

Markowitz, Harry, 1952, "Portfolio Selection," *Journal of Finance* 7, 77–99.

McCloskey, Donald N., 1983, "The Rhetoric of Economics," *Journal of Economic Literature* 21, 481–517.

McCloskey, Deirdre N., 1998, *The Rhetoric of Economics* (2nd ed.), University of Wisconsin Press, Madison and London.

Mehra, Rajnish, and Edward Prescott, 1985, "The Equity Premium Puzzle," *Journal of Monetary Economics* 15, 145–161.

Merton, Robert C., 1969, "Lifetime Portfolio Selection under Uncertainty: The Continuous Time Case," *Review of Economics and Statistics* 51, 247–257.

————, 1971, "Optimum Consumption and Portfolio Rules in a Continuous Time Model," *Journal of Economic Theory* 3, 373–413.

————, 1973a, "An Intertemporal Capital Asset Pricing Model," *Econometrica* 41, 867–887.

————, 1973b, "The Theory of Rational Option Pricing," *Bell Journal of Economics and Management Science* 4, 141–183.

Miller, Merton, and Myron Scholes, 1972, "Rate of Return in Relation to Risk: A Reexamination of Some Recent Findings," in Michael C. Jensen (ed.), *Studies in the Theory of Capital Markets*, Praeger, New York.

Moskowitz, Tobias, and Mark Grinblatt, 1998, "Do Industries Explain Momentum?" CRSP Working Paper 480, University of Chicago.

————, 1999, "Tax Loss Selling and Return Autocorrelation: New Evidence," working paper, University of Chicago.

Newey, Whitney K., and Kenneth D. West, 1987a, "Hypothesis Testing with Efficient Method of Moments," *International Economic Review* 28, 777–787.

————, 1987b, "A Simple, Positive Semi-definite, Heteroskedasticity and Autocorrelation Consistent Covariance Matrix," *Econometrica* 55, 703–708.

Ogaki, Masao, 1993, "Generalized Method of Moments: Econometric Applications," in G. Maddala, C. Rao, and H. Vinod (eds.), *Handbook of Statistics, Volume 11: Econometrics*, North-Holland, Amsterdam.

Piazzesi, Monika, forthcoming, "Bond Yields and the Federal Reserve," *Journal of Political Economy*.

Popper, Karl, 1959, *The Logic of Scientific Discovery*, Harper, New York.

Poterba, James, and Lawrence H. Summers, 1988, "Mean Reversion in Stock Returns: Evidence and Implications," *Journal of Financial Economics* 22, 27–60.

Reyfman, Alexander, 1997, "Labor Market Risk and Expected Asset Returns," Ph.D. dissertation, University of Chicago.

Rietz, Tom, 1988, "The Equity Risk Premium: A Solution?" *Journal of Monetary Economics* 21, 117–132.

Ritchken, Peter H., 1985, "On Option Pricing Bounds," *Journal of Finance* 40, 1219–1233.

Roll, Richard, 1977, "A Critique of the Asset Pricing Theory's Tests: Part I," *Journal of Financial Economics* 4, 129–176.

————, 1984, "Orange Juice and Weather," *The American Economic Review* 74, 861–880.

Roll, Richard, and Stephen A. Ross, 1995, "On the Cross-sectional Relation Between Expected Returns and Betas," *Journal of Finance* 49, 101–121.

Ross, Stephen A., 1976a, "The Arbitrage Theory of Capital Asset Pricing," *Journal of Economic Theory* 13, 341–360.

————, 1976b, "Options and Efficiency," *Quarterly Journal of Economics* 90, 75–89.

————, 1976c, "Risk, Return and Arbitrage," in I. Friend and J. Bicksler (eds.), *Risk and Return in Finance, Volume 1*, Ballinger, Cambridge, 189–218.

————, 1978, "A Simple Approach to the Valuation of Risky Streams," *Journal of Business* 51, 453–475.

Rubinstein, Mark, 1976, "The Valuation of Uncertain Income Streams and the Price of Options," *Bell Journal of Economics*, 7, 407–425.

Samuelson, Paul A., 1965, "Proof That Properly Anticipated Prices Fluctuate Randomly," *Industrial Management Review* 6, 41–49.

———, 1969, "Lifetime Portfolio Selection by Dynamic Stochastic Programming," *Review of Economics and Statistics* 51, 239–246.

Santa Clara, Pedro, and Didier Sornette, 2001, "The Dynamics of the Forward Interest Rate Curve with Stochastic String Shocks," *Review of Financial Studies* 14, 149–185.

Sargent, Thomas J., 1993, *Bounded Rationality in Macroeconomics*, Oxford University Press, Oxford.

———, 1989, "Two Models of Measurements and the Investment Accelerator," *Journal of Political Economy* 97, 251–287.

Schwert, William, 1990, "Stock Market Volatility," *Financial Analysts Journal* May–June, 23–44.

Shanken, Jay, 1982, "The Arbitrage Pricing Theory: Is It Testable?" *Journal of Finance* 37, 1129–1140.

———, 1985, "Multi-Beta CAPM or Equilibrium-APT? A Reply," *Journal of Finance*, 40, 1189–1196.

———, 1987, "Multivariate Proxies and Asset Pricing Relations: Living with the Roll Critique," *Journal of Financial Economics* 18, 91–110.

———, 1992a, "The Current State of the Arbitrage Pricing Theory," *Journal of Finance* 47, 1569–1574.

———, 1992b, "On the Estimation of Beta Pricing Models," *Review of Financial Studies* 5, 1–34.

Sharpe, William, 1964, "Capital Asset Prices: A Theory of Market Equilibrium Under Conditions of Risk," *Journal of Finance* 19, 425–442.

Shiller, Robert J., 1981, "Do Stock Prices Move Too Much to be Justified by Subsequent Changes in Dividends?" *American Economic Review* 71, 421–436.

———, 1982, "Consumption, Asset Markets, and Macroeconomic Fluctuations," *Carnegie Rochester Conference Series on Public Policy* 17, 203–238.

———, 1989, *Market Volatility*, MIT Press, Cambridge, MA.

———, 2000, *Irrational Exuberance*, Princeton University Press, Princeton, NJ.

Stambaugh, Robert F., 1982, "On the Exclusion of Assets from Tests of the Two-Parameter Model: A Sensitivity Analysis," *Journal of Financial Economics* 10, 237–268.

———, 1988, "The Information in Forward Rates: Implications for Models of the Term Structure," *Journal of Financial Economics* 10, 235–268.

Storesletten, Kjetil, Christopher Telmer, and Amir Yaron, 1999, "Asset Pricing with Idiosyncratic Risk and Overlapping Generations," manuscript, Carnegie Mellon University.

Sundaresan, Suresh M., 1989, "Intertemporally Dependent Preferences and the Volatility of Consumption and Wealth," *Review of Financial Studies* 2, 73–88.

Tallarini, Thomas, 1999, "Risk-Sensitive Real Business Cycles," manuscript, Carnegie Mellon University.

Taylor, John B. (ed.), 1999, *Monetary Policy Rules*, University of Chicago Press, Chicago, IL.

Thompson, Rex, 1978, "The Information Content of Discounts and Premiums on Closed-End Fund Shares," *Journal of Financial Economics* 6, 151–186.

Tobin, James, 1958, "Liquidity Preference as a Behavior towards Risk," *Review of Economic Studies* 25, 68–85.

Vasicek, Oldrich, 1977, "An Equilibrium Characterization of the Term Structure," *Journal of Financial Economics* 5, 177–188.

Vassalou, Maria, 1999, "The Fama-French Factors as Proxies for Fundamental Economic Risks," working paper, Columbia University.

Vissing-Jorgenson, Annette, 1999, "Limited Stock Market Participation and the Equity Premium Puzzle," manuscript, University of Chicago.

Vuolteenaho, Tuomo, 1999, "What Drives Firm-Level Stock Returns?" working paper, University of Chicago.

Weil, Philippe, 1989, "The Equity Premium Puzzle and the Risk-Free Rate Puzzle," *Journal of Monetary Economics* 24, 401–421.

Wheatley, Simon, 1988a, "Some Tests of the Consumption-Based Asset Pricing Model," *Journal of Monetary Economics* 22, 193–218.

———, 1988b, "Some Tests of International Equity Integration," *Journal of Financial Economics* 21, 177–212.

White, Halbert, 1980, "A Heteroskedasticity-Consistent Covariance Matrix Estimator and a Direct Test for Heteroskedasticity," *Econometrica* 48, 817–838.

Yan, Shu, 2000, Ph.D. Dissertation, University of California at Los Angeles.

图书在版编目（CIP）数据

资产定价／（美）约翰·科克伦著；陈宋生等译.
－－北京：中国人民大学出版社，2022.5
ISBN 978-7-300-30130-3

Ⅰ.①资… Ⅱ.①约… ②陈… Ⅲ.①金融资产－研
究 Ⅳ.①F830

中国版本图书馆 CIP 数据核字（2022）第 010917 号

资产定价

[美] 约翰·科克伦　著

陈宋生　潘远哲　刘子轩　李晓青　译

Zichan Dingjia

出版发行	中国人民大学出版社	
社　　址	北京中关村大街 31 号	**邮政编码**　100080
电　　话	010－62511242（总编室）	010－62511770（质管部）
	010－82501766（邮购部）	010－62514148（门市部）
	010－62515195（发行公司）	010－62515275（盗版举报）
网　　址	http://www.crup.com.cn	
经　　销	新华书店	
印　　刷	北京联兴盛业印刷股份有限公司	
规　　格	155 mm×230 mm　16 开本	**版　次**　2022 年 5 月第 1 版
印　　张	29.5 插页 2	**印　次**　2022 年 5 月第 1 次印刷
字　　数	485 000	**定　价**　128.00 元